U0029548

民 主 方 舟

Who
Governs?
菜市場
政治學EP2

———作者———

王宏恩、王奕婷、吳安蕙、吳俊德、吳冠昇、李耀泰、沈智新、林澤民、

張恆豪、曹曼資、許韋婷、陳方隅、陳宥樺、陳韻如、陸　離、普　麟、

曾柏瑜、黃兆年、葉明叡、葉高華、葉耀元、廖育嶒、廖偉翔、劉俐吟、

蔡承翰、蔡昀臻、蔡榮峰、顏維婷、蘇慶軒

———主編———

菜市場政治學共同編輯群

王宏恩、王奕婷、沈智新、陳方隅、陳亮宇、

許韋婷、黃兆年、陸離、顏維婷、蘇慶軒

目次

第七部　席捲全球的身分政治與民粹主義

以政治學作指南,航向未知的彼端

王宏恩———文

這是菜市場政治學的第二本書。在啟航之前,讓我先講個故事吧。

十五年前的夏天,當時就讀台中一中高三下的我,最喜歡到操場旁的榕樹下,帶著滷味與金桔話梅綠,靜靜看著、聽著校園的一切:球場上,幾位同學穿著制服運球投籃穿插著嗆聲;教室裡,幾位同學在靠窗的位子算著物理與拋物線;走廊上,幾位同學邊丟棒球邊討論早上紐約洋基王建民的直播;榕樹綠又茂密,果實吸引了各種都市鳥前來覓食喧嘩。整個校園亂哄哄,一種專屬於青春的躁動。

但在亂哄哄之下,知識告訴我們這一切都是亂中有序的。運球投籃與丟棒球,是拋物線與力矩主要決定了大方向,而空氣阻力、濕度與肌肉協調程度等小細節決定了今天有沒有帶準心;榕樹茂密與結果,是季節促使其變化,而季節又是來自於地球與太陽之間的相對位置與角度。不是每一株榕樹都同一天翠綠,不是每一次射籃都是空心進球,但科學告訴了我們大致的趨勢,以及解釋為何會有這樣的趨勢。

這整套透過科學觀察、理解生活、亂中求序的過程,就是人類文明的起源。假如整個宇宙創造出來是個毫無規律與邏輯的世界,活在其中的生物體注定無所適從,演化也不再有意義;人類,一開始透過上帝與神話來解釋一切的未知。幸好,人類天生就是科學家,雖然有著比其他生物更脆

弱的肉體，但人類誕生在這個世上後，天生就會試著在看似無盡的混亂中尋找可能的規律，試著把各種前後依序變化的事物進行連結，尋找因果關係，解釋世上的未知。這樣的能力與傾向已經深深地銘印在我們大腦中，並在過去百萬年來取得演化上的優勢而留存至今，帶著人類走出黑暗時代，進入科學革命。所以我們知道球大概能丟多遠、知道夏天為何會來以及大概何時會來，這些都不只是某種神靈的賜福，而是人類在觀察、實驗後逐漸可以大致掌握的知識。知識接著透過紙本與教育累積並代代相傳。

政治科學亦是如此。

在 2018 年菜市場政治學出了第一本書之後，這段時間台灣的國內政治與國際政治都進入了前所未有的新環境：肺炎疫情肆虐，各國紛紛關閉國門；民粹主義興起並衝擊各國大選；許多國家經歷了民主衰退，政府趁疫情逐步縮減人民的權利，尤其是以數位極權的方式；中國對香港與新疆的鎮壓、對台灣的加強恫嚇，世界各國的反中情緒；以及台灣與美國的總統大選。整個世界亂哄哄，台灣是一艘波濤洶湧中的方舟。

就在這四方都是未知的政治紛亂下，政治科學可以當作指南針，透過觀察、假設、實驗與驗證，讓我們亂中求序、看到趨勢。

當看到各方評論「民主衰退」、「民粹興起」時，身為一個政治學家，想到的第一個問題是：「民主是什麼？民粹是什麼？要怎麼測量？」當我們有辦法測量民主的程度、民粹的程度，才能進一步觀察這個定義下的民主與民粹是否真的在過去幾年有所改變。當我們真的觀察到這些測量的結果在改變時，我們才能更進一步地尋找解釋這些改變的原因，建立因果關係。因為這些現象對人類的影響巨大，所以我們更需要謹慎的定義、測量、與解釋。這些認真的對待，才能建立起知識的重量。

《菜市場政治學：民主方舟》開頭的第一部與結尾的第七部，分別探討了民主與獨裁的差別、以及民粹的定義與解釋。什麼是民主？什麼不是民主？什麼是民粹？什麼不是民粹？我討厭選舉結果，就能說這結果民粹、結果不民主嗎？正因為這些概念與字詞有其影響力，近年來許多獨裁

政權就企圖搶奪「民主」二字的解釋權，中國剛宣布自己是最大的民主國家、北韓也把民主二字放在國家名稱上。在這兩部，我們邀請政治學家們來討論民主與民粹的定義、測量與解釋。

當台灣海峽對岸的中國，一手拿出一國兩制的邀約，另一手派出更多在台灣周邊的軍事行動施壓時，面對這些環境變化，台灣民眾是如何反應的？同樣地，這個大問題可以拆解成數個不同的角度，每個角度給予明確的定義與測量。在本書的第二部，我們討論台灣民眾對於認同自己是台灣人、還是中國人的趨勢。認同是一個人心裡能夠想像的群體生活的邊界。人們天生就會把自己與他人歸類到不同的社會團體之中，且喜怒哀樂都會牽連到所屬的團體。在第三部，我們接著探討台灣民眾對於統一、獨立、以及國防安全的態度。台灣民意真的只是一小撮台獨分子嗎？台灣人真的願意保衛自己的家園嗎？在這幾年的中美對抗下，台灣民意是否又隨之變化？這些變化的趨勢，又是否會隨著之後中美衝突加劇或和緩而有所改變呢？我們邀請的作者們試著給予解答。

我們在本書的第五以及第六部，反過來從中國的角度看待兩岸以及其他議題。中國為什麼要推動一帶一路？中國的網路長城到底有怎麼樣的效果？網路宣傳與認知作戰，這些近兩年被大量使用然後濫用的題目，又要怎麼去認真地拆解與討論？網軍跟認知作戰又有什麼不同，又是否因為國內運作或跨國運作而導致定義與測量上更為複雜？

兩岸議題、民主議題、與民粹浪潮之外，我們在本書的第四部集中討論社會正義，一個不該被淹沒且在近年來日漸高漲的領域。台灣民眾到底支不支持財富重分配？台灣民眾真的仇富嗎？這個對重分配的嚮往，當具體落實在健保以及社會福利政策時，中間又有多大的落差？這理想的方向、理想與現實之間的差距，就是政治科學在意測量、實證研究的主要原因。

台灣作為一艘方舟，準備朝彼端航行，但彼端在何方、航線如何規畫，則是所有人一起掌舵決定的。這本《菜市場政治學：民主方舟》，共有七部，

聚集了 29 位政治學家，與你一起透過政治科學探討制度、民意、兩岸與經濟，看到亂哄哄之下的趨勢與解釋。也希望你翻開此書時心裡對政治的疑問，可以在後面的章節裡找到滿意的解答。

作者介紹

王宏恩

  美國內華達大學拉斯維加斯分校政治系助理教授，專長為政治行為、政治心理學、以及實驗設計。曾就讀台大電機系與台中一中數學校隊，但覺得政治實在太有趣了，而轉往政治學裡尋找安身立命的答案。

王奕婷

  成功大學政治系副教授，美國杜克大學政治學博士。研究興趣包含民主轉型與政黨政治。

吳安蕙

  台大政治系碩士。研究興趣為選舉制度、政黨認同及政治傳播。覺得用理性的學術對話生猛混沌的政治是件性感的事。

吳俊德

  東海大學政治學系助理教授，美國北德州大學政治學博士，曾任國防安全研究院助理研究員。研究興趣為政治參與、網路政治、計量研究方法。

吳冠昇

  美國南阿拉巴馬州立大學政治與犯罪學系助理教授，研究興趣主要為國際關係、政治心理學、外交決策、國際安全，側重人民對於戰爭的支持等民意議題。兩年前與葉耀元、王宏恩、陳方隅共創 Taiwan Policy Initiative（台灣政治研究小組），定期撰寫關於台海局勢與美中台關係的文章。

李耀泰

澳洲新南威爾斯大學社會科學院講師,美國加州大學聖地牙哥分校社會學博士。研究興趣為種族與族群、認同政治、移民,近來擴展至社群媒體分析以及香港抗爭政治。目前擔任學術期刊 *Studies in Ethnicity and Nationalism* 副主編以及 *Work, Employment and Society* 編輯委員等職。

沈智新

成功大學政治系助理教授,英國倫敦政經學院政府系博士,曾任紐約大學阿布達比校區博士後研究員。研究興趣為實證政治經濟學與政治傳播。

林澤民

美國奧斯汀德州大學政府系教授,台大電機系畢業,明尼蘇達大學政治學博士。每年均參與中研院「政治學計量方法研習營」教學工作,每兩年在台大政治系開授「理性行為分析專論」密集課程。

張恆豪

職業醫學科專科醫師,台灣大學醫學系學士,健康政策與管理研究所碩士。關心職業安全衛生政策、職場社會心理危害等議題。

曹曼資

資料科學從業人員,台大農化系、美國伊利諾大學香檳分校資管所畢業。興趣是研究如何用視覺設計說資料的故事。

許韋婷

某離岸風電外商資深公共事務經理,曾任職於智庫、政治公關公司、澳洲和台灣政黨、非營利組織,具備包含選舉和遊說等政治實務經驗。近

五年專注於再生能源領域，期能對台灣能源轉型有所貢獻。

陳方隅

任教於東吳大學政治系，研究興趣主要是威權政治、民主化、分配不均等議題。曾在華府住過幾年，有機會近距離觀察美國的外交政策圈。除了在菜市場政治學團隊共同推廣政治學科普知識之外，也加入了 US Taiwan Watch（美國台灣觀測站）的編輯群，合著有《為什麼我們要在意美國：從外交、制度、重大議題全面解析台美關係》一書。

陳宥樺

日本國際教養大學助理教授，曾任美國喬治華盛頓大學訪問學者與國立澳洲大學講師。熱愛台灣所以從事中國研究，專長是中國外交政策、中國政治、中國當代史、與國際關係理論。

陳韻如

台灣民主實驗室社會溝通組研究員，畢業於政治大學社會學系，曾就讀台灣大學社會學研究所。

陸離

政治大學社會科學院博士生，前海外媒體工作者。

普麟

美國杜蘭大學政治學博士生，研究興趣包括威權政治、國家壓迫與數位威權等議題。曾在台灣從事公共事務與政策研究工作，長期關注中國對世界各國的政經影響，博士論文則聚焦於中國對外監控科技輸出及其影響。

曾柏瑜

　　台灣民主實驗室研究員，新北市在地深蹲協會理事長。從事資訊戰研究，主要研究核心為「人為什麼相信假訊息」，並努力將研究發現轉化成提升民主抵抗力的行動。另關心青年、女性、數位人權、開放政府等議題。

黃兆年

　　政治大學國家發展研究所助理教授，美國加州大學河濱分校政治學博士。研究興趣為政治經濟、媒體政治、人權與民主、臺灣與東亞政經發展、中國效應。著有 *The Political Economy of Press Freedom: The Paradox of Taiwan versus China*，合著有《吊燈裡的巨蟒：中國因素作用力與反作用力》、*China's Influence and the Centre-periphery Tug of War in Hong Kong, Taiwan and Indo-Pacific* 等。

葉明叡

　　任教於台大公衛系。（很久沒有運作沉潛中的）公醫時代成員，研究主軸為追問一些公共衛生為什麼應該這樣做而不該那樣做的倫理問題，感興趣的主題包括全民健康保險、福利體系與各式公衛管制型政策介入，以及支持所有政策底下的社會連帶與團結，也關注與健康政策相關的政治議題。

葉高華

　　任教於中山大學社會學系，以選舉地理學的專業取得臺大地理學博士學位，博士論文探討地方脈絡對投票行為與選舉結果的影響。現在的研究轉向族群相關議題。

葉耀元

　　美國聖湯瑪斯大學國際研究與當代語言學系副教授兼系主任、外交與

戰略事務碩士學程主任、以及台灣與東亞研究計畫副主持人。台灣大學政治學學士、美國德州農工大學政治學博士。研究專注於國際關係、安全研究、台灣、中國與東亞的民意調查、兩岸關係、美中台關係、與東亞安全與經貿問題。

廖育嶒

政治大學台灣研究中心博士後研究員，美國休士頓大學政治學博士。研究興趣主要是國會政治與立法行為、比較政治制度、選舉與選民行為、民意調查以及民主化。博士論文探討選制改革對立委代表行為的影響，並繼續以不同角度探討立委的政治行為。目前正在研究選制改革是否影響政治家族及地方派系政治人物的選舉優勢。

廖偉翔

台大醫院精神醫學部住院醫師，成功大學醫學系畢業、政治系輔系，波士頓大學公共衛生學院健康服務研究碩士。譯作有《兩種心靈》等書。

劉俐吟

美國戴頓大學政治系助理教授。研究領域為文化理論、環境政策、移民政策、以及新冠肺炎政策。

蔡承翰

東吳政治系博士後研究員。美國克萊蒙研究大學政治學與經濟學跨學科博士。主修國際政治理論，研究興趣為衝突與和平、國際政治經濟。因為看了 *Liberalism against Populism* 與《橘子蘋果經濟學》，決定負笈美國攻讀博士。喜歡應用實證方法來探索資料背後所隱藏的意涵與檢驗各種論述。

蔡昀臻

過去是旅德海外工作者，分別於新創和德國企業工作，現返居台灣，服務於國際組織並兼職德文翻譯和教學。畢業於荷蘭萊登大學國際關係與外交學系，立志以最國際的角度看世界，關心全球議題。旅德期間曾任職過鳳凰衛視駐德國特約記者，報導過德國大選、英國脫歐、右翼勢力崛起及難民危機等主題。

蔡榮峰

曾任美國智庫 Pacific Forum 年度非駐點研究員、國防安全研究院政策分析員。曾在澳洲待上幾年，對於中共與解放軍勢力擴張有深刻體會。菜市場政治學老菜販，平時研究興趣涉及美中競爭、澳洲與太平洋島嶼、太空軍事化、國防產業與認知作戰。癡迷於科幻片、歷史故事之餘也戒不掉被貓使喚的習慣。

顏維婷

美國賓州富蘭克林與馬歇爾學院政府系助理教授，美國俄亥俄州立大學政治學博士。研究興趣為比較政治經濟學與福利國家。

蘇慶軒

屏東大學社會發展學系助理教授，曾任促進轉型正義委員會研究員，也曾在中研院台史所進行博士後研究。研究興趣是轉型正義、比較威權主義與戰後台灣政治史。

第一部　憲政體制

公民權利與政治權利的行使造就了自由民主的實質內涵，推崇自由民主的價值又有助於維繫民主體制的存續，權利與體制的互強，才能讓民主方舟浮於威權浪潮之上。

第一部將從王奕婷的兩篇文章出發，她先在〈為什麼「共同的未來」對台灣這麼重要？如何才能達成？〉中說明，人們依循民主體制相互合作與建構共同的未來是維繫民主的基礎，接著在〈民主真的能帶來美好生活嗎？〉闡述民主長期而言在各種指標上皆有益於人民福祉。

在瞭解民主的重要性後，陳方隅的〈什麼是獨裁政治？跟民主有何不同？〉以及吳俊德的〈「依」法而治還是「以」法而治？〉區別民主與獨裁的差異，顏維婷的〈民主輸給獨裁了嗎？〉與蔡承翰的〈我們如何界定國家能力？〉更進一步指出，民主相較於獨裁在應對危機與日常治理時所顯現的優勢之處。

最後我們回到台灣內部對於民主的質疑與挑戰。曹曼資的〈台灣民主「倒退」了嗎？〉澄清了媒體對於台灣民主倒退的憂慮；我們編輯群的〈轉型正義是政治操作嗎？〉、蘇慶軒的〈東歐轉型正義的困境與面對歷史真相的艱難〉與普麟的〈政治學視角下的情治機關與轉型正義〉注意到轉型正義的重要性，指出處理台灣威權統治的歷史將有助於強化現今與未來的民主體制運作，但如何面對潛在的政治衝突，將成為轉型正義的難題。

（本部主編蘇慶軒）

1-1
為什麼「共同的未來」對台灣這麼重要？如何才能達成？

王奕婷———文

在 2014 年縣市長選舉中，台北市長參選人柯文哲提到「我們有不同的過去，但是有共同的現在，那我們到底要不要走向一個共同的未來？」[1]

這樣對於「共同的未來」的追問似乎想要從情感面爭取選民的認同。本文以賽局理論（game theory）的角度指出「共同的未來」並不僅只有情感認同的作用，更是人們能夠相互合作、共同為民主付出的重要條件。但意識到彼此有「共同的未來」甚至還並不足夠，為了使人們相互間的合作更為穩定，我們需要把一些合作的「前提條件」明文寫出，而這也是台灣當下最缺乏的。

民主鞏固的條件

民主其實很脆弱。新興民主國家在民主化之後由於掌權者擴權、軍隊政變、內戰等因素導致再度限縮民主權利的例子在世界各地屢見不鮮。

政治學研究認為，讓民主政治達到鞏固且不需要太害怕隨時出現威權

---

1 當時參與柯文哲競選團隊的姚立明後來在 2016 年出版了《也許我們沒有共同的過去，但一定可以有共同的未來》（台北：圓神出版）。

倒退的條件之一在於「多數的人們都認為民主程序較威權統治更好」；並且「當執政者出現違背民主原則的行為時，多數人們願意共同付出努力來捍衛民主」。[2] 這樣的條件並不容易達成，畢竟當執政者違反民主程序時，捍衛民主往往意味著犧牲時間和金錢去參與組織抗議、流汗甚或流血以抵抗政權。

那麼在什麼樣的狀況下「多數人願意共同付出努力來捍衛民主」這樣的條件會比較容易達成呢？

合作的難題

當言論自由不斷被限縮、土地被違法徵收、和平抗議者被血腥鎮壓，公民可以選擇沉默接受或者以各種方式陳情抵抗。對個人來說，參與抗爭通常意味著付出體力、時間、金錢，甚至要有受傷被捕死亡的心理準備，也就是說，抵抗政府是必須付出成本的；此外，若是參與人數不夠多，抗爭有極大的可能失敗，參與者付出成本卻無法達到預期的成果，賠了夫人又折兵。不過若是夠多人一起站出來，便很有可能迫使政府改變做法。在捍衛民主的抗爭中，由於需要與其他人「共同努力」才可能達到一定的效果，因此個人行動的結果不只與自己的選擇有關，更取決於其他人是否願意一起合作。[3]

這樣的情形可以簡化成下面的圖。假設這個國家中有兩個人，公民ㄅ與公民ㄆ。面對政府濫權傷害民主，可以選擇抗爭到底或是沉默不語。對

2　更深入的討論可以參考 J.J. Linz & A. Stepan. (1996). *Problems of democratic transition and consolidation: Southern Europe, South America, and post-communist Europe*. Baltimore: Johns Hopkins University Press. 以及 L. Diamond. (1999). *Developing democracy: Toward consolidation*. Baltimore: Johns Hopkins University Press.

3　沈智新在菜市場政治學的文章〈為什麼參加社會運動？有什麼意義？〉一文中對人們為什麼願意參與社會運動有更詳細的說明。
https://whogovernstw.org/2014/07/04/chihhsinsheen1/

兩人來說,最好的結果是一起參與抗爭,迫使政府改變做法;最糟的狀況
則是自己已經撩落去了,鄰兵卻不聞不問,抗爭因為沒有足夠的人參與而
失敗,自己反而受到身家性命的損失;次糟的狀況則是兩人都選擇沉默,
政府不會改變做法,但ㄅ與ㄆ也無須付出抗爭失敗的成本,或許還能夠吞
忍地過日子。

		公民ㄆ的選擇	
		沉默	抗爭到底
公民ㄅ的選擇	沉默	忍受暴政 忍受暴政	忍受暴政 抗爭失敗、被鎮壓
	抗爭到底	抗爭失敗、被鎮壓 忍受暴政	成功! 成功!

【圖 1-1-1】以賽局理論解說公民ㄅ與ㄆ是否會有民主的未來。製圖:王奕婷。

合作的可能:關於共同未來的想像

讀者應該都已經看出來了,這是一個很接近「囚徒困境」(prisoner's
dilemma)的互動方式。[4] 若是僅考慮自己當下的利益、在不確定別人是否
也願意站出來的情況下,沒有人會想要為共同的民主付出。

當然,現實生活中我們的確看到許多合作抗爭的例子。社會科學家
的解釋是,當ㄅ與ㄆ發現雙方必須持續與對方互動、總是會在未來遇到彼
此,那麼兩人便有可能選擇合作。ㄅ覺得未來還會有與ㄆ相遇的機會、為
了避免下次受到ㄅ的懲罰背叛,便選擇付出抗爭;而ㄆ因為預期到ㄅ會站
出來,便也選擇相挺。也就是說,如果ㄅ與ㄆ之間的互動是個「重複賽局」

---

4 「囚徒困境」是賽局理論的一個典型例子,可用來說明為什麼雖然合作對雙方都有
  好處,但雙方卻往往難以保持合作。

（repeated game）、兩人都相信彼此的互動會持續下去，那麼合作抗爭便有可能發生，因為沒有人希望在未來被對方倒打一耙。也因此，若是雙方在未來遇到彼此的機會越大、或者是相信彼此間「共同的未來」越長久，合作便越有可能成真。

當這種「一旦政府違反民主、人民便會相互合作反抗」成為社會上許多人的共識時，政府也就比較不敢時常踰越民主邊際、隨意試探人們的底線。

讓合作更加穩固：我們在捍衛同樣的東西嗎？

當人們意識到彼此需要長久互動、互信合作以捍衛民主時，民主才能夠實現。不過，這樣的合作卻很有可能是脆弱的。為什麼呢？

首先，台灣民眾對於「民主」有相當殊異的想像，而這樣的差異在不同世代與不同政黨傾向的選民間更是明顯。當政府侵害了「媒體自由表達意見」的權利時，重視民主自由權利的人們或許能夠合作抗爭；但認為民主就是「政府應確保秩序」的人們，大概不會因此認為「民主」受到了威脅，也不會覺得自己該自己挺身而出。當「多黨競爭」的原則被破壞時，重視監督制衡的人們彼此間也可以合作抵抗；但以「不浪費公帑」來定義民主的人們，卻很可能覺得這件事與自己無關。若是沒有一個讓多數人共同接受的民主原則，而是不同群體的人們為了殊異的民主定義各自努力，那麼當政者便很容易藉由拉攏或打擊不同群體來各個加以擊破。

因此「憲法」在這裡扮演了很重要的角色。理想上，民主國家的憲法應該清楚承載多數民眾對「民主」原則的共識，以及符合此一民主原則的實際制度該如何運作的方式；憲法內的民主原則與運作方式理應是多數人認為值得合作守護的。憲法因此定義了眾人相互合作的「焦點」（focal point）。這樣一種明確的焦點讓大家清楚知道，什麼時候叫做「民主受到侵害了」，所以應該挺身而出。若沒有這樣的焦點，合作或許還是能夠漸

漸自發產生，但卻常常相當脆弱，容易因為誤解或溝通不順導致瓦解。明文寫出的焦點可以減少猜測與溝通的成本，讓合作更容易發生。

然而，台灣現今的憲法仍有許多缺失，例如雙首長制之下總統與行政院長權責不符、罷免與倒閣門檻過高、選制爭議等，[5]以致憲法是否確實承載多數民眾對「民主」的共識，令人相當存疑。當憲法本身受到許多質疑，便很難承擔這樣凝聚合作的功能；一旦缺乏一個廣受認可的焦點，只會使合作更難以形成。

讓合作更加穩固：
參與合作的「我們」是誰？你的心裡還有別人嗎？

另外一個讓合作脆弱的因素是，在合作的賽局中有時候我們不知道ㄅ與ㄆ是誰，不確定「我們」是不是真的會與對方一直一直相處互動下去，不確定「我們」是否真的有長久共同的未來。

這樣的情形與台灣的現狀格外相關。憲法中「固有疆域／我們包含哪些人」的定義不明，而「一個中國就是中華民國」的宣稱更與實質統治的疆域大不相同。自民主化以來，在一次次選舉的過程中，台灣民眾對於賽局中其他參與者是誰漸漸出現共識。「我們」就是跟我一起投票選總統的人，「我們」一起關心開票結果或許傷心或許開心，「我們」一起在未來四年承擔投錯人或選對人的後果，「我們」也可能組織起來對政府的作為表達抗議。在這個民主政體的實質統治範圍內，「我們」是所謂集體共業的主詞也是受詞。縱然沒有清楚的明文規定，想像的共同體仍在人群長久互動的過程中漸漸自發形成。

---

5 更多關於選舉制度與罷免制度的討論請參考陳方隅在菜市場政治學的文章〈選舉制度 ABC〉與〈關於核四、公投法、罷免門檻的一些小故事〉。
   https://whogovernstw.org/2014/05/20/fangyuchen1/
   https://whogovernstw.org/2014/08/25/fangyuchen4/

　　然而，正因為沒有明文寫出的焦點，這個關於「我們包含哪些人」的共識相當脆弱。通常時候我們或許願意相信彼此之間有著不需言說的共識，不過「中華民國對決台獨」或「中華民國是我底線」這類選舉主張正顯示出共識的缺乏。選民或許會想「咦？台灣與中華民國，這兩者有什麼不同嗎？」也或許覺得「咦？這兩者本來就是不一樣的啊！因為……」，不同想法反映了台灣民眾對於「我們包含哪些人」有著殊異的想像。

　　當你說出「中華民國」的時候是不是其實在說「中國」呢？你口中的「我們」會不會其實包含了「他們」，因此傾向於聯共制台獨，認為中華民國的前途應該由全體中國人來決定呢？當你說我們要捍衛民主的時候，會不會其實是覺得「華人整體」的民主更為重要？我不確定你是不是真的願意與我長久合作，還是其實比較想跟「他們」長久共處，因此可能會毀棄我跟你之間沒有明文寫出的契約。你拿什麼來保證你不會跑去跟「他們」稱兄道弟而背叛我？

　　為了避免這樣相互猜測以致對合作造成阻礙，台灣人需要決定「我們」是否還要聲稱代表中國，還要聲稱領土及於中國，然後將共同的決定在憲法中明文寫出。

　　許多人對於強調「台灣／中華民國」的選舉語言感到不以為然。然而正是因為沒有清楚明文的定義，候選人才需要強調「我們」何在，用以反覆確認彼此想與對方一直一直相處互動下去。

結語

　　本文指出民主鞏固的條件相當程度上仰賴人們「相互合作的意願」。合作依賴的並不只是對方的善意，而是雙方對私利的理性算計。合作的可能建立在願意相信彼此間的夥伴關係會繼續下去。若是人們越傾向相信會與對方長久持續地互動，彼此相互合作的意願便會越高，越有可能共同為民主付出。

　　然而台灣當下面臨的問題在於，有些「合作」的前提尚未被說清楚講明白，因此縱然人們意識到彼此有共同的未來，合作仍可能很脆弱。首先，憲法內容仍有爭議，我們應共同捍衛怎樣的民主、哪些權利呢？此外，「我們／中華民國」包含哪裡的哪些人從未被清楚定義，誰與誰將會長久合作共同擁有「我們的」民主呢？對於共同體的清楚界定不但不是非理性，也不是對民主有害的，反而是鞏固民主所必須。若合作的基礎不穩固，對於「我們是不是要有共同的未來」這樣的追問就會很難停止。

1-2
民主真的能帶來美好生活嗎？

王奕婷———文

　　或許由於台灣是在威權統治時期經歷了經濟起飛，且部分鄰國似乎也在非民主的政權下擁有了經濟榮景，以致台灣曾出現「民主不能當飯吃」的主張。「民主」的統治方式是否能滿足賺大錢發大財的想望，大概是很多人的疑問。認為民主所伴隨的意見紛雜會阻礙拚經濟、無助於實實在在地讓錢入袋，這樣的言論也時有所聞。

　　民主在「政治」上比較為人所知的好處，例如能節制統治者濫用權力暴力、遏制對人權的侵害、讓人民有移動遷徙表達意見的自由、實現公共討論參與的可能性等。而在實際民生上，相較於威權政體，民主的統治方式是否真的能為人民帶來更好的生活？若是能夠的話，主要有哪些好處呢？

民主在許多方面都表現較佳

　　下面六張圖針對一些我們認為很重要的事情，以盒型圖（box plots）的方式呈現出民主國家與非民主國家的差異。盒子裡的粗線是中位數的位置，盒子的上下範圍涵蓋中間50%的資料所在，直線則是資料的整體分布。圖中將世界上所有國家分成民主與非民主兩類，[1] 資料來自 2016 ～ 2018

年間的數據，以該國所能取得的最新年份為主。

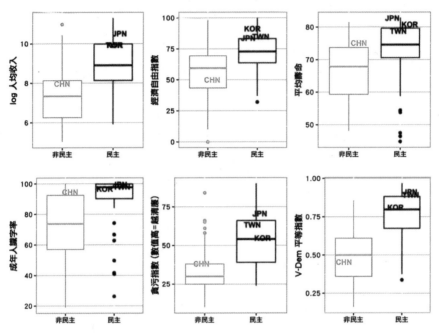

【圖 1-2-1】以盒型圖呈現民主國家與非民主國家的差異。製圖：王奕婷。

　　左上圖代表人均國內生產總值（per capita GDP），這個數值大致表示國家整體的經濟發展程度。中上圖是經濟自由指數（business freedom index），資料來自美國傳統基金會（Heritage Foundation），代表一個社會中個人與企業的財產權是否受到保障、能否有消費投資做生意的自由、政府是否不能任意侵害這些自由，數值越高表示越自由。另外還有預期壽命（life expectancy）與成年人口識字率（literacy）的資料，可以大致顯示一個國家醫療公衛、食品安全、與教育資源的品質。中下圖的

1　分類標準依 J. A. Cheibub, J. Gandhi, & J. R. Vreeland. (2010). Democracy and dictatorship revisited. *Public Choice*, 143(1-2), 67-101.

貪污指數（corruption perception index）來自國際透明組織（Transparency International），數值越高表示該國政府越清廉。最後的平等指標（egalitarian index）來自多元民主研究中心（Varieties of Democracy, V-Dem Institute），表示社會中自由權利、政治權利、以及醫療教育資源是否大致平等地分配予各群體，數值越高表示越平等。

　　從上面六張圖可以發現，整體而言，民主國家在每個面向的表現都勝過威權國家。大致來說，民主國家人均收入較高、更有消費投資賺錢的自由、人民較健康也受到更好的教育、政府較為清廉、權利與基礎資源的分配也更平等。民主與威權相比，不只是中位數有相當明顯的差距，整體分布來說，多數民主國家的表現也優於威權國家。當然，兩個顏色各自所涵蓋的數值範圍仍略有重疊，也就是說，確實有少數的威權國家表現不遜於民主國家。圖中也標示出台灣與東亞鄰國們的位置，在這些項目中，台灣的表現與其他民主國家相較也都相當不錯，更遠超過絕大多數的威權國家。

　　在這些能讓人們更幸福更滿足的事情上，民主國家都有較威權國家更棒的表現。那是不是就表示民主的統治方式是「導致」這些好表現的原因呢？也就是說，因為有了民主，所以人們就能賺更多錢更健康更認識字且更平等自由？其實這中間的因果關係有一些複雜，例如針對人均收入，目前政治學多數研究是認為：當一個社會的整體收入提高，就更有可能從威權轉型為民主，而不是「因為變民主，所以更有錢」。針對貪污指數來看，也有研究認為其實「很獨裁」與「很民主」的地方都比較清廉，反而是由威權過渡到民主的轉型時刻，貪污更可能難以控制。

　　上述六張圖凸顯了一個面向，是政治學研究發現一旦實施民主就會導致明顯進展的，那就是一般民眾整體的生活品質，尤其體現在健康與教育等方面。例如社會中多數人是否有充分的營養、生病受傷時能獲得多少醫療照料、日常能否有乾淨的飲水與安全的食物、能否普遍地接受一定程度的教育等。這些相關變項被稱為人類發展指標（human development indicators），指標的分數越高，表示人們越有辦法擁有安全健康的生命與

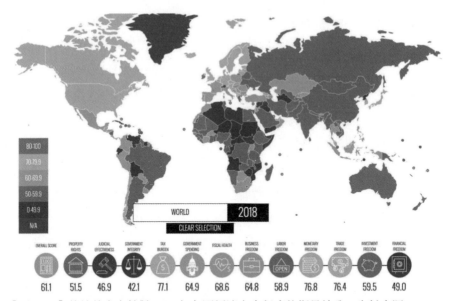

【圖1-2-2】傳統基金會針對 2018 年各國經濟自由程度的衡量給分。資料來源：https:// www.heritage.org/index/heatmap

知識、且能追求自己想要的生活；指標越高，也代表政府更加在乎一般民眾的生命，願意為社會整體提供照顧，而非僅將資源挹注予特定少數。實行民主政治已被證實能夠顯著地提升人類發展指標。

選舉競爭的效果

為什麼民主有可能為一般民眾帶來更有基本保障的生活呢？許多研究認為，那是因為民主體制有「競爭性的選舉」。在民主社會中，選舉具有相當程度的競爭性，反對黨能夠自主參與、不受騷擾威脅，執政者則要面臨在選舉中被教訓的可能，誰也無法保證哪個人或哪個政黨能夠永遠勝選。此外，由於人們能自由表達不同意見、組成各種團體，無論是豬瘟疫情還是菜價崩盤，各種社會上待解決的問題因此更容易被發現，從而使得選舉競爭中的各方更加感受到必須回應不同問題的壓力。

　　選舉提供了一個制度化的管道，讓人民的意見偏好更有可能被反映在政策中；若人民對執政者的表現不滿意，也有充分的機會換上其他團隊。也就是說，為了勝選、為了連任、為了自己的政黨能獲得更多支持，政治人物要設法做些讓選民感覺開心幸福的事，例如改善交通建設和教育的品質、提供社會福利、確保醫療衛生與食品安全等等。若是人民的期待無法得到滿足，則政黨和政治人物就很可能輸掉下次的選舉。

　　上述討論並不是要說，在民主制度下就能選出視民如親的聖君，或者威權政體下都是殘暴的獨裁者；[2] 而是要指出，無論政治人物原先具備什麼特質，由於民主體制有競爭性的選舉、且絕大多數人民都有投票權，這使得統治者必須要回應許多人的偏好、設法討好更多的選民，而無法只靠著少數人的支持就能穩定掌權。縱然不少人抱怨，選舉有時候只是挑個比較不爛的蘋果，然而正是可能會被更替的威脅（而非選出聖明賢君的期待與仰賴），使民主政體之下的領導人必須提供更具普遍性、而非針對少數群體的好處。

　　這樣的效果明顯表現在教育與醫療健康的指標上。已有許多研究指出，雖然民主的治理方式無法讓人人都迅速發大財，但是確實能讓民眾普遍活得較久較健康、嬰童死亡率較低、就學與識字率都較高。[3] 威權政體中誠然不乏表現較佳者，但多數在「識字衛生」指標方面與民主國家有不小的差距。

2　因為人均國內生產總值大致呈「右偏分配」，也就是說有錢的國家非常有錢，但數量比較少，為了讓資料的呈現更清楚，圖中的資料有經過對數轉換（log transformation）。

　　此外，政治學者確實也發現透過選舉來代表選民偏好、獎懲執政者的效果有其侷限，請參考王宏恩在菜市場政治學〈當選舉做不到課責也做不到選賢與能，民主還剩下什麼？〉一文的介紹。https://whogovernstw.org/2016/12/03/austinwang20/

3　既有文獻的彙整與研究方法的說明可參考 Y. Wang, V. Mechkova, & F. Andersson. (2018). Does Democracy Enhance Health? New Empirical Evidence 1900–2012. *Political Research Quarterly*, 1065912918798506.

有時候需要耐心

　　研究也發現，民主的正面效果往往要放在長期來看才會更為明顯。以剛經歷民主轉型、或民主程度尚未大幅進展的國家而言，仍不時會有貪污賄選、公共資源獨厚少數人、政策實踐成效不彰等問題，民主所帶來的好效果有時得等上一段長時間才能看得比較清楚。[4] 又，根據筆者研究，民主程度的提升短期內就能讓嬰兒死亡率明顯降低，而這樣的正面影響可以延續數年。整體來說，民主的長期影響更為顯著，以下將更仔細解釋。[5]

　　為什麼好效果常常無法現在、立刻、馬上就看到呢？除了政策的制定與改變需要時間，醫療與教育資源的調整投放本身也不是一蹴可及之外，一個重要的原因在於，新興民主國家的政黨與政治人物尚未在選民心中建立起充分的政策聲譽（policy reputation）。這個政黨真的會在當選後，依照選舉時的承諾，實踐有利於勞工（或資本家、或農民、或同志、或軍公教、或統、或獨等等立場都可以帶入）的政策嗎？這些承諾是否可信（credible）呢？政黨是否認真想要推動這個政策？或者只是講好聽話哄哄人、選上後就會背叛選民？年輕的政黨並沒有足夠的時間可以累積充分的施政紀錄，讓選民相信該政黨一直以來都在實踐偏左（或偏右／偏統／偏獨）的政策，因此投給他們能夠保證會朝那樣的方向施政。

　　由於政策聲譽不那麼容易累積，要讓選民相信某個政策方向正在發生有時會有難度，而短期、實際且就在眼前的利益更加吸引人，因此政黨往往傾向於採取立即直接的方式來建立支持度，例如與派系團體進行利益交換、提供經營許可或工程承包等。倘若這些短期的「撒幣」做法能夠有效地拉攏選票，那麼就會排擠掉那些需要時間來調整改變的大規模政策，尤

4　J. Gerring, P. Bond, W. T. Barndt, & C. Moreno. (2005). Democracy and economic growth: A historical perspective. *World Politics*, 57(3), 323-364.

5　Wang, Mechkova & Andersson. Does Democracy Enhance Health?

其是長期而言能漸進改善民生的施政。[6] 也就是說，民主制度往往要實行一段時間後，政黨競爭與政策產出方能較為穩定，好效果也才有可能完整出現。

　　讓事情變得糟糕的是，由於民眾往往難以得知執政者是否真的在好好實踐改革，而非中飽私囊，因此當施政沒能在短時間出現明顯的效果，或者由於外在因素而產生經濟或安全危機時，選民很容易缺乏耐心，進而對民主產生懷疑，悲觀地認為所有政客終究都只是想要騙票而已，反正「大家都一樣爛」，沒有誰真正想要實踐政策承諾，然後就再也不願意相信選舉的作用了。同樣地，當政黨與政治人物意識到，若是短期內沒有成效，即使實踐政策也不一定能帶來選票時，他們就會缺乏誘因來推動改變，反而是謀求私利、略施小惠來拉攏選民成了更實際的做法。[7] 民眾沒耐心、政黨與政治人物也沒耐心的結果，從此形成惡性循環。

　　目前的政治學研究告訴我們，整體而言，民主確實能增進人民福祉，在民眾的基本照顧上明顯地做得比威權政體更好。然而民主的效果有時需要等待，過程需要學習，投票與政策改變到底實際上會發生什麼後果也需要時間才能發現。如果人們太快就失望，進而放棄選擇的權利與監督的工作，那麼就有可能把好不容易得來的民主推往威權的方向。

6　P. Keefer. (2007). Clientelism, credibility, and the policy choices of young democracies. *American journal of political science*, 51(4), 804-821.

7　M.W. Svolik. (2013). Learning to love democracy: electoral accountability and the success of democracy. *American Journal of Political Science*, 57(3), 685-702.

1-3
什麼是獨裁政治？跟民主有何不同？
我們為什麼要理解這些？

陳方隅———文

本文的主要目的是要跟讀者們分享關於「獨裁政治」的基本特徵，也就是所謂「威權政體」的一些基本概念，並且討論它跟「民主政治」有什麼不一樣。

民主與獨裁的基本定義

到底什麼是民主？什麼是獨裁？例如：新加坡是民主國家嗎？中國說自己是民主國家，真的是這樣嗎？

如果我們用最起碼、最低標準的「程序性定義」來看，所謂民主政治指的是：第一，掌握最高政治權力的領導者，必須透過全民普選的方式，或者由全民普選的機關（例如國會）來決定去留。第二，這個選舉必須是定期舉行，而且必須要有多黨競爭。第三，至少需要進行過一次這樣的多黨公平競爭方式所達成的政黨輪替。如果沒辦法達到這些要件，我們就會說一個國家是威權國家。[1]

---

1 學者 José Antonio Cheibub 等人根據這三大程序性的定義要素，發展出一套分類的方式，我們稱做民主與獨裁指標或 DD 指標。另外，我們在衡量一個國家的民主程度或威權程度時，還有兩個常用的指標是：政體資料集，評分從最獨裁的 -10 到最民

有些民主國家是由全民直選總統，例如台灣；有些民主國家是所謂議會內閣制，例如德國和日本，掌握行政權力的內閣總理並不是全民直選的，但仍然是透過定期的「國會選舉」來決定由誰來當總理，因此仍然是符合以上所提到的要件。

然而，問題來了，幾乎絕大多數的國家都有選舉，那該怎麼區分它們到底是不是民主國家呢？這時就要看這個選舉是否是「真實的」與「自由的」。某些國家雖然有選舉，但反對黨永遠不會贏。反對黨有可能被禁止成立（那就不符合上述多黨競爭的要件）；人們有可能被限縮各種參與權利；主政者透過各種作弊的方式來贏得選舉，又或是透過修改選舉制度的方式來確保自己可以一直執政（沒經歷過政黨輪替，就不符合上述的第三個要件）。新加坡及俄羅斯就是這樣的例子。在新加坡，批評政府會被關到精神病院；在俄羅斯，反對派甚至直接被暗殺。像是在中國，除了最低行政層級的「村」有村選舉（但候選人們通常都需要先經過共產黨的認可），其他層級就完全沒有選舉了。朝鮮（也就是俗稱的北韓）的選舉也很有趣，雖然規定年滿 17 歲的公民就有選舉權，也規定每個人都必須去投票，但選票上面只會有一個候選人的名字，選民甚至不需要做勾選或蓋章的動作，只要把選票投入票匭就可以了。

在幾十年前，並不是每個國家都有選舉。然而，越來越多獨裁者發現，選舉是一個很好的化妝術，可以增加統治者的統治正當性，於是現在幾乎所有威權國家都有選舉了。在學術上，通常會把這類的政體稱做混合政體（hybrid regime），或是競爭性威權政體（competitive authoritarian

---

主的 10 分；以及自由之家，在公民自由以及政治權利兩大部分做評分，等級由最不民主的 1 評到最民主的 7 分。這些指標在程序上的定義是類似的，雖然在實質的民主與自由定義方面有些許不同，例如自由之家強調針對公民參政權利和個人自由的保障個別給予評分。

不管根據哪個指標，最遲從 2000 年的政黨輪替開始到現在，台灣一直都被歸類在完全的民主國家。參考：〈菜市場政治學資訊 BOX「自由之家 2020 報告：民主繼續退潮」，https://www.facebook.com/whogovernstw/posts/2615273838751478〉

regime），[2] 也就是說選舉確實存在，但是並不公平。也就是因為這樣，如何區別民主與非民主變得更加困難，更加需要依賴其他的條件予以區隔（尤其是，是否有多黨競爭、選舉是否公平）。

現在有越來越多獨裁國家會使用各種「類似民主」、「名義民主」的制度，但實際上卻是為了集中權力。例如獨裁者常常利用選舉和政黨政治來收編可能的反對派人士。[3] 很多人可能會認為，威權政體最大的特色就是大量使用「強制手段」（例如秘密警察、戒嚴、高壓統治）來壓迫人民自由，但現在獨裁者們已經變得越來越「聰明」，懂得利用各種制度去吸收反對者。

民主與獨裁的統治策略差別

民主跟獨裁最大的差別是，誰決定權力所屬，誰決定領導者去留。在民主國家，由於是全民普選，所以理論上領導者必須要考量全民的利益。然而，在獨裁國家，統治者能否掌握權力，仰賴的是一小群統治菁英，所以一切的目標是要維持政權穩定，以這群統治菁英的利益為優先。

在獨裁國家裡沒有「自由競爭」的選舉，無法透過選舉來反映「真實的」民心，而且通常新聞自由和言論自由是受到打壓的，因為統治者不希望人們知道太多，最好都只要知道現在國泰民安的好消息，也不要去談論政治什麼的。然而，這樣子的制度有一個重大缺點，那就是獨裁者會不知道民間的真實狀況怎麼樣，也不知道人們的喜好到底是什麼，然後因為缺少言論自由和監督力量，所以常常無法揭發和阻止各層級的貪腐或者決策錯誤。

---

2 這部分可參考一本經典著作：Steven Levitsky and Lucan A. Way. 2010. *Competitive Authoritarianism: Hybrid Regimes after the Cold War.* Cambridge University Press.

3 推薦大家可以看：威廉・道布森，2020。《獨裁者的進化：收編、分化、假民主》，左岸文化出版。

　　也就是因為對民間社會的真實偏好缺乏理解，所以獨裁國家最常做的事情不是解決問題，而是解決提出問題的人。然而，打壓人民自由的強制手段用得越兇，獨裁者就越不知道民間的真實狀況。

　　政治學者曾經寫過一本《獨裁者手冊》以描繪獨裁者的思維模式，[4] 該書的中文版副標題是：「為什麼國家、公司領導者的『壞行為』永遠是『好政治』」。這本書告訴大家：一、獨裁者只需要考量少數政治菁英的意見就可以持續掌權；二、如果新聞自由開放了，權力互相制衡的機制出現了；三、對大眾來說是好事，因為可以對公共政策進行審議和監督，減少出錯機率，但是對獨裁者來說卻是壞事，因為有可能會讓他們做壞事被發現，從而減損他們統治的正當性。

　　簡單來說，民主政體和獨裁政體最大的不同，在於統治者的產生方式以及定期的輪換機制，這會造成統治者的負責對象不同。在民主國家，統治者的去留是由全體選民決定；而在獨裁國家，統治者的去留是由一小部分的政治菁英來決定。不一樣的權力來源導致統治者在施政時的優先考量天差地遠，因為他們照顧的人群完全不一樣。

4　布魯斯‧梅斯吉塔、艾雷斯德‧史密斯，2019。《獨裁者手冊：解析統治權力法則的真相（為什麼國家、公司領導者的「壞行為」永遠是「好政治」？）》遠流出版。

1-4
「依」法而治還是「以」法而治？
民主與法治的關係

吳俊德————文

　　自從台灣民主化以來，民眾上街抗議政府施政作為的事件層出不窮。政府在處理社會抗爭時，經常會強調台灣是民主法治的國家，不能容忍法律被挑戰、社會秩序被破壞；也有許多民眾視社會運動參與者為破壞法治的暴民，擔心日益普遍的抗爭行為只會讓台灣民主倒退。誠然，法治可以說是一個民主國家最重要的條件，「民主離不開法治」這句話更是所有人都琅琅上口。然而，法治的意義究竟是什麼，未必所有人都瞭解（甚至有許多的誤解），民主和法治的關係又是什麼，也往往被許多民眾所忽略，本文希望能針對這些問題進行說明與釐清。

法治是為了防止強者欺凌弱者

　　首先要從民主政治如何運作說起。在理想的情況下，民主是由人民共同參與決定公共事務，這是所謂的直接民主，以避免由一人或是少數人為所欲為，憑著一己的喜好或是意志來統治人民。不過，現代國家由於領土廣大、人口眾多、議題複雜、人民無暇參與等諸多因素，導致直接民主有實行上的困難，只好退而求其次，以間接民主的方式，勉強達成民主政治的理想。間接民主即是人民經由選舉決定領導人，然後將決策以及統治的

權力賦予這位領導人；同時，人民也選出民意代表（代議士）來制訂法律、
監督政府，因此間接民主也被稱為代議民主。

在間接民主中，權力都交給領導人，人民擁有的權力僅僅是在幾年一
次的選舉中，投票選擇一位領導人。在領導人被選出來以後，人民只能服
從他的統治，對公共事務的決定再也沒有參與的機會。當民主的實質內涵
只剩下選舉程序，人民最擔心的事情，莫過於執政者專斷獨行、侵害人民
權利，卻沒有辦法與之對抗。因此，間接民主都會設立某些機制來防止執
政者濫權，這些機制包括權力分立、責任政治、罷免、以及公民投票等，
其中最重要的一項機制就是法治原則。

法治（rule of law）按照字面解釋即是法律的治理，有別於人的治理
（rule of man），一般的說法叫做依法治理或是依法行政。法治的意義，
簡單地說就是任何人或是任何機關都不得凌駕於法律之上，必須服從法律；
政府只是法律的執行者，法律如何規定，政府就如何行事；法律如何對待
人民，就如何對待政府。根據聯合國 2004 年的定義，[1] 法治包括以下幾項
原則：法律至上（即任何人、機關都不得凌駕法律）、法律之前人人平等、
法律可問責性（即不論民眾或官員，皆須對其行為負法律責任，若違法則
加以懲罰）、公平適用法律、權力分立、決策參與、法律規定明確、避免
專斷獨行、法律程序透明。從聯合國的定義來看，法治的意涵不只是守法，
也不僅限於法律層面而已，還包括民眾有權參與公共政策的制訂、以及政
府各種權力之間的制衡。

在簡單解釋法治的意義之後，接下來要說明民主與法治的關係。我們
知道，法律的目的在於維護社會的公平正義，防止強者欺凌弱者，因此，
法律的內容必須要合乎公平正義的原則，在前述聯合國對於法治的定義
中，聯合國也指出法律必須符合國際人權的規範與標準。在間接民主的體

---

1 聯合國對於法治（rule of law）的定義，請見以下連結。https://www.un.org/ruleoflaw/
what-is-the-rule-of-law/

制中，執政者掌握了權力與武力，是不折不扣的強者，而人民交出權力以後成為完全的弱者，在強弱之分如此明顯的情況下，弱者能保護自己不受欺凌的唯一方法，就是強者必須依照代表人民的立法機關所訂定的規範行事。也就是說，在間接民主的體制中，唯有政府依照法律施政、遵守法定程序（此即所謂的程序正義），人民的權利才能不受侵害；尤其當民意代表失職、權力分立機制被破壞，導致立法機關無法有效監督行政機關時，保護人民的最後一道防線，就是政府違法將會面對的法律問責，也就是法治。準此，法治在民主國家的真正意義為：法律不只是約束人民的行為，更是限制政府權力；最應該要遵循法律的不是人民，而是政府。

「以法治理」vs「依法治理」

遺憾的是，法治的意義經常被誤解，其中一個似是而非的法治觀念就是以法治理（rule by law）。雖然「依法治理」和「以法治理」只有一字之差，其間的區別卻是民主與獨裁的差異。別忘了，獨裁國家也是有法律的，甚至也強調法治，只不過，獨裁國家所說的法治並不是「依法治理」，而是「以法治理」。「以法治理」從字面上來看是以法律治理，更詳細地說就是政府以法律為工具來管理國家、控制人民。在這樣的國家裡，執政者位於法律之上，不受法律限制，對法律適用的標準也不一，因而有選擇性執法的問題；這樣的國家甚至會制訂符合執政者利益的法律，以阻止人民向政府爭取權利。總的來說，以法治理是以法治之名來限制人民權利，而不是以法治的內涵來保障人民權利，這樣的法治觀念並不是民主的原則，而是假民主之名行獨裁之實。

「以法治理」的國家有幾項特色，或者換個方式說，有幾項指標可以來區別「以法治理」和「依法治理」：首先，這樣的國家經常有所謂的惡法，也就是法律的內容並不符合公平正義的原則，甚至違反國際人權的規範與標準。其次，政府經常以行政命令取代法律來施政，以迴避立法機關的監

督，從而造成行政權的擴張。第三，以維護社會穩定祥和的理由，要求人民遵守法律，民眾若是採取行動向政府抗議惡法、爭取權利，就會被污名化為破壞社會秩序與經濟發展（例如造成股市下跌）的暴民。另外，以教育和製造輿論的方式對人民灌輸服從法律、遵守秩序的觀念，目的在於將人民馴化，使其不與政府抗爭。對於獨裁國家的執政者來說，最理想的狀況莫過於所有人民都是順民，完全服從政府所作所為，沒有人挑戰政府，而「以法治理」這樣的觀念，就是獨裁國家的執政者最好的統治工具。

　　以上簡單介紹民主政治的運作、法治的意義、以及「依法治理」和「以法治理」的差別，本文最後想要談一下為什麼我們認為民主是最好的政治體制這個問題。關於民主的優缺點，學界討論甚多，[2] 無疑地民主有相當多優點，但也有不少缺點，舉凡決策效率低落、社會未必和諧有序、經濟表現未必良好（這點尚有爭論）等，都是民主政治為人詬病之處。既然民主有許多缺點，為何我們仍然認為民主是普世價值，應該是全世界所有人追尋的理想？其實答案只有一個，就是因為民主是最能保障人民基本權利的制度，而民主之所以能夠保障基本人權不受政府侵害，關鍵落在政府必須依照法律行事，也就是「依法治理」的法治原則。

　　所以，關於「民主能不能當飯吃」這個問題，本文以為這是選擇的問題。如果我們想要的社會是為了經濟發展可以犧牲社會正義（如大埔事件，[3] 事實上兩者並非不能兼顧）、為了社會秩序可以限制人民表達意見的權利，那麼民主自然不能當飯吃；相反的，如果我們想要一個人民能夠自由表達意見、基本權利能受到保障、公平正義可以維護的社會，我們不但

2　相關討論的整理請見陳方隅〈「民主不能當飯吃」？郭董，你錯了！〉一文。http://www.thenewslens.com/post/40218/

3　2009 年起發生在苗栗縣竹南鎮大埔里的抗爭事件，是抗議政府為了設置科學園區而施行的區段徵收與強制拆遷。2010 年與 2013 年先後發生抗爭戶自殺身亡的事件，引發更大規模的聲援與社會運動，請見以下連結。https://zh.wikipedia.org/wiki/%E5%A4%A7%E5%9F%94%E4%BA%8B%E4%BB%B6

要吃民主這碗飯，而且還要好好捧著「依法治理」這個飯碗。當有人要以「以法治理」來混淆法治觀念時，我們要清楚地告訴他：拿著法條綁住人民、限制人民權利並不是法治，約束政府權力、法律同等地對待人民與政府，才是真正的法治。

1-5
民主輸給獨裁了嗎？
談政治體制、國家治理與防疫能力

顏維婷————文

　　武漢肺炎（Covid-19 病毒）肆虐全球，從 2020 年初只是中國和亞洲的問題，到三月歐美紛紛淪陷而演變成全球問題。歐美會陷入疫情部分是因為錯失早期防疫時刻；相反地，中國初期就大規模封城、嚴格限制人口流動，到了三月開始出現初步成效。有論者認為，對比中國迅速與嚴格的控制以及歐美延遲與鬆散的管控方式，威權體制較能有效回應武漢肺炎危機。中國也沒有錯過這個機會，大肆宣揚威權體制控制疫情的有效性。於是這裡產生了一個可爭辯的問題，民主體制與威權體制在防疫上究竟孰優孰劣？

　　本文從危機管理的角度來討論這個問題，重點如下：第一，討論民主與威權體制之前，必須先認知到「國家能力」與「民主體制」並非同一件事。第二，面對危機，一個國家的「國家能力」會影響到可使用的政策工具、回應危機所需的物資動員、以及國家各部門與各層級的協調整合溝通。第三，威權與民主最大的差異，在於國家領導人產生的途徑不同，也就是統治正當性的來源不同。第四，由於統治正當性的來源不同，面對不確定性極高的跨境危機時，民主體制比威權體制可以做得更好的地方包括：保持資訊透明、與人民溝通、以及矯正錯誤所需的時間。至於在資源使用和動員上，真正的差異應該還是以國家能力為主。

以下的討論會先點出武漢肺炎的危機本質以及對政府治理的挑戰，接著談政府體制與國家能力的差別，最後再談民主與非民主體制在處理類似危機時的優劣。

跨國境危機帶來的四大治理挑戰 [1]

武漢肺炎屬百年一見的瘟疫因而有其特殊性，但武漢肺炎與其他很多跨國界的危機（例如氣候變遷、恐怖攻擊、糧食危機、全球金融危機⋯⋯等）又有共通的特性。這些跨國境的危機都具有以下特質：發生得突如其來（不像颱風之類的災難其實可以預測）、直接威脅人民生存、需要跨國合作來解決危機。

政治學者在整理危機管理的文獻後，歸納出像武漢肺炎這類跨國境全球危機對各國政治和行政能力所造成的挑戰。這裡簡單摘要四種主要挑戰，接著再分析不同政治體制在回應這些挑戰時的異同。

● 第一：如何處理危機帶來的不確定性

不確定性（uncertainty）和風險（risk）不同，風險是指「有機率的未知」，例如投保人身意外險，雖然意外是否發生屬於未知，但透過大數據計算，可以估出各種意外發生的機率。純粹的不確定性則是「沒有機率的未知」，無法得知機率是因為我們對於（一）危機的來源（二）危機的發展方向與幅度（三）危機的解方這三個面向，都缺乏足夠的資訊量。

以百年一見的武漢肺炎來說，病毒的來源、傳播的途徑、傳播的速率、乃至疫苗的發展都充滿了不確定性。再加上危機跨國境的特性，使得疫情早期極需仰賴他國資訊，訊息的不完全或彼此矛盾，可能會導致各國政府

1　本節的內容主要擷取自以下這篇文章：Chris Ansell, Arjen Boin, and Ann Keller. 2010. "Managing Transboundary Crises: Identifying the Building Blocks of an Effective Response System." *Journal of Contingencies and Crisis Management* 18 (4): 195-207.

無法下達正確指令。

● 第二：如何在危機中提供足夠的資源

危機一旦發生，勢必會出現對特定資源的需求暴增。例如這次的武漢肺炎對國家動員資源的能力形成嚴酷的挑戰，呼吸器、口罩和手套一夕間變成炙手可熱的資源，負壓病房與病床是否足夠也成為各國政府最棘手的挑戰。由於醫療資源的稀缺直接影響到一個國家的武漢肺炎死亡率，要如何動員公私部門資源、又該動員多少，都成了問題。此外，國家也必須要有正確的資訊（上述的第一項挑戰）才能確保資源供給不虞匱乏。

● 第三：政府如何協調出有效的回應

資源的動員只是故事的一半，如何協調各部門與各層級政府，往往才是資源能否有效利用的關鍵。但因為各單位誘因不同，跨部門、跨層級的協調整合並不容易，責任歸屬也就變得相對模糊。像美國自從疫情爆發後，聯邦制的設計使得各州之間以及州與聯邦政府之間的聯繫協調都出現問題。2020 年時任總統的川普就與當時的紐約州州長古莫激戰聯邦政府是否要補助紐約州呼吸器一事，後來聯邦政府與各州針對何時開工一事也不同調，地方與中央層級之間的衝突凸顯出美國防疫的漏洞。

● 第四：如何界定危機與民眾溝通

民眾在危機時刻容易產生情緒波動，尤其是資訊量缺乏時，各種臆測和錯誤訊息的傳遞反而會增加不必要的恐慌，甚至妨礙到政府處理危機。因此，政府在資訊溝通和幫助民眾理解危機這件事情上扮演了很重要的角色。政府一開始的態度是積極回應還是消極面對，都會影響到民眾如何決定採取什麼樣的行動。

但如第三點所述，國家間各部門各層級的協調本身就是一項挑戰，不同團體間也會因不同的誘因而對危機做出不同的解釋。例如，美國一開始

要定調武漢肺炎的性質時，川普整個 2020 年的二月都在傳達武漢肺炎其實沒有比流感嚴重的訊息，於是這樣的訊息也影響了美國人看待這個新型病毒的態度。有一篇論文就指出美國人的政黨偏好完全左右了他們在初期對於武漢肺炎的態度和採取的行為。共和黨支持者普遍跟隨川普的言論，認為武漢肺炎在美國並不嚴重，因此也不會戴口罩、勤洗手、避免出沒公眾場所、以及與人保持社交距離。民主黨的支持者則完全持相反的態度與行為模式。[2] 武漢肺炎在美國呈現出一個肺炎、兩種解讀的狀況，很大程度是來自政治菁英在初期對肺炎定調的結果。

政治體制 ≠ 國家能力

談完疫情危機對國家治理所造成的四種挑戰後，在進入討論不同政治體制處理疫情的優劣前，必須先釐清一件事：國家能力（state capacity）與政治體制（political regime）是兩個不同的概念。

一般來說，國家的政治體制粗略分成民主與非民主體制，區分方式是由統治者如何產生所決定。民主體制由人民透過公平、公正的選舉來產生統治者，反之則為非民主體制。國家能力是指一個國家能夠穿透並治理社會的能力，例如：政府效能、政府管制政策的法規與品質、法治、政治穩定度、抑制貪腐程度、以及公民問責程度等。[3]

當然，國家能力的某些要件似乎較容易在民主體制下發生，例如公民能夠對政治發聲與問責的程度以及社會遵守法治的程度。但是，民主的核

---

2 Shana Kushner Gadarian, Sara Wallace Goodman, and Thomas B. Pepinsky. 2020. "Partisanship, Health Behavior, and Policy Attitudes in the Early Stages of the COVID-19 Pandemic."

3 全世界存在多種測量國家能力的指標，各種指標所包含的面向有些微差異，但大同小異。其中最有名的一個指標是由世界銀行發布的「世界治理指標」（Worldwide Governance Indicators），本文所提及的面向即來自「世界治理指標」。
   https://papers.ssrn.com/sol3/papers.cfm?abstract_id=1682130

心定義關乎國家權力來源，與國家穿透社會的能力不全然相同。事實上，從下圖可以看出，當我們將國家能力（y 軸）與民主程度（x 軸）擺在一起時，兩者並非正相關，而是呈現一個 U 字型。

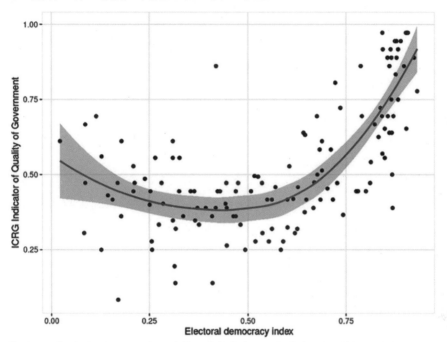

【圖 1-5-1】這張圖顯示 137 個國家的國家能力與民主程度之間的關係，圖中的一點代表一個國家。製圖：顏維婷。

　　進一步將這張圖分成四個象限，就會發現不同國家在不同象限的位置。以亞洲國家來說，日本、韓國、台灣屬於民主程度高國家能力也高的國家；印尼屬於民主程度高但國家能力低的國家；新加坡則是民主程度低但國家能力極高的國家；中國和泰國則屬於民主程度低國家能力低的國家（中國的國家能力算是中等）。[4]

4　以國際國家風險指南（ICRG）的指標分數來說，從 0 到 1 以 0.5 為中心來看，日本與新加坡的分數是 0.86，與美國差不多，台灣與韓國則是 0.69。中國則是 0.47。

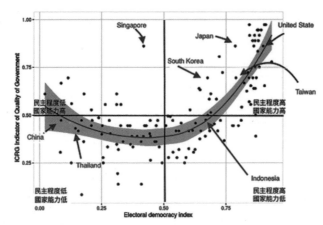

【圖 1-5-2】國家能力與民主程度的四個象限。製圖：顏維婷。

　　瑞典的學者 Axel Cronert 研究了不同政府在處理武漢肺炎時的差異。他以關閉學校的速度為例，發現最快把學校關起來的，大多是民主程度高但國家能力低的國家；民主程度與國家能力都低的國家次之；再來是民主程度與國家能力皆高的國家；而民主程度低但國家能力高的政府撐最久。[5]

　　從關閉學校的例子來看，決定政府反應速度的關鍵並非是否民主，而是國家的治理能力，當國家的治理能力越低落，就會越快速地將學校封起來。這背後的邏輯可能是，國家能力越高的政府可以有更多的政策工具來防疫，並不需要一下子就大規模地封城與隔離。因此，像中國那樣透過既迅速又大規模的封城與限制人口流動來防堵疫情，不一定是與其政治體制有關，反而是與其國家能力有關。

國家能力與危機管理

　　理解國家能力與政治體制的差別，有助於我們分析國家能力在危機管

5　Axel Cronert, "Democracy, State Capacity, and COVID-19 Related School Closures." https://preprints.apsanet.org/engage/apsa/article-details/5ea8501b68bfcc00122e96ac

理時可能影響到的面向。

　　前一節提到，危機給國家帶來四種對治理的挑戰，包含如何處理危機的不確定性、如何提供足夠物資、政府如何協調出一套整體回應、以及如何定調危機性質與民眾溝通。既然國家能力指的是治理，指的是政府是否有能力使用不同政策工具來穿透社會達到所欲的政策效果，那麼國家能力的高低所涉及的危機管理面向，最主要的就是物資動員以及各部門與層級間協調統合的能力。國家能力越高，可使用的政策工具理應越多，在防疫政策的選擇上也就有越大的彈性。像是台灣的口罩國家隊、健保局結合移民署以追蹤國人旅遊史，都是國家能力的展現。相反地，國家能力比較低，可使用的政策工具就相對比較少，資源的動員、整合、與發放也會面臨比較多的挑戰。當國家自認沒有足夠的能力防疫，就比較有可能採取大規模封鎖或隔離的方式以防止疫情擴散。

民主與威權在危機管理中的優劣

　　政治體制對於危機管理的影響，集中在如何面對危機的不確定性、如何定調危機以及與民眾的溝通。

　　如前所述，民主與威權最大的差別，來自於統治者產生的方式。在民主體制裡面，統治者由人民透過選舉產生，選舉是人民賦權給統治者的過程，領導人統治的正當性來自於公平公正的選舉。定期的民主選舉可以提升政治競爭與課責能力，長遠來說，是透過去蕪存菁來幫助國家選出適任的政治菁英，因此具有自我矯治的功效。相反地，由於威權國家的領導人並非透過人民定期選出，其統治正當性必須立基於某些能力與成績（很多時候是持續的經濟發展）。當統治正當性並非來自選舉時，相較於回應人民期待與接受人民監督，威權統治者更在意可以幫助政權延續的其他能力。例如，為了政治穩定，威權政體就有比較高的誘因會隱匿或監控資訊。[6]

　　在像武漢肺炎這樣的跨境危機中，民主體制優於非民主體制其中的一點，恰恰在於民主有益於資訊的流通與透明性。武漢肺炎發展至今仍充滿各種不確定性：感染源不確定、傳播率不確定、死亡率不確定、疫苗發展時程也不確定。如此不確定的跨國境傳染危機，在危機發生早期的資訊透明與交流反而變得無比重要，因為對後續各國的應對會產生很大影響。然而，肺炎危機卻剛好發生在不鼓勵資訊透明的威權體制下，中國一開始就隱匿疫情，除了錯失防止疫情傳播的時機，中國所公布的感染率與死亡率不僅值得懷疑，更導致其他國家低估了防疫所需要的準備。

　　簡單來說，疫情的爆發以及疫情的控制是兩件不同的事情。疫情一開始的爆發是在民主國家還是非民主國家，對於資訊的透明性或者是日後他國的應對方式都會產生不同的影響。但在疫情的控制上，國家能力可能是決定各國行動速度與方向的關鍵，民主體制與非民主體制在資源的動員與使用上並不一定有顯著差異，反而在某些比較極端的防疫措施上（例如封城），非民主體制因為毋須考量人民偏好、可以忽略人民需求，結果執行「效率」反而更好。

小結：民主真的就比較好嗎？

　　說了這麼多，難道民主國家在處理疫情上就真的比較好嗎？那也不一定。看看美國處理疫情的顢頇程度，讓人不禁替民主體制捏了一把冷汗。說到底，民主可以做到最好的大概就是資訊的透明度以及與人民溝通，這不是說所有民主國家一定會有良好透明的溝通管道，畢竟還有其他影響因素，像是領導者的領導力、政府體制與架構等。像美國的聯邦制以及川普的領導風格，大大延緩了防疫時程，即便已在防疫期中，聯邦政府與各州

6　延伸閱讀可參考菜市場政治學〈獨裁者的統治邏輯及其困境〉一文。https://whogovernstw.org/2020/02/18/fangyuchen38/

政府之間針對資源分配或是何時解封等問題，都沒有一個統一的回應框架，以致出現彼此互扯後腿的情形。[7] 就算是在民主體制之中，武漢肺炎也暴露了很多國家存在的痛點，像是醫療體系不夠健全或醫療資源分配不均的問題，這些原先存在於福利體制當中的制度性差異，或可進一步解釋各民主國家在防疫成果上的差異。

　　然而，和非民主體制相比，民主國家至少沒有誘因去隱藏資訊，也更有誘因去提高資訊透明度。疫情一開始，最需要的就是資訊的公開與交流。所以我們不妨來思考一個問題：如果今天疫情「一開始」是爆發在一個民主國家境內，那麼這一切是否會有所不同？

7　延伸閱讀請參考以下連結。https://www.facebook.com/whogovernstw/photos/a.14207106
　　34874477/2624556044489924/?type=3&__tn__=-R

1-6
我們如何界定國家能力？
談國家能力與政治體制兩者之間的關係

蔡承翰———文

　　新冠肺炎（COVID-19）2020 年初自中國武漢市開始出現病例後，不僅造成全球五百多萬人的死亡，各國的經濟發展也因而產生巨大損失。疫情發展至今，各國除了專注於防止病毒擴散之外，也開始探討新冠肺炎對國際關係、國際政治經濟、政治體制、國家治理所帶來的影響。

　　本書第一部的〈民主輸給獨裁了嗎？談政治體制、國家治理與防疫能力〉有提到國家能力和政治體制是兩個不同的概念，本文試圖延續該文所提及的兩個概念進而討論：第一、我們如何定義與測量國家能力（State Capacity）？第二、國家能力與政治體制是否有關聯性，例如：民主國家與非民主國家的國家能力是否有所不同？

國家能力

　　國家能力是指政府是否可以有效率地從社會「擷取」（extract）並「分配」（allocate）資源來達到政府所要執行的政策目標。簡單地說，國家能力指的是政府能否透過現有的政治與經濟制度有效地獲得資源來達到政府的施政目標。[1] 例如政府想在疫情期間大量生產口罩，這時就會考驗國家能力是否可以有效率地將資源運用得宜，扮演好口罩國家隊的角色。我們

可以從圖 1-6-1 看出「國家能力—社會—資源」三者之間的關係。圖中清楚顯示政府從社會獲取資源，然後透過政策再分配資源至社會，提高人民與社會的福祉。講白話一點就是國家的資源是取自於社會，然後用之於社會。

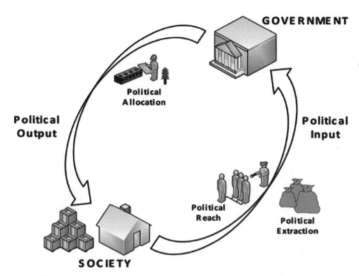

【圖 1-6-1】國家能力—社會—資源三者之間的關係。資料來源：Kugler and Tammen (2012): The Performance of Nations.

　　政治學文獻有不少關於國家能力的討論。Charles Tilly 研究過去歐洲國家的建國歷史，提出戰爭造就國家、國家製造戰爭的說法。[2]Tilly 指出國家的建立過程中，為了消除內部與外在的威脅，必須採取軍事手段來維護國家主權。同時為了在軍事行動中獲勝，必須擷取足夠的資源來達成軍事目的。簡單地說，在面臨內憂外患時，國家能力反而會增加。[3]Cohen, Brown,

1　Jacek Kugler and Ronald L. Tammen, eds. 2012. *The Performance of Nations*. Lanham: Rowman & Littlefield Publishers.

2　Charels Tilly. 1992. *Coercion, Capital and European States*, A.D. 990-1992. Cambridge, MA: Blackwell.

3　有關 Tilly 的論點，可以參考 Wikipedia 的簡要介紹如下。https://en.wikipedia.org/wiki/Charles_Tilly

and Organski 的研究也指出新興國家在建國初期，必須擷取資源來維持國家內部穩定，國家能力也會因此而提升。[4]Benson and Kugler 也提出國家能力越高，越容易平息內部動亂，維持國內政治穩定。[5]Feng, Kugler, and Zak 則是以經濟合作暨發展組織（OECD）國家為分析樣本，指出國家能力對經濟發展有正面影響。[6]

　　既然國家能力對政府所執行的政策目標如此重要，國家能力的來源為何以及如何測量國家能力就是一個大哉問。在國際關係研究中，相對政治能力（relative political capacity, RPC）是最常用來測量國家能力的指標。[7]Arbetman et al. 的計算方式是先將一個國家的農業、礦業、出口業相關產值與其賦稅收入進行迴歸分析，計算出一個預測值（predicted value），[8]然後將該國的實際賦稅收入除以預測值。若比值大於 1，代表國家能力表現較好，可以有效地擷取賦稅收入；若小於 1，則代表國家能力較差。我們可以看出國家能力主要來自於賦稅收入；衡量國家能力是否

4　Youssef Cohen, Brian R. Brown, and A. F. K. Organski. 1981. "The Paradoxical Nature of State Making: The Violent Creation of Order." *The American Political Science Review* 75 (4): 901–10.

5　Michelle Benson and Jacek Kugler. 1998. "Power Parity, Democracy, and the Severity of Internal Violence." *Journal of Conflict Resolution* 4 (2): 196-209.

6　Yi Feng, Jacek Kugler, and Paul J. Zak. 2000. "The Politics of Fertility and Economic Development." *International Studies Quarterly* 44 (4): 667-693.

7　下列公式（1）和（2）為 Arbetman et al. (2011) 測量相對政治能力的方式。

$$Tax/GDP = \beta_0 + \beta_1(time) + \beta_2(Agriculture/GDP) + \beta_3(Mining/GDP)$$
$$+ \beta_4(Exports/GDP) + \varepsilon \qquad (1)$$

$$RPC = Actual\ Government\ Revenue/Predicted\ Government\ Revenue \quad (2)$$

關於 Arbetman et al. (2011) 請見：https://dataverse.harvard.edu/dataset.xhtml?persistentId=doi:10.7910/DVN/NRR7MB

8　預測值可以看作礦業、農業、出口業等相關產值對國家賦稅收入的處理效果。讀者不懂前述觀念也無礙。讀者可以想像生病時我們會吃藥，藥物的治療效果其實是多次臨床實驗後的預期效果。用白話來說，先在公式（1）預測礦業、農業、出口業的表現會產生多少國家賦稅收入，然後在公式（2）計算國家實際賦稅收入是高於或低於這個預測值，並決定國家能力表現的好壞。

有效率，則是以國家的實際賦稅收入能力為主。直覺地來看，這樣的測量方式代表國家的賦稅收入越高，才能擁有更多的資源來擷取與運用；因此國家可以從社會上擷取的實際賦稅收入越多，國家能力越好。Arbetman et al. 為何會選擇農業、礦業、出口業的產值來作為測量國家能力的主要來源呢？我們可以想像這三種指標分別是第一、二、三級產業，國家賦稅收入來源就是來自於各級產業的經濟生產力。因為要完整地搜集跨國資料有一定程度的難度，所以相對政治能力無法涵蓋各級產業下的所有行業。但這三項指標對於測量國家擷取賦稅收入的能力仍然具有一定程度的代表性。[9]

國家能力與政治體制

Organski and Kugler 指出國家能力效率的高低和政治體制是否自由與民主並無直接關係。[10] 我們可以從上述計算公式發現，國家能力的來源與高低其實和經濟發展有某種程度的關聯性。因為經濟發展相對好的國家才會有一定程度的賦稅收入。而有品質的政治制度才可以有效率地擷取並運用賦稅收入。另外，若一國的政治制度無法減少貪污，則該國的經濟發展勢必受阻，同時也無法保有穩定的賦稅收入來源。根據Acemoglu et al.的研究，長期來看，民主制度對經濟發展有正面的影響。[11] 因此本文接下來要討論民主制度和國家能力是否有相關性。

本文所使用的民主程度指標分別取自於自由之家與多元民主研究中心的資料庫，相對政治能力則是取自 Arbetman et al. 所建立的資料庫。[12]

9　更詳細的內容可以參考編碼簿內容，連結如下。https://dataverse.harvard.edu/dataset.xhtml?persistentId=doi:10.7910/DVN/NRR7MB

10　A. F. K. Organski and Jacek Kugler. 1980. *The War Ledger*. Chicago: University of Chicago Press.

11　Daron Acemoglu, Suresh Naidu, Pascual Restrepo, and James A. Robinson. 2019. "Democracy Does Cause Growth." Journal of Political Economy 127 (1): 47-100.

12　相對政治能力的資料取自於下列網址。此外，自由之家的原始資料是數值越大，國

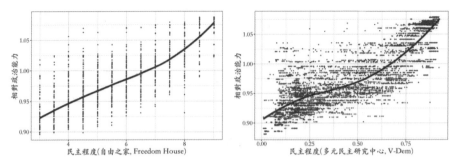

【圖 1-6-2】民主程度與國家能力的散布圖。資料來源：自由之家、多元民主研究中心、Arbetman et al.（2011）資料庫。

上面這張民主程度與國家能力的散布圖（scatter plot），是根據 1960 年到 2012 年自由之家與多元民主研究中心以 178 個國家的民主程度對國家能力的影響，所畫出的處理效果 （treatment effect）。繪圖基礎是將民主程度對國家能力進行迴歸分析後所得的結果。我們可以明顯看出民主程度每增加一單位，國家能力也會跟著增加。可見民主制度對國家能力確實有著正面的影響。進一步分析，若把民主制度看作一個處理因素（treatment），那民主制度有哪些特徵可以改善國家的運作呢？從自由之家對民主的定義來看：（一）政治權利包含選舉是否公正公開、人民是否可以秘密投票、選民是否可以不受外力威脅自由地選擇候選人或政黨、選舉開票過程是否公開、選出來的政府是否可以減少貪污等。（二）公民自由 （civil liberties）則是讓公民社會是否得以自由地表達意見、人民是否有集會結社的自由、人民的財產是否可以在完善的產權制度下獲得保障、人民的工作所得是否可以免於被政府剝削等。[13]

不管是從政治權利與公民自由的角度來看，民主制度都是有利於國家

家越不民主。本文把原始資料轉換成數值越大，國家越民主，方便統計結果解釋。https://dataverse.harvard.edu/dataset.xhtml?persistentId=doi:10.7910/DVN/NRR7MB

13 自由之家將民主分為政治權利 （political rights） 與公民自由 （civil liberties）兩個主要概念。自由之家詳細的概念與分類請見以下連結。https://freedomhouse.org/reports/freedom-world/freedom-world-research-methodology

的經濟發展，並且得以進一步增加國家能力。因為在民主國家中，國家的經濟表現通常是人民用來檢驗政治人物的一項指標，民主國家的定期選舉制度也讓政治人物必須在經濟政策上有所表現才有辦法贏得選票，而政府制度的有效運作則是決定經濟政策的執行有效與否。

正如 Acemoglu et al. 所主張的，民主制度經過長時間的穩定運作會讓民主國家的經濟表現較優於非民主國家。[14] 民主國家的經濟發展越好，國家就可以擁有更多的賦稅收入。又如之前談到民主制度的特點，民主國家健全的政治制度可以讓國家能力有效地擷取與運用資源在政策執行上。實證來看，相較於非民主國家，民主國家確實會有較佳的國家能力。

結論

國家能力的高低決定了政府有多少資源可以擷取並運用。過去研究採用國家的賦稅收入作為衡量國家能力的指標。同時國家能力是否有效率則是依照實際擷取賦稅收入的多寡來決定。因為政治制度的品質會決定經濟發展，從而決定國家的賦稅收入，倘若國家產權制度不完善，政府官員貪

---

14 關於民主國家經濟表現比較好的論點，其實學術界也有研究指出民主制度對經濟發展反而有負面影響。例如：Robert J. Barro 在 1997 年發表的文章 "Determinants of Economic Growth: A Cross-Country Empirical Study"，參見：https://www.nber.org/papers/w5698，以及 Gerring et al. 在 2005 年發表的研究 "Democracy and Economic Growth: A Historical Perspective" *World Politics* 57 (3): 323-364。Barro (1997) 與 Gerring et al. (2005) 的研究。

但是 Acemoglu et al. (2019) 的研究將民主制度對經濟發展的影響程度區分為短期、中期、長期三個面向。他們的研究結果顯示民主制度施行 25 年後，GDP 確實可以穩定地成長。這也告訴我們雖然民主制度在政策執行上和非民主國家相比，有時候會比較沒效率。但是整體而言，民主國家在公共財的提供、建立健康衛生體系、公民自由度等各方面表現還是較優於非民主國家。有時候我們只是要有耐心來等待民主國家政策執行後的成效。參見 Daron Acemoglu, Suresh Naidu, Pascual Restrepo, and James A. Robinson. 2019. "Democracy Does Cause Growth." *Journal of Political Economy* 127 (1): 47-100.

污，國家的賦稅收入必然會減少，國家能力也勢必受損。另外，即便國家擁有很多資源，但在制度運作上有缺點，政府也無法擷取足夠的資源來分配運用並執行政策目標。

相較於非民主國家，民主國家的政治人物更有誘因對民眾提供教育、衛生設備、醫療體系等公共財，而公共財的提供有助於經濟發展。經濟表現越好，國家就會有更多的賦稅收入。本文簡單的分析結果顯示，若我們以相對政治能力來衡量國家能力指標，則國家能力確實會因為政治體制的相異而有所不同。

這樣的結果也讓我們進一步思考，各國政府對於疫情的反應時間或許會因為其他考量而有所不同，以致有些民主國家會比較慢才採取應對措施。但不管是民主國家或非民主國家，是處在疫情擴散階段或後疫情階段，政府都需要有足夠的資源來因應疫情的發展。畢竟有錢（資源）才能任性（執行）。相較於非民主國家，民主制度的特點讓國家可以有足夠的資源，因此政府才有辦法分配與運用資源來實現自己想要的政策目標，同時因應疫情所帶來的損失以及後疫情時代的挑戰。

1-7

台灣民主「倒退」了嗎？

回應《天下雜誌》〈用錢買的台式民主〉專題

曹曼資———文

　　《天下雜誌》第652期（2018/7/18）封面放上「用錢買的台式民主」[1]，八個大字怵目驚心。文案更重批：「有錢才能參選，造成金權世襲，華人世界唯一民主國家，為何民主倒退？」出動「民主倒退」如此重量級詞彙，聽起來事態嚴重。全文圍繞著選舉經費太高、競選支出缺乏監理、政二代數量太多恐造成世襲等主題打轉。

　　然而，縱觀全文，我們好像沒有看到，到底何謂「台式民主」？全文隻字未提如何衡量民主的好壞？倒退又是相對何時的哪種狀況而言？更沒有定義「台式」民主是什麼，如何有別於其他種（可能更好）的民主？而民主作為一種可以被用錢買賣的標的物，這個標的會是什麼？買賣如何進行？

　　太多好奇與疑問，讀完全文卻沒有獲得解答，反而是浮起了更大的困惑。台灣的民主真的有這麼不一樣嗎？真的是在倒退中嗎？

1　〈用錢買的台式民主〉的連結如下。

　　https://www.cw.com.tw/magazine/magazine.action?id=1472

你的台式民主,不是我的民主

　　確認雙方對用詞的定義是討論的第一步,文中所述民主,與一般的認知有不小的差異。綜觀全文,前三篇談選舉經費及政二代的文章,提到「民主」一詞所描述的多半為「政治生態」,[2]主要指涉的是選舉過程需要花錢。唯一出現類似定義的部分在第89頁:「民主政治中所講求的選賢與能」。後兩篇談鄉鎮市長現況時,使用「民主」的方式則比較接近一般政治學當中的概念,意指選舉及政治參與。[3]

　　在一般政治學的討論當中,民主代表的是人民可以當家作主,有權力去選出政府、並且參與政治過程。從最基本的制度性定義來看民主政治的要件,是必須定期舉辦公平公正公開的選舉,來決定中央政府的領導者以及民意代表;有些定義會進一步要求政治參與必須是平等以及普及的。例如,政治學者 Robert Dahl 定義民主政治必須符合兩大要件:公開競爭和包容性(政治平等和普遍性),能夠符合這兩大要件才有資格被稱為「多元政體」。

2　舉例說明如下:
- 「台灣的民主,儼然已經被金錢所綁架。」p.82
- 「『台灣的民主政治最大問題,就是政治人物要有家族、背景和關係。』中山大學政治學研究所教授廖達琪反問:『關鍵在,沒有錢,如何選?』」p.88
- 「民主政治中所講求的選賢與能,在今日漸漸成為『神話』,台灣為此付出多少看不見的代價?」p.89
- 「『我們的民主走到了一個很扭曲的地步,』一位不願具名的縣市首長……」p.99
- 「他(牛煦庭)批評台灣是病態的民主,只奠基在人際關係之上。」p.105

3　舉例說明如下:
- (標題)「鄉鎮長民選或官派?台灣民主的兩難」p.112
- 「然而台大政治系教授王業立認為,如果為了追求行政效率而廢除選舉、直接官派,台灣是開民主倒車。」p.113
- 「『不要老從選舉的角度看事情,選舉不是民主政治唯一指標,……』黃健庭說。」p.114
- 「台灣民主站在十字路口,究竟最需要選風改革,還是行政革新?」p.114

　　以政治生態來代指民主並不是不行，然而，這樣的定義會有很大的問題：政治生態缺乏明確定義以及可供參照的度量標準，因此，生態是好是壞、是對是錯，都由作者坐地起價，這會讓討論無法聚焦。這個度量標準，並不一定是所有人都能接受的準則，但在討論之前，至少要有一套標準，才能知道好壞多少如何衡量，例如可以討論「台式」「很花錢」的政治生態、如何影響政治參與和平等原則，如此推論才會更明確。

　　《天下雜誌》專題的封面標題與內文大小標，將「台灣民主」直接等同於金錢、等同選舉風氣和政治生態惡化，不知情者大約會以為，民主的一人一票變成金錢上的一元一票，似乎花費都是不必要或罪惡的，這是一種偷換概念的寫作方式。

台灣民主，進步還是倒退？政體指數的衡量

　　台灣民主的表現如何？該怎麼衡量？美國智庫系統性和平中心（The Center for Systemic Peace）的政體指數（Polity Score），[4] 是政治學研究中很常使用的一組民主程度指標，在學術期刊當中也廣被使用。政體指數衡量三個面向：選舉的競爭性與開放性、廣泛的政治參與、權力的制衡。給分範圍從 -10 到 10，其中 -10 到 -6 為獨裁政體，-5 到 5 為君主政體，6 到 10 為民主政體，如果是 10 分，則為完全民主。

　　台灣的分數，自 2004 年起，一直是 10 分。

　　以下的圖表將台灣與同為「第三波民主化」的十五個國家進行比較。根據維基百科的說法：「第三波民主化的起點通常被認定是葡萄牙與西班牙在 1973 ～ 1974 年之間的政權轉型，其中包括南歐的希臘、拉丁美洲的巴西、阿根廷與智利等，經過了亞洲的韓國六月民主運動與中華民國臺灣

4　系統性和平中心連結如下。
　　http://www.systemicpeace.org/

省的解嚴令，最後以東歐的波蘭、匈牙利、捷克、斯洛伐克、保加利亞、阿爾巴尼亞、羅馬尼亞和前蘇聯共和國與蒙古國的民主化為終點。」[5] 除了前蘇聯沒有資料之外，大家可以看到台灣與同時期步入民主的國家相比，在政體指數的爬升表現如何。

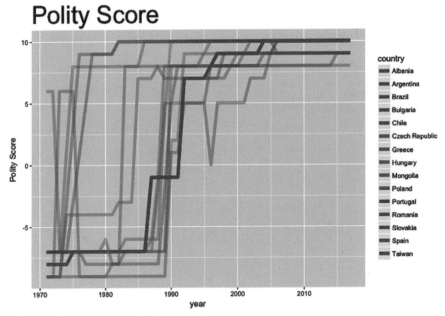

【圖 1-7-1】1970 ～ 2010 年代的政體指數。

台灣在政體指數上的幾次躍進，分別是：

● 1986–1987 年，解嚴；

● 1991–1992 年，終止動員戡亂／金馬解除戰地政務；

● 1995–1997 年，第一次總統直選；

● 2003–2004年，根據系統性和平中心的新聞稿，理由是媒體與學術自由。

---

5 第三波民主化的定義請見下列連結。
https://zh.wikipedia.org/zh-tw/%E7%AC%AC%E4%B8%89%E6%B3%A2%E6%B0%91%E4%B8%BB%E5%8C%96

自由之家的政治權利與公民自由指標

　　另外一個常常被使用的民主指標是自由之家（Freedom House），每年出版《世界自由調查報告》，調查各國的政治權利和公民自由狀況。報告有兩項主要指標，政治權利和公民自由，都是從 1-7 予以評分，與政體指數相反，這兩項指標的數字越低，表示公民所享有的政治權利和公民自由越高。

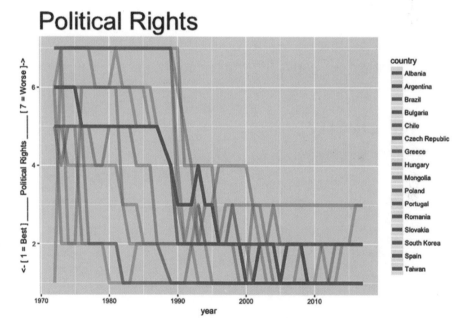

【圖 1-7-2】自由之家的政治權利指標，1970 ～ 2010 年代。

　　圖中顯示台灣在政治權利指標方面較常有波動，不像政體指數的評分幾乎是穩定上升、越來越好。近二十年來，可以看到在 2000 及 2001 年，台灣的政治權利曾經達到最好的 1 分，接下來的幾年內又有波動，直到 2009 年才又返回 1 分，直到現在。報告中解釋，在政治權利評為 1 分的國家或區域，表示人民享有廣泛的政治權利，包括自由公正的選舉。當選人

可以確實掌權、政黨有足夠的競爭、反對黨扮演重要角色,且少數群體的
權益也能在政治場域中被充分代表。在政治權利2分的政體中,人民享有
稍微弱化的政治權利,可能的弱化原因來自貪污、政黨未充分發揮制衡功
能,以及有瑕疵的選舉過程。

另一方面,在公民自由方面的表現,台灣曾在2003年達到最好的1分,
在2008年回頭變成2分,到了2016年再度回到1分。報告中解釋,在公
民自由1分的政體中,人民享有廣泛的公民自由,包括言論自由、集會遊
行、教育及宗教的自由。這樣的政體擁有穩健公正的司法及執法系統(包
含獨立的司法體系),可以進行自由的經濟活動,人們(包含女性及弱勢
族群)擁有平等的機會。公民自由2分的政體則可能在以下幾個方面有瑕
疵:缺乏媒體獨立性、工會活動受到限制、對弱勢族群及女性的歧視等。

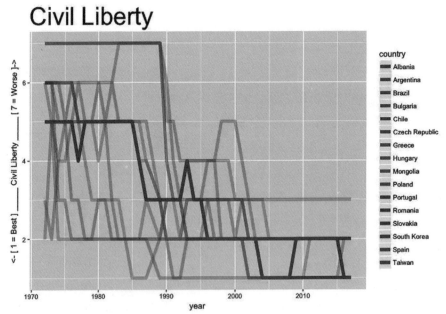

【圖 1-7-3】自由之家的公民自由指標,1970 ~ 2010 年代。

前述政治權利和公民自由的 1-7 分，是一個等第的概念。至於年度報告的總分則是由 10 項政治權利指標以及 15 項公民自由指標加總而成（每項指標從低到高是 0-4 分），滿分為 100。在 2018 年的報告中，台灣的分數是 93 分。亞洲最高是日本 96 分，台灣排在第二（另外，紐澳皆為 98 分）。美國的自由權利分數持續下降，目前為 86 分。[6] 另外要補充的是，這些常用指標的評比方式，都是由評比單位邀請各國專家學者來進行，通常是由好幾位學者各自給分，去除極端值之後取平均。不同的評比方式都會有其限制存在（例如，學者專家們也不見得可以看到一個國家完整的民主實行狀況，也無法避免主觀成分存在）。

有了比較廣為人們接受的指標之後，我們才有可能去討論民主政治的現況與挑戰。每個人對民主政治的定義與認知不同，可能是很正常的事，但該期專題認為台灣民主倒退，那就表示曾經有高點。既然如此，那麼台灣的民主高點是什麼時候？那時的民主長什麼樣子、哪些部分比現在更好？專題至少也該給出判斷民主好壞的標準、舉出過去曾達到的民主高點，才有辦法討論是不是真的「倒退」了。

有一種燒錢，叫《天下》覺得你燒錢

專題的前兩篇文章認為台灣選舉花的錢太多、政二代數量太多，然而，跟民主「倒退」一樣的問題是，超過多少是多？多少的選舉經費又是合理

6　2018 年報告內容可參考這一篇〈菜市場政治學資訊 BOX：「自由之家 2018 最新報告：全球民主危機」〉。到了 2021 年的報告，台灣的分數上升至 94 分。亞洲最高仍是日本 96 分，台灣還是排在第二（澳洲則降為 97 分，紐西蘭維持在 98 分）。美國又持續下降，目前為 83 分。至於為什麼要用等第，而不是直接拿分數來做排名呢？請參見這一篇菜市場文〈為什麼縣市長排名不能反映真實〉。相關連結如下。https://www.facebook.com/whogovernstw/photos/a.1420710634874477.1073741828.1416083738670500/2042688626010005/?type=1&theater
https://whogovernstw.org/2015/09/18/fangyuchen11/

的金額？這些都無法在文中找到線索，所有的評價都是作者自由心證，目的是批評台灣選舉「花太多錢」。要做出價值判斷，卻沒有把標準或原則講清楚，意圖引導讀者，實非一詡理想與公信的媒體應有的作為。

除了評論毫無立基標準之外，各項數字也有誇大甚至矛盾之處，例如雜誌紙本第 85 頁的圖表標題指「選議員，至少 1500 萬元起跳」，又網站上的數位互動圖表則以此為標題，[7] 估算議員參選人在一次選戰中的支出，也以 1500 萬為單位，而這個數字僅來自公關公司的經驗談，並未提到第二資料來源或其他估計方式。而第 100 頁起的四位年輕人專訪中，預估花費都在 100-500 萬之譜，若加總雜誌紙本第 84、85 頁所列項目（如表 1-7-1），並依照年輕人專訪中提到的開支項目估算，總花費大約在 200 萬左右，明顯與標題的「至少」1500 萬牴觸。同一篇文章的數字，竟前後矛盾！

小結

要談民主政治好還是不好、前進還是倒退，首先必須要有一個清楚定義，最好也是大多數人接受的指標。選賢與能，當然是民主政治當中的理想「結果」，但事實上民主政治的核心制度設計，是政治平等以及政治參與。透過公平公正公開的選舉、對政治職位的競爭，來決定政治權力的分配，並且確保權力不會被專斷集中。

要讓民主政治的運行更好，制度設計是其中非常重要的環節。恰巧，《經濟學人》有一期（2018-7-14）的封面故事為〈美國民主內建的偏誤〉（American democracy's built-in bias），[8] 同樣是在批評「民主」，《經濟學人》

---

7 數位互動網站連結如下。
https://topic.cw.com.tw/politicaldynasty2018/
8 文章連結如下。
https://www.economist.com/leaders/2018/07/12/american-democracys-built-in-bias-towards-rural-republicans

	單價低標	單價高標	單位	數量至少	簡約數量	奢侈數量	簡約總價	奢侈總價
人事行政								
助理	30000	50000	人·月	3人	18	120	540000	6000000
議連總部	20000	400000	月		6	12	120000	4800000
電話費	10000	10000	月		6	12	60000	120000
看板輸出							0	0
看板輸出	3000	5000	10*20尺		2	100	6000	500000
看板位置租金	5000	700000	月		4	160	20000	112000000
看板吊掛安裝	3000	3000	基本費		2	20	6000	60000
晚會							0	0
舞台	300000	300000	一週統包價		1	20	300000	6000000
帽子	15	65	頂		500	5000	7500	325000
關東旗	65	65	面		100	1000	6500	65000
活動背心	240	240	件		50	500	12000	120000
傳單印刷	0.26	0.26	張	100000	100000	1000000	26000	260000
傳單設計費	2600	4500	一版		2	10	5200	45000
宣傳車	50000	60000	輛·月		3	120	150000	7200000
公車廣告	8000	8000	面·月		3	800	24000	6400000
組織動員費							0	0
遊覽車	4000	4000	趟·車		1	100	4000	400000
餐飲隨支費	250	250	人·次		500	50000	125000	12500000
小旗	7	15	支		500	100000	3500	1500000
民調	100000	150000	次		3	10	300000	1500000
Line宣傳	10000	10000	月	3個月	3	12	30000	120000
電視廣告	30000	30000	10秒一檔		0	100	0	3000000
語音拜票	20000	50000	月		2	12	40000	600000
傳送簡訊	10000	40000	月		2	12	20000	480000
面紙包	0.7	1.7	包	100000	100000	1000000	70000	1700000
資料夾	4.5	4.5	個	1000	1000	10000	4500	45000
扇子	6	6	支	5000	5000	50000	30000	300000
瓶裝水	5	10	瓶	500	500	5000	2500	50000
便條紙	5.2	5.2	本	1000	1000	10000	5200	52000
牙線包	1.2	1.2	包	30000	30000	300000	36000	360000
祈福卡	2	2	張	100	100	1000	200	2000
紙膠帶	2.1	2.1	捲	400	400	4000	840	8400
							1954940	166514400

【表 1-7-1】議員參選人在一次選戰中的開支項目。製表：曹曼資。

使用的就是政治學討論的定義，主題亦明確：美國選制在現今極化的選民樣貌下會造成什麼偏誤。

　　《經濟學人》的立論基準是「好的選舉制度，應該是一個可以準確反映選民偏好的制度」，而美國現行選制讓鄉村票比城市票更有影響力，這在過去美國兩黨支持者沒有城鄉差距時，尚不構成問題。但隨著選民分布的極化，當共和黨的支持者大多來自鄉村，而民主黨來自城市時，兩黨要贏得多數席次的機會，就不像從前那麼勢均力敵。當制衡的力量減弱，議題的天平也會傾斜，走向極端。文章最後，《經濟學人》提出了兩種可能

的選制改革方法，一種是採用排序投票制，讓人們對候選人進行排序；一種是用複數選區制，即一區可以選出多位候選人。[9]

　　這樣的分析方式值得讚賞（先不管我們贊不贊同其結論以及制度選擇的倡議）：首先指明立場、定義理想目標，提出問題、概覽現況及可能惡果，最後提出解方，並說明這些方法為何更接近目標。我們期許台灣媒體在製作專題的時候，也能有這樣的豐富觀點與嚴謹定義。當然，民主政治並不只有「投票」這個制度設計，政治參與也不是只有投票這一個環節。民主政治在各方面的更加精進，是我們所有人必須關注的重要課題。[10]

9　關於選制，可參閱菜市場政治學兩篇文章：〈選舉制度 ABC〉和〈什麼是多數決〉，連結如下。

https://whogovernstw.org/2014/05/20/fangyuchen1/ https://whogovernstw.org/2015/10/09/yeliwang1/

10 本文內容原出於作者臉書及 Medium 平台，由菜市場政治學共同編輯陳方隅重新編輯刊登。作者表示，政體指數網站上的原始 Excel 檔、經過轉檔方便使用的 csv 檔及 R Script 檔都放在 Github，請自取。又，關於資料新聞的應用與公共利益的關係，請參考《知了新聞》（Cicadata）。各相關網址如下。

https://www.facebook.com/hiamoss/posts/2247881218561111

https://medium.com/@amossclaire/%E7%B5%A6%E5%8F%B0%E7%81%A3%E6%B0%91%E4%B8%BB%E6%89%93%E5%80%8B%E5%88%86%E6%95%B8%E5%90%A7-a18037a7a89

https://github.com/missmoss/democracy-score

https://www.facebook.com/Cicadatatw/

1-8
轉型正義是政治操作嗎？清理威權統治的歷史會影響民主與選舉嗎？

菜市場政治學轉型正義讀書會 ——— 文

前言

　　無論在哪個國家，推動轉型正義始終是個具有高度政治爭議的議題，有些黨派總覺得轉型正義是針對自己而來，並意圖讓另一些黨派得利。2018 年擔任促進轉型正義委員會的副主委張天欽，就在辦公室裡和幕僚談到即將參選新北市市長的侯友宜，討論是否應該讓他的過去成為時下的話題，還意有所指地要讓這個話題影響侯友宜的選情。侯友宜在 1989 年擔任中山分局刑事組組長時，負責攻堅與逮捕正在《自由時代》雜誌社內絕食抗爭的鄭南榕，結果鄭南榕自焚而死。張天欽在辦公室內的言論引發軒然大波，讓輿論認為推動轉型正義是在進行政治操作，使選情有利於特定政黨。

　　對於鄭南榕的自焚事件，侯友宜曾坦承當時是「奉各級長官命令辦事」，他還表示那是一場「不完全成功的救援」；侯的說法遭到鄭南榕基金會以口述資料駁斥，基金會指出當年警消在現場的作為消極，甚至阻礙了救援行動。[1] 既然受害的一方對侯友宜「奉各級長官命令辦事」的說法提出質疑，為何在選舉中討論他的角色與責任會引發爭議？轉型正義是政治操作嗎？在其他國家的經驗中，面對威權統治的歷史如何影響民主

與選舉？

轉型正義的爭議政策：除垢、人事清查與制度信任

　　「人事清查」（vetting）或「除垢」（lustration）是轉型正義工程中常用的法律或政策之一。民主政府施行人事清查或除垢，是為了改革官僚體系或更換公共制度與政府的組成，以此與過去的威權統治形式做出明確的區隔。施行的步驟大致上是：首先，對政府官員、情治人員或是協力者進行界定分類，歸於特定類別而有可能參與人權侵害事件的人必須接受檢視；其次，檢視特定人員在過去是否從事侵害人權的行為；最後，若發現特定類別的人確實曾經做出或參與壓迫他人事件的行為，而必須依其行為與後果負起相應的責任時，就要依據其責任之輕重給予相對的禁令。2006年聯合國人權事務高級專員辦事處出版了《給後衝突國家的法治工具：人事清查的操作框架》（*Rule-of-Law Tools for Post-conflict States: Vetting—An Operational Framework*）一書，定義人事清查的操作框架，以此向聯合國工作人員提出建議，指出人事清查如何作為法治工具，在後衝突國家的人事與制度改革中，得以用來排除不適格的人繼續擔任公職。

　　人事清查與除垢的政策為許多政體轉型、民主化後的國家所採用，相關情形可前往「轉型正義協作組織」（Transitional Justice Research Collaborative）與「轉型正義資料庫計畫」（Transitional Justice Database Project）查詢。然而藉由人事清查或除垢以排除特定人士擔任公職的權利相當具有爭議性，例如中東歐的後共國家在清除不適格的前共黨菁英時即曾引發不同意見的拉鋸，以致這些國家所施行的人事清查或除垢結果也大不相同。

1　〈侯友宜這樣談鄭南榕自焚 鄭南榕基金會：避責令人遺憾〉，《自由時報》，2018年3月15日，https://news.ltn.com.tw/news/politics/breakingnews/2366733。瀏覽日期：2021年3月5日。

以除垢程度來看，中東歐的後共國家可以分成以下三種：[2]

- 充分除垢：德國、捷克、匈牙利、愛沙尼亞、拉脫維亞、立陶宛；
- 部分除垢：斯洛伐克、波蘭、羅馬尼亞；
- 沒有除垢：保加利亞、阿爾巴尼亞。

針對中東歐國家在人事清查或除垢的主要質疑則包括以下幾項：[3]

- 人事清查或除垢違反法治（rule of law），破壞法律不溯及既往的原則，危害受清查者的權利與自由，且清查或除垢標準也有可能傷及無辜，將非加害者誤當成加害者而進行懲罰。
- 人事清查或除垢倚重前秘密警察做成的檔案，這些檔案不只資訊不完整，也不一定準確，甚至頗具偏見，若僅依據這些情治檔案進行除垢，將產生道德問題。
- 人事清查或除垢常被攻擊是政治操作，有時會被政黨利用來對付政敵，移除政敵的政治職務，或是透過黑函影射對手過去曾是加害的一方，貶抑競爭對手或政黨的聲譽，以此得利。

　　簡言之，對人事清查或除垢提出質疑的人認為，除垢標準具有法律上的不確定性，也有潛在的道德問題，不只違反法治原則而違逆民主政治的精神，且將傷害民主鞏固的成果。這樣的爭論引來比較政治學者的好奇，想了解備受抨擊的人事清查或除垢政策，是否因為具有政治操作之嫌，而降低人們對於公共制度或是政府的信任。

2　作者列出參考 Letki 2002 及 Kaminski and Nalepa 2006，並使用自己的資料來更新。

3　Cynthia M Horne. 2011. "Assessing the Impact of Lustration on Trust in Public Institutions and National Government in Central and Eastern Europe," *Comparative Political Studies* 45(4): 412-446.

學者 Cynthia M. Horne 研究了九個中歐和東歐國家之後，[4]於 2011 年發表在《比較政治》期刊的作品指出，施行除垢法有助於公民對「公共制度」的信任，這些公共制度包括司法、警察、軍隊、國會與政黨。在統計模型分析當中，即使控制了經濟成長（GDP）、民主程度（自由之家的評分）與貪腐程度之後，仍然顯示除垢法對於政治信任方面具有穩定且正面的效果。然而，研究同時發現，除垢法並沒有顯著增加公民對中央政府的信任。

Horne 同時檢視了除垢的時間點、除垢的嚴厲程度對政治信任的影響，並比較了其他方式的效果。首先，施行除垢的時間點是否有助於增加政治信任是無法確定的。即使過往的文獻認為除垢若早一點進行，比較有助於增加政治信任，但 Horne 的文章認為晚一點施行除垢也不見得會有不好的結果。第二，除垢或人事清查的手段越嚴厲、觸及的層面越廣泛，越有助於增加公民對公共制度的信任。所謂嚴厲手段包括：被除垢的對象需要證明自己沒有涉案，他所參與的人權迫害資訊將被公開，他不只要離開政治職位，還會受到更多抵制而無法在其他能影響公共利益的行業如媒體、教育機構等單位任職。至於溫和手段則是採用真相調查與資訊揭露的方式，讓公眾知道被除垢對象的過去，且通常會對相關資訊做一定程度的處理和隱匿，以避免第三人受害。

最後，與其他的轉型正義手段相比（例如記憶政治、透過司法審判究責或對受害者進行權利回復等），根據中東歐九國的經驗顯示，並沒有任何其他手段的效果比除垢更能增加公民對公共制度的信任。[5]

另外一篇學術論文也支持上述研究成果。社會學者 Susanne Y. P. Choi 與 Roman David 將除垢再區分成三種手段：解聘（dismissal）加害者、暴露與公開（exposure）加害者資訊、要求加害者自白（confession）罪行，並比

---

4 研究個案包括：保加利亞、捷克、愛沙尼亞、匈牙利、拉脫維亞、立陶宛、波蘭、羅馬尼亞與斯洛伐克。

5 Horne 2011: 439.

較這三種手段如何影響公民對政府的信任程度。[6]

解聘加害者是最直接的做法，但代價是政府組織會失去幹練的官員與專家，降低治理的效能，破壞過往組織習慣的分工，進而引發新的衝突。權衡之下，施行除垢或人事清查政策的國家有另外兩種手段來解決解聘造成的困境：首先是以公開加害者資訊來替代解聘，透過增加政府人事透明的手段，揭露過去曾犯錯的官員是誰、過去做錯什麼事，使之在眾目睽睽之下感到愧疚與羞恥。其次是透過「加害者進行自白」的方式替代解聘，要求犯錯的官員自發性地認錯，藉此讓犯錯的官員象徵性地在道德上重獲新生。Choi & David 對於捷克、匈牙利與波蘭的調查研究顯示，解聘與加害者自白在增加公民對政府信任的效果最強，甚至有可能增加公民對於曾經犯錯的官員信任的程度，相較之下，僅採用溫和的公開資訊效果最弱。

上述兩項研究成果顯示，施行除垢可以增加人民對於公共制度的信任程度，也能增加人民對於個別官員的信任程度，因此整體而言對於民主是有正面的效果。那麼，對於選舉會產生什麼影響呢？選舉作為民主國家相當重要的政治活動，是否會因為施行除垢而得到正面的助益呢？

除垢對於選舉的影響

張天欽事件爭議的焦點，在於轉型正義與選舉掛勾，而有「選舉操作」之嫌。從其他國家的經驗來看，除垢也常常引發社會大眾直觀的聯想，認為是執政者或政治競爭者之間，進行政治攻訐與泥巴戰的工具。不過，施行除垢真的會敗壞選舉公正性（electoral integrity）嗎？

美國北卡大學的兩位政治學研究者 Claire Greenstein 與 Cole J. Harvey 針對 1980 年至 2004 年間 63 個國家所舉辦的 187 場選舉，在比較不同的

---

6 Susanne Y. P. Choi, & Roman David. 2012. "Lustration Systems and Trust: Evidence from Survey Experiments in the Czech Republic, Hungary, and Poland," *American Journal of Sociology* 117(4): 1172-1201.

轉型正義政策後指出，對前威權政體下的公務人員及高層官員進行審判與
除垢，皆有助於降低選舉操作，並提升選舉公正性。[7]

　　Greenstein 與 Harvey 將選舉操作分為三種：（一）操作選舉制度；（二）
操作投票選擇；（三）操作選舉行政事務。其中只有操作選舉制度是合法
操作，另外兩種是非法操作。[8]

　　執政菁英通常偏好成本相對低廉的合法操作（操作選舉制度），以更
改選區、修改選舉制度、提高參選門檻等手段，來限制反對派的參政空間，
以確保選舉結果有利於原本的執政黨。非法操作包括：利用買票、黑函與
負面選舉等手段，去影響人們的投票選擇；或是操控負責舉辦選舉的行政
機構，使之對特定政黨有所偏袒，進而影響選舉結果。大選的時候忽然出
現投票所停電、票匭被大量搬進搬出，或是出現所謂幽靈投票人口，都是
操作選舉行政事務的例子。非法操作的成本較高，例如必須掌握足夠多的
選舉行政人員，才能操縱選舉行政機構的開票過程，又如買票也需要花費
大量金錢才能進行。再說，即使是在法制不健全的國家，非法手段若被發
現且證據確鑿，很難不引發群眾反彈，因此政治風險與成本皆比合法操作
來得高。[9]

　　Greenstein 與 Harvey 又將轉型正義分成四種政策：真相委員會、特赦、
審判與除垢。簡單說，真相委員會是在調查人權迫害的真相；特赦是指全
面免除加害者的法律責任；審判是指將人權迫害者送進法庭，接受法律的
制裁；除垢是強迫加害者與協力者離開公職。其中，只有審判與除垢會影
響選舉操作的成本與效益。採取審判的做法可以懲罰威權統治時期人權迫
害的行為，確立民主政治的法治基準，因此進行審判的國家與未進行審判

7　C. Greenstein & C. J. Harvey. (2017). "Trials, lustration, and clean elections: the uneven effects of transitional justice mechanisms on electoral manipulation." *Democratization* 24(6): 1195-1214.

8　Greenstein and Harvey 2017:1198.

9　Greenstein and Harvey 2017:1198-99.

的國家相比，前者能有效降低非法操作的機率（假設一）；不過，由於審判無法介入民主化後政治菁英之間的權力遊戲，因而無助於降低合法操作的可能性。[10]

延伸上述的假設，兩位研究者認為「除垢」的效果與審判相反，它能夠降低合法操作，因為除垢法的施行讓先前的「加害者」們離開公職，不只移除他們的政治影響力，也建立了新的民主政治體制。換言之，移除加害者與反民主人士也為民主政治劃下一道標準，即政治菁英不應為了特定黨派利益設定遊戲規則，否則將與過去威權統治時期無異。因此，在曾經施行除垢的國家中，操作選舉制度的成本比較高，因為被人們發現與曝光的可能性較高，從而降低了合法操作的可能性（假設二）；不過，除垢的實行沒辦法降低非法操作選舉的發生，因為除垢僅能強迫加害者與反民主人士離開公職，但這些舊菁英仍能利用舊有的社會網絡、利益分配模式與經濟資本，進行非法操作來影響選舉。[11]

相比於審判與除垢，「真相委員會」的成立目的是在探究真相，若未搭配其他機制懲罰人權迫害者，且又以「和解」為目標，將無助於減低任何形式的選舉操作。另一方面，「特赦」人權迫害者與舊政權菁英，更無助於降低選舉操作，這等於是不對加害者與舊政權菁英做任何的處置。因此，真相委員會與特赦，對選舉操作並無正面或負面的影響（假設三）。

因為採取不同的政策而對選舉操作產生影響的三種假設整理如下。

• 假設一：審判對選舉操作的影響

審判懲罰了威權統治與人權迫害的行為，確立民主政治的法治基準，因此進行審判能有效降低非法操作。然而，審判無法降低合法操作的發生。

• 假設二：除垢對選舉操作的影響

施行除垢的結果，將增加操作選舉制度的成本與曝光的可能性，進而

---

10 Greenstein and Harvey 2017:1199-1200.

11 Greenstein and Harvey 2017:1200-01.

降低合法操作的發生。然而,除垢無法降低非法操作的發生。

• 假設三:真相委員會與特赦對選舉操作的影響

真相委員會以探求真相為主要任務,特赦則在免除加害者之責任,對選舉操作並無正面或負面的影響。

Greenstein 與 Harvey 的研究中,四種轉型正義政策(自變項)取自「轉型正義資料庫計畫」,而選舉操作(依變項)則取自「國際選舉觀察資料庫」(The Data on International Election Monitoring)。經過統計分析後證實兩位學者的假設:對舊政權菁英與迫害人權者的審判與除垢,皆有助於提升選舉公正性,而真相委員會與特赦則沒有影響。簡單來說,透過移除體制內人權迫害者與舊政權菁英的過程,除垢法不只有助於建立健全的政治體制,避免反民主人士繼續領導民主政治,同時也確立了新的政治價值規範,降低新政治菁英透過修法或行政命令來操作選舉的誘因,進而降低體制內合法操作選舉制度的可能性;另一方面,審判可以降低非法操作的發生,因為審判確立了民主政治的法治基準,試圖透過非法手段影響選舉的行為將會受到懲罰。[12]

兩位研究者在結論呼籲:「試圖改善選舉品質的國家,施行除垢政策與審判加害者將獲得最好的效果;相較之下,真相委員會與特赦加害者的益處並不在此」。[13]

結論

新興民主國家在推動轉型正義時,常受到反民主勢力的質疑與挑戰,這些反民主勢力甚至會轉而利用民主憲政的保障,要求免除對過往行為應

---

12 Greenstein and Harvey 2017:1205-08.
13 Greenstein and Harvey 2017:1209.

負起的法律或政治責任。其中，「除垢法」是要剝奪特定人士擔任或競選公職的權利，常引發政治爭議，被抨擊為選舉操作的手段。

然而，本文所討論的幾項研究顯示，長期而言，施行除垢與審判以懲罰反民主勢力的特定人士，不只提升大眾對於公共制度及政府官員的信任程度，還能降低選舉操作的發生機率，還給社會乾淨的選舉，從而有助於提升民主品質。因此，伴隨除垢與審判加害者的政治爭議僅是短期效應，並無損於長期的正面效果。

台灣是推動轉型正義的後進國家，但先前已有他國施行除垢與審判的經驗以及既有的學術實證研究，即使推動轉型正義的路徑艱險且迭有風波，但若能依據這些相關的知識基礎持續推動，相信台灣仍能達到其他國家所獲得的成效。

1-9

《衣櫃中的骷髏》
東歐轉型正義的困境與面對歷史真相的艱難

蘇慶軒——文

前言

　　威權政體時代握有政治權力的統治菁英，如獨裁政黨、軍隊或政治家族，若預期自己在民主化後會被「轉型正義」，必然會抗拒民主化，拒絕交出統治權。另一方面，受到威權統治壓迫的政治異議組織，在民主轉型後必然會調查政府暴行，對威權統治菁英進行制裁。因此可以預期，即使威權政體衰敗至全然失去統治正當性，統治菁英也不會推動民主化，而是採用激烈的手段鎮壓反抗，直到統治菁英全然失去權力為止。換言之，民主化過程應該是統治者與反對者之間激烈的對抗，和平轉型的可能性幾乎不存在。然而，為何有些威權政體的菁英願意放棄統治權，與政治反對勢力進行協商及推動民主化呢？這些國家的政治異議勢力掌權後，又是否有落實轉型正義，制裁下台的統治菁英呢？

　　協商式轉型的案例並非少數，在第三波民主化的國家中占了一定的數量，如前東歐共產國家。然而，比較政治學者 Monika Nalepa 在《衣櫃中的骷髏》（*Skeletons in the Closet*）一書中，以東歐前共產國家為例（波蘭、捷克斯洛伐克、匈牙利為主），提出了另一種見解：歷史真相帶來的艱難，將使政治異議勢力難以實行轉型正義，但正因為面對歷史真相是如此艱

難，反倒給予前威權統治菁英保障，使他們無懼政體轉型而願意交出政權。

東歐共產政權的轉型與轉型正義政策

　　前東歐共產主義國家是在蘇聯的庇護下進行統治。然而，在 1991 年蘇聯垮臺與冷戰結束後，東歐共產政權面臨統治正當性的瓦解，使得這些國家有了開啟民主轉型的契機。在轉型期間，是由過去受威權壓制的政治反對勢力與過去掌權的共產黨進行協商談判，設定轉型的議程，諸如民主化後的政府體制、首次選舉的舉辦日期及選舉規則等。也就是說，政治反對勢力與過去的統治菁英一同坐下來進行談判，談判結果不只決定日後政體的走向，也決定前統治菁英的命運。

　　Nalepa 發現，東歐前共產國家多採用除垢法（Lustration Law），針對特定人士進行政治清算，以實踐轉型正義。除垢法是針對過去曾替前共產政權工作的人員，或者協助前共產政權壓迫他人的協力者（collaborators），透過剝奪這些人擔任公職的機會以懲罰他們。[1]除垢法的實行具有相當的不確定性，檔案解密固然揭露了迫害人權或政治暴力的事件，但也可能同時暴露了不特定人士間接或直接地參與或協助政權迫害他人。[2]這樣的界定，看似用於處罰那些自願與政權合作的個人，但若將個人的行為放入更大的歷史脈絡來看，就會發現這些「選擇」可能不是由個人意志所決定。

　　Nalepa 用波蘭電影《機遇之歌》（Blind Chance）來形容共產黨統治下的東歐：誰將站在共產政權的一方，誰又將站在反對陣營的一方，並非是自由意志可以選擇，人與人之間的境遇充滿了不確定性。[3]這樣的比喻反映了前東歐共產政權的性質：共產黨從二戰後穩定統治超過四十年，政

1　Monika Kalepa. 2010. *Skeletons in the Closet: Transitional Justice in Post-Communist Europe.* New York: Cambridge University Press, p.2.

2　p.6-7

3　p.7

權統治機制穿透社會生活的方方面面，穩定的統治結構讓多數人順從統治，習於與共產政權合作，如何區別全然與統治政權無關的無辜之人（the innocent），顯得非常困難。[4]

此外，經過多年的威權統治，政治異議組織（如反對黨或社會團體）早就被國家幹員與政治警察高度滲透，使異議組織內有政權協力者存在，也就是大家熟知的「抓耙仔」。

然而，政治異議組織無法識別協力者，這是因為組織有兩個困境：一、對這些協力者而言，無論他們是受到威脅還是利誘而與政權合作，他們都沒有誘因承認自己是協力者，因為這將使他在政治異議圈中失去名聲；二、政治異議組織也有相同的考量，若組織被發現有內奸（informers），同樣將失去長期以來從事政治反對運動所建立起來的名聲。[5]

Nalepa 以《衣櫃中的骷髏》命名自己的著作，「衣櫃中的骷髏」在英文意指「令人羞愧的秘密」，Nalepa 以此比喻：這些過去與政權合作的抓耙仔，家中的衣櫃可能藏著幾具骷髏，這些骷髏正是過去被他們出賣的同志。於是，「無法得知誰的衣櫃中放著同志的骷髏」成為一種資訊上的不確定性，這是 Nalepa 解釋威權統治集團願意放棄權力、推動民主化，以及東歐國家轉型後採用除垢法的原因。東歐前共產黨願意放棄政權，舉行一個他們必然會大敗的選舉，原因在於他們對於政治異議組織受到滲透的資訊掌握程度高，知道誰的衣櫃中藏有同志的骷髏，他們甚至可以在轉型協商期間，誇大政治反對勢力被滲透的程度，以威脅政治反對勢力。[6]

例如 Nalepa 訪談一位參加協商的匿名波蘭異議人士，他說當時代表共產黨政府的亞歷山大・克瓦斯涅夫斯基（Aleksander Kwaśniewski）在協商過程中這樣威脅：「不要拿著檔案亂來，把它們放著就好——政府的臥底幾乎都是你們自己人。」（Don't mess with those files, let them be—the agents

4　p.7-9
5　p.12-13
6　p.14

were mostly your own people.）[7]

　　由此，我們可以理解為何東歐前共產政權會採用除垢法，由於除垢法具有暴露出不特定人士是協力者的特性，使得前共產政權菁英反倒能夠說服政治反對勢力，在民主轉型過程與民主化之後不要執行除垢法：因為執行除垢法可能會傷害到政治反對勢力自己。[8]

　　不過，波蘭民主化後，民選政府並未意識到「衣櫃中的骷顱」所帶來的挑戰，以致在發動檔案清查與除垢的過程中，引發了「馬切列維奇醜聞」。[9]

　　1992 年波蘭議員雅努什・科爾溫—米克（Janusz Korwin Mikke）提案，希望由內政部整肅公務員，清除過去曾和共產政權合作的協力者，這個提案獲得 105 位議員簽署支持，並在隨後的議會中表決通過，要求內政部長安東尼・馬切列維奇（Antoni Macierewicz）21 天內要交出協力者名單。在時間短暫、僅有秘密警察檔案能夠參考，且無任何任清查檔案方針的情況下，馬切列維奇向議會交出一份清冊，協力者名單中有 61 名現任議員，除了前共產黨員之外，也包括前政治異議團體成員。數天之後，議會發動不信任投票，導致內閣總辭，馬切列維奇當然也包括在內。

　　隨後，波蘭憲法法庭介入，宣告內政部對公務員除垢的法案無效，須重新組織委員會以調查內政部在除垢程序上的錯誤。就在此刻，馬切列維奇的調查清冊在社會大眾面前曝光，讓人難堪但可以預期的是，由前共產黨轉型而來的兩個政黨，過去曾和秘密警察協力的議員人數最少，而曾經是協力者的議員則多來自過去的政治異議組織。這樣的結果，似乎證實了前述克瓦斯涅夫斯基的威脅並非誇大。

　　調查清冊曝光後，波蘭社會要求進行除垢，但前政治異議組織者已然意識到，協力者就在他們之中（甚至是他們自己），因此反而撤回轉型正

7　p.14
8　p.13
9　p.14-17

義的實踐。另一方面，新的委員會針對馬切列維奇的除垢過程做出報告，雖然在除垢公務員的要求提出之前，馬切列維奇已經花了三個月進行調查，並在法案通過後曾經「組織」（organizing）一下清冊，但他所提供的證據仍具有可信度。

「馬切列維奇醜聞」讓波蘭政府直到 1998 年才脫離「衣櫃中的骷髏」所造成的陰影，改由與過去威權統治連結較弱的菁英落實除垢法與轉型正義。

與台灣的對照及討論

就選擇案例的角度而言，Nalepa 針對波蘭、匈牙利與捷克斯洛伐克做出進一步的比較，原因在於三國抗共的程度有別。匈牙利在 1956 年發生十月革命，捷克斯洛伐克則有 1968 年布拉格之春，兩場革命雖然都因蘇聯派軍鎮壓而失敗，但也讓匈捷兩國保有抗共傳統，對共產政權的統治產生距離，以致民主化後採用的除垢政策較為嚴厲。波蘭就不同，冷戰期間長期對蘇共與波共的統治保持沉默，政治異議勢力與波共關係曖昧不清，因此在威權時代結束後採用了最為溫和的除垢政策。Nalepa 在研究方法上採用形式理論，以賽局推導出她的論點，並對參與協商轉型的重要政治人物進行訪談，以及透過民意調查結果呈現東歐社會對於轉型正義的態度。她在後續的篇章中，也有討論東歐國家如何擺脫「衣櫃中的骷顱」所帶來的陰影，持續推動轉型正義。綜合而言，Nalepa 的研究對於中東歐國家推動轉型正義的影響相當具有洞見，很值得一讀。

然而，比較重要的是，Nalepa 這個作品對於台灣現今在轉型正義議題的討論上有什麼啟示。本文無意以東歐國家經驗作為台灣的對照，影射民主化前的政治異議者可能是政權協力者，或者將受過威權統治的世代皆視為共犯，這對獻身民主與受威權統治的人並不公平。然而，在官方檔案並未受到完整研究，甚至檔案本身總體數量及內容仍不確定的今日，本文希

望對於轉型正義與歷史真相的討論不要流於善惡二元對立。

　　台灣的民主化雖然不是東歐國家那種協商轉型的過程，而是由國民黨主導，但台灣的轉型正義也可能面臨類似的困境，因為國民黨政權曾經穩定統治台灣將近四十年，這個政權曾經迫害人權、殺害人民，但其穩固統治的基礎，並不是建立在全然的政治暴力之上。

　　政治秩序的形成，建立在被統治者向統治者順服，以及被統治者願意與統治機制合作的政治關係上。不過，行為上的順服不代表被統治者「願意」被統治，接過兵單和稅單的人想必都有非常深的體會。順服統治者背後的原因，可能是價值一致，可能是利益一致，也可能是威脅使然。換言之，轉型正義所要處理的，不是將「萬惡」的國民黨送進歷史，而是面對台灣社會為何會順從威權統治，願意與威權統治機制合作，以及合作的後果是什麼。這種合作與順從，必然有其歷史脈絡，而且必須考量到當事人的處境：是受到威脅而成為協力者？還是基於價值一致而主動與政權合作？抑或是利益使然？只有仔細爬梳並揭露這個脈絡，才能理解自由民主的可貴。

　　此外，我們不應忽視官方檔案的性質。中研院社會所的吳乃德教授曾提醒我們，如果過度依賴前威權政體的檔案，不啻是在延續前威權政體秘密警察的影響力，讓這些特務機關繼續統治社會。換言之，台灣社會在面對檔案與探索歷史的同時，也要對這些官方文書背後的意識形態與偏見有所警覺。

　　最後，負有實踐轉型正義責任的政黨，也不應將這個議題簡化，甚至只立法而不執法。繼承前政治異議組織的政黨，具有捍衛民主自由的傳統，但在重建歷史真相之際，如何面對自身的過去，也將是深化台灣民主價值的考驗之一。

1-10
政治學視角下的情治機關與轉型正義
秘密警察、線民與檔案開放[1]

普麟———文

前言

　　日前民進黨籍立委黃國書被媒體報導過去曾擔任國民黨政權的線民，協助威權時期的調查局監控反對運動人士，讓線民、情治機關與轉型正義等關鍵字成為近期台灣社會的熱門話題。事實上，無論是在民主國家或威權國家，政府皆需要透過情治機關來蒐集情報以維持國家安全。雖然相關議題可公開研究的資料不多，但仍受到不少政治學者的關注。到底政治科學家是如何研究情治機關的呢？情治機關的運作與統治者又有什麼關係呢？

　　在民主國家，情治機關與軍隊理論上都必須服從民選政府的領導、依據法治原則行事，以及接受來自國會與媒體的監督。然而，威權國家的情治單位則是為了鞏固獨裁者的統治，其運作邏輯自然不同於民主國家。過

1　本文改寫自作者未發表文章〈Repression, State Violence, and Infiltration: Evidence from the KMT Regime and Security Agencies During Taiwan's White Terror Period〉的部分內容。如果對此研究主題有興趣可參考 Barbara Geddes, Erica Frantz & Joseph Wright. 2018. "Double-Edged Swords: Specialized Institutions for Monitoring and Coercion." *How Dictatorships Work: Power, Personalization, and Collapse*. Cambridge University Press, 154-174.

去二十年來，從事威權政治研究的政治學者最主要想解答的問題之一就是：在缺乏民主選舉與廣泛民意基礎的情況下，威權政權要如何維持政權的穩定與存續呢？

事實上，身為獨裁者很容易缺乏安全感，不僅要提防身邊其他政治菁英、軍事將領的造反或政變，還要擔心來自社會大眾的抗議、暴動，甚至是革命。雖然獨裁者可以掌握軍隊，在政權建立初期透過暴力鎮壓（repression）來壓制反對勢力，但國家與經濟如果要長遠發展，社會就不能一直處於衝突與動盪之中。於是，當代有越來越多的威權政權選擇透過暴力程度較低的攏絡（co-optation）或提升正當性（legitimation）等方式來維持有效且穩定的統治，例如建立有限的選舉制度，或是大力發展經濟。無論是面對來自統治階層其他菁英的爭權或是底層群眾的挑戰，獨裁者都需要能夠掌握相關資訊。因此，情治機關的誕生就成了協助獨裁者蒐集國內外情報、對內進行秘密鎮壓與監控，進一步維持社會控制的主要工具之一。但是，要如何有效掌握與動用情治機關一直是讓獨裁者「頭痛」的問題，也是非常值得政治學研究的題目。

獨裁者與秘密警察

情治機關在威權國家主要負責政權的內部安全，但其執勤的秘密特性又有別於維持社會治安的警察，因此情治人員在英文被稱為秘密警察（secret police）。再者，由於情治機關與軍隊皆屬於安全部門，並得以執行強制力，所以也被稱為強制機構（coercive institutions）。有研究指出，強制能力（coercive capacity）與政權凝聚力（cohesion）越高，對於威權國家維持其統治越有利。[2] 對獨裁者而言，給予情治機關過於充足的資源與能

2　Yuhua Wang. 2014. "Coercive capacity and the durability of the Chinese communist state." *Communist and Post-Communist Studies* 47 (1): 13-25. Lucan A. Way & Steven Levitsky. 2006. "The dynamics of autocratic coercion after the Cold War." *Communist and Post-Communist*

力，雖可強力壓制社會內部的反對勢力，也有可能勢力龐大到反過來推翻政權；但如果為了降低政變的風險而減少安全部門的資源，又有可能無法有效完成壓制內部異議者的任務。如何掌握強制機構因此成了獨裁者所面臨的兩難（dictator's dilemma）。

此時，獨裁者就要清楚地知道他的主要威脅是誰。Sheena Chestnut Greitens 指出，如果獨裁者認為他的最主要威脅是來自於統治階層的其他菁英，那他就會傾向於將強制機構分散成多個部門，以降低某一單位獨大進而威脅政權的潛在風險；假使獨裁者認為對於政權存續最主要的威脅來自社會的反對勢力，則他就會將情治機關設計成單一制，且成員出身會盡量廣納社會各階層，以有效掌握社會內部的情報。另一方面，強制機構的設計也會進一步影響威權政權的暴力程度。分散式的情治機關設計由於缺乏統一的領導單位，各機關彼此會因為競爭情報而鬥爭；此時如果秘密警察成員在性質上（相較於社會整體）的多元程度較低，在執行任務時就容易大肆鎮壓與濫殺，暴力程度也會隨之上升。相反地，單一制的情治機關則可以避免上述問題，在壓制反對勢力時的暴力程度也會相對較低。[3]

不過，即便同樣是面臨反對勢力的威脅，一黨制的威權政權在調整情治機關的組織設計與人員部署時仍會有不同的選擇。Henry Thomson 就指出，波蘭與東德在面對反對運動興起以及隨之調整情治機關規模時，做出了不同的選擇。例如在後史達林時期，由於波共領導階層與情治機關對於政策方向出現分歧，因此波共領導人就選擇限制秘密警察的規模與人數，以降低情治機關首長政變或坐大的可能；反之，東德並未發生類似的問題，

Studies 39 (3): 387-410.

3 Sheena Chestnut Greitens. 2016. *Dictators and Their Secret Police: Coercive Institutions and State Violence*. Cambridge: Cambridge University Press. 該書的詳細介紹可以參考菜市場政治學的文章〈獨裁者與他們的祕密警察：國家強制機構與暴力行為的比較分析〉，連結如下。
https://whogovernstw.org/2017/06/09/fangyuchen19/

所以東德領導人就得以大力擴張秘密警察史塔西（Stasi）的規模以加強對社會的監控。[4] 也由於波共秘密警察的規模受到了限制，導致在 1950 年代之後必須仰賴暴力程度較高的鎮壓手段來維持社會控制，相反地，東德政權則以大規模監控來取代暴力鎮壓。

情報能力與線民

雖然擴大秘密警察的人數與規模的確可以讓獨裁政權更能牢牢控制社會，但其人事成本也會成為龐大的負擔，相較之下，透過金錢報酬等方式在社會各階層、團體中收買線民，就成為情治機關最有效滲透社會的方式之一。以東德為例，在共黨政權垮台前夕，情治機關史塔西竟擁有超過十八萬名的線民，數量是其秘密警察人數的兩倍；換句話說，平均每一百個東德人就至少有一人是史塔西的線民。

為什麼威權政權會那麼需要仰賴線民呢？簡單來說，線民的部署反映出威權政權對於社會的滲透（infiltration）。線民的數量越多、分布越廣，代表情治機關的情報能力越強，政權對於反對勢力、社團所能掌握的資訊也會越多、越精準，甚至更有能力在反對組織內部進行分化與破壞。[5] 換言之，獨裁者對於社會能夠掌握的情報越多，就可以越早對來自反對運動的威脅做準備，越有利於維持政權穩定。[6]

4　Henry Thomson. 2020. "The Authoritarian Governor's Dilemma: Controlling the Secret Police in Socialist Poland and East Germany." in Abbott, Zangl, Snidal & Genschel (Eds.), *The Governor's Dilemma: Indirect Governance Beyond Principals and Agents*. Oxford: Oxford University Press, 59-77.

5　Monika Nalepa & Grigore Pop-Eleches. 2021. "Authoritarian Infiltration of Organizations: Causes and Consequences." *Journal of Politics*.

6　同樣以波共監控體制為主題的研究則指出，雖然學界普遍認為秘密警察的監控體制向政權提供了反對運動更為完整的情報，從而有助於對社會運動與抗爭的掌控，但波共的大規模監控卻同時引起當時民眾的憤怒，反而讓抗爭活動更頻繁出現。參見 Anselm Hager & Krzysztof Krakowski. 2021. "Does State Repression Spark Protests? Evidence

當情治機關在執行鎮壓行動或大規模搜捕任務時，其過程非常類似內戰中的政治暴力邏輯，也就是當政府的武裝部隊擁有越完整的情報，就越有利於鎮壓與搜捕反叛軍。所以，一支情報能力較差的部隊就很容易採取無差別鎮壓（indiscriminate repression），以免有漏網之魚；反之，情報能力較強的部隊就會使用選擇性鎮壓（selective repression），由於有能力精準打擊反對勢力的成員，暴力程度也會因此降低。[7]Martin K. Dimitrov & Joseph Sassoon 也認為在後史達林時代的保加利亞，由於共黨政權透過擴大召募線民的方式讓領導人能夠更精準地掌握社會內部的資訊，以致過去的無差別鎮壓就轉為選擇性鎮壓，國家暴力的程度也隨之下降，[8]這樣的研究成果與上述提到的 Kalyvas 與 Thomson 非常相似。反之，情報能力差的部隊或情治機關，就越有可能透過刑求的方式從被捕的反叛軍或反對組織成員身上汲取情報，甚至進一步濫捕、濫殺，提高政治暴力的程度。[9]

檔案開放的兩難：威權遺緒與轉型正義

獨裁統治下的情治機關研究在整個比較政治或安全研究領域（相較於政治暴力、鎮壓、政變或內戰等主題）並非是熱門的題目；同時，資料的取得也是影響此一主題的研究能否順利完成的主要因素。雖然如此，從最近刊出的期刊文章可以發現，相關的題目無論是在案例挑選或是研究方法

from Secret Police Surveillance in Communist Poland." *American Political Science Review* 1-16.

7　Stathis N. Kalyvas. 2006. *The Logic of Violence in Civil War*. Cambridge: Cambridge University Press. 關於內戰的政治暴力邏輯，菜市場政治學的文章〈敵人、罪犯與病患（上）：國家暴力與威權統治下的三種鎮壓方式〉有更詳細的介紹，連結如下。
https://whogovernstw.org/2015/07/10/chinghsuansu3/

8　Martin K. Dimitrov & Joseph Sassoon. 2014. "State Security, Information, and Repression." *Journal of Cold War Studies* 16 (2): 3-31.

9　Mark Winward. 2021. "Intelligence Capacity and Mass Violence: Evidence From Indonesia." *Comparative Political Studies* 54 (3/4): 1-32.

上皆越來越多元，也更具啟發性。例如以檔案研究來探討東德的史塔西在1980 年代如何召募阿拉伯裔學生成為線人以執行情蒐任務，或是透過量化統計方式來分析超過四千多名阿根廷威權時期的官員資料，以瞭解情治人員在機關中的晉升與發展。[10] 然而，無論是採取何種研究途徑或方法，對於威權時期的鎮壓、國家暴力與情治機關等主題的研究，其資料來源都相當依賴過去政府檔案的開放。

　　在中東歐國家，由於前共黨政權垮台之後，原本的秘密警察機關也隨之解散或重組，研究者因此能夠取得相對完整的檔案資料來進行分析。在台灣，由於民主轉型的進程是由國民黨政權所主導，雖然過程較為和平，但也讓威權時期的政黨菁英及其繼承人得以直接在民主體制下進行選舉和政治參與，間接導致轉型正義在推動的過程遇到許多困難與阻礙，其中包含過去威權政權的官方檔案徵集與移交。雖然如此，台灣促進轉型正義委員會仍透過有限的檔案，統整出以政治受難者判決資料為基礎的「轉型正義資料庫」，並與專家學者合作針對過去的壓迫體制與圖像進行研究，讓社會對於造成數十年白色恐怖統治背後的政權體制有了更進一步的瞭解。[11]

　　過去的情治機關檔案要如何開放，一直是新興民主國家的難題。像是波蘭就曾因為檔案開放之後，大眾才發現有部分來自原本反對勢力的國會議員竟曾擔任共黨政權的線民，進而引發政治風暴。[12] 近年來政治學界也針對此一議題背後的道德難題進行反思，包括研究者如何對檔案進行解

10 Sophia Hoffmann. 2021. "Arab students and the Stasi: Agents and objects of intelligence." *Security Dialogue* 52 (1): 62-78. Adam Scharpf & Christian Gläßel. 2020. "Why Underachievers Dominate Secret Police Organizations: Evidence from Autocratic Argentina." *American Journal of Political Science* 64 (4): 791-806.

11 報告書與研究成果請參考促轉會網站，網址如下。
https://www.tjc.gov.tw/

12 延伸閱讀可參考本書第一部 1-9〈《衣櫃中的骷顱》：東歐轉型正義困境與面對歷史真相的艱難〉。

讀,還有檔案開放後對於相關人物所帶來的潛在傷害以及在現實政治上的影響。[13] 台灣現階段對於檔案開放仍缺乏適當的處置方式,以致很難對威權時期加害者進行究責,再加上未來仍有可能會因為過去的線民或協力者被媒體曝光,使得檔案開放淪為政治攻擊的工具,反而引起社會內部的互相猜忌,所以檔案要如何開放這一點,或許是在研究之外更值得整個社會一同思考的議題。

---

13 Jelena Subotić. 2021. "Ethics of archival research on political violence." *Journal of Peace Research* 58 (3): 342-354.

第二部　方舟的邊界

　　生活在一起的大家，就是我們的同胞。（嗎？）人們是怎麼樣定義誰是同樣在這個方舟上的自己人呢？在本部當中，我們從身分認同的建構方式開始談起，尤其是民族主義的不同面貌，包括公民民族主義以及族群民族主義。陳方隅透過台灣和香港的比較，來介紹為什麼民族主義有不同的定義方式。葉明叡記錄了王甫昌老師的演講，講的是台灣「四大族群」的觀念是怎麼演變的。

　　接著我們來討論台灣的「統獨」偏好。統獨議題一直都是政黨政治以及大選當中最主要的議題，每次談到統獨，許多人都會覺得厭煩、甚至情緒開始激動，不過，根據民調常有過半數的人認為要維持現狀。到底人們是怎麼看待統獨偏好呢？陳方隅的文章〈什麼是台獨〉提出一個分類，試著把不同的統獨主張用樹狀圖表達出來；他也和王宏恩、吳冠昇以及葉耀元等人，用調查研究的方式來推估全體民眾在各類主張的分布狀況，呈現在〈一個維持現狀　各自表述〉一文當中；同樣的作者群又用了一項調查來解構長期以來許多政治人物朗朗上口的「九二共識」，發現絕大多數的人們完全不知道「九二共識」代表什麼意思。這篇文章發表在菜市場政治學的部落格之後，引起許多單位跟進實測，果然一再證實人們真的不清楚「九二共識」到底是什麼。

　　王宏恩的文章〈台生赴中之後，有了什麼轉變？〉提到了兩篇研究，內容講述台灣人在中國念書與工作之後，所面對的「夾心餅乾」狀況。

　　第二部最後由李耀泰的文章總結，討論台灣人的身分政治與日常當中所實踐的民族／國族主義。他認為，台灣人逐漸產生了不同於中國的身分認同，展現出在民族和文化上的「原生」群體，且已逐漸和傳統的藍綠

政治脫鉤。接下來我們的討論會更聚焦於國家定位和各世代未來的身分想像。

（本部主編陳方隅）

2-1
台灣與香港
「好的」或「壞的」民族主義？

陳方隅———文

　　從 2019 年 3 月以來，香港的示威抗議舉世矚目，很多人認為有一種特別的「香港認同」正在發酵，尤其是當《願榮光歸香港》一曲開始被廣為傳唱時，許多人說這就是「國歌」了。當香港特首林鄭月娥於 2019 年 10 月啟動《緊急法》並頒布禁蒙面令，更是有人提出《香港臨時政府宣言》。

　　以社群主義思想聞名的喬治華盛頓大學教授 Amitai Etzioni 在《外交家》期刊發表了一篇文章，[1] 討論亞洲「好的」與「壞的」民族主義典範。他把新興的香港民族主義視為一種優質的民族主義發展，並預言香港民族主義很可能會「台灣化」，也就是說，他把台灣的民族主義也歸在同一個「好的」民族主義類別。不過，到底什麼是民族主義？又，什麼是「好的」或「壞的」民族主義？

---

1 Amitai Etzioni, "'Good' vs 'Bad' Nationalism in Asia." *The Diplomat*, 2019/9/23. Amitai Etzioni 是許多「最具影響力公共知識分子」排行榜的常客，2019 年時已高齡 90 歲，但還可以推出新的學術著作，談愛國主義和民族主義等主題。曾經擔任白宮高級顧問，長期在哥倫比亞大學和喬治華盛頓大學任教，曾任美國社會學會會長。

民族主義的定義

　　以最簡單的定義來說，民族主義就是有一群人想像自己是一個共同
體，並且認定這個共同體必須要具有一定的政治權利。[2] 政治權利的最高境
界當然就是一個獨立的國家，也就是「民族國家」，現代國際政治秩序的
基本單位。不過，大多數的國家都是由多民族組成，各民族之間會協商出
一定的政治安排。民族主義有許多不同的定義方式，所以在做研究時會有
一些測量上的麻煩，在討論時必須要先講清楚到底是在講「哪一種」民族
主義。例如，有時候民族主義會跟愛國主義重疊，那是因為人們把民族和
國家的範圍重合了；每個人都有可能具備不一樣的認同方式，並非絕對。

　　其中一種分類民族主義的方式，就是來看人們如何定義和區別「誰是
共同體的成員」、如何認定誰是自己的「同胞」。

從《台灣人民自救宣言》看台灣民族主義的性質

　　說到這裡，讓我們先用台灣的重要歷史事件來舉例說明同胞的定義如
何構成不同種類的民族主義。1964 年，時任台大政治系系主任的彭明敏，
與學生魏廷朝及謝聰敏共同起草了著名的《台灣人民自救宣言》，內容主
張承認「一個中國，一個台灣」、放棄反攻大陸、國會全面改選、建立民
主制度、保障人權，同時主張「台灣前途由人民自決」。他們的發布計畫
並沒有成功，僅少數文本流出。1964 年 9 月 20 日三人被捕並以叛亂罪起訴，
謝被判刑十年，彭及魏兩人八年（是的，在那個年代，光是發布文宣就足
以因涉嫌叛亂入罪）。直到 2018 年才由促進轉型正義委員會撤銷其罪名，
還其清白。

2　例：Ernest Gellner (1983) 定義民族主義："primarily a political principle which holds that
　　the political and the national unit should be congruent"。

在《台灣人民自救宣言》當中提到，國家的組成要件是：「國家只是為民謀福利的工具，任何處境相同、利害一致的人們都可以組成一個國家。」這樣的定義，可以稱為「公民民族主義」（civic nationalism）。也就是說，當人們界定國家這個共同體的時候，用的標準是「認不認同共同的制度」，只要認同這個共同體、認定自己屬於其中一份子，就可以成為同胞。

相對來說，另一種定義的方式叫做「族群民族主義」（ethnic nationalism）。當人們界定共同體成員的時候，標準是血緣、族群、歷史經驗這類「先天因素」。舉個例子來看，歌手侯德健有一首著名的作品《龍的傳人》，其中有一句「黑眼睛黑頭髮黃皮膚 永永遠遠是龍的傳人」，這種定義中國人的方式就很明顯地是所謂的族群民族主義，因為這個定義是由血緣和生物特徵而來。

台灣民族主義是「好的」還是「壞的」？

以上兩大類民族主義的定義方式，研究者可以運用調查研究的方式，來測量每個人的態度比較偏向哪一種。在針對個人態度的調查問卷當中，如果要看一個人偏向哪一種主張，會問說你認為要成為一個真正的同胞，下列幾項元素是不是重要的，然後就列出像是：講共同語言，共同的祖先（血緣關係），出生在國內，居住在國內，認同制度，共同情感等等這些項目讓受訪者勾選。

政治心理學的研究大致上發現：較傾向用族群民族主義來定義「同胞」的人，平均而言對少數群體的容忍度較低，比較排外，在對外政策上也比較會偏向鷹派。[3] 這其中牽涉到人們是如何定義自己的群體和其他群體的關

---

3 例：A. Reijerse, K. Van Acker, N. Vanbeselaere, K. Phalet, and B. Duriez. 2013. "Beyond the Ethnic-Civic Dichotomy: Cultural Citizenship as a New Way of Excluding Immigrants." *Political Psychology* 34, 4: 611-630; T. Blank , and P. Schmidt. 2003. "National Identity in a

係。特別強調，這邊講的是「平均而言」，不是全部的人。

Amitai Etzioni 教授在談好的或壞的民族主義，基本上的區分也是看該類民族主義的開放性。文中指出，印度當前的發展方向是壞的民族主義，因為執政者強調以特定宗教為核心、鼓吹「族裔」的概念，這些定義我群他群的方式都是排他性很高、而且通常很難改變的長期、先天性特徵。Amitai Etzioni 教授說香港民族主義屬於「好的」，而且之後發展可能會「台灣化」，他明顯把台灣的民族主義也認為是「好的」。為什麼會這樣呢？

台灣研究最有趣的地方在於，有兩種完全不同的民族主義類型在拉鋸。先前很長一段時間，執政的國民黨當局是禁止台灣認同的發展，並以各種方式推行中國（中華）民族主義，要求所有人都要「做個堂堂正正的中國人」，共同體的範圍想像是以「整個中國大陸」（秋海棠）為主，讓每個人都要好好學習中國的歷史和地理。

中國民族主義的建構主要來自晚清時期，在面臨西方的船堅炮利之下，「亡國感」驅使知識分子們（例：康有為，梁啟超等人）一起建構了以「黃帝」為中心的「中華民族主義」。所以，我們常聽有人說中華民族五千年這個概念，事實上是近代一百多年左右的建構。這當中「黃帝」的符號與「軒轅子孫」的概念是建構的中心，但也因此大大侷限了中華民族的共同體主要只能建構在「血緣聯繫」之上。[4]

就用《龍的傳人》來舉例，你要當龍的傳人，首先必須是「黑眼睛黑頭髮黃皮膚」。這種定義會有一點問題，畢竟中國有非常多的少數民族，像是新疆維吾爾人是突厥裔（土耳其人），根本就不可能是「黑眼睛黑頭髮黃皮膚」，不管是血緣、宗教、長相、生活習慣，各方面都跟「中國人」

United Germany: Nationalism or Patriotism? An Empirical Test with Representative Data." *Political Psychology* 24, 2: 289-312.

4　沈松橋，1997，〈我以我血薦軒轅——黃帝神話與晚清的國族建構〉，《台灣社會研究季刊》28：1-77。王明珂，2002，〈論攀附：近代炎黃子孫國族建構的古代基礎〉，《中央研究院歷史語言研究所集刊》73(3)：583-624。

差距甚遠，那麼他們永遠都做不了中國人怎麼辦？後來侯德健把這句歌詞改成「不管你自己願不願意」，開放性變高了一點，但仍然是以先天性的要素來定義民族，而且還沒有選擇的餘地。對照中共的統治方式（中共現在逼迫維吾爾人要講中文、吃豬肉、拋棄宗教信仰、與漢族通婚，並興建大型集中營要改造他們），這句歌詞對「非漢族」的人們顯得格外殘酷。

在台灣爭取民主化的過程當中，台灣民族主義也經歷了不同的論述變化。所謂的「台獨」論述在一開始的時候有不少是滿強調血緣觀、認為自己跟中國人的「血統」不一樣，不過，後來則轉化成有更多的討論是偏向公民民族主義的定義。學者吳叡人的論文是最早將《台灣人民自救宣言》標示為台灣公民民族主義發軔的論點之一。[5]1970 年代長老教會提出「台灣的將來應由台灣一千七百萬住民決定」這樣的公開訴求，這樣子以台灣作為共同體範圍、且不分哪一個族群一起做決定的願景和訴求，顯然也和以血緣為主的民族主義定義很不相同。

原本在 1970 年代回歸鄉土、民主革新、省籍不平等的訴求當中，黨外人士的歷史敘事主體，是作為中國人、中華民族的臺灣人。1979 年美麗島事件之後，黨外的政治理念與行動可以說是更「激化」（程度提升、論述升級的意思，沒有貶意），許多人更加快速地轉換認同成為台灣民族主義者，在文化上以及政治上，主張台灣和「中國」不一樣，且這樣的思想逐漸成為與國民黨的「中國民族主義」相抗衡的政治理想。[6]

看到這邊有沒有發現這跟香港現在正發生的事有點像？民族主義著名研究學者 Amitai Etzioni 之所以會說香港很可能台灣化，指的就是台灣民族主義形成的過程，是基於抵抗獨裁、對民主政治與自由權利的追求；人們的激化、行動升級，是由於看到了政府公權力的暴力和逾越法治程度的對

---

5 吳叡人，1995，〈命運共同體的想像：自救宣言與戰後的台灣公民民族主義〉。彭明敏文教基金會編《台灣自由主義的傳統與傳承：紀念「台灣自救宣言」三十週年研討會論文集》：51-86。台北：彭明敏文教基金會。

6 陳儀深，2010，〈台獨主張的起源與流變〉，《台灣史研究》17(2)：131-169。

待,而不是基於血緣、宗教、排斥外來移民等因素。這就是香港的現在進行式。

經過這麼多年來,研究發現,不管是本省人外省人等不同的族群,已經漸漸地形成以台灣(地理概念)為中心的認同,認定自己是「台灣人」。到現在,以黃河、長江、喜馬拉雅山為共同體範圍想像的人已經很少了。不過,到底我們(還)是不是「中華民族」呢?(換成英文概念就是:ethnic Chinese。其實從外國角度來看是沒有什麼中華或中國之分,Chinese意思是一樣的。)關於這一點,有很多有趣的論述正在進行當中。

可以確定的是,有別於中國民族主義的香港民族主義正在興起,而且依照民族主義研究者的看法,很可能是朝向一種以認同共同政治價值的方式來成形,是一種好的民族主義。但另一邊也有一種「中華民族偉大復興」的民族主義正在興起,也正透過香港事件在全世界發酵中,例如各地校園中出現的中國學生加上遊客們與撐港遊行或者裝置藝術的衝突。這樣的拉距在未來只會更加外顯。

話說回來,雖說台灣的公民民族主義論述已有許多發展,但是從一般大眾的角度來看,到底「普遍來說」人們比較傾向用哪種方式來定義同胞,還有待後續更多的研究。

結語

一直以來,我們常常在政壇上或者媒體上看到各種歧視性的言論,包括歧視外來移工,或老是被提起的本省人「討厭外省人」的說法。先前,在《台灣人民自救宣言》當中,三位起草人將矛頭指向前總統蔣介石,認為是「政權刻意分化台灣人與大陸人」,並呼籲要建立一個所有人互信互助、不區分族群群體的國家。這份五十五年前所發表的宣言,拿到今天的台灣,仍然很值得我們深思,尤其是「新住民」和外來移工早就成為我們日常生活的一部分,以及在我們台灣已經成功民主化的同時,又見證了隔

壁鄰居、一個龐大威權國家的崛起，向外輸出威權體制的價值觀。台灣人怎麼看待自己與另外群體的界限，仍然還有很多值得討論之處。

　　每個人都可以好好想一下：我們想像中的國家發展藍圖應該是怎麼樣的呢？「家」的範圍是哪裡？我們想像中的共同體邊界在哪邊？誰有資格成為我們共同體的一員？我們的祖國是哪一國？台灣跟中國是什麼關係？誰有資格決定我們的生活方式呢？

　　人們繼續透過共同的生活，來尋找答案。

2-2

「先來慢到攏相同　新一代的台灣人」
記王甫昌研究員族群概念史演講

葉明叡 ——— 文

前言

　　當人們說「我們是台灣人」的時候，我們說的「台灣人」指的是什麼？是指我們是一群同樣生活在台灣這個地方、來自台灣的人？是指我們是一個民族意義上的台灣民族人？是指我們由多種民族組成的另一種更上位的民族，叫做台灣人？是指我們共同生活在一種台灣文化之下的台灣人？還是指我們是同國（哪國？）的台灣人？

　　同樣的一句話，當中可能存在許多不同的理解和認同，特別是在由多元的、多重移民、多重（殖民）歷史的台灣社會。這些不同的認同想像，是由人們之間的互動所建立起來的，它不是如同自然物質那般，存在就是存在，不存在就不存在，可以用科學方法去檢驗成分，這些認同想像時時刻刻在動態變化，並衍生出不同的政治選擇和行動，這種特性在學術上一般被稱為「認同政治」（identity politics）。

　　在台灣民主化以後，政治領域的選舉動員模式，很長一段時間是依照選民所屬的族群（ethnic group）背景，人們所熟知的最簡略分類就是支持國民黨的「外省人」、支持民進黨的「福佬人」，另外加上「客家人」與「原住民」，被稱為組成台灣社會的「四大族群」。讀者可以回想看看，若有

搭乘捷運的經驗，到站廣播使用的語言，除了「國語」（即普通話、北京話，民國時期制定的中國官方語言）播送以外，還有哪些語言？為什麼是選擇這些語言在寶貴的時間內播放？

對於「民主世代」出生的人們來說，這些印象鮮明的區分方式，其實並不是這麼的理所當然，其成形時間可能遠遠地晚於一般人的想像，其實際的政治效果可能在 2020 年代的現在也逐漸消失當中。有次我去聽了中研院社會所王甫昌研究員主講的台灣「族群概念史」，[1] 發現這場演講對此有深刻的洞察，正好補充了許多看似理所當然但其實並不清楚的歷史脈絡。

王甫昌研究的「族群概念史」，不同於「族群史」，不是要研究個別或多個族群本身的歷史，而是要研究在特定脈絡下，「族群」此一概念是由誰建構、如何／為何建構、在何種場域建構、如何使用等等，整個互動和變遷的歷史。王老師的研究，自然是在台灣脈絡之下的使用，時間軸大致從日本時代至西元 2000 年左右，2000 年之後，王老師說仍在建構和變化之中，還沒研究到。

四大族群論述起源

雖然大概知道族群概念是人為建構出來的，但我首先感到驚奇的是，今日我們熟悉的以「福佬、客家、原住民、外省」四個族群為基礎的「四大族群」論述，其實是 1987 年才正式出現。[2] 我這代的學生，國中用的是最後的國立編譯館教科書，其中已經有「認識台灣：社會篇、歷史篇、地理篇」，要是沒記錯，四大族群之說應該是這版教材所傳授的知識。

---

1 王甫昌，「台灣族群概念的內涵、崛起與轉變：概念史的考察」，台北：中央研究院民族學研究所，2019 年 10 月 21 日。
2 關於四大族群論述的發展，可進一步參考王甫昌老師 2003 年發表的專書《當代台灣社會的族群想像》（群學）。

　　一方面驚異於教科書上族群／國族想像建構的威力，另方面是沒想到時間點是這麼近的事情。1987 年才剛解嚴，兩年後鄭南榕因發行雜誌被圍捕自焚而亡，再過兩年清大學生讀史明的書就被調查局逮捕（即「獨立台灣會案」），這些都是這麼近的事情，族群概念的建構竟然和這些大事都是差不多時間發生，對我們解嚴世代來說，不提還真的聯想不到。

　　第二件令人驚奇的事情，是最先建構並使用族群概念來進行政治動員的，其實是「外省人」，這一切源自於 1971 年「蔣介石的代表」被逐出聯合國。王老師說，當時中國國民黨深知其反攻大陸神話破滅、法統失去代表性，不得不開放台灣人參與政治的機會，1972 年蔣經國任行政院長，啟用相比於過往更大量的台籍出身人士（雖說大量，最高也不超過三分之一），俗稱「吹台青政策」。

　　然而，這樣的作為使得當時原本占據絕對優勢地位的中國各省籍人士感到深刻危機，認為長此以往民主化下去，在台灣沒有實質民眾基礎的各省代表將會逐漸失去統治地位（但這樣的統治，根據一些教科書定義已經很接近「殖民統治」了），因此主動塑造出「外省人」的弱勢族群形象，用以團結原本分歧的各省人士，要求民主化後的國會不應直選，而應採用「大陸代表制」，以保障「外省人」的優勢地位及「中國」的法統。

為了政治動員的族群論述

　　所以，王老師指出，族群政治的訴求概念上，從原本強調的「外省老兵」概念，漸漸替換到外省二代、再到所有外省人。「弱勢」的「外省人」就這樣被新黨、國民黨人給建構出來（大概就是什麼「民進黨選上外省人會被丟到淡水河」這種國民黨當年對台灣人做的事，或「中華民國要滅亡了」這種國民黨自己對中華民國做的事之類的，這些至今可能仍殘存於某些人想法中的說法）。

　　相對應於此，1980 年代其他族群，主要以福佬的黨外、民進黨為主，

也使用族群概念來進行政治動員，也訴諸弱勢族群的概念。例如特別突顯出無論是正式或非正式管道，很明顯地在行政、立法、司法各方面制度上的「外省代表」比例不義，其他台灣人參與政治的機會極度被壓抑等。原本族裔上的福佬人是被福佬人為主的黨外視為等同台灣人，但由於這種福佬沙文主義過度強盛，也受到民進黨內的客家人批判，以致最後才會產生「四大族群」的論述。當然，到了今日，很多時候講到「台語」還是直接等同於福佬話，因為這其中還是承認了優勢族群的地位，此由公視「台語」台之命名可見一斑。

到了 1990 年代，「四大族群」論述成為主流論述，[3] 族群想像的邊界明確地從秋海棠中國變成台澎金馬台灣（中華民國實質統治範圍），族群之間的關係也從過去明顯的上下階級關係轉變為平等的關係（理想理論上）。

王甫昌老師的主要論點是，族群概念乃是基於為了政治動員需要而建構出的弱勢族群形象，以及不同社會政治團體之間的互動所致。這個時期的族群界定，不再以過去認為的祖先血緣文化來界定，而比較是社會位置的界定。例如原本「外省人」之間的省分是嚴格區分，廣東人和湖南人並沒有共同認同，是「外省人」概念把他們凝聚在一起；各地「福佬人」之間亦是如此。這些「族群」都是為了要在民主選舉中能夠動員「族群投票」（同族的人投自己族候選人）所建構出來的。

2000 年以後至今：四大族群論述的衰落？

王甫昌老師的觀察認為，隨著民主化以及 2000 年以後兩度政黨輪替，各族在政治制度上的權利已趨近相等，客家、原住民也在行政部門有特別

3　四大族群論述重要文獻列舉（引自王甫昌演講大綱內容）：1987 年，張茂桂、蕭新煌「中國結與台灣結」；1988 年，許世楷《台灣新憲法草案》；1993 年，民主進步黨《多元融合的族群關係與文化》白皮書。

部會,「四大族群」論述已經逐漸失去在政治動員或解釋上的效力。然而,對此說法我個人是部分保留,因為或許對解嚴世代是如此,但對其他世代還很難說。例如,國民黨黃復興黨部覆蓋範圍內,有多少比例是非外省人不投?各地地方派系又如何看待族群概念?這些問題其實還有待後續研究。王甫昌老師也說到,雖然現在政治制度上看似已經平等,但過去中國民族主義、種族主義思想在各層面所遺留的意識形態,仍深深影響今日的政治,這點我是相當同意。以上,大致就是這場演講的內容。

在了解這場講座內容之前,我本來對族群議題的想法是認為,對我們這些「解嚴世代」而言(以及至少不是眷村背景的外省二代而言),族群的分類真的已經很不重要,我們面對的已經是一個截然不同的處境:我們有共同的過去,民主自由平等;差別在要不要保護共同的未來,面對彼此,讓台灣變得更民主、更自由、更平等、更少壓迫與宰制,共同面對那個想要侵略的帝國,守護我們的生活方式。在策略上、議題的優先順序上或有不同,但我們看到的是不分族群對此大方向的共同追求。

所以,到底「族群」的概念還有什麼重要?我覺得是「反省」。一整代的人才剛長成,今天聽到的這些變遷,其實就是距今不過三、四十年內的事,我們要知道是怎麼走到今日的,以及整個「認同政治」是怎麼從「族群認同」(ethnic identity)轉變到「民族認同」(national identity)政治(也就是說,我認為人們越來越少使用「族群」的概念來想像共同體),這還是相當值得研究。[4] 另一個重點在於,還有一整代的人尚未升天,如王甫昌所言,當年建構出族群政治的世代,至今仍占據政經社高位,左右台灣政局,這些我們都還是要共同面對。

---

4 這只是我自己的粗淺觀察,還缺少依據和討論,總之,政治主張中的族群認同衝突,在當下似乎已經演變為民族認同衝突(主要為台灣 vs. 中國)。雖然許多的用詞、範疇、類別還是相同或相似,但這之中似乎有一個「族群→民族」的變化過程,與政黨輪替、中國政治經濟崛起以及對外擴張的時機有關。

舊族群，新認同

我們即使不是必須觀察分析族群概念史的研究者，每個人其實仍在參與創造與建構族群的過程之中，面對到新的認同政治。我目前認為，對內，我們彼此或許不要再使用舊族群論述，改以實質人們的社會位置來理解生活處境中的宰制和壓迫，來檢視政治上需要改進之處，以追求更民主、更自由、更平等的生活。這不是說要放棄追究過去中國國民黨威權統治時代的國家暴力和（某種意義上延續至今的）中國殖民主義，而是說要以「社會群體」來加以檢視，[5] 才能以不分族群的方式（繞開族群政治動員）完成轉型正義工程。

面對外部，我們僅需要有一個在國際「西伐利亞秩序」之下（Westphalian Order，指的是十七世紀以來，國際社會形成以「主權國家」為基本單位的運作體系），某種凝聚主權國家的共同意識，能認同在這個民主自由的政治體之中，我們有相似的過去、生活方式，也要面對共同的未來即可；至於其他我們各自偏好的地方、民族、族群、文化、性別、宗教、家族認同，就隨各自發展吧！朝著多元、自由的國家邁進。

這對解嚴世代來說應該是很自然的事情（畢竟，哀傷的事實是，我們也幾乎都快要不會講族語／母語了），難處在於要採用什麼形式或名稱，能與過去的族群稍微切斷關聯，避免各方人馬又繼續帶入新仇舊恨。

以上大致是我目前的想法。面對中國擴張侵略、台灣社會不義的日日夜夜，反抗壓迫與宰制、追求自由民主的生活方式，我們還有很多需要努力。在國際層次甚至可能也不是我們台灣人能夠決定的，地緣政治詭譎多變，各種策略與國際制度的即時運用，我們所能掌握的也很有限，但最起碼的共同意識認同，是採行這些策略的必要條件。作曲家詹宏達及詩人路

---

5 類似艾莉斯‧楊（Iris Young）說的「社會群體」（social group）。有關楊所提出的壓迫、宰制和社會群體的概念，請參考《正義與差異政治》（*Justice and the Politics of Difference*）（2017年，商周出版）。

寒袖幫陳水扁競選台北市長時寫的歌，[6]我覺得寫得很好，把時代的精神抓得非常到位：

> 先來慢到攏（都）相同，新一代的台灣人，
> 希望就是咱，奮鬥毋通放！（我們就是希望，不要停止奮鬥啊！）

---

6 路寒袖詞、詹宏達曲，《台北新故鄉》。

2-3
什麼是台獨？
如何分類不同的統獨主張？

陳方隅———文

「台灣是一個主權獨立的國家，它現在的名字叫做中華民國。」這樣的陳述是目前台灣的民意主流，在學術調查研究當中大都有超過七成的民意認同，例如以 2020 年「兩岸關係和國家安全民意調查」（杜克大學牛銘實教授主持）的資料來說，贊同的比例是 74.8%，僅有 17.6% 的人表達不同意。然而，人們對於「現狀」有許多不同的認知，對於國家未來的走向也有各自的想法。到底什麼是台獨？有什麼樣的不同主張？統獨之間的差別在哪裡？

本文嘗試對各種不同的想法做一個簡單的分類。在樹狀圖當中藍色的節點主要是根據大家對現狀的「事實認知」（是或否）來決定分類，而最右邊按照順序標上英文字母的是國家走向的選項，也就是對於未來國家「應該」怎樣發展的主張。需注意的是，這張圖可能無法窮盡所有的選項。

在討論之前必須先定義何謂「國家」。根據《蒙特維多國家權利與義務公約》，目前在國際法上對國家的定義是必須有四大要件：人民、領土、政府，與他國交往的能力。一般來說，所謂「主權」指的是對內「最高」、對外是「排他」的管轄權。

人們常在說的「台獨」或者是「獨派」，首先可以用一個最簡單的問題來做分類：在 1945 年第二次世界大戰結束之後，台灣是否屬於「中國」？

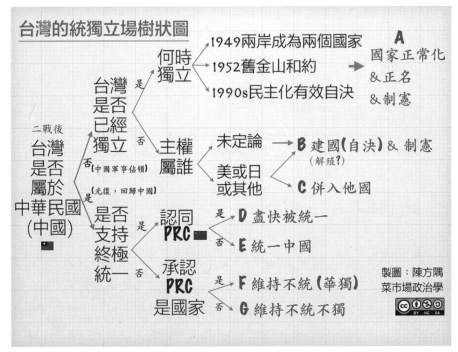

【圖 2-3-1】台灣的統獨立場樹狀圖。製圖：陳方隅。

所有回答「否」的人大部分可以先歸類成「台獨」，回答「是」的人先暫時不做分類標籤。這邊要注意的是，時間點是 1945 年。如果覺得中華民國只是「軍事占領台灣而這個狀態不正當」的人，應該要選的是「否」，也就是當時的台灣「不應該」屬於中國的意思；選「是」的人就是覺得台灣「光復」，回歸中國。[1]

其中，所有主張台獨的人，共同的認知是「台灣應該要是一個國家」，

---

1 這裡還有一個研究上的麻煩點在於，「中國」在政治上可以指涉中華民國、中華人民共和國、中共，或者就是一般概念的中國。回答「台灣不屬於中國」的人不管其對於中國的定義，大部分都可以歸為台獨。但回答「台灣屬於中國」的人要看一下其理解的中國定義，可能統獨皆有。「中國」這個詞可以同時具有文化上的、政治上的、地理或歷史上的意義，也可以專指中共政權，所以需要看使用者的脈絡。]

不過因為對現狀的認知不同（是否已經獨立、何時獨立的、以及像是「中華民國」國號的正當性等問題），所以大家主張台灣要成為一個（正常）國家的方式並不相同。

再下一步我們要問的是：台灣已經是一個獨立的國家嗎？在主張台獨的人當中，可以分為台灣已經獨立、台灣尚未獨立兩大類。兩者對於台獨的途徑有很大的不同：主張台灣已經獨立的人，終極目標通常是追求國家正常化，主要透過正名、制憲等方式來完成；主張台灣還沒有獨立的人，終極目標是追求自決與建國，當然也包括制憲這個程序。

台灣已經獨立說

認為台灣已經是一個主權獨立國家的人，通常並不排斥現在使用「中華民國」這個國號，只是覺得未來應該要改掉，讓國家體制和象徵符碼更能夠代表台灣。這類主張者的共同目標是要追求國家正常化、正名與制憲，但是對於台灣是何時獨立、何時開始符合「國家要件」的判斷時間並不一樣。

1949 年兩岸成為了兩個國家，在台灣的國民政府建立了中央政府，統治著一定數量的人民，實質統治台澎金馬這些領土，有自己的軍隊、政治經濟體制，同時也與許多國家維持著外交關係，許多人認為這就已經符合了國家的要件。而且，這個國家和 1912 年成立的中華民國，性質上已經是不一樣的國家了，至少人民與領土都已經不一樣，不過對於這一點的認同與否，並不妨礙 1949 年開始在台灣的這個政權「是一個國家」。[2]

有些人主張一直要到 1952 年舊金山和約之後，日本「放棄」了台灣的領土主權，在台灣的中華民國這個時候在法律上才達成掌控台灣這塊領

2　還有一些不太一樣的時間切點，例如有人主張 1950 年蔣介石「復行視事」之後才能算國家。不過，就算沒有總統或暫時沒有總統，國家一樣可以運作，所以採信這個主張的人比較少一點。

土，才算符合國家要件。[3]

　　另外還有一種滿常見的說法是「演進獨立說」、「有效自決說」。這種看法是認為，解嚴之後歷經 1991 至 1996 年的民主化，台灣進行的是一種「有效自決」的過程，因為憲改的內容承認了兩岸分立分治的狀態，正式地把我們的治權明確地規範在台澎金馬這一塊領土，而且是由台灣人民來行使複決權，所以台灣已經是一個獨立國家。[4]

台灣尚未獨立說

　　這類人通常認為台灣不屬於中（華民）國，但也尚未獨立，對他們來說，終極的目標是要自決、建國、制憲，也就是上圖中的 B 選項。認為台灣還沒有獨立的人傾向主張「台灣地位未定論」，理由是 1952 年舊金山和約當中沒有明言台灣這塊土地的主權屬於誰，然後中華民國政府在二戰後的軍事占領台灣只是聯軍授權的暫時行為，或者甚至是違法的，因此台灣人民還必須進行一個「自決」的動作，來決定建國的型式。有些人主張中華民國是非法的（甚至是殖民的）政權，無權統治台灣，這些人通常很排斥中華民國的體制和象徵符碼；有些人主張說即使台灣符合了國家要件，但必須要重新取得國際的承認，而現在還沒有做到這件事。在網路上討論的時候我們常看到有人說：「醒醒吧，你還沒有國家」，像這類的說法應該都是屬於建國自決派的，很好區分。

　　另外還有一些很少數的看法認為台灣的主權在美國、日本，或是其他行為者的手中。不過，如果最後的選項是「併入他國」的話，就不能被稱

3　筆者認為，在台灣的中華民國有效統治台灣，並不需要等到 1952 年，舊金山和約只是在條約上正式確認日本失去台灣主權，並不會影響到先前（1945 年起）發生的狀態。

4　這類看法可以參考陳隆志教授的主張。例：2019，《台灣國家的進化與正常化》，新學林出版。

做台獨了吧？[5]

台灣屬於中國？

看完了台獨主張，讓我們再來討論一下「非台獨」的看法，也就是認為二戰之後台灣屬於「中華民國」的人們。不主張台獨的人們，大部分會認為台灣是在 1945 年「光復」，因而回歸到中（華民）國的統治之下，後來中華民國政府到了台灣，而中共——或說中華人民共和國（PRC）——占據了中國大陸這塊領土。

大致上我們可以用「是否支持終極統一」這個問題來區分「非台獨」這半邊的人。支持「統一」的人，可以說是所謂的「統派」，其中有些人認為「中共好棒棒」，或者很認同現今的中華人民共和國，這類主張以新黨和統促黨為代表，有時我們會把這群人稱做「紅統」，他們的選項是「盡快被統一」（選項 D）。有些人則認為統一是終極的目標，但也「不見得」或是「不應該」由中共來進行，所以他們的選項會包括反攻大陸或三民主義統一中國，又或是我們以前國統綱領當中講的，等到將來中國大陸跟台灣的政經情況差不多的時候再來談吧！這類的選項我們通稱做「統一中國」（選項 E）。需注意的是，主張統一對岸但不是由中共來統一的人，曾提出各種不同的方法，例如一中三憲、統合論、納入福建省之類的，我

5　這邊再多做一點補充。有人問說那 1945-1949 年是什麼狀態？通常主張台獨的人會認為，自 1945 年開始中華民國「軍事占領」台灣這塊土地，這就會走樹狀圖的上半段。然後再分兩半，有些人覺得這個占領是非法的，因此認為中華民國沒有正當性，台灣尚未獨立，最後導出的結論是必須要「建國」（也包括制憲等）。有些人覺得1949 年開始中華民國就成為一個以台澎金馬為領土的新國家（即台灣已經獨立），或至少到 1952 年的和約是在法律上正式確認這塊土地的主權是由占領方所繼續保有；不管是何時開始的，總之現在中華民國是我們這個國家的正式名稱，之後要做的就是正名制憲。另一方面，如果覺得 1945 年台灣是「光復」了，回到中華民國——而且還是秋海棠的那個 ROC——統治之下變成中國的一省，那就不會有上面這段時間差的問題，接著就走樹狀圖的下半部，接續以下的討論。

們在這裡並沒有細分。

「不支持統一」的人，可以歸類為承認或不承認 PRC 是國家這兩種。如果承認中華民國和 PRC 都是國家，並且認同中華民國這個國號和體制，我們可以把這些人稱作「華獨」，他們通常會認為不需要再去正名制憲。（選項 F）不支持統一的理由包括不喜歡中共的統治，覺得現狀這種「事實上的獨立」沒什麼不好，很認同現行的體制，又或者是基於國際局勢或是中共的軍事威脅等，最後就選擇了「現狀」。[6]

在這個樹狀圖上還有一類主張是過去一段時間內大家常常聽到的，也就是不承認中華人民共和國是一個國家、必須要稱作「大陸地區」這樣的看法。如果不支持統一，又不支持改國號，也不承認兩岸目前分立分治的狀態，那麼選項就會是「不統不獨」。（選項 G）這跟「華獨」其實有點像，都是主張繼續維持中華民國的國號和體制，不過「不統不獨」派的人反對把中華民國和中華人民共和國當作兩個不同的國家，因此在邏輯上應該不能被稱做「華獨」（當然也是有人把這類主張稱做華獨）。

E 和 G 的看法比較接近國民黨執政時期的主張。以馬英九總統為例，他在 2005 年時曾說過國民黨終極的目標是統一，只是狀況還沒有成熟，而現在要做的是維持不統不獨。他對統獨的看法跟以前「國統綱領」所寫的很像，即等到兩岸雙方條件差不多的時候再來討論要不要統一的問題，而且必須以民主法治為前提，這就是 E 選項。不過，關於現狀的認定方面，

---

6 筆者認為這類看法的主要目的是要避談現存的爭議，不過卻不是一個理想的選擇。目前我國憲法當中有許多不合時宜或者是大家都不想談的地方，例如「固有疆域」這件事情，大法官釋字 328 號已說明這是政治問題而不是法律問題，問題是沒有人說得清楚我們的疆域在哪裡。這也造成世界上許多人的誤解，即使我們政府已經多次發出聲明以及包括修憲在內有很多法律已制定，在在表示兩岸已是分治的狀態、中華民國主權僅及於台澎金馬，但是像國際法大師 James Crawford 也會搞不清楚狀況地表示我們還一直說自己代表全中國。話說回來，就算我們還是主張自己代表全中國，也不會妨礙「中華民國是一個主權獨立國家」這樣的事實，因為像南韓與北韓都各自宣稱主權及於整個朝鮮半島，它們並沒有因此被認為不是獨立國家。

他曾經發言否認台灣是主權獨立國家（2017 年），他也在 2008 年競選總統時就說過「台灣，在中華民國政府的治理下，是一個主權獨立的國家」，因此不需再獨立。這可能是因為台灣、中華民國這些概念所代表的意思本來就有詮釋的空間，但筆者認為馬總統這些針對「現狀」的發言之間不免有一些概念上的跳動。

小結

本文的討論主要集中在實然層面「是或否」的問題，並沒有討論到「應不應該」、「利弊得失」，或者是比較細節的脈絡或條件。例如「條件式統獨」，問受訪者假設獨立會造成軍事衝突的話，那還要不要獨立；或者假設兩岸政經狀況差不多或者差很多的話，支不支持統一。這些「應然層面」的討論並不在本文的範圍。

同時，這張樹狀圖是經過一定的簡化，可能有些主張無法被放進來。有一個很明顯的不足之處是，本文並沒有討論到原住民的主張。另外有些人是覺得不知道、無法判斷，通常這類狀況就會傾向於暫時或永遠地維持現狀。特別要強調的是，各選項之間也不必然是互斥的，例如有些人覺得「現在」不適合做什麼變動（F 或 G），但也「不排斥」將來要去做別的選擇，例如正名制憲（A 或 B）。

從實然面來看，筆者認為，不管是從何時開始的狀態，台灣（中華民國）此時此刻符合國家成立的要件（人民，領土，政府，與他國交往的能力）應無疑義。儘管並不被世界上多數國家承認具備獨立的國家地位，但並不妨礙台灣成為一個國家。

目前，「台灣是一個主權獨立的國家，它現在的名字叫做中華民國」，不只是整體民意的調查研究當中最主流的意見，同時也是執政的民進黨內最主流的看法，從 1990 年代起經過的幾次黨綱修訂都做了類似的陳述。[7]至於很多人不斷質問主張台灣已經獨立的人：台灣是何時「宣布」獨立的？

其實,宣布與否跟是否符合國家要件並沒有直接的關聯,跟未來要不要追求國家正常化也沒有直接的關聯。真正要問的問題或許是,那未來該「如何」改變?

實然面的現狀認定,會是人們對未來選項進行抉擇的一個重要基礎。然而,在過去很長時間的威權統治下,人們並沒有討論這些事情的自由。[8]民主化之後開始有百家爭鳴的政治主張可以被自由討論,這些都是台灣非常寶貴的民主資產;相對於中國來說,中國人並沒有「反對中共統治」的自由,而且中共大概也不會允許任何「非由中共來進行統一」的方案。目前在台灣的人們對現狀的認知不同,可能是受到自身經歷、所受的教育與接收的訊息所影響,也可能是基於各種理性或感性的考量,筆者始終相信,我們可以在民主制度的運行下,一起在這個共同的生活圈,討論各種選項並邁向共同的未來。

---

7 例如在 1999 年的《台灣前途決議文》當中寫道:「台灣是一主權獨立國家,其主權領域僅及於台澎金馬與其附屬島嶼,以及符合國際法規定之領海與鄰接水域。台灣,固然依目前憲法稱為中華民國,但與中華人民共和國互不隸屬,任何有關獨立現狀的更動,都必須經由台灣全體住民以公民投票的方式決定。」

8 1988 年鄭南榕所帶領的「蔡有全、許曹德台獨案救援會」可以說是很少數有辦法做到「公開地」以主張台獨為主題,在全台灣做實體政治倡議活動,在當時的政治氛圍下是一大突破。1988 年底,鄭南榕的雜誌社刊出許世楷教授在 1975 年起草、1988 年修改的《台灣共和國憲法草案》,然後就被國民黨政府通緝,最後因拒捕而自焚而死。當時帶頭攻堅雜誌社的人正是現任新北市市長侯友宜。參考:陳儀深,2010,〈臺獨主張的起源與流變〉,《台灣史研究》,17(2): 131-169。看到這邊不知道讀者們有沒有聯想到,幾年前中國的諾貝爾和平獎得主劉曉波也是因為提出憲章草案《08 憲章》而被關到死。另外,雖然 1987 年解嚴了,事實上國民黨又推出國家安全法,被許多人稱為「愈解愈嚴」,要一直到 1992 年修正刑法第 100 條內亂罪的要件之後,台獨言論才正式除罪化。

2-4
一個「維持現狀」各自表述？
台灣人怎麼看自己和中國的關係

王宏恩、吳冠昇、陳方隅、葉耀元───文

　　近兩三年來，台灣在國際媒體上獲得的關注程度非常高，例如 2020 年 1 月的總統大選，Covid-19 疫情大爆發而台灣成功地守住了，以及 2021 年中共大幅提高軍機擾台的頻率，國際媒體上出現大量關於台海和平穩定的相關報導。這些報導當中常常會提及台灣的國際地位以及和中國的關係，然而，這個新興的東亞民主國家可能有很多方面會令外國人感到困惑。例如，台灣的正式名稱為「中華民國」（Republic of China, ROC），那跟「中國」有什麼關聯呢？同時，很多外國人也感到好奇，為什麼使用「台灣」這個名稱會被認為是「挑釁中國」？另外，有些人也許會宣稱台灣其實是「自由中國」，例如川普政府時期的白宮國安會副祕書長博明（Matthew Pottinger）。從媒體報導中我們得知，這些問題被視為是了解台灣與中國關係的重要背景知識。

　　那麼，台灣的人們自己又是怎麼看的呢？大家如何面對民族認同的困境？我們將在本文探討台灣公民如何看待「中華民國」，以及他們認為兩岸關係當中的「現狀」到底是什麼。我們提出了一個新的測量方式，把人們的統獨偏好分成兩種藍、兩種綠，以及兩種維持現狀。

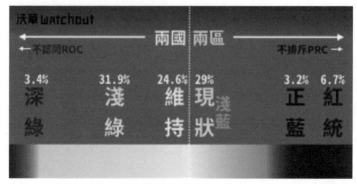

【圖 2-4-1】統獨偏好光譜。製圖：王宏恩、吳冠昇、陳方隅、葉耀元。

過去的統獨調查

對於國家未來的統獨立場（和中國的關係），一直都是台灣政治最重要的話題。過去針對台灣人的民意調查中，可以看到一些穩定的傾向：

（一）大部分台灣人希望「維持現狀」。[1]

（二）台灣人在不受中國攻擊威脅的假定情況下，更傾向支持「宣布獨立」。[2]

（三）大部分台灣人都反對與中國統一，即使假定兩岸的政經狀況差不多，反對統一都是穩定多數（甚至超過六成）。

另外，超過 70% 的台灣人認為台灣是一個正式名稱叫做「中華民國」的主權國家，因此，「宣布法理獨立」的主張，在台灣常常存在爭議。

但是，過往的民調並沒有處理到一些關鍵的微小差異。例如，在調查

---

1 舉例來說，政治大學選舉研究中心從 1994 年以來持續追蹤人們的政治態度，他們的統獨分類和 2020 年 12 月的資料是這樣的：儘快統一 1%，維持現狀以後走向統一 5.6%；維持現狀以後走向獨立 25.8%；儘快獨立 6.6%。在統獨之外，則有永遠維持現狀 25.5%，維持現狀以後再決定 28.8%。

2 若以國家安全調查報告（杜克大學牛銘實教授主持，政大選研中心執行）2020 年 10 月所做的調查來看，假設宣布台獨不會引起中共出兵的狀況下，有 71% 的人贊同宣布台灣獨立。

時沒有點明所謂「現狀」的具體涵義，而這一點對於「台派」與「親中派」的主張來說，可能有非常不同的意義。而且，過往的調查往往關注於民眾當下的觀點，而沒有繼續詢問民眾對於追求他們傾向的兩岸政策（統一或獨立）所希望採取的實際行動。為此我們提出一種新的調查方式來測量民眾對統獨議題的態度，藉此釐清先前比較少被測量到的問題。

兩種類型的「綠」、兩種類型的「藍」，以及兩種類型的「維持現狀」

我們認為，台灣的統獨立場大致上可以分成六大類：藍和綠各兩類，所謂的「中間」再分成兩大類，然後把這些主張放在一個統獨偏好的光譜上來看。

首先來看泛綠（偏向獨立）陣營對於「中華民國」這個名稱的想法。泛綠陣營的第一種類型，我們先把他們稱做「深綠」，這些人往往會否定台灣與「中華民國」的連結，並宣稱「中華民國」基本上沒有代表台灣人民的合法性，充其量只是一個不擁有台灣主權的外來政府。深綠人士認為，台灣人民必須以全新的名稱建立自己的國家，而新國家與「中國」（不管是中華人民共和國還是中華民國）都毫無關聯。

泛綠陣營裡的第二種類型（有時被稱為「淺綠」），則認為台灣已經是一個獨立的國家。這類主張往往是基於政治上的現實發展狀況，指出自從 1949 年中國內戰結束以來，中華民國和中華人民共和國已經是兩個分離的主權國家。雖然淺綠人士通常不認為我們需要建立一個全新的國家（因為現在已經存在了），但他們會認為必須進行憲政改革，甚至是以制定新憲的方式，來去除現行中華民國憲法適用於台灣時所出現的矛盾、扞格之處。

淺綠光譜通常的定義是強調台灣不是中國的一部分，台灣也不主張對中國大陸這塊土地還保有主權。舉例來說，蔡英文政府在第一任並沒有推

動更改「中華民國」的國號。在 2020 年 5 月 20 日的就職演說當中，蔡總統提到「過去七十年來，中華民國台灣……」，是把目前國家的起始點從1949 年（或 1950 年）開始起算。另外像是賴清德副總統曾經說過「務實台獨」，其內涵（台灣已經是獨立國家，國號叫做中華民國，因此沒有必要再宣布獨立）基本上也屬於這類主張。我們知道過去這類溫和路線常常會引起追求「法理台獨」的深綠支持者不滿，主要是由於對「中華民國」作為國號或憲法的接受度不一樣。

接下來看光譜另一端的泛藍陣營，我們也將其分為兩大類，主要是基於對「中華人民共和國」的不同態度。第一種泛藍我們稱做「正藍」，這類主張可以追溯至中國國民黨一黨專政威權體制所帶來的意識形態，仍然認為中華民國是中國唯一的合法代表，而台灣和大陸（中國）都是中華民國的一部分。儘管這種論調的支持者仍然尋求「反攻大陸」，但經過台灣民主化幾十年的發展之後，他們從原本主張以武力方式奪回「失土」，轉而期望以民主方式進行統治，也就是所謂的「民主統一」。

除了正藍之外，站在統派光譜最極端的是一個提倡與中國盡速統一的群體，他們不認為中國共產黨是威脅，認為兩岸越快統一越好，甚至有些人是渴求被中國共產黨統治的。這一派主張可以稱為「紅統派」。

我們認為，中國國民黨的主流立場處於傳統正藍支持者和極端統派之間，許多人仍將「一個中國原則」奉為圭臬，相信台灣和中國大陸都是中國的一部分，並且應該統一。然而，中國國民黨內的主流意見似乎已經放棄了長久以來的反共意識形態，不再認為中國共產黨是敵人了。這種情形可以回溯到 2005 年，前中國國民黨主席連戰訪問中國，正式開啟「國共合作」。隨後在馬英九總統主政的八年，海峽兩岸進行密切的社會和經濟交流。國民黨已經不再反共了。

在泛藍和泛綠陣營之外，有很大一部分的台灣民眾（中間選民）介於「淺綠」和傳統的「正藍」光譜之間。中間選民承認現狀下的台灣（中華民國）已經是一個獨立的國家，而這群人能否進一步被區分，取決於他們

對中華人民共和國的態度。我們認為這類民眾也可以分成兩大類：有些人認為現在的兩岸並不是國與國關係，只是「兩區」，也就是說並不完全承認中共以及 PRC 的正當性（偏向正藍的主張）；另一些人則是認為兩岸就是兩個國家，認同「兩國論」（偏向泛綠的主張）。但這兩大類的人們都認為應該要維持「現狀」，不要做任何法律上的改變，反對進行憲政改革，因為此舉可能會激怒中國。這群人通常被歸類為堅定支持「中華民國」現狀的「維持現狀」派。

　　以上是用一個光譜的形式來談統獨偏好，分類方式的基準可以用以下這個樹狀圖來表達。[3]A 到 G 的選項是對國家未來走向的偏好：A、國家正

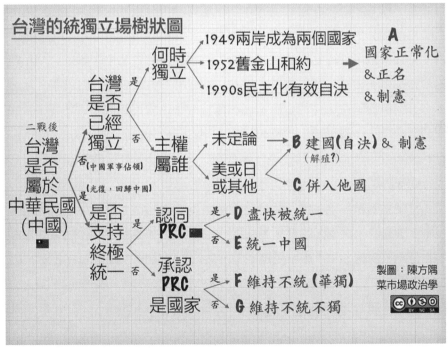

【圖 2-4-2】台灣的統獨立場樹狀圖。製圖：陳方隅。

3　參考陳方隅，〈什麼是台獨？如何分類不同的統獨主張？〉，本書第二部第三篇。

常化，接近上述的淺綠立場；B、建國論，接近深綠立場；D、紅統論的立場；E、傳統正藍的主張；F、「不統」，上述中間選民當中比較偏泛綠這一派的立場；G、偏向泛藍的中間選民立場。

新民調結果：人們對現狀的看法

為了更清楚地理解現實民意，我們設計了一份新的調問卷，於 2018 年 7 月 6 日至 9 日在國立政治大學選舉研究中心 PollcracyLab 調查實驗室的協助下，在台灣進行了調查。該項調查共有超過一千名受訪者參加。我們首先詢問人們對於兩岸的狀態以及台灣政治地位的理解，題目是：關於台灣過去一段時間以來在國際上的政治與法律地位，請問您認為比較接近下列哪一種狀況？民調結果如下：

大致來說，深綠立場（認為台灣人沒有自己的國家，中華民國非法統治）和親中共立場（認為中華人民共和國是唯一合法中國，台灣和大陸皆屬之）獲得的同意比例都少於 10%。傳統的中國國民黨立場（認為中華民國是唯一合法中國，台灣和大陸皆屬之）也只有大約 13% 的支持率。然而，和蔡政府立場相似的現狀描述（兩岸從 1949 年以來的長期實踐狀況已經成為兩個國家）則獲得高達 71.1% 受訪者的認同。

當受訪者被分別詢問（隨機分成兩組）是否認為台灣或中華民國是一個主權國家時，兩個問題都獲得將近 90% 的支持。也就是說，台灣民眾基本上認為「台灣」和「中華民國」是同義詞，並且是一個主權國家。

新民調結果：統獨的選項

除了對現狀的認知之外，我們進一步詢問人們對於未來如何處理台灣政治地位的觀點，題目是：關於我國未來的「統獨」國家地位選擇，如果我們可以自己決定的話，請問您比較偏好哪一種選項？民調結果如下：

深綠的立場（台灣人還沒有國家，必須建立一個新的台灣國）獲得 3.4% 支持，傳統正藍立場（繼續宣稱中華民國即是「正統中國」，努力實現民主統一中國）有 3.2% 支持，兩者的比例都很低。另外，有 6.7% 的受訪者支持急統立場，認為兩岸應該儘速統一。

大約 32% 的受訪者選擇「台灣已經是一個主權獨立的國家，但需要推動正名與制憲，將國家正常化」。這顯示目前蔡政府的路線有相當程度的民意支持基礎。

值得注意的是在藍與綠的中間，關於「維持現狀」選項的回應。總共有大約 54 % 的人選擇以「中華民國」名稱維持現狀。在這當中，大約 25% 支持兩國論，認為台灣和對岸事實上分屬兩個不同的國家；另外 29% 的人則傾向不認為對岸是另一個國家，我們或許可以稱做「兩區論」，也就是馬英九前總統常講的，兩岸關係不是國際關係。已經宣布要參選 2024 年總統的台北市長柯文哲於 2019 年 6 月在中國官媒《中評網》上發表的兩岸政策立場，也持相同的看法，因此我們可以把柯文哲在光譜上的位置放在跟馬英九差不多的地方。雖然對於對岸政權的性質認定不一樣，這兩大類的維持現狀派都認為沒有必要宣布獨立、更改憲法，也沒有必要去統一中國。

就我們以上這樣的分類來看，台灣目前最大的共識其實就是「反統一」。主張統一（不管是正統中華民國統一中國，或者是趕快被統一）的比例非常低，兩類加起來僅有不到 10%。「維持現狀」廣義上來說就是反對由中國統治（至少在現階段），而這是目前台灣的主流民意。

結論

綜上所述，這項新的民調測量方式可以讓我們更加瞭解台灣大眾對統獨的看法。結果顯示，就算過半民眾支持「維持現狀」、不做任何法理上的改變，他們對台灣政治現狀的觀點也不一定相同。我們也發現，支持「維

持現狀」的民進黨（泛綠）支持者，很可能會傾向支持蔡英文的「國家正常化」路線。然而，也有比例相當的人數認為，「中華民國」比「台灣」更能代表在台灣執政的政權，這類維持現狀的支持者相對就比較支持中國國民黨（泛藍）。

　　總結來說，我們的調查結果發現人們對於獨立和統一的態度，包含了對現狀的解讀以及對未來地位的追求，這比許多民調所呈現的狀況還要來得複雜。畢竟，在調查研究當中受限於篇幅、問卷長短，以及因應兩岸關係的複雜程度，以致常常必須有所簡化。我們認為，對國外的讀者們來說，瞭解這樣的差異是重要的，尤其當台灣逐漸成為美國在印太區域戰略中的一環，瞭解台灣人對自己的想法和他們認為自己的國家和中國之間的關係，是建立穩健美台關係與兩岸關係的重要關鍵。而對台灣的讀者們來說，討論出我們認為自己是誰、該怎麼樣處理對中國的關係、要一起把台灣帶往何方，更是和所有人都切身相關的核心價值。

※ 本文最初的英文版於 2020 年 5 月 29 日刊載在《外交家》（*The Diplomat*）政策期刊，原題為 "What Do Taiwan's People Think About Their Relationship to China?" 中文版初稿由「沃草」賴昀編輯翻譯為中文，並由原作者們加以改寫擴充。

2-5

「九二共識」到底是什麼？
我們該不該（重新）承認它？

陳方隅、王宏恩、吳冠昇、葉耀元 ——— 文

　　「九二共識」到底是什麼？為什麼這個詞會一直不斷地出現在新聞媒體的版面上？大家可能都還有印象，在 2012 年、2016 年以及 2020 年的台灣總統大選中，九二共識一直都是最常被討論的一個名詞！甚至 2018 年的地方選舉一結束，許多新當選的國民黨籍地方首長第一件強調的事情就是支持九二共識。

　　從 2008 年中國與台灣開始共同使用這個詞以來，九二共識在兩岸關係中便扮演了重要的角色。2016 年蔡英文當選總統後，因為不承認九二共識，只說 1992 年有一個歷史性的會談，導致中國以縮減來台觀光客人數、中止官方接觸等手段來降低兩岸交流。直到現在，仍有非常多人呼籲台灣要趕快再（重新）承認九二共識以便改善兩岸關係。到底這個名詞是何方神聖？為何中共會如此大動作地反制台灣不承認九二共識呢？九二共識的內涵是什麼？台灣人又是怎麼看待這個「共識」呢？

從歷史會談到兩岸最大交集

　　1992 年，台灣與中國的代表在香港展開會談。由於兩岸互不承認對方是一個國家，所以透過官方授權的「民間機構」，分別是代表台灣的海峽

交流基金會以及代表中國的海峽兩岸關係協會，主要討論文書驗證以及郵件往來方式等問題。當時中國因為六四天安門事件受到國際的輿論壓力與經濟封鎖，而台灣則是需要積極尋找投資目標以維持經濟成長，雙方都認知到合作的好處。

不過，當時的兩岸依照各自的憲法，都認為自己是那一個同時代表兩岸的中國，而對岸是非法政府，也就是說，雙方都各自堅持自己的「一個中國」原則。對於雙方政府來說，假如輕易地放棄這個原則、承認對岸是國家，那不就動搖了自己執政的法理基礎？「一個中國」原則在雙方開始擬定交流辦法的會議中並沒有達成共識，在會後的書信往來討論中也始終無法在文字上做成協議。雙方最大的交集在於「兩岸事務性商談應與政治性議題無關」，這點在兩會之間是有口頭上的默契，但從未簽署正式文件。

後來，兩岸對「一個中國」原則各自產生不同的表述，使得「何為九二共識」眾說紛紜。2000 年初，時任陸委會主委的蘇起首次將九二共識與「一個中國，各自表述」連結起來，到了 2006 年他宣稱是自己發明了九二共識這個名詞。所以，很明顯地，九二共識這個名詞並不是從 1992 年會談而來。

2008 年馬英九總統執政之後，九二共識成為兩岸交流的最主要共同語言。台灣方面提出的定義是：「海峽兩岸均堅持『一個中國』原則，其涵義可以口頭聲明方式各自表達」，這番說法就此成為馬政府時期台灣官方的中國政策最主要的原則。那麼，到底什麼是「一個中國」原則呢？國民黨認為是：「世界上只有一個中國；中華民國代表中國；台灣是中國領土的一部分。」而中國大陸方面提出的一中原則，是把以上這個定義當中的「中華民國」代換成「中華人民共和國」。國民黨和中共的共識就是台灣跟中國大陸都是「中國」的一部分，雙方仍在內戰的延續，最終的結局就是要統一成一個國家，所以相關事務都是家內事務。然而到了 2019 年初，中國國家主席習近平發表談話，明確地重新定義：九二共識就是兩岸同屬一個中國，共同追求國家統一；而一國兩制是國家統一的最佳方案。

台灣民眾怎麼看：完全沒有共識！

至少從 2008 年開始，九二共識就是兩岸交流的時候必定會提到的名詞，但是它的定義到底是什麼？民眾真的知道內容嗎？我們幾位政治學研究者在 2018 年暑假設計了一項問卷調查，委託政治大學選舉研究中心的 PollcracyLab 線上調查實驗室來蒐集民眾的意見，一共有 1001 個有效樣本。[1]本調查試圖探索台灣人民對於九二共識的瞭解是不是和兩岸官方的用法一致。問卷中設計了以下幾個對於九二共識的定義，讓民眾從中選擇一個自己認為是此共識的定義：中國的立場、國民黨（馬）政府的立場、一個完全錯誤的立場，再加上國民黨以前強調的正統立場。[2]

結果我們驚訝地發現：台灣民眾對九二共識的定義其實是：完全沒有共識！

（一）17% 的民眾認為是指，兩岸各自宣稱代表整個中國；

（二）34% 的民眾認為是指，兩岸的政府各自代表統治範圍內、同一個國家內尚未統一的兩個部分；

（三）33% 的民眾認為是指，兩岸一邊一國；

（四）5% 的民眾認為是指，中華人民共和國代表中國，中華民國是地方政府。

如果不使用 google 查資料的話，讀者們可以直接指出以上四個各是代表誰的立場嗎？哪一個是馬政府時期台灣的官方九二共識立場正解呢？

正確答案是（二）。（一）是以前中華民國政府強調的正統立場，也

---

1 PollcracyLab 線上調查實驗室是採取線上問卷的方式，受訪者則是從先前「台灣選舉與民主化調查」的受訪者所建立的資料庫當中選擇，並以隨機的方式寄送問卷。在樣本代表性方面，可以做到 60 歲以下公民（母體是年滿 20 歲公民）「接近」全國代表性。

2 我們將初步的研究成果，投稿發表在《外交家》雜誌："What Does the 1992 Consensus Mean to Citizens in Taiwan?" 2018/11/10.

可以說是錯誤的詮釋（因為我們現在早已沒有宣稱代表全中國了，憲法也在修憲後把「自由地區」和「大陸地區」做了區隔）。第三和第四個選項也都是錯得離譜，（四）是中共的一個中國定義；（三）是「兩國論」，對九二共識的詮釋來說是完全錯誤，這也是中共最痛恨台灣人講的事。

我們在問卷調查中更進一步問，如果九二共識是以上四種不同的意義，那民眾會支持哪一個定義的九二共識呢？結果一樣令人訝異，錯最大的選項（三）「一邊一國」得到最多支持，有超過七成的民眾認為應該要支持這樣的九二共識，其他各項的支持度都沒有超過一半。

調查結果發布之後，許多研究單位也跟進做了類似的民調，例如兩岸政策協會發現超過四成民眾認為九二共識就是兩岸為不同國家，且僅有不到三分之一認為兩岸間有九二共識存在；許多媒體單位也加入調查，而且研究發現都非常類似，例如 2019 年的《天下》國情調查發現，有將近五成民眾誤以為九二共識就是「一邊一國，維持現狀」。

以上各項民調可以印證我們的研究發現，那就是：台灣人對九二共識的內涵完全沒有共識，甚至有相當高比例的人認為九二共識代表的是「一邊一國」！

台灣民眾支持九二共識嗎？

一直到 2017 年，仍有許多學術單位或是媒體會做民調詢問民眾是否支持九二共識，其中大部分回答「支持」的比例都還是超過一半以上，這麼高的支持率很可能就是因為重大誤解而來，如前一節的結果顯示，許多民眾以為九二共識是指維持兩岸現況，也就是一邊一國。

然而，民眾對九二共識的普遍支持在 2020 年出現了重大的轉折。

美國杜克大學每年都會設計一份台灣國家安全調查問卷（TNSS），並委託台灣的政治大學選舉研究中心執行電話調查。歷年來的調查結果中，台灣民眾對於九二共識的「支持度」（贊成使用九二共識來推進兩岸交流）

比例始終過半，而且跟反對的差距都達到 20% 以上。2015 年支持與反對九二共識的比例為 53% 對 31%；2016 年蔡英文當選後，比例成為 58% 對 30%。2018 年底民進黨地方選舉大敗時，對九二共識的支持與反對比例則為 57% 對 31%。蔡英文本身的執政並沒有逆轉這個民調的分布情況。然而，這份問卷在 2020 年 10 月底再次進行調查時，台灣民意對於九二共識的看法產生了非常大的變化，支持與反對九二共識的比例分別為 46% 對 42%。不只支持的比例在過去十幾年調查以來首次掉到 5 成以下，更重要的是反對九二共識的人數大增，與支持方的差距從 2018 年底的 26% 銳減到 2020 年底的 4%。進一步分析人們的政黨傾向來看，泛藍群眾對九二共識的支持度一直很穩定，但泛綠群眾以及無特定政黨屬性的群眾支持九二共識的比例大減。

2019 年初中國國家主席習近平將九二共識與一國兩制連結之後，這件事自然讓一些反對此一定義的民眾跟著討厭起九二共識。即使大家不見得能夠理解九二共識的定義，但隨著中國方面的情勢愈來愈嚴峻，人們也對於和中國進行交流在態度上變得更加小心。對於執政的民進黨來說，假如黨內壓倒性反對、而無黨派選民又是態度各半的話，那就更沒有承認九二共識的動機了。而對於國民黨來說，看到調查當中仍有半數無黨派選民「支持」九二共識（或者更精確一點來說，根據我們的數據來看，仍有許多人搞不清楚這個意涵，很可能只是希望兩岸最好不要有衝突，而不見得是支持一中原則），或許主打兩岸關係要變好、要避戰，會是他們重新獲得支持的契機之一。

結論

我們的研究發現，人們對九二共識的定義完全沒有共識，不過在台灣仍然有非常多政治人物不斷呼籲應該重新承認九二共識，理由是如此一來才能夠與中國恢復談話、和平解決爭端。有一個問題是大家可以進一步思

考的：承認了九二共識，就有辦法讓台灣與中國互動時具備尊嚴與對等地位嗎？答案自然是否定的。中國所認知的九二共識，就只是「一個中國」，而台灣是中國的一部分，跟中國外交上一貫的「一中原則」等同。是此，從中國的角度來看，台灣認同九二共識本身並不會讓台灣得到所謂的尊嚴與對等。

我們在《外交家》雜誌的投書當中發表了以上結果，最後也談了政策的意涵。我們認為中共不應該以威脅利誘的方式強迫台灣接受任何政治主張，我們同時也想告訴全世界的讀者：台灣人並沒有接受中共所說的「一個中國」這樣的九二共識原則。

2-6

台生赴中之後，有了什麼轉變？
深度訪談道出「夾心餅乾」的故事

王宏恩———文

　　前幾年在新聞或網路上有一個熱門的討論題目是關於台灣學生到中國留學，隨著台生的人數持續上升，關於他們為什麼會做這樣的決定以及他們的未來，類似的論辯到 2018 年時變得特別熱烈。此一趨勢也衝擊到國內政治與相關教育政策，雖說近年因為中國的兩岸政策有所改變，再加上 Covid-19 疫情的影響，讓兩岸的教育交流減少很多，但長期所累積的兩岸間留學生人數以及前往中國工作的人數實不容忽視。這群台灣學生在前往中國讀書之後，到底產生了怎樣的轉變？這個問題也是許多學者、乃至於兩岸官員都非常感興趣的問題。

　　這個重要的問題，學界已經有一些初步的發現。在現有的學術期刊中，筆者找到兩篇最近幾年內的重要研究，第一篇是 2016 年由台大社會系教授藍佩嘉與學生吳伊凡發表的期刊論文〈Exceptional membership and liminal space of identity: Student migration from Taiwan to China〉（以下簡稱藍文），[1]另一篇則是由華府智庫外交關係協會研究員 Lincoln Edward Davidson 於 2015 年 發 表 的 期 刊 論 文〈Linked Without Linking: The Role of Mainland

---

1　Pei-Chia Lan and Yi-Fan Wu. 2016. "Exceptional Membership and Liminal Space of Identity: Student Migration from Taiwan to China." *International Sociology* 31(6): 742-763.

China's Taiwanese Students in Cross-Strait Unification〉（以下簡稱Lincoln文）。[2]

藍文透過「滾雪球」的方式，於 2008 至 2009 年期間訪問了 61 位赴中台生，橫跨各學術領域與各種年級，大多數是在中國接受訪問，也有一部分是久居中國的台商第二代。Lincoln 文則是 2012 至 2013 年間訪問了 37 位就讀於中國知名學府的台生。兩篇論文都是以質性研究的問卷法來進行調查。

兩項差距四年所進行的調查，得到最一致的結論，就是這些赴中台生幾乎都認為自己像個夾心餅乾：「大陸人不瞭解台灣，台灣人也不瞭解大陸。」藍文中的台生在台灣時會努力跟台灣朋友們解釋、降低台灣人對中國的負面刻板印象；同樣地，當跟中國人互動時也需要勞心勞力地降低中國人對台灣的誤解與敵意。會有這樣的態度，自然跟這些台生從入學開始的制度對待、乃至於入學後的所見所聞、與同儕的互動間逐漸形塑出來的。

那麼，這種夾心餅乾的情況，是否改變了、或者如何改變了這些赴中台生的政治態度甚至認同呢？Lincoln 文給了一個比較直觀的答案：這些台生建立起來的是全新的「台生認同」。Lincoln 文中的受訪者雖然全部具有高度的台灣人認同，對於中國的態度卻頗為兩極，一些台生高度參與中國學生的生活圈、另一些則極度排斥。但這兩群台生的共同特點是，都認為自己同時具有台灣與中國的網絡與第一手瞭解，所以相較於台灣人或中國人，他們集體產生了全新的「台生」認同，而這樣的認同實際體現在台生會組織上。

訪談對象更為廣泛的藍文則說出了更精采的故事：赴中台生面對夾心餅乾的策略，與台生當初來中國的目的、以及來中國以後的未來出路有非常大的關係。簡言之，這一切都是細緻的策略考量。首先，學生們來中國的原因很多，有些人自然是因為跟在台灣考聯考比起來，赴中比較有機

2　Lincoln Edward Davidson. 2015. "Linked Without Linking: The Role of Mainland China's Taiwanese Students in Cross-Strait Unification." *ASIA Network Exchange*. Spring (22): 2-19.

會進入名校或想就讀的科系，但也有些人是認為中國的研究確實比較領先（例如中文、中國史等），還有一些人是為了就業考量（金融、經濟領域）。當面臨上述夾心餅乾的狀況時，兩位作者發現台生有三種策略作為因應：

第一，只是來中國拿學位而不打算久待的台生，大多會強調自己的台灣認同以做出區隔。有趣的是，兩位作者發現，台商第二代也會刻意強調台灣認同來做出區隔。

第二，打算在中國久待、打算以中國國內市場為目標、或是與中國人成家的台生，則會主動淡化中國人與台灣人之間的差異。這其中也包括一些台籍學者的第二代。（儘管如此，一位在中國居住十年的台生仍抱怨他會被中國同儕視為「台灣人」而被問各種台灣問題，即使他早就不住在台灣。）

第三，打算在中國久待、卻打算進入跨國企業工作，則傾向抱持世界認同（cosmopolitan identity）的態度。這些人到北京或上海唸 MBA，大多是希望透過北京或上海連結到全世界，重點在於與世界級的人、資源與想法來往，而這樣的機會在北京或上海比較多，他們並不著重台灣人或中國人的認同議題。

上述兩篇學術文章討論的都是心理學中關於族群認同的第二代研究。第一代研究是人的長期認同如何影響人的一切言行，而第二代研究則是外在環境與壓力如何逐漸改變人的長期認同。對於一個新興的民主國家來說，台灣的認同仍在快速變動而需要解釋與穩定的。在筆者發表的學術論文中也曾以台灣認同為研究標的，[3] 透過一系列的民調發現，台灣年輕選民的台灣認同觀已經不像老一代會受到中國文攻武嚇所影響。即使是有利害高度相關的台商群體，過去的研究亦指出台商難以成為中國統戰的代言

---

3 Austin Horng-En Wang. 2017. "The Waning Effect of China's Carrot and Stick Policies on Taiwanese People: Clamping Down on Growing National Identity?" *Asian Survey* 57(3): 475-503.

人,而比較像是扮演兩岸緩衝墊的角色。[4]

　　這些赴中的台生群體始終自認或被認為是台灣人,那他們的所見所聞與建立起來的管道是否會為台灣所善加利用呢?這就端賴台灣政府與台灣民眾的態度了。

---

4 Shu Keng and Gunter Schubert. 2010. "Agents of Taiwan-China Unification? The Political Roles of Taiwanese Business People in the Process of Cross-Strait Integration." *Asian Survey* 50(2): 287-310.

2-7
台灣人的身分政治與日常民族／國族主義

李耀泰————文

　　關於台灣人的認同與身分，有一些問題我們幾十年前就曾聽過，但至今還是沒有準確答案，例如關於「誰是台灣人？」（或是本省人 vs. 外省人的差異）、台灣人算不算是「華人」、[1] 以及怎麼定義「台灣人」和「華人」[2] 等問題，至今仍然莫衷一是；更不用說台灣是否屬於中國的一部分等地緣政治和法理層面上的爭議，經常被拿來在各種選舉或政黨政治的場合中炒作。事實上，光是問這些問題本身就是一件有趣的事。

在台灣 vs. 在國外的「自稱」

　　為什麼？道理很簡單：住在台灣，我們經常會在與他人的日常生活互動中聽到：「你是從哪裡來的？」之類的問題；我們可能會直接回答：「我是台北人／台中人／高雄人。」雖然針對各種議題不時會聽到有人在「戰

1　例：Melissa Brown, 2004. *Is Taiwan Chinese? The Impact of Culture, Power, and Migration on Changing Identities*. Berkeley: University of California Press; Allen Chun. 2017. *Forget Chineseness: On the Geopolitics of Cultural Identification*. New York: SUNY Press.

2　例：李耀泰，2017。〈誰是華人？工作現場的國家認同和策略互動〉，菜市場政治學。https://whogovernstw.org/2017/04/27/liyaotai2/

南北」、分析來自哪個地區的人在說話時有特別的腔調和用法,或是對於何謂台灣人的內涵(例如本省／外省人)有著不同的定義和理解,但對於彼此都是「台灣人」的前提假設,倒是存在著相當程度的共識。對於和台灣人結婚的新住民以及他們的子女,目前多稱呼他們為「新台灣人」、「台灣之子／女」,可見人們被賦予的身分標籤和他們所在的土地有著一定的連結。

「台灣人」這個類別範疇之所以產生爭議,不難猜想是和兩岸之間的模糊情勢有關。中國政府至今仍然宣稱台灣是其「不可分割的一部分」,並在國際上以軟硬兼施的手段壓縮台灣的「獨立」空間。關於「台灣人」、「中國人」的定義,已經超越了過往文獻對於民族／國族主義是否需要奠基在相同民族或同一國家群體之上的爭辯。本文目的不在為台灣人或台灣民族／國族主義提供操作性的定義,也認為既有的定義往往模糊而多有爭議;[3] 本文是要主張:關於台灣人的身分政治和國家認同,必須要從群體界線的互動和特定脈絡(例如地緣政治和權力關係)中來理解其意涵。[4] 舉例來說,工作場域的特殊性和階級特性(雇主 vs. 員工),在某程度上可能

---

3 事實上,關於 nationalism 應該翻成「國族主義」或「民族主義」並沒有一致的觀點,坊間的中文翻譯書籍似乎多有混用。本文認為「國族」和「民族」有其細微差異:前者牽涉到政治實體和國家由同一民族所構成的認同;後者則是建立在對於同一「原生性民族」的歸屬感。台灣的案例在國族主義(台灣這個「國家」建立在對民族同一性的認知上且擁有獨特的民族歷史)和民族主義(台灣人是原生性的民族,和「中華民族／漢族」不同)各有不同的意義。具體而言,國族主義乃是建立在現代國家與民族的結合之上。關於國家、國族和民族概念出現的先後順序以及複雜關係,可參閱 Anthony Smith、Ernest Gellner 以及 Benedict Anderson 等學者的相關著作。

4 相關作品請參考:

Li Yao-Tai, 2017. *Making and Unmaking Pan-ethnicity: The Formation and Decline of Overseas Chinese Identity in Australia*. Ph.D. Dissertation, University of California, San Diego.

Li Yao-Tai, 2020. "'I Was Discriminated against Because I Was Seen as PRC-Chinese': The Negotiation between Ethnicity and Nationalism among Taiwanese Migrants in Australia." *British Journal of Sociology* 71(5): 1016-1030.

Andreas Wimmer, 2013. *Ethnic Boundary Making: Institutions, Power, Networks*. New York: Oxford University Press.

會激化原有的政治和身分認同，或是導致對於其他群體的刻板印象被淡化或放大。[5]

出過國的人也許有過類似經驗：外國人問你是哪裡來的？當你回答說：「台灣」（Taiwan）時，對於兩岸局勢不是很瞭解的外國人可能會因為認為台灣是中國的一省而把你當成中國人（Chinese），或者地理不太好的外國人甚至會認為你是泰國（Thailand）來的。在和來自中國的人民互動時，也會經常遇到愛國主義較為強烈的中國人主張「我們都是中國人」之類的民族（同是中華民族）和國族主義（屬於同一國家：中國）論點，甚至也會因為政治立場不合而出現衝突。

由此可見，在台灣內部談台灣人的身分政治，和在「國外」因為有更多不同群體互動的機會，兩者的制度性和社會性脈絡是截然不同的。台灣人以及華人等概念的「模糊性」（ambiguity）和「破碎化」（fragmentation），提醒了我們在討論族群身分以及認同政治時，應該要注意對於這些概念的跨時（trans-temporal）、跨地（trans-spatial）和跨文化（trans-cultural）等多種詮釋和理解。

台灣人／華人

台灣人的身分認同這件事，不僅僅是個人如何看到自身所屬的民族或國家範疇，它更涉及到互動對象、訴說群體、所處脈絡等面向，也會因為遇到不同的人、事、物而有所調整。這裡簡單舉兩個相異的案例：首先，我們發現很多台灣人在面對有強烈愛國主義傾向的中國人時，傾向於用打模糊戰的策略去避免不必要的爭議，「反正有理說不清，說了他們也不會懂」，導致不少海外台灣人在面對中國人要求表態身分認同問題時，可能

5　相關作品請參考註腳 4，以及李耀泰，2018，〈妥協或激化國族主義？澳洲工作場域中的認同政治〉，菜市場政治學。

會用「我是華人」去取得一個雙方都還算可以接受的最大公約數;雖然兩
岸在書寫上採用不同的系統,但至少語言可以溝通,文化上也有一些相似
性,就跟新加坡和馬來西亞會說中文的人一樣。另一個極端的案例,是由
於許多外國人對於中國人有著負面的刻板印象,導致在海外的台灣人可能
會設法表達自己是來自台灣,並非中國人,甚至會認為在海外如果受到種
族歧視,正是因為自己被「誤認」為中國人。這裡我們可以看到「中國人」
一詞如何被種族化(racialized)而成為一個具有負面意涵的種族概念,使
得台灣人需要展演(perform)自己是屬於不同的群體,進而影響其身分認
同。

　　此外,兩岸曖昧難明的政治局勢以及中國和台灣不對等的權力關
係,也使得 Michael Billing 所形容的「日常生活民族╱國族主義」(Banal
Nationalism,意指民族╱國族主義已融入一般人的日常生活中,成為意識
和行為中自然存在的一部分)或是 Alex Law 所說的「日常國家認同」(banal
national identity)成為常態。[6] 在世界盃棒球賽期間,我們看到成千上萬的
球迷進場揮舞國旗為國家隊加油就是一個很好的例子。當台灣人到了海
外,在日常生活中就會不斷面臨需要就國家和身分認同進行「表態」的情
境。在這樣的過程中需要思考的不僅僅是:誰是「台灣人」、台灣人是否
是一個和中國人不同的國族或民族,更重要的是如何處理和中國人之間的
界線與互動關係,以及不同身分範疇(台灣人、華人)背後的權力關係。
如同 Benedict Anderson 在《想像的共同體》(*Imagined Communities*)一書
中所提到的,民族主義是一個想像的過程和結果。只是和該書不同的是,
對於台灣人來說,民族主義的想像和流通,靠的不是印刷資本主義(例如
報紙)等傳播媒介,而是日常生活中經常需要面對的國族主義:面臨需要
針對選擇國家(choosing the nation)或展演國家(performing the nation)進

6　Michael Billig, 1995. *Banal Nationalism*. London: Sage; Alex Law, 2001. "Near and Far: Banal
　　National Identity and the Press in the Scotland." *Media Culture & Society* 23(3): 299-317.

行表態的脈絡和事件；[7] 前述提到的，台灣人在海外和中國人的互動以及強調自己是台灣人的身分都是明顯的案例。

多元且模糊的台灣認同

　　總結來說，對於什麼是民族／國族、或是「台灣人」／「華人」的定義問題，與其給予籠統或爭辯不清的定義，一個比較恰當的方式或許是從個人日常生活的經驗和實踐、以及和其他個人或群體的互動關係中，去探討特定意義下的民族／國族主義在什麼樣的脈絡情境中被理解和「展演」（perform），以及不同身分認同的再政治化（re-politicization）過程和彼此之間的權力關係。[8] 由台大社會系何明修教授和筆者目前正在撰寫的文章中，[9] 也發現到在台灣長大的年輕一代，是到美國工作和唸書後，在特定的脈絡和事件中才開始逐漸強化其「台灣認同」，這些經驗包括：到了國外才發現台灣護照比中國護照好用很多（享有更多國家的免簽待遇）、和中國移民群體互動的負面經驗、以及深刻體驗台灣在國際上的邊緣地位和弱勢。這些制度和社會脈絡以及行動者對於身分範疇的理解，說明了台灣認同是如何被自我界定和被特定事件所激化。

　　但我們也必須認知到身分和國家或民族認同並非鐵板一塊。如前所述，它是會隨著不同的互動對象、訴說群體、所處脈絡等有所變化，重點在於找出影響認同的原因。台灣認同的多元性和模糊性，或許可以幫助我

7　Benedict Anderson, 2006. *Imagined Communities: Reflections on the Origin and Spread of Nationalism*. New York: Verso; Jon E Fox, and Cynthia Miller-Idriss (2008) "Everyday Nationhood." *Ethnicities* 8(4): 536-563.

8　Li Yao-Tai, 2020. "One Person, Three Identities? Examining Re-politicization of Ethnic, National, and Australian Identities among 1.5-generation Taiwanese Immigrants in Australia." *Journal of Sociology* (online first).

9　Ho Ming-sho and Li Yao-Tai, "'I Became a Taiwanese after I Left Taiwan': Context-driven and Event-driven Identity Shift among Young Immigrants in the United States." (Working paper)

們進一步去思考，結構（制度／社會脈絡）和行動者（身分認同）之間的動態關係。事實上，日常民族／國族主義不僅僅是奠基在微觀基礎之上的展演，也涉及了宏觀的社會和歷史過程。[10] 台灣在經歷不同殖民政權統治，以及香港歷經英國殖民的遺緒和移交中國政權的差異，都是造就了為何現在許多台灣人和香港人有著混雜和不同於中國政權所期望看到的身分和國族認同。[11] 在台灣，不同世代對於台灣認同的理解，相當程度也是受到所處時代脈絡的影響，台灣在解嚴前後的民族／國族認同變化即是一個明顯的分野；另外，台灣近來在許多議題上的討論（例：國際事務、美中台關係、環保運動等等）以及本土化運動的持續發展，或許也可以說明台灣的年輕一代如何逐漸產生不同於中國的身分認同，並且認為台灣人是一個在民族和文化上的「原生」（indigenous）群體，其國家認同可能已逐漸和傳統的藍綠政治脫鉤，而正趨向於與國家定位和世代未來結合的身分想像。

---

10 Anthony Smith, 2008. "The Limits of Everyday Nationhood." *Ethnicities* 8(4): 563-573.

11 Wu Rwei-Ren. 2016. "The Lilliputian Dreams: Preliminary Observations of Nationalism in Okinawa, Taiwan and Hong Kong." *Nations and Nationalism* 22(4): 686-705.

第三部　認同、統獨、民調

　　在台灣這艘民主方舟上，乘載了對統獨的理解、對各項議題的認同有著各式各樣思考的人。如何理解這群人怎麼做出選擇並分析不同的選擇所帶來的結果，將影響著這艘方舟該如何繼續行駛於驚滔駭浪之上。

　　第三部將從民主選舉的第一步，也就是產生候選人的黨內初選展開討論，由吳安蕙的〈對比式、互比式、全民調：「民調初選」限制多，為何藍綠仍情有獨鍾？〉先梳理民調初選的誕生和進行的方式，進而點出此種初選方式即使有著許多限制，但對兩大黨而言仍有吸引力的四個主要原因；接著，藉由王宏恩的〈黨內初選殺紅眼，對大選結果有利還是有害？〉，我們可以瞭解到各政黨在經歷激烈的初選後，對於之後大選結果的影響究竟是正面還是負面。

　　接下來六篇則進入選舉階段的相關討論，先是由王宏恩的〈如何估計手機族對民意調查的影響？解三元一次聯立方程式〉和廖育嶟的〈反映真實民意：網路、市話與手機民調的差異〉，討論近年越來越受到重視的手機民調如何進行及其所帶來的影響；接下來王宏恩藉由〈什麼是棄保效應？2018年台北市長選舉有棄保效應嗎？〉一文討論棄保效應的理論並運用在2018年台北市長選舉的結果分析。最後兩篇包括王宏恩的〈一人投兩票，真的可以救小黨？〉以及王宏恩與陳方隅合寫的〈「基進側翼」假說：光譜上極端的候選人會分裂選票並讓對手當選嗎？〉則分別討論「單一選區兩票制」之下，小黨在不分區和區域選舉中對既有政黨的影響。葉高華的〈得票率如何誤導人？從催票率看藍綠勢力消長〉則是從「催票率」的角度分析1994～2020年的政黨勢力變化，相較於常見的「得票率」分析，可以更明顯地看出政黨重組的跡象。

最後三篇則是討論選民對不同議題的政治態度。陳方隅的〈七成台灣人願意為台灣而戰、支持民主、反對統一：台灣年輕世代的政治態度〉和〈台灣人的自我防衛決心是高是低？〉，主要藉由深入解讀台灣民主基金會長年的研究調查，探討民眾對於統獨議題的態度。王宏恩的〈公民投票的政治科學〉則是整理公投是否合理、不可分割的偏好以及民意如何產生的相關理論和研究，對於近年越趨激烈的公投討論提供更多的參考。

（本部主編許韋婷）

3-1
對比式、互比式、全民調
「民調初選」限制多，為何藍綠仍情有獨鍾？

吳安蕙———文

　　在國民黨與民進黨提名辦法的規章中，關於總統候選人的提名機制早有明文。國民黨主要採用「七三制」，也就是 70% 電話民調、30% 黨員投票的方式來決定；民進黨則是在 2011 年後採用「全民調」的方式，百分之百交由電話民調進行初選。由民調機構隨機打電話到家戶進行選民意向調查，然後決定政黨的提名人選，這樣的初選機制其實是世界上難得一見的方式。在研究政黨初選制度的經典《候選人如何產生：比較觀點》（*Candidate Selection in Comparative Perspective*）一書中，作者 Michael Gallagher and Michael Marsh 研究了九個民主國家後，發現政黨初選大多是掌握在區域幹部或黨中央手上，對於一般非黨員的民眾而言，就算是該政黨的支持者也不大容易參與初選過程。即使是美國總統提名方式之一的開放式初選，也需要由民眾主動前往投票。像台灣這樣，即使是黨的高層幹部也要守在電話前，等待會不會被電話民調給抽中，是將政黨重要決策直接交給不特定選民、相當分權式的有趣現象。以下本文將聊聊這個獨特的初選機制為何產生、民調初選的缺點以及為何藍綠都愛民調初選。

民調初選的誕生與進行

　　台灣自解嚴以來，國民兩黨的初選制度經歷黨員投票、黨中央決定、公民投票（仿效美國開放式初選）、幹部評鑑後，逐步發展到現今以民意調查為初選的主要機制。在民調問卷的設計上，總統、立委這種單一選區的民調是「對比式」（與他黨候選人進行 PK 戰）與「互比式」（候選人個人支持度）兩種類混用：對比式民調是競爭政黨之間參與初選的候選人進行比對；互比式民調則是列出黨內參加初選的候選人，讓選民選擇支持的人選或支持與否。具體來說，「對比式」就是媒體經常採用的「兩黨對戰組合」，例如朱立倫 v.s. 蔡英文、韓國瑜 v.s. 賴清德。「互比式」則是同黨內投入初選者一起進行民調，如民進黨 2020 年總統候選人初選即是民眾從蔡英文、賴清德兩人中選出一位。順帶一提，面對 2018 年的九合一選舉，國民黨的初選因為提名名額較上一屆 2014 年太陽花學運發生時為多，所以大部分選區採保證提名現任者的機制，若有非現任者欲爭取提名，則是進行互比式民調決定。民進黨的直轄市議員初選，則不論是否現任，皆一起進行互比式民調；非直轄市的其他縣市初選雖沒有明文規定，但也多採用民調初選。在民進黨進行宜蘭縣三星鄉議員提名時，甚至發生了侵入民宅接聽民調電話這種令人驚訝的狀況。

　　民意調查作為初選方式，並非一成不變。回顧民調初選的方式，都曾因應當下社會及政黨現況而有所調整。2007 年民進黨聲勢低迷，出現黨內互相攻擊的「十一寇」爭議，於是總統初選便推出所謂的「排藍民調」。2015 年國民黨總統初選時，為了防止洪秀柱被提名而推出「防磚條款」，規定若初選只有單一候選人，其支持度必須超過三成才可獲得提名。到了 2017 年，為了因應青年參政的社會氛圍，國民兩黨都新增了「青年／新人民調加權」，民進黨原本考慮直接徵召青年參選，在引發爭議後就改為民調加權，於該年 9 月提出；同樣的措施，國民黨則是在 10 月宣布。

民調初選的限制

　　台灣不少優秀的學者曾針對「民調初選到底可否提出最強候選人」的議題進行很多相關研究，結果卻顯示差強人意。原因在於，民意調查自身有許多局限，例如真實性的疑慮（選民是否誠實作答）、數據太過接近在誤差範圍內、家戶電話使用率下降、機構效應（泛綠支持者聽到中X集團直接掛電話）等等。除此之外，也有可能遇到選民謊報年紀、故意回答對方較弱的參選人以利自己支持的陣營、以及沉默螺旋的跟風效應等等弊端。學者專家確實有試圖設計出精準民調初選的方式，包括對難以接到家戶電話的族群加權、納入手機或網路民調等等，但目前還沒有非常重大的突破。那麼，對於實際運用民調初選的政黨來說，難道他們不曉得會有這些缺失嗎？如果答案是肯定的，為什麼他們還是鍾情於民意調查呢？

為何藍綠都愛用民調初選

　　民調初選這個獨步全球的提名方式，是由民進黨率先在 1997 年的縣市長選舉中起用，採取兩階段初選：第一階段黨員投票，若是無結果，則第二階段進行民意調查。之後民調的比例逐年增加，直到現在的「全民調」。後來國民黨也仿效民進黨的初選方式，拉高民調在初選中所占比例（民調 7 成、黨員投票 3 成），甚至在溝通協調後也可以採用全民調。

　　為何藍綠都愛民調初選？主要來自幾項因素：

一、避免違反選罷法，公正公開大家都服氣

　　過去國、民兩黨都有所謂「人頭黨員」、「口袋黨員」的弊病，採用黨員投票的方式恐怕難以提名出真正貼近民意的候選人。隨著選罷法第101 條將黨內初選賄選納入規範，「人頭黨員」現象可能為政黨招來麻煩與負面評價，因此藍綠紛紛放棄黨員投票的初選機制。民調初選讓政黨站

到一個類似選務機關的公正位子上（如民進黨黨中央有自己的民調中心），又是一門科學，比起黨員投票或幹部評鑑等可能淪為黑箱作業，民調是讓黨內競爭者都可以信服的機制。

二、有效又快速地找出有可能當選的參選人

能夠有效挑出會當選的參選人，就是初選的好方法。民意調查可以找到具知名度的參選人毋庸置疑（至少選民答得出他／她的名字），樂觀一點地推斷選民都是誠實的話，也可以發現哪位參選人是最受支持的。比起其他初選方式，民意調查作為一個科學化的方法是相當有效的，尤其是在單一選區的選舉中，通常是藍綠一對一的對決，雙方都會推出自己最強的人選。至於敵對陣營的選民會刻意回答支持己方較弱的參選人，對兩黨來說，反正雙方都有可能出現這種狀況，那就算是藍綠相互抵銷了。

三、貼近民意、走向大眾化政黨

民調初選這種把權力分散到不特定選民的方式，把公職選舉的候選人直接交由選民決定，不但減少了黨內鬥爭的負面影響，也可以「測水溫」找出民眾支持的候選人。傾聽民意、爭取選民認同，無疑是在民主社會勝選的最重要關鍵，透過民調初選，政黨可以得到民主美名，又能避開黨內派系紛擾和人頭黨員等賄選疑慮，何樂不為。

四、擺平黨內派系紛爭

民進黨黨內的派系文化較為鮮明，初選採用民調是各派系都可以接受的方式，派系在這樣的框架之下運籌帷幄派系利益（例如找所屬派系的政治明星站台、指派選區等）已是常態。在國民黨的文化中，民調初選可以讓中央擺脫地方派系對於提名權的絕對控制，藉由直接訴諸民意來決定該提名哪位參選人。至於民調到底準不準？能不能挑出「最」可能當選的候選人？這點當然重要，但其實並不是政黨最最在乎的事。在民調初選的討

論中，我們不妨忘記民調統計科學的種種精準要求，而是把民調初選想成是美國「開放式初選」的電話投票版，只要黨內都臣服這個遊戲規則、挑出候選人之後，大選階段還可以利用掃街拜票、配票等後續競選手段衝刺，讓黨提名的候選人順利當選。

2019 年曾有國民黨參選人拋出「兩階段初選」的想法，提議在黨內進行互比式初選後，待其他主要競爭對手確定了候選人，再進行第二階段的對比式民調。不論是哪一種初選機制，藍綠都不樂見黨內在初選階段廝殺激烈，進而嚴重影響到大選階段的團結與動員。因此找出大家都可接受的遊戲規則，便成了初選制度中最重要卻隱而不宣的目的。

從上面的討論我們發現，民調初選可以符合 Norris 與 Lovenduski[1] 評估政黨提名的四大指標：民調被認為公平、效率、民主、有效。除了這些普世的優點之外，再考量到台灣兩黨過去採行黨員投票卻有人頭黨員涉及賄選、幹部投票遭黨內派系把持所產生的諸多弊病，也無怪乎國內藍綠兩個文化差異如此之大的政黨，都選擇採用民調這個世界首見的方法來進行初選。我們在第一段曾提到 Michael Gallagher and Michael Marsh，兩位學者研究提名制度的經典著作《候選人如何產生：比較觀點》，次標題就是「政治的秘密花園」（The Secret Garden of Politics）。政黨如何挑選候選人的確是一個非常神秘、令人想一探究竟的過程，對於選舉有興趣的讀者，不妨仔細觀察在每次大選的時空下，關於提名這塊秘密花園內，會造出怎麼樣不同的景觀。

---

1 更深入的討論可以參考：Pippa Norris and Joni Lovenduski, 1995, *Political Recruitment: Gender Race and Class in the British Parliament*。

3-2
黨內初選殺紅眼，
對大選結果有利還是有害？

王宏恩———文

每次到選舉前半年，各個政黨為了推出代表政黨參選的候選人，都會進行初選或提名作業。2020 年，民進黨在四月中進行全民調初選；國民黨光為了初選方式就吵翻天，在初選過程中，同黨候選人反目成仇、互揭瘡疤，這樣難道不會對之後的大選不利嗎？

政黨初選：黨員票 vs 民調

我國政黨過去在初選時，起初都是用黨員投票，畢竟黨員交了黨費，能在黨的重要決策上投票是該有的權利，不然大家入黨的動力就降低了。然而，根據吳安蕙 2018 年的碩士論文〈台灣區域民意代表提名機制研究〉，兩大黨隨著選舉一次次的演進，不約而同地逐漸改採民調的方式來取代黨員投票，理由包括：一、降低派系的影響力；二、比較具有公正性；三、希望派出的候選人在大選時更有競爭力。

從賽局理論來看，黨員的想法可能跟全體選民的想法有一定的落差。假如只靠黨員投票來決定候選人，選出來的候選人可能是黨員滿意、但離全體選民的中間選民很遠，因此毫無當選機會。但假如反過來，政黨為了提名能在大選中獲勝的候選人，通常都是選擇比較溫和、比較願意妥協的

候選人，因此具有特定政策偏好、甚至是強烈偏好的黨員就會滿肚子抱怨。這就是候選人跟政黨雙層賽局的困境，[1] 在黨員投票得票越多，代表跟整體選民的距離越遠，大選時也可能輸得越慘。

但另一方面，初選時舉辦的民調到底對大選結果有多大的預測力，其實也很難說。根據筆者針對 2014 年縣市議員初選民調跟大選結果的整理，[2] 可以發現縣市議員初選的民調跟大選的結果毫無關係，初選民調越高，在大選往往得票越後面；而初選民調低到要靠性別保障名額才出線的人，在大選搞不好還能衝到最高票。

初選對政黨而言利大於弊嗎？

許多人擔心的不只是民意調查公正與否，而是黨內初選的過程：假如大家為了爭奪初選出線殺得刀刀見骨，那麼到了大選豈不是無論誰代表出征都已經黑掉了嗎？這樣對大選結果到底是有幫助還是有害？

針對這個問題，政治科學的最新研究大多是研究美國的黨內初選。學者一開始先把黨內初選的過程拆成兩個不同的指標，第一個是黨內初選的競爭程度（competitiveness），第二個是黨內初選的分裂程度（divisiveness）。

在過去的研究中，政治學者常常把兩者劃上等號，認為越競爭自然就越殺紅眼囉！根據 Amber Wichowsky and Sarah E. Niebler 在 2010 年分析 2008 年的民主黨黨內初選，[3] 發現歐巴馬跟希拉蕊·柯林頓兩位候選人就

1　相關討論請見筆者 2015 年於菜市場政治學發表的另一篇文章〈為什麼百年大黨會派出選不贏的激進候選人？雙層賽局的思考〉。連結如下。
　　https://whogovernstw.org/2015/09/12/austinwang11/
2　相關討論請見筆者於個人網站發表的文章〈黨內初選民調準嗎？資料顯示：不怎麼準。但能過初選比什麼都重要。〉連結如下。
　　https://austinwang-23988.medium.com/
3　詳細內容請見 Amber Wichowsky and Sarah E. Niebler. 2010.〈Narrow Victories and Hard Games: Revisiting the Primary Divisiveness Hypothesis〉.

算民調接近（競爭程度高），攻擊對手的負面文宣數也沒有因此比較多（分裂程度沒有比較高）。兩位作者因此建議，初選時的競爭程度跟分裂程度要分開計算才可以，兩者對大選所帶來的效果也會不同。

兩位進一步發現，在控制其他變數的影響後，希拉蕊・柯林頓跟歐巴馬競爭越激烈的州（競爭程度），該州之後在總統大選時的民主黨得票也會顯著增加。顯然，這次拖得很長的激烈競選，幫助了原本相對比較沒有名氣的歐巴馬逐漸贏得全國知名度。另一方面，歐巴馬跟希拉蕊・柯林頓在選舉前的互相攻擊（分裂程度），對於歐巴馬大選時在各州的表現並沒有統計上顯著的影響。

簡言之，從這個 2008 年的民主黨初選案例來看，初選的良性競爭對於大選有利。到底要良性競爭還是惡性競爭，不一定跟選舉的激烈與否有關，而是取決於候選人及競選團隊的一念之間。

另一篇 Caitlin E. Jewitt and Sarah A. Treul 於 2014 年發表的研究是分析美國 2010 年的眾議員選舉，[4] 這次選舉的分裂程度則是以共和黨是否出現極右派的茶黨候選人作為指標。過去的假設是極端候選人在初選時大鬧，會讓自己溫和派的隊友就算在黨內初選獲勝，也會在大選得到負面的影響。但兩位學者的研究結果顯示，初選的激烈程度以及分裂程度（是否有茶黨出現）越高，對共和黨候選人的得票越有正向的幫助，也越能衝高投票率。

然而，黨內初選對整體結果的影響以及對個別黨員的影響似乎不太相同。William Cross and Scott Pruysers 分析加拿大國會的黨內初選後，[5] 發現假如黨員支持的候選人沒有通過初選，他們的確特別容易退黨抗議或乾脆神隱。另一方面，Georgia Kernell 跨國分析十七個國家的黨內初選制度跟黨

---

4 詳細內容請見 Caitlin E. Jewitt and Sarah A. Treul. 2014.〈Competitive primaries and party division in congressional elections〉.

5 詳細內容請見 William Cross and Scott Pruysers. 2017.〈Sore losers? The costs of intra-party democracy〉.

員之後在大選中的表現，[6] 發現假如黨內初選是由上級所決定，那麼黨員在之後大選的參與度較高；反而黨內初選是黨員投票決定的話，這些黨員之後在大選的參與度反而較低。當然，這樣的結果很難去進一步討論因果關係，但這整體趨勢是有趣的，「選舉輸家」（初選時支持的候選人沒選上）的效果很明顯。

小結：規則本身仍有許多懸念

最後，雖然台灣的兩大黨都逐漸採用全民調方式進行初選，但全民調本身是怎麼執行的恐怕也是爭議焦點之一。舉例來說，到底是要對比式民調（每個人分別跟某假想敵比）還是互比式民調（黨內互相比）、到底要多少比例的手機民調、到底要在平常日還是週末打電話、到底可不可以用台語打民調電話，都有可能會對最後的民調結果有所影響。規則的選擇本身就是一種政治過程的展現。

---

6 詳細內容請見 Georgia Kernell. 2015.〈Party Nomination Rules and Campaign Participation〉.

3-3

如何估計手機族對民意調查的影響？
解三元一次聯立方程式

王宏恩————文

　　每逢選舉，各家媒體就會大做民調；各政黨也常在黨內進行初選時，透過民調決定要派誰代表黨出馬參選。然而，各家民調公司在進行電話民調時，大多是透過電腦自動隨機撥號家用電話，看要做哪裡的民調就撥哪裡的區域號碼，後面的數字則隨機打七個看看是否可以接通，接通了就進行訪問。看到這裡，讀者你馬上就看到了一個大問題了：「家裡沒電話、只有手機的人怎麼辦？」

　　的確，很多在外租屋、在外就學、在外工作的菜市場讀者都跟我一樣，家裡根本就沒有電話，因此一般依據市話來進行民調的公司根本聯絡不到我們。但是這樣的「純手機族」到底有多少人呢？聯絡不到純手機族，是否會造成民意調查顯著的偏差呢？

三元一次聯立方程式解答手機族對民調的影響

　　這個問題，引起了我國政治學民意調查祖師爺洪永泰教授等人的興趣，他們 2017 年底在《選舉研究》期刊發表了論文〈住宅電話與手機雙底冊調查的組合估計：以 2016 總統選舉預測為例〉處理這個問題。而要估計國內到底有多少純手機族，需要的是各位讀者高中時最愛解的三元一

次聯立方程式！

　　該篇研究是這樣做的。首先，在 2016 年時，一樣是先用傳統的市話電話民調打給全台灣的選民，問他們對各種政治議題的態度。但在問卷中，這些接起家用電話的選民還會被問到「你有沒有手機？」，結果在上千個具代表性的家用電話受訪者中，有手機的占 81.54%（822/1,008），沒有手機的占 18.45%（186/1,008）。

　　然後，研究員使用隨機撥號的方式撥了上千個手機號碼，透過手機民調的方式來打給全台灣有手機的民眾。除了問政治議題外，還會另外問「你有沒有家用電話？」，結果有家用電話的占 66.37% (665/1,002)，沒有家用電話的占 33.63%（337/1,002）。

　　接著，就是解聯立方程式的時候了。台灣民眾一共分成三群，X 是只有家用電話的，Y 是有家用電話也有手機的，Z 是只有手機的。兩者都沒有的，在台灣所占的比例極小，不到 1%，根據國家通訊傳播委員會（NCC）今年刊出的最新研究更指出只有 0.1%，所以先忽略不計。

　　透過剛才的民調數字，我們知道在這三群中：

一、總和占了 100%；

二、市話民調時只能問到 X 跟 Y，其中 Y 的比例是 81.54%；

三、手機民調時只能問到 Z 跟 Y，其中 Y 的比例是 66.37%。

因此聯立方程式可以寫成：

1. $X+Y+Z = 100$

2. $(X+Y) : Y = 100 : 81.54$

3. $(Z+Y) : Y = 100 : 66.37$

純手機族約占三成因而影響民調結果

　　在經過各種大家懷念的代換法、互相消去法後，可以得到 Y（有手機也有市話）的值為 57.70%（假如讀者你算出來差一點，就把上面括號裡實

際的分數比例代進去即可得到確實的值），然後純手機族 Z 的比例為全體台灣民眾的 29.2%。也就是近三成的台灣民眾（20 歲以上成年人）都已經是純手機族了。（但作者們也有特別提到，該次研究只是一次性的調查結果，可能還有一些干擾因素尚未排除，因此不宜直接套用在其他研究上。）

這樣的雙底冊計算法（手機跟市話各一套打電話的機制，分別打完再個別算重疊多少），也被用到 2018 年才剛公布的台北市府委託研究案中。根據同樣的計算方法估計，2018 年台北市的純手機族為 34.12%，已經超過三分之一了，而且這個比例比過去研究所得出的 6~10% 大上非常多（2012 年中研院的統計研究顯示手機族才 6.2%）。這些人是傳統電話民調問不到的選民，但顯然已經是各家民調不可以忽視的重要族群了。

在計算出台灣民眾有多少以前民調探查不到的「純手機族」後，更重要的是：他們支持誰？在上面的論文以及研究案中，可以看到這些純手機族在 2018 年幾乎過半都是無政黨認同的，然後泛藍、泛綠各 25% 左右。這樣的比例，在現在跟電話民調的差異不大。但在期刊文章中有特別發現，台灣手機族在 2016 年有較高比例的人支持宋楚瑜（17.8%，比宋的得票率 12.8% 顯著較高）；而在北市府研究案中，手機民調也有較高比例的人認為柯文哲市長施政佳（57.2%，相較於市話調查的 52%）。由此可見，手機民調確實會部分影響到整體民調的結果。

但是，到底手機民調跟電話民調各要占多少比例才準呢？根據洪永泰教授等人的研究，再透過各種排列組合來對照 2016 年的總統選舉結果，最準的方式還是以傳統市話電話民調為主、手機民調為輔的依比例加權。但可以想見的是，隨著未來人們的生活型態與通訊方式改變，手機族的比例還會逐漸上升，屆時手機族跟傳統有市話的人在各種政治與非政治態度上的異同，就更值得探討了。

3-4
反映真實民意
網路、市話與手機民調的差異

廖育嶒————文

民主政治最大的特色就是政府首長及民意代表由人民以平等、公正的選舉產生。但是應該要投誰呢？還有誰比較容易當選呢？由於選舉結果難以預測，民意調查遂成為預測選情的最佳工具。民調有許多方式，有早期傳統的市話民調，有網路時代越來越常使用的即時網路民調，再加上比例越來越高的手機民調。無論哪一種方式，最重要的是看民調是否有進行抽樣。

為什麼要抽樣？

首先來談民調的核心概念：抽樣。為什麼抽樣那麼重要？這是因為我們希望調查結果具有代表性，而我們不可能訪問到所有人，於是民調希望能夠透過一小群「有代表性」的樣本來推論「母體」（通常是全台灣或者某一個特定範圍內，例如全縣、全市、全鎮民眾的意見，端看研究母體的地理範圍）。

抽樣的核心精神在於，讓每一個樣本（受訪者）被抽中的機率一樣。如果沒有抽樣，將造成偏差的推論。一項經典的案例發生在 1936 年美國《文學文摘》的調查，該刊使用了 200 萬名讀者的樣本，調查結果預測共

和黨總統候選人阿爾夫‧蘭登將獲得壓倒性的勝利，但實際結果卻是由民主黨候選人富蘭克林‧羅斯福當選。這是因為《文學文摘》的讀者組成偏向高社會經濟地位，而那些非讀者、社經地位較低的群眾，完全沒有被抽中當成樣本的可能，從而導致調查結果缺乏代表性。

接下來本文將先討論最不準確的網路民調，再討論市話民調以及手機民調各有何優缺點。

網路民調

網路民調，顧名思義就是民眾可以透過網路平台直接點選問題的選項來回答。即使網路有即時性及低成本的特性，但是準確度卻有很大的問題。因為網路民調有高度的「選樣偏誤」（selection bias），使得調查結果的推論很容易被扭曲。網路民調沒有透過抽樣來決定受訪者，再加上高度網路使用者多為年輕及高學歷族群，這使得網路民調的樣本往往具有年輕及高學歷的傾向，以致高估了年輕及高學歷族群的意見，低估了年長及學歷低民眾的意見。

此外，民眾是自己選擇（self-select）參與網路民調，而不是被隨機抽中參與民調。這類民眾對政治議題較為關心，往往樂於在網路平台表達自己的意見。因此，網路民調的另一項偏差，就是高估了對政治有高度興趣的民意、低估了對政治較不感興趣的民意，後者在選舉時還是會去投票，只是平常不太會談論政治議題。

許多媒體喜歡用網路即時民調來調查網友的意見。我們充其量只能說這是針對網路媒體「讀者群」的調查，而不能說調查結果代表台灣民眾的意見。由於多數民眾有特定的媒體偏好，也會選擇收看特定黨派顏色的媒體，因此不同政治色彩的媒體會呈現非常不一樣的民調結果。這些網路調查真的就是僅供參考而已，因為他們的樣本並沒有代表性（舉例來說，在泛藍媒體上看到 90% 支持泛藍候選人、在泛綠媒體上看到 90% 支持泛綠

候選人的民調結果，都是可以預期的事）。

市話民調與手機民調

接下來討論市話與手機民調。市話民調是現在最普遍、也是目前台灣各政黨用來做民調的方式。一般學術界在做市話訪問時，會採用「成套樣本」進行訪問，也就是假設每1000筆電話（或其他固定數字）為一套樣本，這是第一階段的隨機抽樣。以全國性民調為例，這個成套樣本是透過登錄在電話簿的號碼，並依照縣市人口比例分層抽樣而來的樣本。舉例來說，台北市占總全國人口比例的11.3%，那麼台北市的電話在1000筆當中就會有113筆。也因為市話有「區碼」，所以才能夠做到分層抽樣。以學術界的標準來說，電話訪問先使用第一套樣本，如果用完第一套樣本後仍未完成目標設定的訪問數（如統計理論上經常採用的抽樣誤差不大於3%的1068份有效樣本），才會使用第二套樣本，依此類推。假設第二套打到一半就已取得足夠的樣本可以完成訪問，還沒有打完的電話號碼，依學術界的標準仍應打完該套樣本，以維持所有縣市的接觸比例。例如若最後剩下的電話多數是台中市或桃園市的電話，這兩個市的接觸比例就偏低了。

市話樣本能依據人口的分布來分配電話比例，讓每一縣市的電話有同樣的受訪機率，避免僅有少數縣市的民眾被接觸到。但是手機號碼只有門號，沒有區碼，因此純手機的調查訪問將使得各縣市受訪民眾的比例分配，有可能會不符合實際縣市人口的比例，或是偏重高度使用手機的都會區人口。由於我們是用小樣本透過「加權」來推估母體，因此純手機民調可能導致部分縣市被接觸的比例過低，再經加權之後，所造成的誤差可能會相當大。[1]

---

1 所謂加權是指改變某些數據值的比重。當研究者發現調查結果太多或太少抽取某些群體的數據，例如性別、年齡等與母體實際的比例有落差，便須進行加權，使調查能夠符合現實狀況。加權一般的做法是：將比例過高的群體用小於1的值來加權，

戶中抽樣

　　再來，我們要討論的議題是「戶中抽樣」，這是市話民調第二個階段的隨機抽樣。學術界進行的市話民調一定會進行戶中抽樣，而多數民調公司可能會忽略這個步驟，因為將增加許多時間跟電話費的成本。一般來說，多數民調電話一接觸到受訪者，在確認滿 20 歲具有選舉投票權（或滿 18 歲具有公民投票權）之後，就直接開始訪問。然而，家裡總是有坐在話機旁的椅子上固定接電話的人，可能是爸爸也可能是媽媽。如果民調總是問爸爸或問媽媽，年輕人跟老年人的受訪比例就會降低。學術界有一套公式表格（如表 3-4-1），會問受訪者家中有多少滿 20 歲具有選舉投票權的成年人，這些成年人當中有多少位男性（或女性），然後再從這些人來進行抽樣，請他們聽電話，而不是直接去問接起電話的人。戶中抽樣可能會抽中家中最年長的男性、最年輕的女性，或是第二年長的男性等，有不同的隨機排列組合，這是為了讓不同年齡層跟性別的民眾都有相等的機率被抽中受訪。

　　除了投票意向之外，不同年齡層的民眾對於同婚議題、死刑存廢、核能議題等重大政策也都有不一樣的意見。戶中抽樣可以確保家中的人被抽到的機率是一樣的，而不是只抽中最常去接電話的那個人。因此，如果一般民調公司都有做到戶中抽樣，基本上市話民調的準確度還是最高。

將比例過低的群體用大於 1 的值來加權。舉例來說，假設母體資料的實際男女比例為 2：3，但回收調查的資料男女比例卻是 3：2，男性的加權值便是 2/3=0.67，女性的加權值便是 3/2=1.5。因此，調查資料中所有男性的答案會調節至原先的三分之二，而女性的答案將按比例調節上升一倍半。

【表 3-4-1】控制性別後以電話號碼尾數為隨機機制的戶中選樣表

戶中男／女性成人數	市話號碼尾數	選擇受訪者
0*	--	改以女／男性為受訪者
1	--	唯一合格者
2	單數	較年輕者
	雙數	較年長者
3	01-33	最年輕者
	34-66	次年長者
	67-00	最年長者
4	01-25	最年輕者
	26-50	次年輕者
	51-75	次年長者
	76-00	最年長者
5	01-20	最年輕者
	21-40	次年輕者
	41-60	第三大者
	61-80	次年長者
	81-00	最年長者
6 及以上	01-16	最年輕者
	17-32	次年輕者
	33-50	第四大者
	51-66	第三大者
	67-82	次年長者
	83-00	最年者長

註：表適用之性別須隨機設定，每格人數內之受訪者次序應經常輪換。資料來源：洪
　　永泰。2019。〈認識民意調查〉，台北市公民教育基金會，http://tcef.org.tw/survey/
　　article/23，檢索於 2021 年 2 月 7 日。

*　0 不是指戶中無人，而是沒有成人，所以就改以性別區分，拿掉成年年齡門檻。

母體涵蓋率

　　另一項議題是關於「母體涵蓋率」，也就是指「使用某項工具的人口
比例」，例如家戶市話比例、手機持有比例。根據洪永泰教授指出，以個

人（不是家戶）為計算單位，住宅電話的涵蓋率大概是在65%至75%之間，手機涵蓋率則為85%至95%之間，這表示幾乎人人都有一支手機。換句話說，大約有25%至35%的民眾是只用手機而不用住宅電話的「唯手機族」（cell phone only），5%至15%是只用住宅電話而不用手機。由於並非人人都會將市話登錄在中華電信的電話簿上，為了彌補涵蓋率，市話調查會在前文所述抽樣而得的成套樣本中，由市話末二碼或末四碼隨機讓電腦產生其他號碼組合，以接觸其他未在電話簿登載市話號碼的民眾。

純手機族都是哪些人？

純手機族有幾項特徵：年輕族群、租屋族、多數不在戶籍地居住、工作性質跟階層非常多元，還有高度網路使用者。以電子治理中心2018年8月的調查顯示，手機調查完訪樣本中，沒有上網者僅6%，市話調查則是18.2%；其中，60歲以上者不上網比例為26%，但市話調查則高達54.6%，這顯示手機調查訪問到比較多的網路使用者。純手機調查的選樣偏誤主要是高估「網路族群」的意見。網路族群比起一般民眾更容易接受訪問，他們勇於對許多議題表達意見，還有「無反應（拒答、不知道、沒意見）」的比例顯著較低。

傳統市話民調的缺點是無法接觸到「純手機族」，特別是學生及租屋族，他們是市話無法涵蓋到的一群人。根據2017年台北市政府研考會的調查顯示，「人住在台北市但戶籍不在者」只用手機而不用住宅電話者高達70.9%。2018年的調查結果則顯示，台北市的純手機族高達34.1%，也就是超過三分之一的台北市選民是純手機族而沒有家用電話，這的確會對傳統市話的訪問造成挑戰。

純手機調查的偏差

　　儘管手機的涵蓋率較高、持有手機的人比持有市話的人多，但是「純手機族」的比例也相對較高，因此純手機的民調也有較高的偏差。不少研究案例也指出，純手機調查跟市話調查呈現相當不一樣的結果。首先以電子治理中心 2016 年調查為例，對於「相同性別可以結婚」表示贊成者，手機調查是 49.8%、市話電話調查是 35.1%；反對者手機調查是 37.3%、市話調查是 49.8%；同一個研究的網路調查數據更為極端，贊成者高達 64.1%、反對者僅有 25.8%。[2] 以 2018 年同婚公投結果來做事後驗證，市話電話調查的推估比純手機調查及純網路調查的推估更準確。再以 2016 年 1 月總統選舉預測研究為例，在投票意向方面，純手機族也有較高比例是支持宋楚瑜，與選舉結果相比，手機調查高估了宋楚瑜的支持度近 7 個百分點。[3]

　　儘管如此，這不代表手機調查不應該被重視。以 2014 年桃園市長選舉跟新北市長選舉為例，鄭文燦選前民調從來沒贏過吳志揚，最後卻是逆轉小贏三萬餘票，而聲勢遙遙領先的朱立倫在新北市僅以兩萬餘票的差距（1.3%）險勝對手游錫堃，沒有贏到原先預估的二十萬票。這突顯了傳統市話民調低估了年輕族群的聲音，可能跟一般民調公司做市話民調沒有做戶中抽樣有關。

結論

　　就上述三種最常見的調查方式而言，網路民調是準確度最低、最不具

2　詳細內容請見曾憲立、洪永泰、朱斌妤、黃東益和謝翠娟等人於 2018 年在《調查研究—方法與應用》發表的〈多元民意調查方法的比較研究〉一文。

3　詳細內容請見張鐙文、黃東益和洪永泰 2017 年在《選舉研究》發表的〈住宅電話與手機雙底冊調查的組合估計：以 2016 總統選舉預測為例〉一文。

有樣本代表性的調查方式。根據洪永泰教授等人的結論，市話民調的準確度還是較高。但以現在純手機族比例變高的趨勢，以市話和手機進行雙底冊（dual frame）進行調查才是較好的方式，即以市話調查為主，手機調查為輔，不僅可以增加樣本涵蓋率，還可以降低調查成本。以目前純手機族比例來看，市話民調占 70%，手機民調占 30%，應該是最佳組合。至於未來這個組合的比例，可能會因為純手機族變得更多而必須有所調整。

3-5
什麼是棄保效應？
2018年台北市長選舉有棄保效應嗎？

王宏恩———文

　　每當選舉來臨，許多候選人或者名嘴就會開始討論「棄誰保誰」，或者貼出民意調查希望選民改變投票傾向。政治學家要怎麼看待這樣的操作呢？這些政治算計或選舉時的宣傳策略，真的有用嗎？

　　棄保效應是策略投票（strategic voting）的一種，在這方面的嚴謹政治科學研究，係奠基於 2018 年正式滿五十週年的《投票計算理論》（*A Theory of the Calculus of Voting,* Riker and Ordeshook, 1968）。這本書透過嚴謹的數學計算，探討人們為什麼會想要去投票，以及假如去投票，到底會投給誰。

從理性選擇到策略投票

　　如何從數學來推估投票？就是把人們的選項全部換成數學數字。假如一位選民要在三位候選人之中選一個，那理論上選民對每一位候選人都會有一個 0 到 100 的分數，例如三位候選人在一位選民心中分別是 90 分、85 分、跟 10 分，因為有分數，所以可以分出高下。我們接著假設選民是「理性的」，就是會選擇讓自己最有利的那個選項（這邊理性的意思是經濟理性，而不是那種講話溫文儒雅不嗆聲的理性）。既然去投票所都要花時間，

那到投票所以後，當然要投給自己評分最高的候選人。

　　讀者你一定可以想到一些不投給最高分選項的原因：「他就沒機會當選啊！」這就是策略投票的基本定義。所謂的策略投票，就是選民因為偏好以外的原因，決定不要投給自己最愛的候選人，而改投給其他選項。

　　舉例來說，假如有三位候選人 A、B、C，我最喜歡 A（90 分），最討厭 C（10 分），B 勉強可以（85 分）。但假如我已經知道 A 毫無當選機會，民調只有 19%，B 跟 C 又還蠻接近的，各有 45 ％ 的當選機率，可以一搏，我可能就會放棄我最愛的 A，而投給勉強可以的 B，目的是希望打敗我最討厭的 C，讓最後選舉結果是 B 當選，這樣我好歹還有 85 分的結果。像這種偏好以外、因為選舉或其他選民的行為而改變自己的投票選擇，目的還是要盡力爭取對自己最有利的結果，政治學家稱之為策略投票。

　　這種策略投票至少要有三個選項，但也不代表每次有三位候選人時就都會策略投票。以上面的例子來說，假如 B 看起來也沒啥機會，反正都不會贏，那我就還是投給本來最愛的 A 給他鼓勵一下好了，讓 A 知道自己至少有些人支持，來日方長。另外還有一種稱之為抗議投票（protest voting），就是故意不投給自己最喜歡的候選人，這種狀況常出現在「自己最喜歡的候選人鐵定會贏，但決定要讓他贏少一點作為警惕」的時候。

　　讀到這裡，讀者一定發現了選民要策略投票時最重要的參考依據：選前民意調查。選民對於候選人的偏好程度以及對於選舉激烈程度的認知，照上述理論中的計算，會影響選民是否策略投票。因此，選戰中的各個候選人假如有做民調，且假設結果是可以策動對自己有利的策略投票，那麼就有公布民調來影響選舉結果的動機。反過來說，假如公布民調對自己不利，那麼候選人可能就只會把民調結果當作內部參考。

　　上述這些理論或者心理狀態，或許你都曾經聽過網友或家人討論過。但是，選民有那麼聰明、考量那麼多嗎？在過去的政治科學研究中，1994年的台北市長選舉是一個經典的案例。這是第一次的直轄市長選舉，在當時黃大洲、趙少康、陳水扁三位候選人的競爭之下，因為黃大洲的聲勢比

較不看好，有 20% 偏好順序為黃＞陳＞趙的選民投給了陳，有 12% 偏好順序為黃＞趙＞陳的選民投給了趙，這就是棄保效應最直接的證據。結果三位候選人的得票率是：陳水扁 43.7%，趙少康 30.2%，黃大洲 25.9%。

策略投票與 2018 台北市長選舉

另一個更顯著的例子，是 2018 年的台北市長選舉，許多讀者可能還記憶猶新。這次選舉一共有三位主要候選人，分別是國民黨籍的丁守中、民進黨籍的姚文智，以及無黨籍的柯文哲。大多數的選民從選前民調已經知道姚文智遙遙落後，而丁、柯的差距非常小，最後的結果只差了 3567 張選票，0.25%。所以假如有三千多位姚文智的支持者在投票日選擇策略投票，那就可能會直接改變選舉結果讓丁守中當選。一場選舉，百萬人的投票，可能結果就是這三千人決定的。

那麼在這次選舉中，到底有多少人策略投票呢？我和台大政治系教授王業立於 2021 年發表在《政治科學論叢》的研究紀要〈2018 年台北市長選舉策略投票之研究〉就探討了這個問題。我們分析政治大學選舉研究中心於 2018 年選後在台北市進行的民意調查，其中有問台北市民對三位候選人的評分，也問選民最後投給誰。依照我們上面對於策略投票的定義，假如選民沒有投給自己心中分數最高的候選人，那很可能就是有策略投票了！

根據民調顯示，我們發現台北市選民約有 10% 投給自己第二偏好的候選人，而沒有投給自己最愛的候選人。這代表的確有不少台北市民在投票時是有偏好以外的考量。

然而我們發現，姚文智的支持者策略投票的比例並沒有特別高，而是三位候選人的支持者策略投票的比例都差不多。為什麼姚文智的支持者沒有策略投票呢？理論上，這些選民在選前就大概知道姚文智沒有當選的機會，而且也知道假如轉投給其他人，就可能左右選舉結果，讓柯文哲或丁

守中當選。但在這份資料中,「最愛姚文智卻覺得姚文智不會當選」的選民裡,仍有86%投給姚文智。問題來了,為什麼姚文智最後仍拿到20%的選票,而這些人沒有策略投票呢?

　　如同我們上面的定義所提到,三位候選人的偏好數字本身也會產生影響。雖然姚文智的支持者知道姚文智當選機會渺茫,但是姚文智支持者對姚的偏好程度非常高,對另外兩位候選人的評價都非常低。這些選民會認為,就算我投給姚文智以外的第二個偏好,對我來說選舉結果還是差不多爛。因此,我寧可去投票所,堅定支持我的第一偏好,就算沒機會獲勝,至少可以讓他知道我心裡是真的支持他。

　　因此,選民的策略投票不只是考量對候選人的評價以及當選機率而已。不同選項之間的高低差距究竟有多大,也可能會影響選民是否要採取策略投票。為了一張選票,選民真的考慮很多!

3-6
一人投兩票，真的可以救小黨？

王宏恩———文

台灣立法委員選舉，從 2008 年開始採行「單一選區兩票制」，也就是每一位選民在立委選舉時可以投兩票：

一、第一票是選民戶籍地所屬的區域立委，採取單一選區制，每個選區只有一名，最高票勝選。全國共有 73 個選區。

二、第二票則是投給政黨，全國的政黨票一起算，通過 5% 門檻的政黨依得票比例分配全國不分區的 34 席。

三、另外 6 席為平地與山地原住民。

小黨不能亡：不分區選票的真正目的

2008 年之前，原本立委選制與現在縣市議員相同，採取「複數選區不可讓渡制」，也就是每個選區可以有好幾位當選名額，但每個選民只能投一票。此一制度主要承襲日本統治台灣時期的議會制度，全世界採行的地區包括台灣、日本、科威特（五個選區各十席）以及智利（每個選區各兩席）。

這個制度的改變來自 2004 年的修憲案。當時有些學者與修憲代表認為，在這種「一個選區多人當選」的複數選區制度下，候選人不用拚最高

票,只要在選區內有固定一小群死忠支持者即可順利當選,如此一來,容易促成極端候選人出線,也會造成小黨叢生。此外,也有一些民眾認為台灣的政黨數目太多,再加上一些國會議員的言行舉止誇張,於是呼籲要改成單一選區。在此同時,修憲的內容也包括立委席次減半,可以說,這次修憲的起心動念,就是針對極端候選人與小黨。

若採行單一選區,每個選區就只有一名候選人會當選,而根據中位選民定理,想要當選就不能太過極端,一定要溫和派才行。但是假如我國全面採行單一選區,那麼小黨就會直接滅亡,也可能導致各選區的立委都只在自己的選區當山大王,只會推動自己選區的利益,無人在意全國性議題,長久以來對國家的整體發展不利。因此,修憲委員們在 73 席單一選區之外,又另外加上 34 席的不分區席次,給全國民眾一起投政黨票。

理論上,這 34 席的不分區席次,對特定主打「全國性議題」的小黨比較有利,因為小黨的支持者可能分散在各選區,無法在各個單一選區獲勝。舉例來說,可能台灣每個縣市都有 10% 的人反對核能,但因為只有 10%,無法在任何縣市的單一選區拿到 50% 的票當選,因此單一選區的候選人都不會採用這個政見。但假如在不分區席次,有某小黨專攻這個議題,然後也成功地把各地 10% 的票都拿下,那麼這個小黨就有可能在不分區當選席次,來專門推動這個議題。

然而,在這次的修憲中,民進黨和國民黨兩黨又把不分區席次的分配加上了 5% 的門檻。換句話說,小黨必須獲得超過 5% 的選票才有辦法分配到席次,讓原本這項制度給小黨的紅利大打了折扣。

實際投票才發現了理想與真實的距離

以上這些都是基於學術理論的討論,實際執行情況又如何呢?

政治大學選舉研究員游清鑫曾針對 2008 年第一次單一選區兩票制進行研究,在選前追蹤訪問一群台灣選民對於制度的瞭解。結果發現,即使

到選舉前一天，台灣民眾也只有 60% 知道立委有幾位、50% 知道有兩張票可以投、只有 20% 知道小黨有 5% 的門檻。

　　換言之，我們前面提到，有關大小黨在不同選制中的各種利弊得失，都是基於「選民是理性、不會浪費選票、熟悉選舉制度」的假設而得到的，但假如選民其實根本不知道選制及其效果的話，那我們前面的學術推論也會大打折扣。

　　那麼，台灣人在實際投票的時候，到底是怎麼使用這個單一選區兩票制的呢？

　　政大選舉研究中心曾於 2016 年 1 月 17 日至 4 月 28 日在全台抽樣並面訪 1690 位具有統計代表性的台灣選民。[1] 這份民調問卷詢問民眾在單一選區以及在不分區分別投給哪一位候選人，由此可以計算出有多少人投給兩大黨、又有多少人投給小黨。

　　經過一系列的語法計算後，可以得到 2016 年立委選舉時，在單一選區的部分，約 13% 的人把選票投給小黨，87% 的選民投給兩大黨（包含民進黨禮讓的席次）。而在不分區的部分，約有 30% 的選票投給小黨，70% 投給兩大黨。

　　這個民調資料所得到的數字跟實際的選舉結果非常接近。根據中選會資料庫的實際選舉結果，2016 年單一選區的部分，兩大黨共得到 84% 的選票，在不分區部分，兩大黨共得到 70% 的選票。

　　但中選會只提供總體層級資料，所以我們使用可以分析個別選民的政大民調資料，依照選民對大、小黨的選擇分成四類，各類比例如下：

1　相關研究請見公開學術資料庫，代碼為 TEDS2016ind。

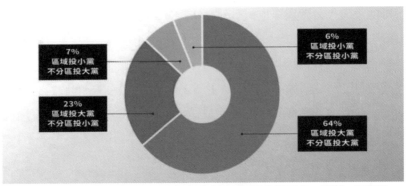

【圖3-6-1】2016年立委選舉大小黨在不分區與區域的得票率。製圖：王宏恩。

　　從數據上來看，2016年的立委選舉中，六成台灣民眾即使有兩票，還是選擇把票集中給兩大黨。這很可能是因為兩大黨或顏色接近的支持者，會希望大黨可以順利過半，以推動相關的政策。

　　不過，還是有23%的人在選區票投大黨、但在不分區選擇投給小黨，這432萬人，確實讓單一選區兩票制產生預期作用。實際選舉結果是，2016年時代力量與親民黨兩個政黨成功突破了5%的門檻，新黨、綠黨社會黨聯盟、以及台灣團結聯盟也順利突破2%的門檻，可以拿回保證金（3.5%才能拿到選票的政黨補助）。

2020年後的小黨挑戰

　　從2016年大選的民調資料來看，台灣的確有部分選民採取策略性思考，在區域立委跟不分區政黨票分別投給不同的政黨。但在2020年選舉前夕，兩大黨對於爭取「國會過半」喊得更大聲了，而這34席的不分區選票也是兩大黨拚過半的重要戰場。2012年民進黨曾喊出把票分給小黨，2016年則有宋楚瑜出來增加親民黨宣傳版面，這些配票或媒體效果都能夠增加特定小黨的選票。到了2020年，兩大黨都企圖使選民歸位，讓自己可以單獨過半。

最後從選舉結果來看，兩大黨的期望並沒有成功。兩大黨一共獲得了約 67% 的不分區選票，小黨一共獲得了 33% 的不分區選票，小黨獲得的票較 2016 年又提高了 3%。在區域立委的席次，兩大黨共獲得 87% 的選票，跟四年前接近。

換言之，在 2020 年選舉時，台灣民眾對於單一選區兩票制更為熟悉了，也有更多人透過不分區選舉把票投給小黨了。這三成左右的選民，集中投給台灣民眾黨（11%）與時代力量（7.7%），剩下的投給未達 5% 門檻的親民黨（3.6%）、台灣基進（3.1%）與綠黨（2.4%）。假如小黨多加努力、或者台灣民眾更能妥善運用單一選區兩票制，來傳達對全國性議題的偏好（例如環保、國防等），或許未來會有更多小黨可以通過門檻，在國會中發揮關鍵的影響力吧！

3-7

「基進側翼」假說
光譜上極端的候選人會分裂選票並讓對手當選嗎？

王宏恩、陳方隅————文

　　在一場選舉當中（尤其是在「單一選區」，也就是說只選出一個人的狀況下），如果出現一位立場比較鮮明、在光譜上比較極端的候選人，他將如何影響選舉結果呢？對於主要大黨來說，又該怎麼面對這樣的「側翼」對手？他們會把立場比較鮮明的選民都給吸走嗎？若從現實的例子來看，我們要怎麼解釋 2016 年大選時，民進黨選擇在立法委員選舉跟光譜上被認為是「同一邊」的時代力量合作，難道他們不怕被選票搶走嗎？

　　用政治學傳統的「空間理論」來解釋，[1] 一個立場比較極端的政黨出現，自然而然就會吸引走立場比較極端的選民，因為選民傾向選擇與自己立場最接近的候選人，如此一來，「同一側」的主要大黨能夠得到的選票就減少了（一般來說大黨的「平均位置」會比較接近中間，因為必須回應更多不同選民的需求）。但真的是這樣嗎？我們決定來挑戰這樣的傳統看法。

　　我們假設：當一個立場比較極端的政黨出現時，有時反而會有利於同

1　「空間投票理論」（spatial voting theory）是由經濟學者 Anthony Downs 率先提出，他用「理性選擇」的方式來解釋投票行為。內容是說，選民的投票行為是經過判斷所做的理性決定，在做出投票決定的時候，通常會考慮與自己立場「最不衝突」、立場最相近的候選人。

一側的主要大黨。

　　這樣的假說以及研究源起是來自於「基進側翼」。他們原本是民間團體，後來在 2014 年投入地方選舉，在 2015 年登記立案成為全國性政治團體，隔年改名為「基進黨」，黨主席為陳奕齊。他們在政治立場的主張方面，正如該黨的中英文名稱所示，認為自己是在統獨光譜上的基進（radical wing）位置，也就是屬於比較非主流的立場。2018 年的地方選舉中，幾位在網路上爆紅的人物例如陳柏惟，就是代表基進黨參選高雄市議員，後來他在 2020 年成功當選為立法委員。

理論背景

　　我們在做選擇的時候，除了選項本身之外，有什麼其他的替代選項也是會影響決策的重要因素之一。例如，當兩件物品在做選擇的時候，這兩件物品是你考慮事情的「端點」，這時如果加入第三件物品，端點就改變了，即使原本的兩件物品並沒有改變，人們對它們的看法也會有所不同，這種情況被稱做「範圍效果」（Range effect）。在一項很著名的消費心理

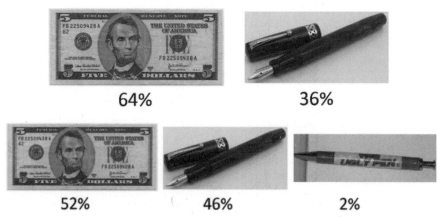

【圖 3-7-1】避免極端效果範例。製圖：王宏恩、陳方隅。

學實驗當中，研究者給一群受訪者挑選禮品，看是要五塊錢現金還是一支看起來不錯的筆，大約 36% 的人選擇拿筆；在此同時還有另一組受訪者，研究者給他們選同樣的五塊錢現金、一支看起來不錯的筆，然後加入一支很醜的筆作為選項。結果，即使這支看起來不錯的筆跟另一組人看到的是同一支筆，但選擇拿這支筆的比例立刻上升 10%，達到將近一半。這種情況被稱做「避免極端效果」（Extremeness aversion effect），也就是說，一般人通常會傾向於避免極端的選項，改而給中間的選項多一點加分。

至於在現實生活的例子可以看美國總統初選。根據美國線上調查公司 Morning Consult 在 2015 年 12 月的一份民調顯示，希拉蕊・柯林頓在「中立選民」當中大約獲得 49% 的支持（美國的民調通常會問選民是支持民主黨、共和黨，或者是中立選民），一個月之後這個數字大幅上升到 57%，而這段時間就是伯尼・桑德斯打破各方眼鏡、以黑馬之姿躍上初選舞台的時候，他代表的立場就是在自由派與保守派的光譜上，比較極端的社會主義那一側。我們認為其中一個原因很可能就是「避免極端效果」的出現，讓選民對希拉蕊・柯林頓的評價有所改觀。

我們的研究假設如下：

H1：極端派加入選舉會使同側的中間派被視為更中間。

H2：極端派加入選舉不影響另一側的候選人。

H3：極端派吸引極端選民，但也使中間選民更支持同側的溫和派。

需特別注意的是，此處的極端和中間都是指同一個政策光譜上的位置，並沒有好與壞之分。要測試這樣的假說，我們必須假設選民在選擇候選人的時候是會考慮候選人在「同一個」政策立場上的光譜位置，例如統獨的光譜，或者保守與自由的光譜。台灣政治是一個非常好的測試場，原因是「統獨議題」（或說，對中國的態度）至今仍然是最重要的一個影響因素，尤其是全國性的大選，「有效議題」的總數不會太多，在台灣測的話，可以很確定統獨議題是大家都明瞭的一個最重要的議題光譜。

研究設計

為了測試基進側翼假說，我們採用「問卷實驗法」的設計。所謂的實驗法，是用隨機分派的方式，把受試者分到不同的組別，每一組接收不同的刺激（treatment），然後再比較不同組別當中，受試者展現出來的態度差異。做實驗的重點，在於觀察實驗組跟對照組之間的差異。假如接受刺激的實驗組跟沒有接受刺激的對照組之間的行為有顯著的差異，我們就可以說這個刺激是有效果的。因此，實驗設計的重點與優勢在於去測量這個刺激。

在問卷中，我們將受試者隨機分派到三種不同的問卷。對照組看到的是一位國民黨候選人與一位民進黨候選人。實驗組有兩個，第一組是一位國民黨候選人、一位民進黨候選人，再加上一位新黨候選人；第二組是一

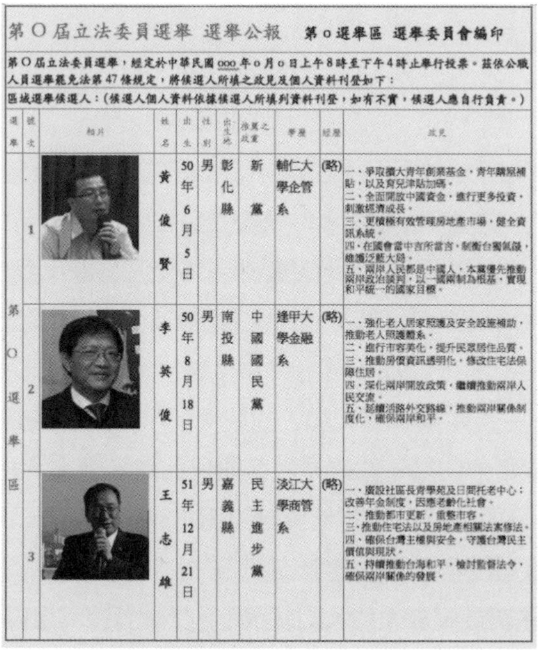

第〇屆立法委員選舉 選舉公報　第○選舉區 選舉委員會編印

第〇屆立法委員選舉，經定於中華民國○○○年○月○日上午8時至下午4時止舉行投票。茲依公職人員選舉罷免法第47條規定，將候選人所填之政見及個人資料刊登如下：

區域選舉候選人：（候選人個人資料依據候選人所填列資料刊登，如有不實，候選人應自行負責。）

選舉區	號次	相片	姓名	出生	性別	出生地	推薦之政黨	學歷	經歷	政見
第〇選舉區	1		黃俊賢	50年6月5日	男	彰化縣	新黨	輔仁大學企管系	(略)	一、爭取擴大青年創業基金，青年購屋補貼，以及育兒津貼加碼。二、全面開放中國資金，進行更多投資，刺激經濟成長。三、更積極有效管理房地產市場，健全資訊系統。四、在國會當中言所當言，制衡台獨氣燄，維護泛藍大局。五、兩岸人民都是中國人，本黨優先推動兩岸政治談判，以一國兩制為根基，實現和平統一的國家目標。
	2		李英俊	50年8月18日	男	南投縣	中國國民黨	逢甲大學金融系	(略)	一、強化老人居家照護及安全設施補助，推動老人照護體系。二、進行市容美化，提升民眾居住品質。三、推動房價資訊透明化，修改住宅法保障住居。四、深化兩岸開放政策，繼續推動兩岸人民交流。五、延續活路外交路線，推動兩岸關係制度化，確保兩岸和平。
	3		王志雄	51年12月21日	男	嘉義縣	民主進步黨	淡江大學商管系	(略)	一、廣設社區長青學苑及日間托老中心；改善年金制度，因應老齡化社會。二、推動都市更新，重整市容。三、推動住宅法以及房地產相關法案修法。四、確保台灣主權與安全，守護台灣民主價值與現狀。五、持續推動台海和平，檢討監督法令，確保兩岸關係的發展。

【圖 3-7-2】問卷實驗法範例。製圖：王宏恩、陳方隅。

位國民黨候選人、一位民進黨候選人、以及一位台聯黨候選人。

在每位候選人方面，我們盡量控制讓所有的條件都一樣，例如圖 3-7-2 都是中年大叔穿西裝的樣子，年齡相近，出生在南部，學歷都是私立大學金融相關科系，然後政見的前面幾點關於青年、住宅等政策都是類似的。最不同的地方在於對兩岸政策的態度。國民黨和民進黨的兩岸政策是偏向中間與現狀的；新黨候選人是義正辭嚴地反台獨、促成統一；台聯黨則是要趕快促成獨立。為了更貼近真實，我們截取了實際出現在各黨黨綱或主張當中的用詞。

我們在 PTT 上面發放問卷連結，然後讓受試者隨機分派到這三個不同的組別當中。在 2016 年三月期間一共蒐集到 426 個樣本。（這樣的樣本在人口特徵方面當然是不具備全國代表性，不過這也是大部分實驗法文章的特性之一。另外，我們在期刊文章當中做了針對美國自由派與保守派的同樣實驗設計，此處先暫時省略。）

研究結果

我們請對照組以及兩個實驗組的受試者看完選舉公報之後，在一個 0-100 分的光譜上定位所有候選人的統獨立場位置，由左至右，0 分代表傾向統一，100 分代表傾向獨立。實驗結果基本上是驗證了我們的假說。

對照組：在國民黨與民進黨候選人對決的狀況下，受試者分別把兩個人的位置定位在 31.5 分以及 71.5 分（中位數）。

實驗組 1：在台聯黨候選人加入的狀況下，受試者將其定位在 95.5 分的位置；對照組當中同樣一位政見內容的民進黨候選人，在這一組當中卻是被定位在 65 分的位置，顯著低於對照組當中的 71.5 分，而另一側的國民黨候選人位置並沒有顯著改變。

實驗組 2：在新黨候選人加入的狀況下，受試者將其定位在 3 分的位置；對照組當中同樣政見內容的國民黨候選人，在這一組被定位在 38 分的位

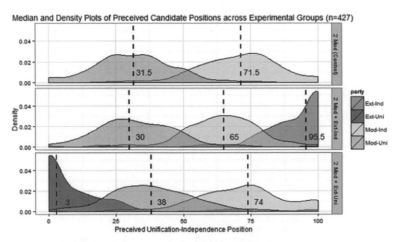

【圖 3-7-3】PTT 問卷結果：極端派會使同側的中間派被視為更中間但不影響另一側候選人。製圖：王宏恩、陳方隅。

置，顯著高於對照組當中的 31.5 分；而另一側的民進黨候選人位置也沒有顯著的差異。

我們的前兩個研究假設基本上是成立的：一、極端派加入選舉會使同側的中間派被視為更中間；二、極端派加入選舉不影響另一側的候選人。

至於第三項研究假設，我們則是分析了受試者自己在統獨立場上的定位，並把受試者依其在光譜上的位置分成四大類：極端統、溫和統、溫和獨、極端獨。我們的發現是，當極端候選人出現時，會增加同側溫和派選民願意投票給溫和派候選人的機率，並降低同側極端派選民支持溫和派候選人的機率。所以說，如果要分析極端派候選人如何影響到選舉結果的話，我們必須要去算一下同側的溫和派以及極端派選民的比例占多少。在同側溫和派選民的比例達到一定程度的時候，即使同側出現一位極端派的候選人分走了極端派選民的選票，但是反而會幫助溫和派的候選人（通常是大黨候選人）獲得更多溫和派選民的支持。

小結

　　不同政策立場的候選人加入選舉競爭時，會讓既有的選項數目改變，人們則是根據選項之間的比較進行考慮。只有兩位候選人的時候，跟加入第三位甚至第四、第五位候選人時的考慮會不一樣，即使中間派的候選人還是同樣的候選人，但跟其他人相比之下，選民對這位候選人的觀感就會變得不一樣。

　　我們認為，這可以「部分」解釋為什麼民進黨在 2016 年選擇跟時代力量合作，反而還達成該黨史上選得最好的一次立委選舉。蔡英文總統在 2012 年和 2016 年的兩岸政策以及相關主張，大致上是沒有差太多的，同樣地，國民黨 2016 年的候選人朱立倫和 2012 年的馬英九總統應該也沒有差太多，但仍有不少人在 2012 年時認為蔡英文的立場不夠中間、太過極端，到了 2016 年許多選民卻覺得蔡英文的兩岸政策很溫和（例如在 2016 年「國家安全調查」這份全國性的民意調查結果當中，有六成選民對蔡英文的兩岸政策感到安心）。因此我們認為，部分形象鮮明的小黨出現，可以讓同側大黨的立場被視為更中間。

　　當然，本研究也是有很多限制有待後續繼續精進，實驗法本身的「外部效度」是其中之一（在假設情境、有限的樣本數當中，要去推論真實世界的情形）。我們計畫要實際在不同選區當中蒐集更多資料；我們也必須假設選民真的是有接收到小黨的立場訊息，例如本研究一開始被啟發的案例是基進黨，但他們在全國的曝光程度不高，不見得能夠影響到選民決策，後來比較適合拿來的案例就變成了曝光度較高、也成功取得國會席次的時代力量。只是到了 2020 年之後的狀況又有所不同了。

　　同時，我們的理論要成立，必須假設民眾可以把政黨們都放到同樣一個政策立場的光譜上做考量，這在台灣的全國性選舉是合理的假設，因為兩岸關係一直都是最重要的影響因素，但是地方層級選舉可能不盡然如此。再說，選舉制度也是很重要的考量。我們的論文題目當中有一個

plurality system，意思是說「避免極端效果」只會出現在「多數決」的選區，也就是每個選區選出「一個人」的狀況下（總統大選、區域立委選舉、縣市長選舉等）。像是即將在 2022 年 11 月底舉行的地方選舉，各地民意代表的選區都是「複數選區」，也就是說每個選區會選出多於一個人，那麼狀況就會複雜許多。

　　最後，我們希望能得到更直接的資料來解析：大黨們到底如何看待所謂的側翼小黨呢？什麼時候會跟他們合作？另個角度來看，小黨們的發展路徑該怎麼樣比較好呢？該往光譜的兩端，還是往中間才能夠獲得最多選票？這些都是很值得繼續探討的問題。

3-8
得票率如何誤導人？
從催票率看藍綠勢力消長

葉高華——文

　　每到選後，照例會有很多人把兩次選舉的得票率相減，用來討論政治勢力的消長。不過，我一直宣導一個觀念：看得票率的變化很容易被誤導。怎麼說呢？

　　我們不妨假想一個擁有 100 個選民的選區，只有甲黨與乙黨競選。第一次選舉時，甲黨獲得 35 票，乙黨獲得 40 票。計算得票率時，分母是 75。第二次選舉時，甲黨仍然獲得 35 票；乙黨因為支持者去郊遊，只拿到 30 票。計算得票率時，分母是 65。甲黨的得票沒有增加，但得票率的分母變小了，因此得票率上升了（由 46.7% 變成 53.8%）。如果只看得票率的變化，很容易以為甲黨進步了，甚至解讀成「板塊移動」。事實上，他們的選票並沒有增加。假如第三次選舉時，乙黨支持者歸隊，甲黨就被打回原形了。

		選舉人數	有效票數	得票數	得票率	催票率
第一次	甲黨	100	75	35	46.7%	35%
	乙黨			40	53.3%	40%
第二次	甲黨	100	65	35	53.8%	35%
	乙黨			30	46.2%	30%

【表 3-8-1】得票率 vs 催票率。製表：葉高華。

　　分析政治勢力的消長，「催票率」是比得票率更可靠的指標。催票率的分母是「選舉人數」而不是有效票數，反映某黨能夠從所有選民當中獲取選票的能力。我原本把這個指標稱為「支持率」，但最近發現催票率這個稱呼更傳神，因此從善如流。從催票率來看上面這個例子，甲黨的社會基礎並沒有增加（都是 35%），第二次是贏在乙黨崩盤（由 40% 變成30%）。

　　好的，接下來就讓我們透過催票率這個指標，觀察二十多年來藍綠兩大陣營在總統與縣市長選舉中的消長吧！所謂藍營，包含從國民黨分出來的勢力，例如每四年登場一次的宋楚瑜。綠營則算進與民進黨正式同盟者，包含 2014 年的柯文哲，但不包含 2018 年的柯文哲。

藍綠催票率的長期變化

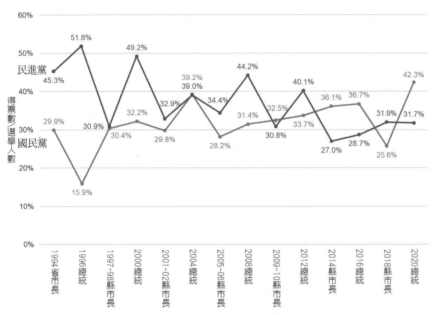

【圖 3-8-1】藍綠催票率的長期變化。製圖：葉高華。

　　首先映入眼簾的是，長期而言，藍營勢力逐漸萎縮，綠營勢力緩步增加。接著可以看到，過去許多藍營支持者只會出來投選總統，但不參與縣市長選舉，因此藍營的催票率呈鋸尺狀起伏。相對而言，綠營的催票率比較平滑，只有三次明顯波動。第一次是 1996 年總統選舉，似乎有一半綠營支持者跑票給李登輝。第二次是 2004 年總統選舉，陳水扁一舉囊括大量從未投過綠營的選票（隨後馬上吐還），這也使他的正當性受到質疑。第三次就是 2018 年的大崩盤了。

　　那麼，得票率如何誤導人呢？ 2016 年綠營得票率之所以飆高，主因是大量藍營支持者放棄投票。綠營選票固然有所增加，只是隨著長期趨勢緩步增加而已。然而，飆高的得票率使綠營高估自己的民意，得意忘形，甚至說出「不爽不要投」這類話語。兩年後，許多支持者果然不爽不要投。另一方面，2018 年藍營選得算不錯，但充其量只是回復過往縣市長選舉的水準而已。藍營的高得票率，主要來自綠營支持者的不投票。到了 2020 年這一回，輪到藍營高估自己的勝利，得意忘形了。結局是大批 2018 年不投票的選民蜂擁而出，投給蔡英文。即使藍營再次催出先前大勝的票數，讓支持者以為勝券在握，結果卻是慘敗。

　　2020 年綠營催票率首度打破高懸多年的阿扁障礙，多出 3.1%。不過，選票的變化其實遠超過表面上的 3.1%。因為有些選民轉向綠營，也有些選民拋棄綠營而去。有得有失，得大於失，加起來才是 3.1% 的淨變化。實際上，蔡英文支持者與陳水扁支持者的組成已經有所不同了。我認為，此刻台灣正在發生政黨重組，跡象非常明顯。

政黨重組與選舉地理

　　1990 年代以前，最反對國民黨的是由小型公司、行號、店家經營者構成的「小資產階級」。當大都市的商店街區一再選出黨外明星時，廣大鄉村仍牢牢掌握在國民黨的地方派系與恩庇網絡之中。2000 年左右，台灣迎

來第一次政黨重組。陳水扁的民粹作風在鄉村與農工階級中大受歡迎；原本支持黨外的中小企業家則有一些為了兩岸經貿而離開綠營。雖然小資產階級的支持有所流失，整體來說仍較偏綠營。然而，由高學歷的專業、技術職業者構成的「新中產階級」越來越討厭陳水扁領導的民進黨。於是，陳水扁時代的選舉地圖通常具有下列樣貌：都市內層的商業區是綠地，外圍的中產階級住宅區是藍天，更外圍的勞工社區與鄉村又是綠地。當然，這指的是總統與縣市長選舉的情況。在地方民代選舉中，鄉村有另外一套基於選民服務與人際網絡的邏輯。隨著社會轉型，鄉村與農工階級持續萎縮，都會區與新中產階級則不斷擴張。惹毛新中產階級的民進黨不僅在北部都會區越選越慘烈，在全國票數上也越來越難贏。

　　蔡英文自 2008 年領導民進黨之後，情況逐漸有所轉變。蔡英文路線逐漸取得年輕、都市、新中產階級的信賴。然而，年老、鄉村、農工階級也逐漸對民進黨失去熱情。這個過程在 2014 年以後加速。越來越多「老綠」跳出來攻擊蔡英文，而且火力不下於深藍，這當然不是偶然的。政黨重組使「老綠」們有一種被時代拋棄的感覺。然而，既然社會變遷趨勢是都會區與新中產階級不斷擴張，蔡英文領導下的民進黨是得大於失。有了以上的基本認識，再來看看民進黨在各地的催票率變化，就很容易明白發生什麼事。

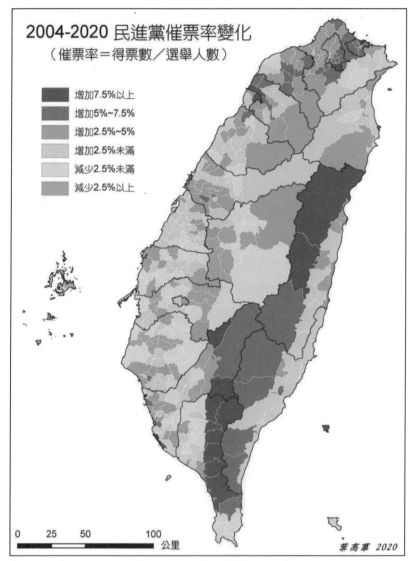

【圖 3-8-2】2002-2004 民進黨催票率變化。製圖：葉高華。

　　相較於 2004 年的陳水扁高峰，蔡英文在北部與都會區大有斬獲，但是中南部鄉村的票源明顯鬆動了。其實不只是蔡英文如此，近期民進黨籍的基隆市長、桃園市長、新竹市長都毫無懸念連任成功。原本藍到爆的新

北市中和，居然也由民進黨籍立委連任成功。這在陳水扁時代是難以想像的事情。台南的城鄉對比也很經典，舊台南市及其周邊郊區的選票大增，鄉村地區則流失不少。同樣地，嘉義市的選票增加，嘉義縣明顯流失，尤其是山線鬆動得非常厲害。連「嘉義王」陳明文都選到險象環生。我敢大膽預言，以後民進黨在中南部鄉村會越來越常拉警報。

不同於一般選舉地圖上的山地原住民鄉藍到爆，這張地圖上的山地原住民鄉卻是綠油油。沒錯，民進黨逐漸打進山地原住民鄉了。尤其是高屏的排灣族、魯凱族，花蓮的太魯閣族改變幅度特別大。雖然因為起始點太低，選票仍然差藍營一大截，但原鄉已經不是鐵板一塊了。

小結

第二次的政黨重組，我們可以看到年輕、都市、新中產階級大舉從國民黨剝離出來。民進黨吸收其中一部分，但無法全部吞下。因為許多出身藍色家庭的人仍舊無法忘懷當年對陳水扁路線的反感，投不下民進黨。於是，選票市場上出現一大塊很容易被「藍綠一樣爛」給打動的空間。時代力量與民眾黨就是在爭奪這一塊市場。雖然蔡英文得票創紀錄，但是增加的那一塊——年輕、都市、新中產階級，對民進黨的忠誠度相當低。如果民進黨推出不適當的人選，這些人轉身就跑。而時代力量與民眾黨正虎視眈眈地想要網羅他們。由此可見，民進黨完全沒有得意忘形的空間。若不謹慎，難保不會重演 2018 年的慘劇。

3-9

七成台灣人願意為台灣而戰、支持民主、反對統一

台灣年輕世代的政治態度

陳方隅————文

台灣年輕人有所謂「天然獨」存在嗎？人們支持民主政治嗎？如果中共對台灣開戰了，台灣人會願意防衛台灣嗎？

關於這些問題，已有不少調查研究描繪出台灣人不同面向的政治態度。然而，近幾年不少讀者應該時常會看到一種說法：主張台獨的人都不想要防衛台灣。這樣的看法不只出現在台灣，在美國的兩岸關係政策圈，也有些人會說台灣獨立議題是對中國的挑釁，最後常常下的結論就是「我們最好不要讓中國不開心」之類的。

不過，這些說法有根據嗎？到底台灣人（尤其年輕人）的政治態度為何？

台灣民主基金會從 2011 年起，每年委託政治大學選舉研究中心進行兩次調查研究，以追縱台灣人的政治態度。其中，2018 年時特別將其中一波調查的結果釋出更多公開資料，由時任台灣民主基金會執行長徐斯儉，於 2018 年 4 月 3 日在華府智庫台灣研究中心（Global Taiwan Institute, GTI）公開發表。為了更精準地探索年輕人的政治態度，在該年 1 月份以及 2 月至 3 月間進行的兩波抽樣調查當中，刻意讓 39 歲以下年輕人的比

例提升至樣本數的一半。[1] 這項調查的資料說明已公布在台灣民主基金會官網，[2] 本文是對這項調查當中的重要問題做一些更詳細的描述和討論。

民主支持度：年輕人支持民主政治、反對威權

首先來看的是台灣人的「民主支持度」，問卷的問題是：「民主也許會有問題，但還是一個最好的制度。」調查結果顯示台灣人的民主支持度從 2011 年開始的趨勢是穩定的，而且年輕人普遍來說民主支持度很高，有 86.2% 的人回答同意。

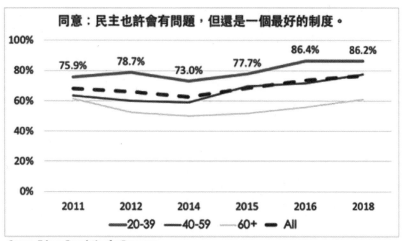

【圖 3-9-1】2011 ～ 2018 年台灣選民的民主支持度。資料來源：台灣民主基金會。

1　在總人口當中 39 歲以下占 38%、40 歲以上占 62%，而在這次抽樣當中，兩個群體的樣本數分別為 825 及 747，讓年輕人比例占有效樣本的 51%。當然，用 40 歲當切點是一個主觀設定的標準，在社會科學研究當中會有不同的年齡層切法。

2　「2018 台灣民主價值與治理」民意調查計畫說明：http://www.tfd.org.tw/opencms/english/events/data/Event0680.html

　　跟歐美相比，台灣年輕人的民主支持度也是很高的。Roberto Stefan Foa and Yascha Mounk 兩位學者於 2016 年在《民主期刊》上面發表文章 The Danger of Deconsolidation: The Democratic Disconnect 一文當中指出，歐美兩地出現了對民主支持度下降、對威權政體接受度上升的狀況（問卷是問：「民主制度對於這個國家的運作是不是很壞的一件事」）。台灣民主基金會 2018 年的調查也加入一題去問受試者，請問在我們的國家採用威權體制會是好是壞。結果發現，在 20 ～ 24 歲的群體，支持威權的比例比歐美還要低，25 ～ 34 歲的群體雖比歐洲高，但還是比美國來得低。[3] 值得注意的是，歐美都出現了年輕人比年長者還要支持威權體制的趨勢，但台灣剛好相反，越年輕的群體越反對威權。

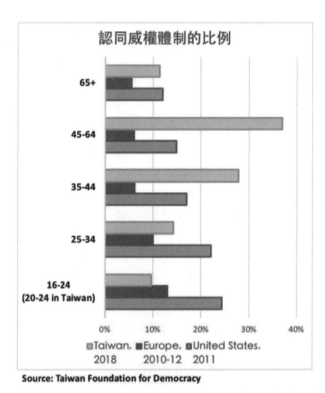

【圖 3-9-2】歐、美、台灣認同威權體制的比例。資料來源：台灣民主基金會。

　　然而，相對於對民主體制的支持度以及反對威權體制的態度，人們對民主政治實際運作的滿意度就稍低了一些，平均只有大約三分之一（33.5%）認為滿意，其中，年輕群體 40.2% 表示滿意，跟 40 ～ 59 以及 60 歲以上群體相比，是最高的。另外，對於未來十年台灣民主政治發展的看法，同樣也是只有不到四成（36.4%）的人們表示樂觀，年輕人的比例一樣是三大群體當中最高的，不過也只有大約 41.1%。跟 2011 年超過五成感到樂觀相比，人們對民主政治前景的判斷是變得悲觀不少。不過，好在，總體來說對民主政治未來發展感到樂觀的比例，在 2020 年上升到超過六成。

統獨立場：年輕人的天然獨其實是「反統一」

　　「天然獨」是近幾年很紅的一個用語，用來指稱年輕世代越來越支持台灣獨立的趨勢。但這個趨勢存在嗎？我們可以從兩種調查方式來看。首先，最常見也是追蹤最久的統獨偏好調查來自政大選研中心的「重要政治態度趨勢圖」，調查方式又可稱做「統獨六分類」。[4]

　　研究者常常把六分類合併成三分類，也就是把「以後走向獨立」跟「立刻獨立」合起來成為支持獨立的選項，「以後走向統一」跟「立刻統一」合起來成為支持統一的選項，然後「永遠維持現狀」和「以後再說」合併變成維持現狀的選項。我們可以發現，年輕人支持統一的比例比 40 歲以上還要低，支持維持現狀的比例則是顯著較高，支持獨立的比例也是顯著

3　35 ～ 44 歲群體有將近三成認為威權體制會是好事，比歐美都還要高；45 ～ 64 歲群體有將近四成認為威權體制是好事，比例遠高於歐美。65 歲以上的威權支持者比例大約 10% 上下，跟美國差不多，高於歐洲。總體民眾有 22% 認為在我們的國家施行威權體制是好事（很好 5.1%，好 16.9%）。

4　參考政大選舉研究中心「重要政治態度分布趨勢圖」：https://esc.nccu.edu.tw/PageDoc?fid=7803

較高（然後，沒有回答或回答不知道的比例則是顯著較低，這也是長期的
一個趨勢）。

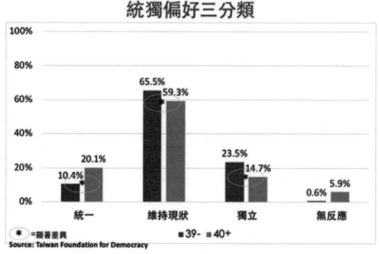

【圖 3-9-3】39 歲以下與 40 歲以上的統獨偏好。資料來源：台灣民主基金會。

如果再細分 20 ～ 29 歲與 30 ～ 39 歲，兩者出現顯著差異的地方是對
統一的態度。20 ～ 29 歲的群體，支持統一的比例比 30 ～ 39 歲群體還要
顯著偏低，在維持現狀和支持獨立方面則是沒有顯著差異。

另外一種關於統獨偏好的問法是「條件式統獨」，這是由學者吳乃德
首先發展出來的概念，也就是問：假設兩岸政經發展條件差不多的時候，
支不支持統一？假設宣布法理獨立會引起中國武力攻擊，支不支持獨立？

根據吳乃德的分類，我們可以把這波調查當中以上兩題的回答分成下
列四種，各自的比例分別是：

一、台灣民族主義：只要中共不打就贊成宣布法理獨立＋就算中國民
　　主化也反對兩岸統一（26.5%）。

二、務實主義：只要中共不打就贊成宣布法理獨立＋只要中國民主化

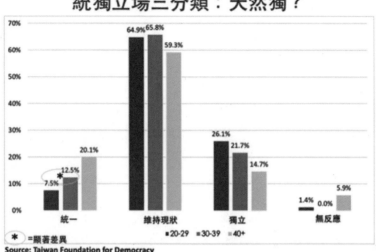

【圖3-9-4】20〜29歲、30〜39歲、40歲以上的統獨偏好。資料來源：台灣民主基金會。

就支持兩岸統一（13.1%）。

三、中國民族主義：就算中共不打，仍然反對法理獨立＋只要中國民主化就支持兩岸統一（18.7%）。

四、維持現狀：就算中共不打，仍然反對法理獨立＋就算中國民主化也反對兩岸統一（31.3%）。

以年齡層區分會得到以下的圖（圖中「顯著差異」只標記20〜29與30〜39兩群體的比較）：

綜上所述我們可以得到一個台灣年輕人的統獨偏好圖像：維持現狀是最多人的選擇。年輕人當中，台灣民族主義（反對統一，且認為只要中共不打就應該立刻宣布法理獨立）的比例比40歲以上的族群顯著偏高；中國民族主義（只要中國民主化就支持兩岸統一）的比例則是年輕人顯著偏低；另外，年輕人更顯著支持維持現狀，其中，20〜29歲比30〜39歲更顯著支持維持現狀。

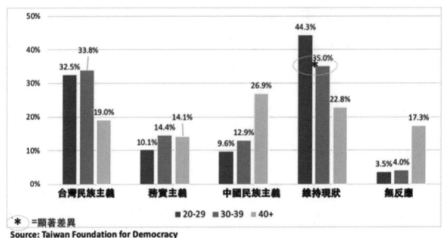

【圖 3-9-5】20 ～ 29 歲、30 ～ 39 歲、40 歲以上對條件式統獨的偏好。資料來源：台灣民主基金會。

那麼，「天然獨」到底存不存在呢？時任台灣民主基金會執長行徐斯儉認為，若用「天然反統一」來形容，可能會比較接近實際狀況。

自我防衛的決心：七成台灣人願意為台灣而戰

關於台灣人自我防衛、尤其是抵抗中共軍事侵略方面的決心，請參考本部第十章〈台灣人的自我防衛決心是高是低？〉。那麼，到底台灣人願不願意為防衛台灣而戰呢？不同的問卷問法和詮釋的差異相當大。在台灣民主基金會的這波調查當中，區分了兩種狀況，第一種是問：「如果因為台灣宣布獨立導致中國大陸武力攻打台灣，請問您願不願意為保衛台灣而戰？」第二種是問：「如果中國大陸為了統一對台灣使用武力，請問您願不願意為保衛台灣而戰？」在選項方面是只有「是」與「否」的是非題。調查得到的答案分布與網路消息給人的印象（許多人說台灣人都不想要自我防衛）差距頗大。

首先，如果是台灣宣布法理獨立引起的中國侵略，有 56.7% 的人回答願意為台灣而戰。如果是中國主動武統，則有 68.1% 的人回答願意為台灣而戰。

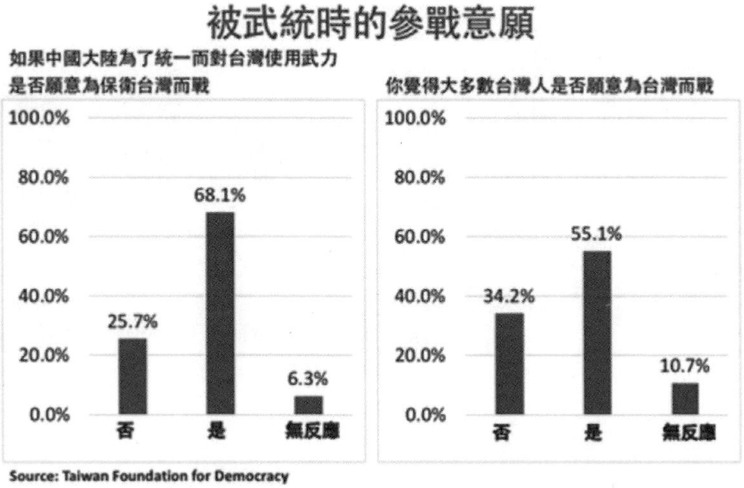
被武統時的參戰意願
如果中國大陸為了統一而對台灣使用武力
是否願意為保衛台灣而戰
100.0%
80.0%
60.0%
40.0%
20.0%
0.0%
25.7%
68.1%
6.3%
否
是
無反應
你覺得大多數台灣人是否願意為台灣而戰
100.0%
80.0%
60.0%
40.0%
20.0%
0.0%
34.2%
55.1%
10.7%
否
是
無反應
Source: Taiwan Foundation for Democracy

【圖 3-9-6】台灣民眾被武統時的參戰意願。資料來源：台灣民主基金會。

以年齡層來區分的話，年輕人回答願意參戰的比例又更高。在台灣宣布獨立引起的中國侵略下，63.4% 的年輕人回答願意參戰，顯著高於 40 歲以上的 49.9%；如果是中國武統，則有 70.3% 的比例回答願意參戰，40 歲以上的民眾也有 66.1% 回答願意，兩者之間沒有統計上的顯著差異。還有一個值得注意的趨勢是，人們對民主政治的支持度（認為民主也許會有問題，但還是一個最好的制度）越高，則越傾向於在中共主動侵台的狀況下願意為台灣一戰。

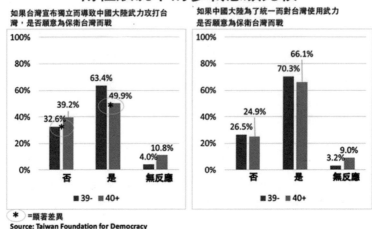

兩種狀況下的參戰意願比較

如果台灣宣布獨立而導致中國大陸武力攻打台灣，是否願意為保衛台灣而戰

如果中國大陸為了統一而對台灣使用武力是否願意為保衛台灣而戰

【圖 3-9-7】39 歲以下與 40 歲以上在兩種狀況下的參戰意願。資料來源：台灣民主基金會。

小結

　　台灣民主基金會委託政大選研中心所做的這個調查，呈現了台灣人的三個重要政治態度面向。

　　首先，在民主支持度方面，台灣年輕人對民主政治的支持是穩定地維持在超過七成、甚至近兩次調查都超過八成的比例，這和歐美國家出現的年輕人反民主趨勢是相反的。筆者認為，或許這跟台灣民主化的進程以及年輕世代所受到的政治社會化過程有關。

　　第二，台灣年輕人具有更高比例的「台灣民族主義」（認為在中共不使用武力的狀況下我們就應該立刻宣布法理獨立），不過，維持現狀（不支持宣布獨立，但即使中共民主化也不贊成兩岸統一）的比例是最高的，20 ～ 29 歲在這個類別的比例又比 30 ～ 39 歲更高。所以說，「天然獨」可能要講成「反統一」比較適切。

　　第三，面對中國的武力統一威脅，有至少七成的民眾回答說願意參戰保衛台灣（而且在 2020 年這個數字上升到將近八成），39 歲以下的年輕

人和 40 歲以上的群體並沒有顯著差異。同時，人們對民主制度的支持度越高，回答願意參戰的比例也越高。

　　這份調查發布之後引發最大的關注焦點在於自我防衛的決心，有許多媒體報導或評論者寫文章反駁，認為台灣人的自我防衛心其實很低。不過我們從調查報告來看，至少台灣人在口頭上講說願意參戰來保衛台灣的比例，比起我們以往認知到的參戰意願還要來得高很多。關於這個部分我們將在下一章更加詳細地討論。

　　這份調查跟過去的類似調查相比，由於青年世代樣本量夠大，不需要以加權方式把樣本數放大，所以在整體趨勢的敘述統計方面，是有可能會比過去的研究還要更加接近實際狀況。

　　大家或許可以想想看，把台灣人描繪成不願意為台灣而戰、或者描繪成不支持民主政治，對誰最有好處？以往又是哪樣的媒體或公眾人物最喜歡提出這類的觀點呢？

　　筆者認為，台灣人真的要對自己的民主制度有信心，這就是我們跟中國最大的不同所在。我們對民主政治的支持度以及抵抗威權侵略的決心，將會是我們得以在全世界跟潛在盟友之間爭取到支持的最大立基點。

後記補充

　　在 2020 年 10 月份發布的台灣民主基金會最新調查當中，顯示出幾個趨勢：

一、整體來看，將近八成（79.7%）的人們回答民主政治是最好的制度，比例維持差不多。

二、對民主運行的不滿意度（28.5%）較前兩年下降；對民主政治未來的發展感到樂觀的程度上升（63%）。

三、超過七成（71.5%）的受訪者表示願意為保衛台灣而戰；表示不

願意的從 2019 年的 31% 降到 2020 年的 19.8%。而在假設中國為
了統一對台使用武力的情況下，2018 年及 2019 年都是將近七成
（68.1%、68.2%）受訪者表示願意保衛台灣，2020 年這個數字
大幅增加到將近八成（79.8%）。

　　由於最新的調查並沒有釋出交叉表供分析，故本文仍以 2018 年的調
的資料為主。

3-10
台灣人的自我防衛決心是高是低？

陳方隅————文

　　「如果中國大陸為了統一對台灣使用武力，請問您願不願意為保衛台灣而戰？」這是在台灣民主基金會（TFD）調查計畫當中所問的一個題目。2018年的調查結果顯示，在中共武統的狀況下，有68.1%的民眾回答「願意」或者「非常願意」為台灣而戰，而且39歲以下的民眾和40歲以上的民眾所回答的結果，兩者之間並沒有統計上的顯著差異。這個比例在2020年的調查當中甚至上升到了79.8%，近八成民眾回答說願意抵抗中共武力入侵。這份調查還問了民主支持度、統獨偏好選擇等問題，尤其是在描繪台灣年輕世代時，占多數的意見大致上是：「支持民主政治；拒絕統一，但也不主動追求宣布獨立；若中共想要以武力統一台灣，自我防衛意願可說不低。」

　　然而，每次有類似的調查結果，總是會引發不少質疑，絕大多數批判都集中在自我防衛的決心這一部分。到底為什麼會有這些爭議？從學術上的角度來看，我們該怎麼解讀調查結果和過去其他結果之間的落差？台灣的民意趨勢到底是怎麼樣呢？

台灣人的自我防衛決心

若光以「防衛決心」的民調題目來看，TFD 的調查結果跟過去其他的學術調查結果相比，並沒有差太多。例如，中研院社會學研究所的「中國效應調查」，近年來也出現過這樣的題目，針對「中國大陸以武力攻打台灣」的狀況去問民眾是否願意「為保衛國家而戰」。2016 年時回答「是」的受訪者比例為 75.9%，2017 年為 69.1%，2018 年則為 67.1%，大約都是七成左右的比例，和 2018 年 TFD 的調查比例相當。

前面第九章〈七成台灣人願意為台灣而戰、支持民主、反對統一：台灣年輕世代的政治態度〉提到，在 2012 年的世界價值觀調查當中，有 81.1% 的民眾回答在戰時願意為國家付出；即使是非學術、一般媒體做的民調，以 TVBS 在 2005 年中共通過《反分裂國家法》時的民調為例，當被問「如果美國不協防台灣，而中共因為台灣獨立而侵犯台灣，是否願意為保衛台灣而戰」，就有近七成（69%）民眾表示願意，且 20～29 歲回答願意的比例甚至超過八成（81%）。由此可知，不管是學術類調查或者是媒體民調，在不同時間點、不同執政黨的狀況下問到的台灣人自我防衛決心，其實都不低。

不同民調數字為何有落差？

那麼，為什麼有很多人認為 TFD 發布的數字跟大家的認知不一樣呢？先前最常被拿來引用的就是《台灣國家安全調查報告》（以下簡稱國安調查。這是由美國杜克大學政治系牛銘實教授主持的長期計畫，調查執行機構和 TFD 調查同樣是政大選研中心）。其中，在 2011～2016 年之間的幾波調查，問卷題目是問：「如果因為台灣宣布獨立，導致台灣與大陸發生戰爭，請問您會採取什麼行動？」此題為開放題，不提供選項，由受訪者自行回答，事後再由研究者自己分組編碼。正面回答說會參戰（包括從

軍、抵抗、順從政府決定等）的大約只有 22% 上下的人，有近四分之一的人沒有回答、或回答「不知道」，還有將近三成的人會回答順其自然之類的，回答逃跑出國的比例大概是 17% ～ 20% 左右。

很明顯的，造成數字落差最大的原因來自於兩個：一、問卷題目的前提（TFD 和中研院社會所問的是中國以武力攻打台灣的狀況下，國安調查問的是宣布台獨而引起的戰爭狀況下）；二、回答的選項（TFD 和中研院社會所皆採用「是非題」，國安調查是開放式回答）。[1]

首先來看不同的數字是否一定相衝突。TFD 調查把兩種會引起戰爭的狀況都一起問了：一種是台獨導致戰爭，一種是中共主動的武統。在前者的狀況下，「如果因為台灣宣布獨立導致中國大陸武力攻打台灣，請問您願不願意為保衛台灣而戰？」回答「願意」以及「非常願意」的大約有 56%（其中，39 歲以下約 63%，40 歲以上約 50%），跟中共武統的狀況下有 68% 受訪者回答「願意」比起來，比例顯著較低。

以上在明確的是非題選項下的回答，如果拿國安調查來對照的話，其實這結果也沒有很意外，因為在開放式選項下，各年份的國安調查大約都有三分之一以上的回答是順其自然、到時候再說，甚至是聽從政府決定，無反應者也都有近四分之一。在明確的「是」與「否」選項下，不僅無反應的比例大幅減少，對於原本回答不確定行動或順其自然的人來說，就比較少模糊的空間，較容易從「是」或「否」當中選一個。這是問卷設計上必然會出現的結果，兩個結果並不會直接否定彼此。再說，若以實際的可能性來看，在國安調查當中回答順從政府決定、順其自然之類選項的人們，

---

1 特別要強調一下，在不同的調查當中，如果用不一樣的問法來問問題，以及不一樣的方法回答問題，那麼在問的事情性質本身就是不一樣的，它們之間是互相補充的關係。民眾回答的答案，必然會隨着時間與問卷設計方式不同而不斷改變（在過往研究已確認所謂框架效應的存在，包括問卷的問法、回答選項，甚至是問卷的排列方式都會有影響）。重點要問的應該是，數字背後代表的意義有什麼不同，以及，為什麼要這樣子設計問卷。

跟回答願意為保衛台灣而戰，兩者之間完全不會互斥。

除了選項的不同，我們可以繼續討論的是：為什麼要問不同前提下的防衛決心？這其實關乎到問卷設計者以及詮釋者對於可能發生戰爭的情境想像。有些人可能會認為，兩岸之間如果發生戰爭，一定是因為台灣宣布獨立而引起的，所以在詢問防衛決心的時候就只問這個題目。報章雜誌上面對 TFD 調查的批判，有很多是源自於這一點，有些人覺得只有台獨才會引起戰爭，所以如果問卷沒有問台獨引起的戰爭，那就變成是在為「台獨分子」講話。

另外許多人認為，即使台灣不宣布獨立，中國也可能主動出兵台灣。也就是因為中共武統的威脅一直存在，因此不少研究者認為在調查當中應該區分兩種不同的狀況以作為對照。

在台灣沒有宣布獨立而中共就出兵的狀況下，大多數的台灣人其實是沒什麼選擇，如果在問卷上又是直接給是非題來詢問是不是受訪者要抵抗，那麼得到「七成回答願意」並不意外（可能有人還會覺得這比例有點低），因為是非題的設計本身就是鼓勵受試者避免模糊的回答。當然，這種回答方式有可能會因此高估了抵抗意願，我們不能排除有部分人可能因為「政治正確」而選擇特定答案。[2]

話說回來，不管是 TFD 調查中的兩個題目，或是國安調查當中的以台獨為前提的問法，其實就是問一個很抽象的抵抗意願而已，實際上會採取什麼行為，可能不到戰爭真正發生的時候，誰也說不得準（當然，沒有人會希望戰爭發生）。也就是因為這樣，TFD 調查發布之後所出現的各種大力批判，其中的許多內容和程度實在是有點超乎想像。

---

2 此處指的是社會期許誤差（Social desirability bias）。不過，在TFD調查當中也有拒答、看情形、無意見、不知道的選項，可以稍微中和強迫選立場的狀況。

台灣民意趨勢：不同調查呈現出大致相同的結果

　　若進一步分析 TFD 調查跟國安調查的內容，其實兩者呈現出來的民意是很相近的。杜克大學的國安調查描繪出來的民意（至少截至 2018 年止）大致上是這樣：「台灣人視自己為台灣人，而非中國人；拒絕統一是明確共識；如果沒有中共的戰爭威脅，將近七成五的民眾認為應馬上宣布獨立（40 歲以下更高達 84%），『若獨立會引發戰爭』則只有三分之一認為應該獨立。」最後的答案是近年來被廣為採用的「條件式統獨」立場，在 TFD 調查當中所問到的分布也是差不多的：「維持現狀」、不進一步宣布獨立是多數台灣人的主流立場，而且年輕族群的比例更是顯著較高。

　　如果我們跟現有的一些研究做對照，以及加入兩岸關係當中最重要的態度，也就是「統獨偏好」來做分析的話，既有研究基本上呈現出類似的趨勢。學者王宏恩的研究利用國安調查分析的結果顯示，[3] 年長者比較會考慮各種現實條件而改變在問卷調查中回答的認同屬性（認為自己是台灣人，或中國人，或者都是），但年輕一代的「台灣認同」不因經濟利益或武力威脅而有所改變。學者林澤民等人同樣根據國安調查所做的研討會論文發現：「越來越多的選民是象徵型選民，他們的台獨立場，是不因大陸會不會攻打台灣而有所改變的。」[4]

　　換句話說，中國對台灣的武力威脅效果似乎正在減弱，台灣主張「即使中國民主化也不願意贊同統一」的人越來越多，而且「就算中國使用武力攻打還是要主張宣布獨立」的人也是越來越多，即使增加幅度可能不算快。這背後還有一點很重要，就是台灣人對民主的支持度已成為高度的共

3　Austin Horng-En Wang, 2017. "The Waning Effect of China's Carrot and Stick Policies on Taiwanese People: Clamping Down on Growing National Identity?" Asian Survey 57 (3): 475-503.

4　參閱林澤民教授的貼文：
　　https://bit.ly/2v2QO6V

識，隱含的意義是人們會願意為了保衛自己的生活方式而戰。在 TFD 調查當中，初步的交叉分析結果大致上也呈現這樣的態度分布：越支持民主政治為最好的體制，越容易表達參戰與自我防衛的意願。

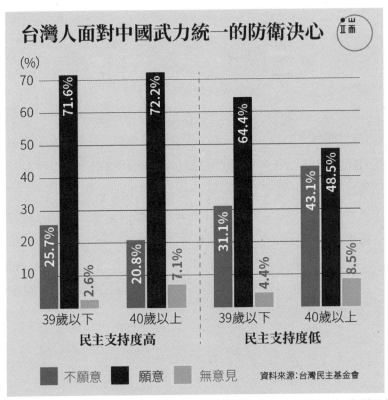

【圖 3-10-1】39 歲以下與 40 歲以上面對中國武統的防衛決心。資料來源：台灣民主基金會。

調查結果是否公正、值得相信？

以上提到的這些調查，包括 TFD 調查、國安調查，以及世界價值觀調查，都是由政大選研中心所執行的，主持者皆為政治學教授；中研院社

會所的調查則是由中研院的調查中心執行。基本上，這些機構都是公正客觀，在學術調查的品質方面是有保證的，台灣的調查資料也都會被收錄進許多世界級的跨國資料庫當中。

　　有些人跳出來質疑 TFD 是台灣政府的出資單位，執行長是由執政黨任命，因此一定是有立場。事實上，TFD 的執行長一直都是由社會科學界的學者所擔任，董事會當中有來自各政黨和社會團體的代表，各單位的人員組成也都非以黨派為考量、不受政黨輪替而變動；而且 TFD 每年都會做兩次調查，從 2011 年就開始做了，大部分題目都是一樣，2018 年的調查只是加入中共武統狀況下的防衛決心這一題，跟以往問卷當中「台獨造成戰爭」的狀況進行對照。而且，這樣的題目也是在中研院社會所的調查當中使用過的題目，不是 TFD 自己的發明。至於民主支持度的問題，也都是在過去許多學術調查當中所使用過的題組。

　　還有一些人質疑樣本數目太少，是否有代表性不夠的問題。其實，在統計學上，只要是隨機的抽樣（讓所有人中選的機率一樣），那麼樣本就是會有代表性，樣本數影響的只是抽樣誤差的大小以及推論使用的信賴區間大小。例如我們要推論全台灣 2300 萬人的政治態度，通常會隨機抽樣 1000 人左右，大約是正負 3% 左右的抽樣誤差；如果我們要推論全香港 700 多萬人的政治態度，通常也是隨機抽樣 1000 人左右，一樣是正負 3% 左右的抽樣誤差。只要是隨機抽樣的樣本，在推論母體的時候就可以具有代表性。

　　值得一提的是，TFD 在 2018 年的這次調查特別針對 40 歲以下的樣本做擴大採樣（over-sample），跟過去的調查比起來，所問到的年輕族群樣本數比例是最高的，這不僅能縮減推論年輕族群政治態度時的抽樣誤差，不需要用「加權」的方式來做推測，更能在做敘述統計分析或是交叉分析的時候，避免樣本數不足的問題。例如有很多文章會拿國安調查來說特定群體（如台獨主張者，或者是年輕族群）的參戰意願特別低，然而，在做交叉分析的時候，很多格子（cellcell，此處即是指某一類人們當中持某一

項主張的人數）的樣本數都低於統計通常最低要求的 30 個樣本數，所以在推論上面必須要很小心。

　　也就是說，從學術角度來看，TFD 的問卷設計是沒有太大問題的，調查結果也基本上是可以相信的，跟其他調查相比，呈現的民意分布也都差不多。TFD 的調查結果主要是在兩方面補充了國安調查：台灣人在中共武統時的自我防衛意願以及對於民主支持度的民意分布。

小結

　　「中國因素」一直都是影響台灣社會經濟發展最重要的因素。因此，透過調查去了解台灣人對民主制度以及面對外部威脅的態度，是非常必要的。本文主要是針對 TFD 調查和國安調查提供研究方法層面的補充，尤其是要討論為什麼不同調查所呈現出來的數字給人的印象會有落差。簡單來說，過去不管是學術研究或一般媒體的民調結果，在台灣人自我防衛的決心這方面的民意分布是頗為一致的，而且至少從 2005 年到現在，跨越三任不同黨派的執政者皆是如此；即使國安調查的比例較低，但主要是因為問法以及選項的差異。這些調查的問法有些許差異，因此可以互相補充，並沒有要打臉誰的問題。

　　後續可以討論的是：是怎麼樣的人，會對台灣人展現出防衛決心感到不開心？他們所持的理由又是什麼？為什麼每次關於自我防衛調查的結果一公布，總是會激發討論甚至是批判呢？尤其在 2018 年 TFD 發布調查之後所造成的迴響，連對岸的國台辦都出面嚴詞批判。[5]

　　從區域的角度來看，台灣一直都是討論亞洲政治局勢以及潛在衝突時的熱點核心，適逢美國的亞洲政策結構轉變，[6] 這份調查可能因此引發重大

5　例：參閱國台辦 2018 年 4 月 11 日記者會，可由中評網等官方媒體找到全文。

6　例如可參考文引財，〈2018 泛亞派 VS. 中國通 從容安瀾過世看一個政策典範的消逝〉。信傳媒。2018/8/5。

關注，甚至在美國國會聽證會當中被引用。[7]

　　從台灣本身的角度來看，許多針對 TFD 的批評背後也反映了國內政治不同意識形態的拉踞（光是問卷題目當中要使用「大陸」、「中國」或是折衷的「中國大陸」可能就得費思量），但是，這種眾聲喧嘩以及多元觀點，或許正是台灣人們所欲保護的珍貴資產吧！

　　除了這些方法論上的討論之外，對台灣來說，最重要的問題還是在於：從實際政策層面來看，台灣人的國防意識和抵抗決心（不管到底是高還是低）要如何轉化為自我防衛的能量呢？

---

https://www.cmmedia.com.tw/home/articles/9346

7　眾院外交事務委員會聽證會：Subcommittee Hearing: Reinforcing the U.S.-Taiwan Relationship Subcommittee on Asia and the Pacific。2018年4月17日。

3-11
公民投票的政治科學

王宏恩 ——— 文

    台灣於 2021 年 12 月 18 日完成第 17 至 20 案的公民投票，分別為重啟核四、禁止萊豬、公投綁大選、以及珍愛藻礁（三接天然氣站遷移）四個提案。我國規定公民投票的通過門檻，是贊成票大於反對票、而且贊成票的票數高於選舉人（全體有投票權的人數）的四分之一。最後四個提案都因為反對大於贊成、且贊成票未過門檻而都沒有通過。

    公民投票被視為直接民主的表現，公投結果政府也需要遵守，例如 2018 年公投通過不能將同性婚姻在民法中制定同性婚姻，後來同性婚姻就照公投結果以專法的形式通過，讓台灣仍然成為亞洲第一個同性婚姻合法化的國家。

    然而，公民投票不只提案、投票、執行而已。針對公民投票的研究可以分成三大類：第一，理論上，公投是否合理？第二，公投產生的議程設定與不可分割偏好（non-separable preference）。第三，公投的民意到底是怎麼來的？

公投是否合理

    公投是否合理？從直接民主的角度來看，人民透過公投反映民意，政

府遵守投票結果，一切都很直覺。然而，從學理來說，有一些項目是不能公投的，例如不能公投決定剝奪他人的性命或是人權，因為這樣會導致多數暴政。我們也不能透過公投廢除民主，因為這會讓民主本身無法持續，使得民主制度無法成為一個穩定的系統。

從執行面來看，假如一個政策真的獲得大多數人的喜歡支持，那理論上任何民主政府的執政黨都會搶著推動這個政策，這樣才能提高滿意度，在下一次選舉繼續連任。假如一個公投提案明明大多數民眾都喜歡，但執政黨卻一直不做，通常有兩種可能。第一，這個政策與執政黨的意識形態完全相左，因此即使民眾喜歡、即使執政黨先前也沒有靠這一個政策就能當選，但是真的執行的話會破壞執政黨堅持某特定價值的名聲。第二，這個政策真的做不到。舉例來說，假如今天公投說給每個人發一千萬，大家都拿錢拿得很高興，但是這會造成嚴重通膨、遠超過政府舉債上限，因此政府在沒有公投的情況下絕對不會實施這個政策。又或者是政府的能力無法達到的政策，例如假如公投通過全體公務員都不支薪、或公投通過公務員砍到只剩總統府三個人上班，這聽起來很省錢，但實際上會導致政府根本做不到其他法定職務，那政府當然不可能執行此一政策。更為弔詭的是，無論是上述哪一個提案，一旦公投通過之後，負責執行公投案的，仍然是當初不願意或者認為做不到的同一個政府。這樣政府要怎麼執行這個政策？因此會有一些理論認為，要嘛就是同時把政府換掉，要嘛就是一旦一個政府反對的公投通過，行政單位就應該總辭，例如2016年英國脫歐公投過關，當時反對脫歐的執政黨首相卡麥隆即刻宣布辭職。

公投與不可分割偏好

前一段對於公投的討論，僅限於單一議題的公投。但是公投案可能同時有數案成案，假如數個提案之間彼此衝突（例如假如同時投票通過同性婚姻跟禁止同性婚姻），那政府本身也無所適從。

　　撇除這種特殊案例之外，一種比較常見的弔詭，叫做不可分割偏好。簡單來說，就是民眾對於兩個政策的態度之間是相連的，民眾對於 A 政策是支持或反對，取決於 B 政策是否會通過，反之亦然。比較常見的例子是預算案。假設民眾都討厭政府赤字，而政府目前的預算僅能執行一項大政策。在一次的公投當中，同時有兩大政策要來做選擇，例如蓋捷運跟蓋社會住宅，兩項政策單獨來看都獲得過半民眾支持，但民眾希望只執行其中一個以避免赤字。在這樣的情況下，如果兩個案子分開來在不同的時間公投，當民眾看到已經公投通過蓋捷運，就會反對蓋社會住宅；而當先前已經公投通過蓋社會住宅，那就會反對蓋捷運。有趣的是，假如今天兩個公投案同時舉行，且假設所有民眾都誠實投票，結果就是兩個案子一起通過，政府得一起執行，最後導致民眾不喜歡的預算赤字，形成民眾誠實投票結果懲罰到自己的狀況。

　　在有不可分割偏好的情況下，政府的議程設定（agenda setting）就變得特別重要。舉例來說，假如民眾只希望在捷運跟社會住宅之間選一個蓋，但是政府官員跟捷運負責人比較好，那政府可能就會宣布先公投捷運、再公投社會住宅，結果就是捷運通過、社會住宅不通過。這也是為什麼議程設定本身就是權力（power）定義的一環，因為就算票都給大家投，只要掌握了議程設定，就掌握了投票結果。

　　但是這種不可分割偏好真的存在嗎？為了驗證這個問題，我在 2021 年的公投前夕，委託政治大學選舉研究中心發送網路問卷，一共詢問了 910 位台灣選民。在問卷中，我詢問這些人對於重啟核四以及遷移三接這兩項公投案的偏好。我特別詢問受訪者，假如有下列四種情形：兩個都通過、僅通過重啟核四、僅通過遷移三接、兩個都不通過，受訪者想看到的順序為何？結果發現，大概有約 15% 的台灣選民具有不可分割偏好，即針對個別議題的態度並不是獨立的考量，而是要看另一個議題的結果如何。

　　舉例來說，假如有一位受訪者告訴我，他的偏好排序是「僅通過重啟核四＞兩個都通過＞僅通過遷移三接＞兩個都不通過」。當核四確定會通

過時，則他對於遷移三接的看法是「僅通過重啟核四＞兩個都通過」，傾向不通過遷移三接；當核四確定不重啟時，則他對遷移三接的看法是「僅通過遷移三接＞兩個都不通過」，轉而傾向遷移三接。這種對於一個議題的態度會受到另一個議題的結果所影響，就是不可分割偏好。

在這一份問卷中，我發現本來支持與反對重啟核四的人分別為 427 比 399，重啟核四會獲勝。但是假如遷移三接會通過的話，民眾對於核四的看法就改變為 411 支持與 415 反對，結果逆轉。另外，我在問卷裡問這八百位選民對於三接遷移的看法，結果是 422 支持 404 反對；但假如核四確定不重啟，他們是否支持三接遷移，結果就變成 438 贊成、388 反對，雙方差距立刻拉開。這就是不可分割偏好的特殊之處，民眾並不分開、獨立看待不同的公共議題。這是為什麼政府的議程設定、制度設計、分權制衡都得納入民主考量，並不是什麼都直接民主給他投下去就好。

公投與民意

公投是直接民主，全體選民對政策或法規進行正反對決；而一般選舉是代議政治，全體選民選出民意代表，並給民意代表薪水，讓民意代表全職負責法規制定與政策檢討。

當法規或者政策過於複雜時，代議政治的解決方式是讓人民選出專業的代表，讓他們全心研究，人們則給予信任，並監督結果。政治人物為了繼續連任，就會與同黨其他人合作，努力制定出對的政策。只是這中間始終都會有資訊落差的問題。

但當使用直接民主的公投時，許多人會覺得，這些公投政策都太過複雜、正反雙方都翻出一大堆學術論文或專有名詞，一般人怎麼會知道誰是對的呢？假如人們不知道誰是對的，怎麼可能投出好的結果？還是要先發一張考卷、考過了才可以進投票所？

這個關於政治知識與民意形塑的問題，自從有民意調查以來就困擾過

不少民主理論學家。以前許多政治理論都認為，人們活在自由社會，理應主動關心社會、吸收政治知識，像各位讀者一樣研究政治科學，最後投下符合自己價值觀的一票。但是自從學者真的開始問選民是怎麼決定要投給誰、為何要支持哪一個政策時，發現其實大多數人要嘛就聽自己支持政黨的菁英、要嘛就是根據一些隨興所至的理由。當被問到為何喜歡或不喜歡某個政策或某位政治人物時，人們往往只記得其正面或負面印象，而不太記得這樣的印象是怎麼一路形塑而成的。

為了研究這個問題，密西根大學政治系教授 Arthur Lupia 針對 1988 年加州的汽車保險公投案進行了一系列的研究。這一次的公投案很特別，因為加州的兩大黨都沒有表示意見，而保險業者跟民間團體同時提了多達五項不同的提案，每一項提案都只有一大堆數字、機率，沒有保險知識的人完全看不懂哪些對一般民眾有利、哪些會讓保險業者賺大錢。但也因為每個公投案都有清楚的數字與機率，可以跟本來的方案相較，讓學者得以清楚地歸類選民支持哪些方案是「投對票」，而支持哪些是「投錯票」。於是，Lupia 召集了一群面訪員，在公投當天去各個投票所外面，詢問進去投票的選民支持了哪些方案、以及一些針對這些提案的相關問題。

分析結果之後，Lupia 首先發現，假如是對保險有一定程度知識的選民，在這五項方案全部都投對票，爭取對自己最大的好處。但假如是對保險毫無概念的人呢？平均而言，這群人就是亂投一通，可能投出彼此矛盾或讓自己保險費增加的結果。但是這群人之中有一些人例外——這些人對保險知識一竅不通，但他們有一條線索，就是記得哪幾個方案是保險公司提出的。根據這條線索，他們只要跟保險公司的偏好反過來投就好了，於是他們投出來的票也全部都投對了。

這個結果看起來很合理，但從民主政治的理論來說，在想法上是很大的改變。我們都希望投對票，有一種準備方式是博覽群書，上知天文下知地理，耗費無數心力，最後終於投對一張票。但有另一種準備方式，是單純抓到一兩條線索，知道該相信誰、知道敵人是誰，然後投票前只要參考

一下這些人的動向，大概也能投對這一張票了，省下博覽群書的時間。兩者在結果上差不多，但假如只考量個人的成本效益，後者即使看似不太負責，效率上卻是更佳的。這在心理學上稱之為捷思（heuristics），一個讓人減少動腦時間還能快速達到大致正確結論的快速通道（當然，要多常使用這個捷思，也取決於正確率多少，那就要看個人的經驗累積了）。

對於正常的民主政治來說，你也可以想像，有非常多人使用的捷思就是自己支持的政黨，兩黨喊出四個不同意或四個都同意，兩黨的支持者就跟著四個不同意或四個都同意。但政黨支持者會選擇使用政黨當作捷思，也是因為他們在成長的過程中，多次把政黨當捷思使用，結果也都大致正確，他們自然會覺得這是個「好用」的捷思，因而繼續在這次公投使用。假如最後的公投結果會打到自己，那人們下次使用政黨當作捷思的比例就會下降了。

除了政黨之外，如同前面的加州汽車保險公投案，人們也會使用社會上其他的線索來當作捷思，例如說名人站台、Youtuber 發聲、非營利組織、學者專家背書等。在這個專業分工的時代，隔行如隔山，不是人人都可以從內子宮講到外太空，當面對直接民主的專業知識門檻時，人們透過捷思來翻越，而這捷思的基礎其實就是對政黨的政治信任、或者是對社會上其他團體的社會信任。但是政黨會帶風向、社會團體也可能會騙人怎麼辦？這樣或許能騙到一次選票，不過假如最後結果不如預期，還是會被選民發現，導致信任度降低，下次就騙不了了。所以只要維持定期選舉、維持公開透明與言論自由，就能針對這些捷思進行課責與逐優汰劣。對一般民眾來說，在平常找到一些足以信賴並持續支持的捷思，也算是一種有效率的政治參與方式。

公投的科學與 2021 年公投

2021 年的四項公投案最後因為投票率低、且不同意票大於同意票而並未通過。本文提到的三個研究方向，或多或少也都幫忙解釋了這個結果。

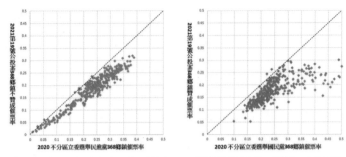

【圖 3-11-1】2020 年不分區立委選舉兩黨在 368 鄉鎮的催票率。製圖：王宏恩。

舉例來說，有一些人可能認為政府不會執行自己反對的公投提案（雖然在前面提到的同婚議題以及前面幾個公投案的結果，顯然不是如此），因此乾脆不去投。[1] 也有一些人發現這次公投案之間有不可分割偏好，例如擔心缺電、但又想廢核四、又想保護藻礁，然後又不確定這兩個案子哪個會通過、哪個不會，最後心一橫就不去投了。

　　在這些人都不去投票之後，最後去投票的人，就可能有比較高比例是仰賴兩大黨作為捷思的選民。我把這一次公投案第 19 案（公投綁大選）的結果，與 2020 年國民黨、民進黨兩大黨的立委選舉不分區政黨票的催票率比例（也就是政黨票數除以選區選民數）相較。結果可以清楚地發現，台灣 368 個鄉鎮中，在 2020 年開出多少比例民進黨的政黨票，在 2021 年底的公投案就大概有多少張「不同意票」（點越接近虛線，代表兩者越接近，見圖 3-11-1）；而在 2020 年各地開出多少比例的國民黨政黨票，同樣就會在 2021 年開出接近比例的「同意票」。

　　當然這個結果並非絕對，還是有區域的差別，例如說國民黨在山區就沒有動員出足夠多的同意票、或者在新竹的同意票遠大於國民黨的政黨票（可能來自於其他政黨支持者的同意票）。無論如何，從結果來看，政黨在這一次的公投仍然扮演了很重要的角色。

1　有關 2018 年公投結束後政府執行的狀況，可參考公視專題報導〈公投是大型民調？2018 公投 7 案通過，後來怎麼了？〉一文。

第四部　意識形態與公共政策

　　在民主方舟裡，共同體成員的命運休戚與共，但每個人對於如何經營方舟內的生活可能會有不同想像。國家的其中一個角色，就是透過公共政策去形塑共同體的生活樣貌。然而公共政策又往往受到意識形態、價值衝突、政治制度等各種因素影響，共同體成員勢必得在價值取捨間逐步刻畫出方舟的路徑與未來方向。

　　第四部將從顏維婷的〈誰該承擔風險？論國家與風險重分配〉開始，簡述國家常透過哪些公共政策去重分配共同體成員的所得以及面臨的風險。接著，陳方隅的〈什麼是左派、右派？談意識形態光譜〉與〈羅賓漢悖論：「魯蛇族群」只能追求「未來的美好小確幸」嗎？〉先介紹何謂「左派」、「右派」與意識形態，說明台灣因為統獨議題，長期在經濟議題上以偏「右派」思維為主，接著指出貧富差距不一定會讓收入低的共同體成員偏向「左派」去要求更多重分配政策，國家也不一定會增加福利支出。

　　接下來，葉明叡與張恆豪的〈公平、團結、參與：全民健保的改革與永續〉、顏維婷的〈軍公教優渥退休福利的政治成因〉、與許韋婷的〈道阻且長的台灣能源轉型之路〉試圖針對全民健保、退休年金、與能源轉型這三個重大公共政策，說明台灣特有的困境與挑戰。林澤民的〈為何科學無法克服民眾的食安疑慮？〉則是從行為經濟學的角度，解釋為何像萊豬萊牛這樣的政策，純科學的政治宣傳無法說服一般民眾。

　　最後兩篇文章討論 COVID-19 的危機中與公共政策相關的議題。劉俐吟與顏維婷的〈從菜市場分流看防疫政治學〉以菜市場分流為例，探討為何某些公共政策可以達到預期的政策效果而有些公共政策卻無法。葉明叡與廖偉翔的〈大 COVID 時代：新興傳染病的公共衛生倫理準備〉則指出

在疫情的危機中，政策與資源配置的主要倫理考量為何。

（本部主編顏維婷）

4-1
誰該承擔風險？
論國家與風險重分配

顏維婷———文

「台鐵太魯閣號事件釀 51 死；普悠瑪翻覆事件 18 死」

「高雄人前鎮區和苓雅區在 7 月 31 日至 8 月 1 號凌晨發生多起石化氣爆事件」

「根據研究報告，六輕工業區附近的小學生體內致癌物較一般小學生多兩倍」

「憂鬱夫疑不堪長期照顧病妻，掐死老伴再自殺」

你能看出來，以上看似不相關的四個情境有任何共通點嗎？

答案是以上的所有事件都牽涉風險分配的失衡。風險分配失衡指的是國家讓特定的一群人代替其他人去接受比較高的風險，或是政府放任少部分人去自行承擔比較高的風險。例如，住在花蓮、台東的人，在交通的選擇上有限，大部分需要使用台鐵系統返家，當台鐵長期存在系統性的安全問題，就導致住台灣東部的人暴露在更高的交通風險之中。同樣地，住在工業區的居民可能比不住在工業區的人承受更高的環境風險。又或者，有些家庭有長期照護的需求，當國家沒有任何支持體系介入幫忙，照護的責任與風險就變成每個家庭需要獨自面對的難題。

國家通常藉由一系列的公共政策來重新分配每位國民所需要獨自承擔

的風險。例如，國家可以透過管制污染或環境評估確保污染量不會危害人體；食品安全管理法可以降低民眾的食安風險；全民健康保險可以有效降低每個國民生重病時，能在不破產的情況下獲得醫療照護。不同的國家受到不同意識形態的左右，在執行重分配的公共政策時就會有不同的選擇。例如，有些國家同意人民失業是受到很多他們無法控制的因素所影響（像全球化之下的產業外移、一國的總體經濟進行產業轉型等），所以設立慷慨的失業保險；但也有些國家認為失業與結構無關，是個人職涯的經歷，無需投入資源設立失業保險。

　　這篇文章想簡單談一下國家與風險重分配之間的關係。首先介紹為何重分配是現代國家的重要功能之一，接著談國家透過公共政策去重分配的兩個主要標的物：所得以及風險。最後，非常簡單地介紹國家介入風險重分配的歷史。國家介入風險重分配的歷史其實並沒有很久，在工業革命之後十九世紀末二十世紀初才發生。

重分配：現代國家的重要功能

　　分配是政治學最重要的議題之一，畢竟資源有限，什麼資源分配給誰、怎麼分配、為何如此分配，是政治學最核心要處理的幾個問題。經濟成長的果實誰能獲得比較多？是老闆還是員工？今天若與他國簽署自由貿易協定，獲利的產業為何？又是哪些產業受害？既然分配是政治學的主軸，重分配當然也是。現代國家最常執行的功能就是將資源進行分配與重分配的過程，稅收就是一個很好的例子。國家透過稅收將資源集中再予以重新分配給不同的群體，像是補助低收入戶，確保各家戶都能享有基本生活水準，就是一個財富重分配的過程。還有採用累進稅率，讓薪資越高者被課的稅率也越高，那麼透過稅收來達成重分配的效果就會越大。

　　重分配也與不平等這個議題息息相關。例如，為何華爾街 CEO 們的年收入是一般員工的百倍？為何台北市的地方補助款相較於其他縣市不成

比例地多？時常，我們必須先知道現狀是如何不平等、為何如此不平等，我們才能得知該如何進行重分配。換句話說，必須要先有了分配上的不均，才會有重分配的必要性。

不過，不平等的標的物很多，像金錢是很明確也看得到的標的物，畢竟別人拿的多我拿的少了，我當然會覺得不平等，會自然而然地心生重分配的渴望。但更多沒有被平均分配的標的物是無形的，且因其消於形體的特性常使人察焉不詳。例如，機會的不均等。城市與鄉村的小孩上台大的機會全然不同；住在大安區的學生上台大的機率居全台之冠。再舉一個無形的標的物，例如風險承擔的不平等。像是本文開頭所舉的那些例子，人們常常不察風險分配的不均等，往往是要出了意外（像油管爆炸或台鐵出軌），才會讓人驚覺原來社會上有少部分人承擔了比一般人更多的風險。

社會福利政策與重分配

一般來說，社會福利政策處理的即是重新分配因制度而造成的不平等。社會福利政策主要分成三大塊：全民性的（universal）或資格性（entitlement）的福利；社會保險（social insurance）；以及助貧性質（means tested）的法案。全民或資格性的福利講求的是一種身分資格，一旦身分資格符合即可享有福利，不問收入高低，例如育兒津貼。助貧性質的政策通常會有財力調查，福利會集中在收入低於某個標準的家庭或個人，例如各種針對低收入戶家庭的福利政策。以政策效果而言，此兩種福利政策是直接進行所得的重分配，而所得重分配是每個國家社會政策最重要的功能之一。

除了所得重分配，現代國家更重要的另一項功能是進行風險重分配，這也是三大社會政策中的最後一塊——社會保險——最重要的功能。

前面提到，如同所得高低，很多時候人們所承擔的風險也有高低之分。以健康為例，每個人因各種先天及後天因素導致罹癌的機率高低不同；

若我們將每個人罹癌的機率按照高低排序，理論上來說會得到一個常態分配，絕大部分的人（68% 左右）屬於中度風險，剩下 32% 的人有一半承受高風險，另一半則只有很低的機率。對高風險者來說，一旦罹患癌症，龐大的醫藥費與可能被迫中斷的職涯，更是提高這些人將入不敷出的風險。不過，風險的重分配不似所得重分配，國家無法真正重新分配每個人所面臨的各種風險，國家能做的是降低高風險者入不敷出的可能性。全民健保即是將全民的健康當作社會保險在經營，透過收取社會保險費，將低風險者與高風險者匯聚在同一個圈圈裡，讓低風險者去幫助高風險者，此即社會保險的根本價值。

有人可能會問，保險市場那麼蓬勃，為什麼還需要國家去介入？除了經濟學的解釋以外，[1] 社會保險與私人保險最大的差別，在於社會保險的保費與個人風險是脫鉤的；換句話說，保費的多寡與風險的高低並不完全重疊。延續全民健保的例子，一個人所要繳納的保費，並非取決於他／她可能生病的機率，而是取決於他／她的能力（收入高低）。相反地，風險高低等同於保費高低恰恰是私人保險最重要的特徵。不過，由於完全透過健康狀況篩選來決定保費高低有侵犯個人隱私與歧視之嫌，實際上是為各國所禁止，以致一般保險公司大多是透過「是否有抽菸、喝酒」或者「是否有進行過心臟開刀之類的特定手術」等問題來做大致的篩選。

國家介入風險重分配的歷史

社會對風險進行重分配這件事歷史悠久，但由國家介入進行風險重分配，是在十八世紀工業化革命之後才開始。在國家介入以前，人們經由各種社會組織（如家庭、村落、中世紀時期的行會組織等）來共同承擔風險。

1　從經濟學的視角解釋，國家介入市場的理由之一是因資訊不對稱。由於保險公司與被保險人之間存在資訊不對稱的問題（例如保險公司無從精準掌握被保險人的身體健康狀況），以致市場失靈（market failure），必須由國家介入。

早期的佃農制度便是一例。稻米若因天災而延誤收成或減產，小農會先向地主貸款或借米來度過難關，這就是以非正式制度去共同承擔風險的一種做法。[2] 工業革命以後，人們的勞動力變得與市場經濟密不可分，萬一無法工作（例如生病、失業、意外受傷、年老等），即無法透過交易勞動力來獲取報酬。因此，那些會影響或導致人們必須暫停／永久停止出售勞動力的狀況便成了風險的來源。

有些風險是生命週期的必經之路，如年老或疾病；有些風險與市場經濟連動，如特定工作型態可能造成的工作傷害，或因景氣循環造成的失業。國家介入風險重分配的首要目標，即是確保當人民受到這些突發事件衝擊時，生活不至於過不下去，可以有基本的保障。諸如前面提及的全民健保、失業保險或老人年金等政策，姑且不論各項政策施行的細節為何，是否有可議之處，這幾項政策背後的最基本邏輯，即是風險的重分配。

當然，隨著工業革命後科技與技術的日新月異，人們所遭遇的風險已不僅僅是與市場經濟相關，比如食品安全問題即與食物加工的風險有關；油管氣爆問題則與煉油及運輸油品的風險有關；全台灣人曾一起經歷過的921大地震，震出的則是住宅建設的居住風險。面對這些新發展，國家在治理上遭遇前所未有的困難，對於風險的控管，已不僅止於與市場經濟相關的風險重分配，更多的管制政策是著重在妥善分配並管控好國民所必須遭遇的風險係數。有關管制政策的風險控管，已超出本篇處理的範疇，在此點到為止。[3]

2　雖然地主與佃農之間可能共同承擔風險，但不代表兩者間就有對等的權力關係。事實上，在傳統社會中，正因為佃農往往需要依賴地主去承擔稻米減產的風險，以致在權力關係上就成了相對弱勢。相關概念可參閱 James Scott 的 *The Moral Economy of the Peasant*。

3　可參考台灣大學的風險社會與政策研究中心，其中有一系列認識更廣義風險社會的介紹文章。

結語

　　國家政策會在許多面向上影響一個人的生活，其中的一個面向即是她／他必須獨立承擔多少系統性的風險，國家又幫助她／他承擔多少？我想延續通篇使用的全民健保例子作結。縱使我們的全民健保制度有諸多令人不滿意、值得被改善的地方，但因為全民健保體系內涵的風險重分配邏輯，的確扎扎實實地讓每個國民都能享有平價醫療的權利。我們該如何向政府施壓，要求在生活上的其他面向，包括食品、住宅、運輸等各方面的風險都不是僅由個人承擔把關，或是僅由少部分的人來代替全民承受，是現今風險社會下必須持續面對的課題。

4-2
什麼是左派、右派？
談意識形態光譜

陳方隅————文

近年來由於美國大選的關係，台灣有許多人很關注美國政治的發展。例如，海外台灣人社團當中出現大量貼文在罵美國「左派」作亂；許多評論文章也常用左派、右派這樣的標籤來形容美國政治。在此之前，也常常會有人批評台灣人就是「左傾、反商、仇富」。不過，到底什麼是左、什麼是右？這些說法合乎教科書上的定義嗎？其實，大部分的說法都和實際狀況不太相符。本文主要的目的就是要介紹左派與右派的最基本定義。

意識形態作為一種理解框架

到底什麼是左派、右派？首先要知道的是，左右派都是「意識形態」的標籤，而意識形態指的是一整套的價值觀念、對人性的看法、對整體社會政策的追求目標等等。每一種意識形態，看待國家與社會關係的方式不一樣，追求目標的優先順序也不一樣。

可惜的是，在台灣，意識形態常被拿來當負面形容詞，事實上它完全是中性的詞。在美國，幾乎每一項政治類的民意調查，都會問人們覺得自己是自由派、保守派還是中間派。在德國，媒體報導提到與政治相關的人物和機構時，常常都會標示其黨派背景或政治傾向。意識形態的標籤有助

於人們去分類以及理解不同立場的人。

在不同的國家，最主要用來區分政治立場的議題尺度也不一樣。在台灣，最顯著（salient）的議題就是統獨、台灣認同或中國認同的區別，但這其實是比較特別的狀況。在歐洲，左派與右派的光譜才是大多數國家的政黨政治體系最主要的區分尺度。不過，意識形態本身是會演化的，演化以後的內涵也會有所不同。左派和右派作為意識形態的標籤已經有蠻悠久的歷史，至少可以分成政治上和經濟上的兩個面向來談。

左派與右派的基本定義

政治上的左右派起源於十八世紀末法國大革命時期的國民議會座位分布。坐在右邊的人以維護王權為主要目標，強調權威、秩序、傳統，越往左邊則越強調自由和人權。

另一方面，經濟上的左右派主張，則是十八世紀末到十九世紀初工業革命下的產物，思想起源包括左派的馬克思、右派的亞當·斯密等等。左派認為要追求平等和正義，國家要適度介入市場；右派則強調效率和發展，認為國家不應干預經濟。

在經濟政策的光譜上面，最左邊的是「社會主義」，反對資本主義的運作邏輯，其中最基進的主張包括共產主義，完全不允許私有財產存在；溫和一點的主張通常被稱做「社會民主」，不主張廢掉資本主義，而是以高稅率的方式來達成高福利，彌補資本主義帶來的貧富不均。

經濟政策上的右派則是以去管制化為最高原則，尤其是從 1970 年代開始席捲全球的「新自由主義」，在美國總統雷根、英國首相柴契爾的大力推行下，再加上國際組織的全力配合，使得反對任何形式的國家干預成為幾乎所有工業國家奉行的準則。不過，即使是右派的思維下，社會福利仍有存在必要，大家仍會討論程度和手段的問題。有一個比喻是這樣的：右派理想的社會福利，是在一個人掉進懸崖之後拉你一把，而左派比較傾

向於架設防止人們掉下去的網子。

在政治與文化等面向，左派通常會主張多元、開放，強調個人自由的保障，注重少數族群的利益；右派通常主張傳統和秩序，認為維繫國家權威是首要目標，傾向於反對開放移民政策或主動維持多元文化。

也就是說，在政治上與經濟上，左右派對政府角色的看法是相反的。左派認為政府角色是介入經濟運作、矯正市場機制下的不平等，但在政治上是要保障個人權利。右派認為政府應該只要有最小程度地介入經濟，確保契約能夠執行即可，但在政治上必須要有強大的公權力來維持秩序。

美國的政治光譜

美國社會沒有明顯的左右之分，而是使用「自由派」（liberal）與「保守派」（conservative）的標籤。民主黨偏自由派，共和黨偏保守派，兩者的區別類似於政治上的左右派，但在經濟上的主張其實差別沒有這麼大，大部分的經濟政策都偏向右派新自由主義的思維。（特別強調一下，「保守」並非貶意。甚至，世界上許多老牌民主國家的傳統大黨就直接取名叫做保守黨，例如英國和加拿大都有保守黨。）

經濟方面，兩大黨在很多重大政策上的看法很類似，但民主黨比共和黨要支持更多關於市場的管制措施，還有更支持勞工權益，例如支持組工會（有些保守立場明顯的州，甚至連工會都是非法的）；在競選連任的過程當中，川普總統也將去管制化列為自己的重要政績，也就是說，以經濟左右派來看，我們可以說民主黨比共和黨偏左。不過，如果以整體社會福利支出的超低水準，還有美國大企業的實質稅率超低來看，所謂民主黨偏左也只是「相對」比較偏左而已，兩大黨的差異其實沒這麼大。

最有趣的是，兩大黨的經濟政策都會在某些方面支持大政府（傳統左派）的主張。例如，以政府的大量補貼壓低房貸利率、聯準會購買公司債、政府補貼部分的學生貸款（間接導致學貸數量急速擴張）等等。這些不同

形式的政府補貼與介入市場，都違背了新自由主義的小政府主張，而且兩大黨看起來都很支持、不反對。總歸來看，要說這兩大黨是偏左或偏右，並不見得適當。

事實上，美國現階段仍然沒有經濟左派的政治空間，像是參議員桑德斯這類主張高稅收與高福利的人物，在歐洲也只是一個很常見的「社會民主」左派，但在美國卻被普遍認為是基進的「極左派」，屬於票房毒藥等級，在民主黨內也不是主流的權力核心所信奉的價值（舉例來說，台灣習以為常的全民健保，在美國就常被視為極端激進的社會主義政策）。只是，在近幾年貧富不均日趨嚴重之下，這類主張獲得越來越多的聲量，尤其是以新星眾議員歐加修—寇提茲（Alexandria Ocasio-Cortez）為首的「進步派」（progressive）政治人物也似乎越來越多了。相對來看，右派這些年也有像是「茶黨」的崛起，他們在共和黨內的立場是更加旗幟鮮明的政治保守派（主張大量減少政府支出，以及支持各種保守價值，例如反墮胎、反同性婚姻、反移民等等）。作用力和反作用力是一體之兩面，他們都跟全球化之下的經濟贏家和輸家有關。

還有一個值得注意的觀察重點在於，川普總統特別愛用「左派」這個詞來形容他的政治對手。例如他常常將民主黨的政策形容為「左派政策」，將批評自己的媒體說是左派媒體，將上街主張 BLM（Black Lives Matter，即「黑人的命也是命」的群眾運動，主要訴求是修正司法機關對有色人種的執法不公）的人們說是左派團體等等。由於川普的個人魅力以及動員能力，他這樣子的修辭方式造成近幾年的「左派」標籤聲量上升，簡單來說就是「有一種左派叫做川普覺得你左」，但事實上有些標籤與分類並不真的正確或適合。筆者認為，真的要討論到底左右派的政策哪個比較好，可能還是要回歸最基本最起碼的共同定義，而不是直接用二分法等號「凡左派就是如何如何」。以美國的社會福利實行程度以及經濟政策來看，要說任何政黨是左派都是很奇怪的事。

台灣有左右之分嗎？

　　那麼在台灣呢？台灣的政黨有沒有左右之分？應該可以說幾乎沒有，因為台灣也不例外地身處「新自由主義」的浪潮下。[1]我們可以看到，政府長期以來是奉行以減稅、各種行政優惠措施（如水電和用地優惠）、對勞工權益採取低度保護的方式來鼓勵投資。目前的台灣有世界上數一數二低的租稅負擔率（政府稅收占國民生產毛額 GDP 的比例。台灣在過去二十年間此項指標腰斬），數一數二高的勞動工時。

　　台灣的政黨競爭狀況很特別，因為「統獨議題」的存在，所以兩大黨的競爭主軸一直以來主要是集中在「與中國大陸的關係」以及「國家的走來走向」這兩方面，分配正義的議題過去幾乎沒有出現在選戰當中，即使有經濟議題，也永遠都是要「拚經濟」。

　　長期以來，台灣選舉的經濟議題都是以偏向右派的思路為主。偏左派的政策當然也有，特別是大開各種補貼支票，例如老人年金和各種 XX 年金、免費營養午餐、軍公教年終慰問金／子女補助／優惠存款利率補貼之類的。這些社會福利在本質上當然是偏左的，但是，這些政策背後鮮少經過仔細計算，少有配套措施，也沒有考量到國家財政的負擔。更重要的是，雖然某部分的民眾可以從補貼當中得到好處，但由於有錢人繳的稅少得可憐（台灣幾乎沒有「資本利得稅」，用房地產、股票、證券等來賺錢幾乎不用繳稅，但是「薪資所得稅」卻是一毛錢都跑不掉。相對剝奪感最重的應屬「高受薪階級」的人們了），使得這些政策的重分配效果相當有限，

---

1 新自由主義搭上全球化浪潮，讓資本家（特別是大財團）挾其龐大資金優勢在各國推行這個意識形態及相關去管制化政策，他們以大量的投資和創造就業機會為籌碼，說服、要求、甚至脅迫當地政府鬆綁法規、給予租稅優惠。除了「降低失業率」這個重要誘因，再加上國際組織如世界銀行、國際貨幣基金會、世界貿易組織的推波助瀾及遊戲規則設定，使得新自由主義在過去四十年間都是大部分國家的主要發展典範，目前仍舊如此。

充其量只是政策買票,而且導致許多人對重分配與社會福利的想像是「國家財政窮到只剩下錢」,這樣的主張完全不夠格叫做「左傾」。

不過,近年來由於高漲的房價、不漲的工資等因素,青年貧窮化的崩世代出現,讓人越來越難忽視我們的經濟政策長期右傾的事實,於是開始有了要求分配正義的呼聲。中研院政治所的吳玉山教授在分析 2014 年地方選舉結果時,認為台灣的政黨競爭出現典範轉移,從過去的認同之爭轉為分配之爭。[2] 我們在觀察近幾次的大選時,也發現經濟重分配的議題都占據了重要的版面。

左右派與外交政策

傳統上,左右派意識形態並不直接對應到外交政策主張,只能說兩者有相關性。過去的研究顯示,右派(保守派)通常會強調極大化國家利益、認為自己國家的利益優先,有一些民族主義或愛國主義的主張,也比較常會跟「排外」的政策連結在一起;左派(自由派)通常會主張人權價值、和平主義,以及氣候變遷等問題,比較贊成對外開放的政策。這些外交政策的優先目標常常都是國內政策的延伸。

不過,左右派跟各國面對特定區域、特定國家的外交政策毫無關聯,跟親中反中沒有絕對的關係。例如紐西蘭執政黨工黨(左派)在中國政策上非常謹慎小心,並非部分台灣人認為的「左派就是親中」。另外,德國總理梅克爾所屬的政黨基民—基社聯盟是一個偏右派的政黨,但近來卻有不少人抨擊他們是親中的「白左」,這實在是一個很大的誤會。德國的主要左派大黨叫做社會民主黨,另外還有像是綠黨這樣的重要左派小黨,至於基民—基社聯盟則是標準的偏右派保守政黨。有趣的是,在南半球的紐、

2　參考 2014 年台灣政治學會年會專題演講:〈台灣政治的典範轉移:當分配與認同分庭抗禮〉。
　　http://politics.ntu.edu.tw/alumni/epaper/no12/no12_11.htm

澳，右派政黨的名稱是自由黨（liberal），左派政黨的名稱是工黨（labour），不像美國，偏左派的那一邊被稱為自由派（liberal）。實情是，每個意識形態標籤都有其在地脈絡。

小結

除了左與右之外，還有很多不同的意識形態無法直接放在左右光譜上來看，例如：法西斯主義、無政府主義、環境主義、宗教上的基本教義等等。許多直接跟左右派畫等號的論述方式都不盡正確。

最後介紹一個最簡單快速的問法，可以用來檢視自己偏向哪邊：請問你覺得，一個人之所以會貧窮，是個人因素造成（例如自己太懶或太笨），還是有結構因素存在（例如教育機會不平等或階級差異）？消除貧窮的方法主要必須靠個人努力讀書、努力工作，抑或必須靠政府實行政策弭平不平等的陷阱？

回答前者的偏右，回答後者的偏左。是否認為有結構性不平等的因素存在，就是自由派和保守派之間最大的差異。保守派的人們傾向認為結構性的問題不存在，每個人要為自己負責，「只要努力就會有收穫」；自由派的人們傾向認為的確有許多個人無法控制的因素存在，所以政府必須要額外付諸行動去減少這些不公平的因素。

每個人的意識形態決定他／她如何看待這個社會，如何看待各種不同的政策。以美國為例，當前最大的社會分歧之一，在於人們如何看待非裔美國人（黑人）、拉丁裔美國人這些相對少數的族群，以及人們如何看待經濟發展下的贏家與輸家，怎麼決定重分配的程度。很多議題不限於美國社會，在台灣的我們也必須要面對。

4-3

羅賓漢悖論

「魯蛇族群」只能追求「未來的美好小確幸」嗎？

陳方隅———文

　　羅賓漢是英格蘭民間傳奇人物，大約從十三世紀開始流傳他劫富濟貧、行俠仗義的故事（相當於廖添丁在台灣民間的形象）。有個借用這個傳奇的名詞叫做「羅賓漢悖論」（The Robin Hood Paradox），原本指的是「越需要英雄好漢的地方，英雄好漢越不會出現」。美國著名經濟史學家 P. H. Lindert 將這個名詞用來描述一個令政治經濟學者百思不得其解的現象：「為什麼在越不平等的國家，人民對社會重分配的要求程度與支持度都越低？為什麼越需要重分配的地方，重分配政策越不會出現？」

　　理論上當一個社會的貧富不均狀況變得越嚴重，人民應該會要求更多重分配政策、更加重視社會正義才對，因為這些政策對自己（社會經濟地位比較不好的人）有利；但是實證研究發現正好相反：越是不平等的地方，人們對重分配的要求越少、整體的社會福利水準也越低。[1]為什麼會這樣子呢？社會科學家紛紛以各種角度試圖回答這個奇怪的現象。其中一種解釋方式是由菁英的角度出發：有錢或有權的菁英們掌握了「發聲權」以及「影響政策的權力」，一方面跟民眾說不需要制度改革，一方面則阻止一切制

1　最新一篇實證研究請參考：Christopher Wlezien and Stuart Soroka. 2021. "Trends in Public Support for Welfare Spending: How the Economy Matters." *British Journal of Political Science* 51, 163-180.

度改革的努力。另外一種解釋方式是從個別民眾的「政治偏好」出發,討論為什麼貧富不均「不見得」會讓人們認為需要多一點重分配。

追求未來的美好小確幸

我們先從個人的偏好與信念談起。許多研究發現,人們對於自己社經地位的判斷,以及對於未來到底能否往上爬的評估,將影響到對重分配的偏好,這個理論通常稱做「未來的流動性展望」(Prospect of upward mobility)。

簡單說,當一個人分析自己未來幾年的收入狀況,如果覺得收入會增加、有機會賺更多錢,更重要的是,覺得自己的社會地位將獲得提升,則個人就傾向於不支持社會福利政策。

不過,這個研究的困難點在於,怎樣測量一個人是不是真的分析了未來的收入狀況呢?有一種方式是去測量社會上「在五年內收入增加的人」有多少,人數越多,則反對社會福利的人也越多。但這畢竟跟一個人感受到的「流動性」不太一樣。後續有學者使用更直觀的調查研究問題,直接問受訪者覺得未來幾年內的收入會不會增加、他所感受到的階級流動性是不是對自己有利。研究發現是:越是覺得收入會增加、越是覺得階級流動性會變高的人,則越反對社會福利支出。

最有趣的是,人們「感覺到的」流動性增加,跟「真實的」流動性是完全不同的事情,而且真實世界的狀況可能不如大家想的那樣美好。例如根據美國學者 Raj Chetty 的一系列研究,即使在經濟發達、教育普及的今天,美國世代之間的收入階級流動性(intergeneration income mobility,也就是孩子輩與父母輩之間的收入階級差異)並沒有什麼改變,仍然是世界已開發國家當中最低的,而且在國內各區域之間的差距也很大(東南區的流動性更低)。即使如此,還是有很多人覺得現在教育已經普及,只要努力讀書就有可能脫離貧窮、流動性變高。

更神奇的是，這種「相信世界是公平的」、「未來一定有機會往上爬」的信念，竟然還會自我增強，也就是說，社經地位越低的人們越有可能抱持這種信念。這有很大一部分是所謂的「美國夢」、「美國模式」所造成的影響，導致許多人認為不管是貧窮還是富有，一切都是個人負責，所以不需要社會福利制度。

台灣基本上也承襲了比較美式的價值觀念。我們的師長、大部分的教科書、報章雜誌都會強調「努力」的重要：只要努力就會有收穫，所以要持續在自己身上投資；一個人會窮，一定是因為個人懶惰所造成……。在這樣的價值觀底下，人們傾向於覺得需要督促自己（和子女）努力，而比較難接受「世界上其實有很多不公平的地方，需要一些制度來彌補」這樣的信念。[2]

歐洲人對於「到底世界是不是公平的」這個問題有非常不一樣的看法，他們普遍認為貧窮陷阱（poverty trap）存在，貧窮會世襲（例：家庭環境不好的人，在成長學習的過程中，從各方面獲得的資源比不上來自富有家庭的人），因此很多時候並不是有努力就會有收穫，需要政府更積極地採取措施。[3]

高風險的弱勢勞工與對少數族群的態度

從勞動階級的角度來看，當貧富差距變大，也不見得會支持重分配政策。這是由於勞工有兩種，會抱怨政府的，以及不會抱怨政府的。（誤！這是政治人物的名言。）應該是：勞工有兩種，一種是「高風險」、比較沒有保障、容易失業的（例：臨時工、約聘制勞工），一種是「低風險」的、

2　Roland Benabou, and Efe A. Ok. 2001 "Social Mobility and the Demand for Redistribution: the POUM Hypothesis." *Quarterly Journal of Economics* 116 (2): 447-487.

3　參考：Alberto Alesina and Edward Glaeser. 2004. *Fighting Poverty in the US and Europe: A World of Difference.* Oxford: Oxford University Press.

比較不擔心失業的（例：專業技能比較高的勞工、公務員等）。

當貧富差距變大的時候，對低風險族群來說，因為自己比較容易受到保障，不見得會認為需要提高社會福利。對高風險族群來說，他們有可能會擔心，需要社會福利的人越多則自己能拿到的好處越少，或者壓根就覺得「沒工作」的人不需要給予補助。更可怕的是，還有一種弱弱相殘的邏輯：當貧富差距變大，人們對於潛在的競爭對手（也就是其他類似狀況的勞工，通常都是同質性較高且一樣弱勢的人）、新移民、少數族群的容忍度都會下降，這是因為經濟狀況變差導致人們的不安全感升高。[4]

在貧富差距上升以及大眾的不安全感升高的狀況下，人們更容易去強調你我族群的不同。[5]人們越加感受到工作風險，便越加感受到少數族群的存在，從而傾向於反對那些「有可能」嘉惠「少數人」的社會福利政策，轉而擁抱比較排他性的觀念或價值。

政客和有權貴的逆襲

一旦人們的不安全感與排他性增加，便給了政客們可乘之機，讓他們得以利用以及鼓動這些情緒。[6]上一段故意口誤提到「抱怨政府」和「不抱怨政府」的差別，正是出自於台灣的最高行政首長（2014 年時任行政院長的江宜樺）。一直以來，政治人物和商業鉅子常把參與社會運動的人、想要挑戰不公平結構的人形容成「沒競爭力」，就像先前行政院長說政府只會「替不抱怨政府的青年創造機會」，就是一個分化手段的經典案例。偏

---

4 Robert Andersen and Tina Fetner. 2008. "Economic Inequality and Intolerance: Attitudes toward Homosexuality in 35 Democracies." *American Journal of Political Science* 52 (4): 942-958.

5 Moses Shayo. 2009. "A Model of Social Identity with an Application to Political Economy: Nation, Class, and Redistribution." *American Political Science Review* 103 (2): 147-174.

6 Frederick Solt. 2011. "Diversionary Nationalism: Economic Inequality and the Formation of National Pride." *The Journal of Politics* 73 (03): 821-830.

偏在貧富差距擴大的時候，這樣的分化更容易收到效果，尤其是訴諸體制穩定、由政府來負責一切，然後特別強調不同群體的差異。

已經有許多研究告訴我們，在越不平等的社會中，高收入以及政治權力高層的菁英們擁有越大的發言權以及對政策的影響力。這些所謂的既得利益者往往又會利用這樣的影響力來阻止公平的政策與制度設計。

想想看，我們的政治體制當中，最能夠影響決策的人是誰呢？

在現代的民主政治當中，不管是選舉期間或是平時遊說，都需要巨額的經費及組織的能力。個人的影響力有限，但大企業與利益團體卻有很多資源可以在政治過程當中進行各種遊說，迫使政府「通過」各項有利於自己的政策，如：免稅優惠、金融去管制化，以及更重要的，「阻止通過」保護勞工或者促進重分配的立法。[7] 對政策制定者來說，回應大多數選民（與社會團體）的偏好可能並不是優先要考量的重點，因為他們必須迎合有力的特殊利益團體和資本家以換取支持，包括政治獻金、選舉動員及媒體影響力等。甚至，政治家本身常常就出自於大企業。

以美國來看，勞工相關的組織團體變化導致不平等的惡化，這些變化包括：大型公司的商會組織持續增加；兩大黨接受政治獻金的數目大幅增加；代表中產階級的利益團體持續減少，尤其是最能代表大眾在所得分配議題上發聲的工會。過去三十年來，在全球化、服務取向的經濟中，資方的力量上升，但工會法規卻未有相應的改變，甚至反而對組織工會者不利，無法保護他們免於被隨意解雇。當勞工加入工會的比例從1960年代時的30%左右下降到2019年僅剩10.3%（政府數據，單看製造業的話僅剩8.6%），導致工會的力量日益減弱，就更難以向政治菁英爭取保護勞工的決策。

7　Jacob S. Hacker and Paul Pierson, 2010. *Winner-Take-All Politics: How Washington Made the Rich Richer—and Turned Its Back on the Middle Class*. New York: Simon & Schuster, Inc.

小結

　　本篇文章主要從個人政治偏好的角度出發，整理一些政治經濟學的研究來解釋「羅賓漢悖論」的現象：即使貧富差距加大，人們也不會要求更多重分配的政策，政府的福利支出也不會增加（甚至變少）。這個現象背後的原因是：當貧富差距拉大、經濟狀況變差的時候，人們越會感受到工作風險，也越會感受到少數族群、你群他群（鄉民們口中的「魯蛇族群」）的不同，因此傾向於反對那些有可能嘉惠「少數人」的社會福利政策，轉而擁抱排他性的觀念或價值。

　　台灣社會非常喜歡美國那一套「全部都是個人負責」、「只要努力就會有收穫」的觀念，讓政治人物可以輕易地搞分化，讓弱勢勞工和所有魯蛇族群彼此討厭對方；又或者是，為普通人勾勒美好的未來圖像、不斷強調未來的小確幸，如此一來，大家就會忽略應該推行的社會福利政策以及政經制度的改革。

　　關於「羅賓漢悖論」還有很多不同的研究，礙於篇幅有限，有待後續文章再來介紹。總之，要解決貧富不均的問題，還是得從整個政經體制談起。[8] 貧窮絕對不會只是個人懶惰所造成，世界上也沒有「只要有努力就會有收穫」這樣的事情，但既然有這樣的「美國夢」，大家可能需要多理解背後的結構性因素，才有辦法進一步討論相關的政策。

8　例如在《國家為什麼會失敗：權力、富裕與貧困的根源》（*Why Nations Fail?*，衛城出版，2013）這本書當中，作者 Daron Acemoglu & James A. Robinson 就討論了廣納型制度與榨取型制度的差異，很值得深思：
　　「一個社會若能將經濟機會與經濟利益開放給更多人分享、致力於保護個人權益，並且在政治上廣泛分配權力、建立制衡並鼓勵多元思想，建立『廣納型制度』，國家就會邁向繁榮富裕。
　　反之，經濟利益與政治權力若只由少數特權菁英把持，保有『榨取型制度』，則國家必然走向衰敗，即使短期之內出現經濟成長，卻必定無法持續，因為特權階級為了保有自身利益，會利用政治權力阻礙競爭，不但犧牲多數人的利益，也不利於創新，阻礙了整體社會進步。」

關心公共議題，充實自己，才能看清楚造成貧富差距擴大的結構性因素。如果我們都覺得事不關己，那就只是讓「羅賓漢悖論」持續存在，讓有錢有權的人繼續壓榨我們、加深已經很嚴重的貧富差距。這些政治經濟學的研究告訴大家的是：要看清楚是誰、是什麼樣的想法讓我們無法推動應有的政治與經濟改革。羅賓漢的弓箭是拿來對付那些惡質大老闆、貪官、無用的政客，而不是同性戀、弱勢勞工、魯蛇族群，更不是拿來追求未來不確定的小確幸。

要追求大確幸，有待更多公民成為願意仗義執言而且付諸行動去追求公平制度的現代羅賓漢。

4-4

公平、團結、參與
全民健保的改革與永續

葉明叡、張恆豪 ——— 文

前言

　　全民健康保險（National Health Insurance, NHI）是什麼？是一份「俗擱大碗」的保單、是企業人事成本？是福利、是保險，還是兩者都是？是醫護過勞、醫療品質降低的萬惡根源？關於健保的種種，每個人在不同位置都有不同的觀點，但難以否認，健保已經成為台灣今日的主要就醫和醫療服務模式。2015 年健保實施二十週年時，我們在《健康事務》（*Health Affairs*）期刊上發表一篇致編輯信，提要回應當時健保的關鍵問題：「保險負擔分配不公平」、「世代分配與連帶感」、以及「基層醫護發聲不足」。[1] 五年過去，這些結構性問題依舊存在，當然，結構是如此巨大而穩固，五年光陰又算得上什麼？但改變不是沒有可能，任何時候都能開始，我們將在本文中討論這三個議題的發展，希望能夠作為思考和行動的參考資料。

1　Ming-Jui Yeh and Heng-Hao Chang, "National Health Insurance in Taiwan," *Health Affairs*, June 2015, 34(6): 1067.

基本定義：你說的健保是不是我說的健保？

在進入討論之前，我們還是先提出一個對於健保的定義作為討論的基本出發點。全民健康保險，是指某一群由「強制納保」所組成的「全民」，依照個人經濟能力的高低為負擔成本大小的依據而繳納保費，此為「量能負擔」，故台灣的全民健保是一種社會保險（social insurance）。為什麼會需要設立這種強制的制度來分攤彼此的醫療財務需要呢？那是因為我們基於各種理由（例如，我不忍看到你因為得癌症而全家陷入貧窮的處境，或我認為得到基本醫療服務是人權的一環，等等），認為彼此之間在醫療上有互相幫助的義務，這種認知在學理上稱為「社會連帶」（social solidarity）。因此透過此制度，經濟能力好的人能夠幫助經濟能力差的人、健康的人能夠幫助不健康的人，而我們都有可能因為各種偶然機會或命運安排成為那經濟能力差的人或不健康的人，我們既幫助了彼此也幫助了自己。

以上所講的只是某種公共健康保險的典型，為了建立基本概念跟討論用，並不是什麼學術的原理原則，實務上的各國健保也有許許多多不同樣貌。整體來說，台灣的健保實施二十多年以來，確實已部分達成了制度原先所設計的目的，諸如提高就醫可近性（accessibility）、提升體系效率（efficiency）、社會互助的公平性（equity）和可接受的品質（quality），並且獲得高度的公眾滿意度。但在此同時，健保也面臨到許多無法從統計圖表中發現的脈絡性問題。

健保的問題一：保險負擔分配不公平

現在的健保保費分為兩大部分：「薪資保費」與「補充保費」。薪資保費是看個人的薪資收入落在哪個投保金額分級，乘以保費費率5.17%（自2021年1月1日起），再依照不同保險對象的職業類別乘以個人負擔的比

例；補充保費是為了逼近二代健保改革未能成功的「家戶總所得」而設計的，正面列舉了某些所得項目，加總後乘以 2.11%（自 2021 年 1 月 1 日起）的費率。

前面說過，社會保險是基於我們彼此之間的社會連帶，依照經濟能力的高低來區分負擔成本的大小。然而，按照這個邏輯，難道某些職業比較高尚、比較值得大家幫助、或比較有能力所以有比較大的責任，所以負擔比例可以比較高或比較低？我們認為一個有可能的說法是，這些比例主要是由過去的勞保、農保、公保、軍保的醫療部分整併而來，過去各個社會保險有各自的負擔比例，健保立法之初為了減少各方利害關係人的反對、以及盡可能快速通過法案的考量下，故而採取的折衷做法。然而，有脈絡依據不代表「有正當性」，這種依照職業身分所做的負擔區分，就是健保對於不同類別的職業有制度性的差別補助，實屬過去威權時代的政府為了維繫恩庇侍從關係（patron-client relationship）而為之的不公平對待。[2]

公不公平，原有許多不同的判定標準，假若我們同意透過健保這個社會保險，我們彼此之間所負有的互助義務大小是基於我們各自的經濟能力，那麼一個好的公平指標就是能夠反映真正經濟能力的指標，依照這個指標來進行保費收取高低的區分才是合理的區分。除非能夠說出其他合理的區分理由（訴諸利益團體的政治實力或政策性買票顯然不是一個合理的理由，頂多說那是政治現實），現行的制度還有很大需要改進之處。[3]

---

2 對於此點社會學者林國明有精彩的分析，請參考：林國明，〈全民健保的道德共同體〉，收於《秩序繽紛的年代：1990-2010》，吳介民、范雲、顧爾德編，台北：左岸，2010。

3 本文中討論的僅及於本國人民之間的負擔分配問題，更不用說除了本國人之外，外國人如何公平地參與健保制度。例如時常引發爭議的中國人納保問題，我們應該接受中國人加入健保這個互助體系嗎？基於什麼理由呢？若假定我們因為某個合理的理由接受，又為什麼政府對於他們的保費補貼比例，會高於對於本國一般勞工的補貼比例呢？這些都是亟待檢驗的問題。

健保的問題二：世代分配與連帶感

在上面談論「保險負擔分配不公平」的段落中，我們討論了時間軸上現在橫切面的分配不公平問題，但不只橫切面，健保更大的危機在於現在世代與未來世代之間的分配問題。健保財務採用的是以「隨收隨付制」（pay-as-you-go）為主的結構，也就是今年跟所有被保險人收取的保費，在明年就幾乎會全數拿來支付醫療費用，僅留有一到三個月保險支出的安全準備。

舉例言之，假設今年所有保費收了總共 6000 億元，明年用掉 5500 億元，剩下 500 億元（相當於一個月的支出 6000/12），若用多一點，用了 5900 億元，剩下 100 億元，則稱為低於一個月的安全準備（500 億元），主管機關此時依法（健保法 §26）應該調漲保費費率，避免保險基金陷入負債而無法繼續營運。

這種財務結構設計會有什麼問題？若以能夠永續經營為標準，則必然分別預設了：第一，在其他條件不變的狀況下，經濟會一直成長，或至少不會倒退，所以保險收入的不會減少；第二，在其他條件不變的狀況下，主要負擔人口（也就是工作人口）會持續成長，或至少持平不減少，所以保費在個人身上的負擔不會增加；第三，在其他條件不變的狀況下，因醫療風險事件產生的財務需要不會增加，所以保險支出不會增加。滿足以上條件，現在的收入才總是能夠負擔未來的支出，達到保險的永續經營。如果有其中一項無法滿足，則在未來某一時點，勢必要「有人」的負擔變重、或者是能獲得的服務項目減少、水準降低，簡言之，犧牲自我（相對於現在水準）的福祉，才能夠維持保險財務平衡。

台灣的經濟狀況雖然說不準未來將如何改變，但可以大致推想的是，除非有人挖到石油、礦產或掌握到尖端科技，不然不會有什麼突破性的進展，要維持不衰退已屬不易，更遑論中國在經濟上的各種吸納、統戰手段的侵擾，前述條件的第一點難以斷定。又根據台灣當前人口結構，隨著戰

後嬰兒潮陸續進入 65 歲退休年齡，工作人口比例將大幅下降，高齡人口比例大幅上升，這意味著醫療財務需要將急遽增加，於是前述第二、三點條件也不符合，反而剛好是朝著相反的方向發展。此處都還沒考慮其他因素的變化（如療效頗佳但價格不斐的新醫療科技、新藥物的發明，也要納入健保給付），單看人口變化，即知在不久的未來，那時主要負擔健保財務的世代將會承受極大的財務壓力，但他們可能只得到相較現在較低的醫療服務水準，他們就是那個需要犧牲的「有人」。

為什麼「未來世代」的人們願意做出這樣的犧牲呢？概念上我們可以這樣回答，「因為我們有世代之間的社會連帶（intergenerational solidarity）啊！」因為我們的社會保險預設了社會連帶的前提，這前提中因為隨收隨付制的財務結構，實際包含了世代之間的連帶，因此「未來」的那些人可說是「被強迫中獎」，被「現在」的我們決定了他們的犧牲。你當然可以追問，為什麼「我們」（或說，上一個世代的人們）可以做出這種決定？「我們」可以再回答，或許這就是基於儒家社會倫理所建立的社會成員之間的關係吧。你可能會十分不滿地說，什麼年代了，誰跟你儒家倫理？「我們」便反唇相譏道，你都還沒出生呢、還沒投票權呢，誰理你未來世代的犧牲……

不只健保，事實上台灣與世界各國當前主要的社會福利幾乎都面臨相似問題。如果「我們」不想陷入這種不義的指控和霸道、不正當的強迫，現在是時候重新檢討在世代之間如何調和出一個分配合理、能夠永續經營的健保制度了，否則，所謂社會連帶也只是漂亮的表面話，說穿了我們只不過是在利用世代的優勢進行不義剝削罷了。

健保的問題三：基層醫護發聲不足

討論完台灣健保在財務結構的問題之後，我們來分析醫療服務供給面的一些現況。近來有越來越多的媒體以「台灣醫療危機」、「醫療崩壞」

來描繪台灣醫護過勞、（內外婦兒）四大皆空的問題，高效率、高品質的台灣醫療體系，其成就實際上是建築在一群過勞勞工的血汗史之上。依據衛生福利部醫療統計，台灣於 2019 年每人平均就診（含門診、住院、急診）次數為 17.6 次，但每千人僅有 2.1 位西醫師，相較於其他 OECD 國家，醫師人口的比例相當低。[4] 醫師工作長期以來被視為是責任制，特別是仍在訓練階段的年輕住院醫師，時常每週需工作約 80 小時以上，頻繁的值班與連續工作總被視為必經的磨練，但長工時對住院醫師身心健康及病人安全的影響一直未能受到合理的重視。

自從勞動基準法於 1984 年立法制定以來，各行各業均逐步適用，然而醫師長期以來一直被排除在勞動基準法的適用範圍之外，醫師的勞動權益缺乏任何有效的法規來加以保障。在 2009 年奇美醫院外科蔡姓住院醫師在開刀房突然心肌梗塞、2011 年成大醫院林姓實習醫師猝死等事件發生之後，開始有更多的年輕醫師關注、倡議醫師納入勞基法，雖然醫院經營者以「連續性照護」、「責任制」、「訓練不足」與「增加醫療院所負擔」等理由予以反對，但終於在時程延宕多年後於 2019 年 9 月起私立醫療院所住院醫師適用勞基法保障，不過還有二千多位公立醫院住院醫師以及四萬二千多位主治醫師，至今仍被勞基法排除在外。

當我們以為醫師公會全國聯合會能夠充分代表醫界的聲音時，其實公會的決議往往受制於以診所醫師以及醫院經營者為主的理事組成，缺乏合理的民主決策與溝通機制，來反映醫界內部包含醫院經營者、受雇者、及不同層級醫師的異質狀況。另外，全民健康保險會的委員組成中，保險醫事服務提供者代表僅包含醫院協會、醫師公會全國聯合會；只是以受雇醫師為最大主體的醫療服務提供者，真的能夠有效地由這兩個團體代表嗎？

4　2019 年，OECD 國家每千人醫師數，列舉參考：奧地利 5.24、德國 4.31、義大利 4.02、澳洲 3.75、法國 3.17、英國 2.95、美國 2.61、日本 2.49、南韓 2.39，出處：OECD. Stat，網址 http://stats.oecd.org/. 參考：〈衛生福利統計通報〉，台北：衛生福利部，2019。

當許多受雇醫師認為健保是許多醫療體系問題的元兇，但長期以來任何健保的改革討論，醫界必定是當中的主要參與者，這些基層受雇醫師的意見真的有充分被表達嗎？還是，醫界團體對外反映的只是經營者的利益，而忽略了基層受雇醫師的心聲呢？

　　長期以來，醫界缺乏的是一個以受雇醫師為主體的「工會」，透過團結權的行使，讓受雇醫師面對經營者，得以形成有效的抗衡力量。特別是台灣的醫療體系高度仰賴私部門，造就了競爭激烈的逐利市場，當醫院經營者要求醫師改變其行醫過程中的行為與決策，如果個體醫師缺乏背後群體的支持，很難不妥協行事。近幾年醫界的工會組織新增比例的確有所提升，2017 年「臺北市醫師職業工會」、2018 年「國立臺灣大學醫學院附設醫院企業工會」接連成立，除了持續性關注醫師的勞動權益問題，也在醫療政策形成與溝通過程中代表基層醫師發聲。受雇醫師勢必要更關注醫院治理，致力監督對目前影響醫療生態極大的這些醫療財團法人，並對國家體系下的健保制度變革進行回應。因此，當一方面台灣醫療體系必須在財務面的改革更為公平且符合世代正義，在醫療體系的提供上，必須正視以私人經營的法人醫院為主的事實，若基層的受雇醫事人員無法與醫院經營管理者平等協商，嚴峻的勞動現況勢必無法改變，全民健康保險也無法撐得起更往「資本主義」靠攏的醫療提供系統。

小結

　　我們認為，若改革僅只停留於技術性的調整保費收取制度、醫療支付制度，僅止於嘗試對醫療體系搾取更具「成本效益」的服務以獲取更高的效率（cost-effectiveness），或許可以解一時之急，但長遠而言健保仍會不斷受到各種根本危機的侵擾，大眾對於制度的信任、制度本身的正當性也會在這擺盪之間逐漸流失。政府有義務促進更多公共討論、納入更多不同觀點的聲音，以提出合理可接受的理由來決定公共資源如何安排、個人義

務如何界定。唯有嚴肅看待作為社會保險基礎的社會連帶，共同體成員不斷確認彼此之間的互助關係，確認「我們」是誰、誰是我們的夥伴，健保體系的下一個二十年才有可能通過重重難關的考驗、永續經營。

4-5
軍公教優渥退休福利的政治成因

顏維婷————文

近年來，年金改革的議題時不時浮上檯面，成為政黨與各方角力的主要戰場。例如，2017年政府主導降低軍公教退休福利的年金改革，便遭到以退休軍公教人員為主力的反年金改革大隊強力杯葛；保障勞工退休生活最重要的勞工保險也因財務危機面臨再次改革，可能進一步會降低勞工退休後的所得替代率，於是勞工團體疾呼：勞工的保障相對於軍公教已經夠少了，再改革，那勞工要如何退休？

年金改革的面向眾多，其中一個重要的爭議點是，軍公教的退休福利比起廣大的私部門勞工好上許多，長久以來形成「職業別」不正義。以所得替代率而言，軍公教人員的替代率目前高達75% ～ 95%，但一般勞工卻連達到75%的替代率都有困難。為什麼台灣的軍公教人員除了有穩定的工作保障外，退休福利也那麼好？為什麼公私部門間退休福利的落差如此之大？背後的成因為何？這是台灣退休制度獨有的問題嗎？

要追溯台灣退休福利因職業別而產生的不正義，必須回到此一制度形成的政治因素。這種的不正義並非偶然、也並非台灣獨有，而是與一個國家早期威權政體的特性息息相關。國民黨因冷戰結構作為一個威權政黨所具有的偏右保守特性，造成了台灣年金制度長期在職業別之間的保障不平等。這種不平等現象，也可以在其他受到冷戰影響的亞洲國家發現，例如

韓國、泰國、印尼、菲律賓。同樣地，以縮小「職業別」的福利差距為目標的改革也不僅僅是在台灣發生，其他各國也都有相應的發展趨勢。

本文將從幾個面向建構台灣退休福利職業間不正義的政治由來。第一小節介紹福利政策在威權政權底下的特殊功用。台灣在二十世紀後半葉的政治體制是由國民黨統治的威權結構所主導，軍公教人員成為統治者主要的攏絡對象，社會福利成為酬庸他們的工具。第二小節從反面角度談為何勞工的福利趨近於零，其中一個原因是國民黨的統治受到冷戰結構的影響，在反共的氛圍下，統治者想要大幅度消滅任何左傾及階級意識的力量，使得台灣的勞工在政治談判上不具威脅性，造成職業間的福利落差。第三小節進一步描述台灣威權政府的保守性格所帶來的總體影響。本文的最後則簡述其他亞洲國家相似的保守威權性格，以及相同的退休福利職業別差距。[1]

福利政策的功用與威權統治者的小圈圈

現有的研究發現，在威權體制底下所進行的社會政策改革與發展都有其政治成因。每當發生政權生存（regime survival）危機，威權政府為了安撫人心，便會透過福利政策來化解社會壓力。學者 Joseph Wong 稱這種邏輯為「危機與選擇性補償」（crisis and selective compensation），意即政府透過社會政策去補償造成社會動盪的團體，從而達成社會安定（從這個角度來看，社會政策還蠻像封口費的）。舉例而言，泰國在 1960 年～ 1970

---

1 這篇文章參考了以下研究：S. Haggard & R. R. Kaufman. (2008). *Development, Democracy, and Welfare States*. New Jersey: Princeton University Press.; M. Ramesh & M. Asher. (2000). *Welfare Capitalism in Southeast Asia: Social Security, Health and Education Policies*. New York: St. Martin's Press.; J. Wong. (2004). *Health Democracies: Welfare Politics in Taiwan and South Korea*. Ithaca: Cornell University Press; R. Palacios & E. Whitehouse. (2006). *Civil-service Pension Schemes Around the World*.; N. Rudra. (2008). *Globalization and the Race to the Bottom in Developing Countries*. New York: Cambridge University Press.

年間，北部、東北部與南部農村因為生計問題導致動盪不安，逼得泰國政府啟動濟貧方案以期降低動亂的程度。

福利政策也被用來獎勵支持者，作為穩固威權統治的工具。威權體制與民主體制最大的差異，就是公平、公正與公開的選舉。在威權體制底下，統治者沒有選票壓力，最需要在意的，是自己所掌握的統治機器與核心支持者，是否能夠永久效忠自己而不會叛變（簡單來說就是擺平自己的下屬和同事）。因此，軍公教人員和國營事業員工等，作為支持這個威權政權得以永續生存的核心群體，就成為統治者攏絡的對象。此時，豐厚的社會福利就成為一個可以讓統治者用來摸頭的好用工具。

在台灣，軍公教長期是國民黨的核心支持者，國民黨也以豐厚的社會福利來回報他們，藉以穩定自己的統治基礎。這樣的政治目的可以從很多面向看出來：例如，1950 年代軍公教保險與勞保同時立法，但政府卻只選擇擴張和發展軍公教福利。勞工保險條例雖然立了，卻很嚴格地限制只適用於 20 人以上的企業組織。當時有 90% 的勞動人口都還從事農業活動，符合條件的企業幾乎只有國營企業，雖名為「勞工」保險，但一般勞工根本無法享用到這項福利。一直要等到 1984 年政治結構開始鬆動，勞動基準法成立，要求雇主提撥退休金，才有多一點的勞工受惠（然而，由於台灣的企業結構以中小企業為主，受惠的勞工仍舊不是多數）。另外一個為人詬病的軍公教福利是 18 趴的優惠存款。翻開歷史紀錄，就會發現 18 趴優惠存款的源頭僅是多項行政命令，在 1960 年～ 1970 年代陸續頒布，提供軍公教人員更多的福利。又例如，1971 年政府通過另一項規定，讓國民黨黨職年資等於公職年資，若公務員曾在國民黨任黨職，退休時工作年資可以合併計算。這種公職與黨職不分，讓公庫通黨庫福利大放送的情況，顯示當時統治者企圖以社會政策來鞏固核心支持者的政治目的。

冷戰結構下威權政府的保守性格

公私部門的退休保障，從公部門這方面來看是享有過多過豐厚的福利，從私部門這方面來看是福利寥寥無幾甚至趨近於零。兩方面一加一減，才造就軍公教與一般勞工之間的福利差距。在討論過政府有誘因去回饋和鞏固自己的政治支持者後，我們也可以換一個角度來分析這個歷史共業，為何私部門的廣大勞工們福利那麼少？這就牽涉到冷戰結構下亞洲威權政黨所具有的保守性格了。

二次大戰後的世界一分成二——自由世界與共產世界。在冷戰的結構下，亞洲很多國家內部的政治，受到冷戰結構的影響。例如，韓半島與越南半島都一分為二，自由勢力與共產勢力相互抗衡。當時的台灣不管是內政外交也都深深反映冷戰的結構。對外，由蔣介石領導的中華民國被認為是「自由中國」（Free China）；對內，受美國政府支持的國民黨政府從228到白色恐怖時期致力於「反共」，並以反共為名肅清蔣介石的政敵與任何蔣認為可能危害自己統治基礎的政治菁英。在白色恐怖時期舉著反共大旗所進行的肅清，使得當時台灣社會不少具有左傾思想的菁英遇害，左派或偏左的意識形態因而無法在台灣壯大，從而台灣一直沒有出現具有階級意識的政治勢力。除此之外，國民黨透過工會法「廠場工會」的限制（一個工廠只能有一個工會，造成工會零碎化），工人們很難跨廠組成工會來形成政治壓力。左派意識形態和勢力闕如，影響的不僅僅是在冷戰的當下，即便到了後冷戰時代，台灣進入民主轉型，具有階級意識的左派政黨也一直都不成氣候，直接導致勞工的利益無人代表，而在政治過程中被忽略。

在亞洲，幾乎所有國家的偏左派力量都缺乏組織力，以至於在很多經濟或社會政策的決策上，由大資本家和商人掌握了比較多的話語權，勞工則因為缺乏組織力而無法產生相應的政治影響力來改善勞動條件，直接加劇了公私部門間福利的差異。

保守威權政黨下的發展型國家模式

雖說國民黨還是有花錢在某些社會政策上面，但主要是以經濟發展為先，或是有其他政治目的（如上述鞏固特定群體的政治支持）。雖然很早就有立法保障勞工權益（例如勞工保險或勞動基準法），但這些立法徒具形式不具效力，很少被落實也無人糾正，政府只將非常少的錢挹注在年金與醫療福利等項目上。在此同時，政府但卻毫不吝嗇地將大把大把的鈔票注入教育政策裡，先後完成六年國民教育政策，後來又延長至九年（國中），最後是十二年國教的政策。現在每個在台灣出生的孩子，按照規定都必須完成高中同等學歷。

為何在所有的社會福利政策上，國民黨獨善教育政策？這背後的政治邏輯無非是為了提高人力資本，而人力資本的提升有助於國家整體的經濟發展。相反地，像老人年金／救濟或是醫療福利這一類的政策，照顧到的是那些「沒有能力在勞動市場付出的人＝老弱殘病」，對於二戰後把發展主義奉為圭臬的台灣統治者來說，根本不合算！（統治者心裡 OS：要我多花錢照顧你，然後你還無法回報我，哪可能！）這個現象不僅在台灣發生，同為「亞洲四小龍」的南韓、新加坡、香港也是一樣，這種模式因此被歸類為「發展型福利國家」（productivism welfare states）。

小結：橫跨亞洲的通例

在社會政策的發展軌跡上，台灣並非什麼亞洲特例；相反地，在二戰以後，眾多亞洲國家都採取了相同的發展模式：重視教育政策、培養人力資本；在退休福利的制度設計上採行雙軌制──公部門一套、私部門一套，然後公部門的福利大勝私部門。舉例來說，印尼在蘇哈托的強人政權之下（1970～1990年代），公務員從1977年就開始享有完整的醫療與老人年金福利，而私部門的年金政策則要等到1992年才開始發展，但一樣也是

徒有法律而無實質，應該納保的人數有七千萬人，實際納保的人數不到兩千萬。泰國的公務員在 1996 年以前甚至不需要每月提撥任何薪資，退休後則所有的福利直接由當年度的政府預算支出。一直要到 1996 年的年金改革後，新進的公務人員才被要求需要提撥部分薪資。

近年來，亞洲各國紛紛針對公部門的年金進行改革。改革的原因和台灣相似，最主要就是因為沉重的財政負荷，由於軍公教的年金直接由國庫支出，隨著軍公教退休人數增加，對財政造成的負擔和當初政策制定時已不可同日而語。根據統計資料顯示，在經濟高度發展的 OECD 國家，政府平均支付 5% 的財政收入在軍公教的退休福利上；在非 OECD 國家則平均要支付 7%，有些國家甚至高達 10% 以上。除此之外，民主化也是改革的成因之一，畢竟在每個人都可投下一票的時代，領導者的權力來源（政權的統治正當性）來自於全體國民，如果領導者還獨厚特定的職／行業，選民就會用選票來表達他們的不滿。當然，如何設計出一個能夠永續發展的年金制度，還有待政策制定者和民間團體的更多討論與互動。

4-6
道阻且長的台灣能源轉型之路

許韋婷———文

　　2021 年 12 月 18 日公投結果出爐，兩題攸關台灣能源轉型政策的公投——「核四公投」與「珍愛藻礁」——皆因同意票未過法定門檻而未通過，[1] 公投結果確認政府的能源政策仍能繼續推動。

　　然而，台灣能源轉型的具體政策為何？相關策略與計畫是否具備足以達到能源轉型目標的可行性？這些問題在公投過後更顯重要。本文嘗試藉由梳理能源轉型政策的背景和轉變、政策規畫與目標，以及政策推動上所遇到的疑難，來回答上述問題。

---

1 據中選會所公布的結果（見下表），兩題不僅同意票皆未過法定門檻，不同意票數亦大於同意票數。雖差距僅有 5% 左右，但已賦予能源轉型政策更高的正當性，得以持續推動相關計畫。

題目	同意票數／占比	不同意票數／占比
您是否同意核四啟封商轉發電？	3,804,755 46.7%	4,262,451 52.3%
您是否同意中油第三天然氣接收站遷離桃園大潭藻礁海岸及海域？（即北起觀音溪出海口，南至新屋溪出海口之海岸，及由上述海岸最低潮線往外平行延伸五公里之海域）	3,901,171 47.9%	4,163,464 51.1%

【表 4-6-3】2021 年兩項能源公投案的投票結果。製表：許韋婷。

從「非核家園」到「非核、減煤、增氣、展綠」

　　民進黨反對核能的政策立場鮮明，在 1986 年創黨時即把「非核家園」列入黨綱。1993 年陳水扁在台北市執政、1994 年尤清在台北縣（新北市前身）執政時曾兩次舉辦核四公投。2000 年第一次政黨輪替後，由時任總統的陳水扁宣布停建核四，但根據大法官會議解釋，停建案須取得立法院支持，由於民進黨在立院並未擁有過半席次，核四被迫宣布復工。2011 年，時任民進黨主席的蔡英文代表民進黨參選總統，首次提出「2025 年非核家園」計畫，但直到 2016 年民進黨再度執政，才終於得以啟動該計畫。

　　盤點蔡政府 2016 年上台前的核能發電裝置容量為 5,144MW，發電量為 36,471.1 百萬度，約占總發電量的 14%。為達到民進黨 2025 年非核家園的目標，蔡政府所採取的策略是增加天然氣發電、將舊燃煤機組汰換成超超臨界高效率發電機組，並設定再生能源發電量須提升至 20%，以補足核電退場後的用電需求。然而，雖然再生能源（包含水力、太陽能、風電、地熱和生質能）的總裝置容量 6931.55MW 高於核能，但因發電效率尚待提升，發電量僅有 13511.01 百萬度，占總發電量約 5.2%。再者，考量到水力發電幾乎已無適合的發展空間，地熱和生質能相關技術尚不成熟，因此國內已有完整產業鏈且技術成熟的太陽能，以及國外已有成熟經驗可輸入台灣的離岸風電，便成為重點發展項目，並進一步設定 2025 年之前要達成太陽光電 20GW、風力發電 6.9GW 的裝置目標，亦即十年內太陽能需成長超過 20 倍、風電需成長超過 10 倍。

　　此一能源轉型策略首先遇到的重大挫折，即是深澳電廠興建兩座 80 萬瓩燃煤超臨界機組的規畫受阻。由於在地居民和環保團體強烈反對，加上燃煤所造成的空污對人體危害逐漸受國人重視，以及國際減碳趨勢使得燃煤發電漸不為人所接受等因素下，時任行政院長的賴清德宣布停建深澳電廠。少了這塊拼圖，其他的能源轉型策略變得缺一不可，而且為了因應民眾對煤電逐漸上升的排斥，能源轉型政策也不再只是強調非核家園，而

是更進一步喊出「非核、減煤、增氣、展綠」的口號。正因為這樣，這次政府才會投入大量人力與資源為第三天然氣接收站外推方案進行政策辯護，以避免失去第二塊拼圖而無法補足核能退場後的電力缺口。

在險路中且戰且走的再生能源發展

太陽光電和風電的發展，是能源轉型拼圖中最重要的一塊。為達到前述的裝置目標，在太陽能方面，政府推出「太陽光電二年計畫」設定，2020 年達到 6.5GW 的短期目標，但這個目標遲至 2021 年中才達成。2021年底預計達成 8.75GW 的目標，但根據 11 月的最新數據 7.27GW 來看（詳表 4-6-1），再次延遲達標的可能性極高。

	煤電	天然氣	核能	再生能源			
				水力	太陽能	風電	其他
2015 年	20.62	15.97	5.14	4.69	0.88	0.65	0.71
	42.4%	32.8%	10.6%	14.2%			
2021 年	23.08	19.22	3.87	4.7	7.27	1.03	0.72
	38.5%	32.1%	6.5%	22.9%			

【表 4-6-1】發電裝置容量（單位：GW），製表：許韋婷。資料來源：經濟部能源局能源統計月報

風電的發展則以 2025 年累計裝置容量陸域 1.2GW、離岸風電 5.7GW為目標，顯見離岸風電為主要發展重點。依政府規畫，離岸風電是以「示範獎勵」、「潛力場址」和「區塊開發」共三階段推動，目前已完成前兩階段的容量分配，並依序建造已獲容量分配的風場。其中 128MW 的海洋示範風場已完工商轉，原先應於 2020 年底完成的 110MW 台電示範風場則延期至 2021 年才完工商轉。潛力場址共有 7 家開發商、14 案合計 5.5GW容量獲選，原先預計於 2020 年完工商轉的海能風場和允能風場亦已申請延期。

　　無論是太陽光電或是離岸風電，其建置進度皆比原先設定的目標落後。誠然 COVID-19 疫情對於這兩年的施工進度有一定影響，但過往不同邏輯的能源政策亦對再生能源的發展形成阻礙，最明顯的差異即表現在電網饋線容量不足的問題上。由於過往的能源主要是以大型的發電設備為主，因此採取集中式電網的設置，並配合用電戶規畫；但再生能源多為小型或中小型的發電設備，且多建置於偏遠地區，不僅既有饋線容量有限，有些還有併接點距離太遠需額外拉線導致設置成本增加，進而影響太陽光電可開發設置的區位。隨著離岸風電即將進入第三階段區塊開發，饋線容量不足的問題也開始影響風場可開發的位置。

　　相衝突的價值排序，也為再生能源發展帶來困難。由於台灣地狹人稠，可容納再生能源發展的空間有限，因此無論是太陽光電還是離岸風電，一來無法避免和既有空間利用者的利益有所衝突，二來也會和其他政策的價值排序互相競爭。再生能源電廠的建置往往除了主政單位經濟部能源局外，亦須牽涉許多不同的政府單位，有時甚至引發政府單位之間的衝突。2020 年 7 月，力主農地農用的農委會，在未和能源政策主管單位經濟部溝通下，即突然限縮農地變更設置太陽光電，即為一例。[2]

　　此外，在推動再生能源的過程中混雜其他政策目標，也使得建置的腳步受到影響，最明顯的例子即是離岸風電建置和國產化政策之間的拉扯。離岸風電雖具有成熟的技術，但從開發到建造，台灣未有業者具備相關經驗，需仰賴已在歐洲有多年經驗的外國業者投入，因此第二階段區塊開發獲選的七家業者多為外商，本土業者僅有台電擁有獨立風場，中鋼和上緯雖獲選但都是和外商合作開發的風場。然而，政府為提升政策效益，將國

2　農委會為避免農地持續流失，於 2020 年 7 月 7 日突然公告修正「農業主管機關同意農業用地變更使用審查作業要點」，禁止二公頃以下的非都市土地農牧用地、林業用地、養殖用地及都市計畫農業區、保護區之農業用地變更作太陽光電設施使用，並於該月 28 日開始實施。由於公告時間太短，且未和經濟部事先溝通，使得相關業者未能妥善因應，據業者估計損失金額達上億元。

產化納入離岸風電開發的政策之中，要求開發商必須在地採購或投資部分零組件，以引入相關技術、增加台灣業者經驗，建置我國的離岸風電產業鏈，進而在未來有機會參與國際市場。但從落後的風場建置進度來看，技術引入所需的時間顯然超過預期。

小結：就算摸著石頭也要快速過河的能源轉型

然而，也因為離岸風電國產化的政策，讓我們看到政府因應困境所展現的彈性應變能力，包括開放進口外國零組件作為替代，以及在第三階段區塊開發的國產化政策增加彈性空間，並且在這空間中繼續推進更多國產化項目，嘗試在能源政策和產業政策中尋找出平衡點。漁電共生、農電共生、畜電共生等土地複合式利用的太陽光電開發模式，也可見增加政策的彈性後可撐出的發展空間。

只是，政策彈性化也是一把兩面刃，在化解困難的同時，也造成政策的模糊和不穩定，對於投入鉅額資金的再生能源業者而言，在投資風險評估上有著太多不可預期的因素，進而影響其對政府的信任度，也較難做長期的投資規畫。如此一來可能造成劣幣驅逐良幣的效果，使得運轉長達二十年～三十年的再生能源電廠，缺乏願意穩定持有並負起後續維運責任的投資者，而落入將電廠視為金融商品炒作轉手的投機客之手。

自 2016 年政府開始推動能源轉型以來，經過政府和民間的通力合作，再生能源裝置容量已在這將近六年的時間快速成長，尤其是太陽光電的成長更是達到八倍之多，發電量亦隨之成長近八倍（詳表 4-6-2）。但 2021 年因為乾旱造成水力設施發電量大幅下降，導致整體再生能源占比僅微幅成長至 6.9%，距離 20% 的目標還有很大的努力空間。乾旱這個不在預料中、卻相當程度抵銷再生能源建置成果的新議題，亦凸顯了能源轉型的道阻且長。雖然如此，即使摸著石頭也要快速過河，否則要如何到達能源轉型遙遠的彼岸？

	煤電	天然氣	核能	再生能源			
				水力	太陽能	風力	其他
2015 年	129,150.77	79,009.0	36,471.1	7,505.10	850.3	1,525.2	3,630.40
	50.0%	30.6%	14.1%	5.2%			
2021 年	114,845.33	88,774.2	24,368.6	5,642.94	6,689.4	1,509.9	3,159.04
	46.9%	36.2%	9.9%	6.9%			

【表 4-6-2】發電量（單位：百萬度）。製表：許韋婷。資料來源：經濟部能源局能源統計月報。

4-7
為何科學無法克服民眾的食安疑慮？

林澤民———文

　　編按：蔡英文政府於 2020 年 8 月召開記者會，宣布於 2021 年元旦開始，開放含有瘦肉精（也就是萊克多巴胺）的美豬進口。此項突如其來的行政命令，造成朝野震盪，無論藍綠陣營皆出現反對聲浪。雖然蔡政府試圖用科學證據來緩解民眾食安疑慮，但仍壓抑不住民眾的憂慮，在野黨也藉機動員反萊豬遊行以及公投連署。其實美牛來台時也產生過類似的食品安全爭議。美豬美牛爭議的一個共通點是，政府企圖用說理與科學來進行政治溝通，卻都無法說服民眾。究竟，像食品安全這類的政策議題，為何無法用科學與統計來說服民眾？這篇文章從主觀機率與客觀機率的角度出發，提供大家一個新的思考視角。

　　回到 2016 年 12 月，行政院長林全宣布暫緩開放日本核災地區的食品進口，這是繼 2009 年美國牛肉進口爭議之後，政府的食安科學在民眾的疑慮之中再度敗下陣來。

　　2008 年韓國民眾才為美牛問題進行大規模示威抗議不久，馬英九政府在美方壓力之下也簽署了「美國牛肉輸台議定書」，引起民眾一片譁然。政府說服民眾的理由，是吃美國牛肉得狂牛病因而致命的機會極小。當時美國在台協會台北辦事處處長司徒文說沒有人吃美國牛肉致死，台灣單單

在 2008 年就有一千多人騎機車死亡，也「沒有人說騎機車不安全」。當時的衛生署長葉金川也附和說，吃美牛得狂牛病的機會跟被雷打到兩次一樣，「是非常低的風險」。

命運 vs. 機會

2010 年，我隨台灣旅美政治學者訪問團回台，有機會面見當時的行政院長吳敦義及馬英九總統。談到美牛進口爭議時，我建言說用「機率」來為食安政策辯護是無法說服民眾的。我說：政府發行公益彩券，其中獎機率幾乎為零，難道政府要勸民眾放棄中獎的希望？而即使中獎機率極小是科學的客觀事實，這對民眾也沒有說服力，因為民眾買彩　，相信的是「命運」而不是「機會」。

以大樂透為例：大樂透每期有高達數百萬注的銷售量，但每注中頭獎的機率只有 1/13,980,000。如果下注的買家都如政府在食安議題上所希望的、從客觀頻率的概念來詮釋機率並以之作為行為的依據，他們就不會下注了，公益彩券恐怕也早就破產了！事實是：下注的民眾在開獎前都還是抱著會中獎的希望，如果這還不夠，很多人會燒香拜佛禱告，希望神明保佑他們中獎。

政府在食安問題上用低風險來遊說民眾之所以沒有效果，是因為官員們不知道民眾對機率的認知跟他們完全不一樣。從風險管理來看，不論是公益彩　或食安管控，政府完全可以用客觀頻率的概念來計算機率、期望值。以大樂透而言，如果每期賣出 5 百萬注，則可以算出最少有一注中頭獎的機率是 0.30；政府可以和賭場一樣很精確地預期盈虧。同樣的道理，在食安問題上，政府也可以估計大約會有幾人得病或死亡。如果這個數目甚低，政府覺得可以容忍，便據以制定食品進口政策。這個決策過程可以是科學的，但它的客觀性恰恰造成與民眾認知的差距。

對於民眾而言，他們買彩　在乎的不是全部共有幾人得獎，而是自己

有沒有得獎。在食安問題上，他們擔心的不是共有幾人致病，而是他們自己或家人、親友會不會致病。即使客觀上致病的機率不大，但主觀上相信下注大樂透就有中獎可能的民眾，自然不會排除不幸命運降臨的可能性。對民眾而言，食安問題正是所謂「黑天鵝」事件：它的機率雖小，危害卻極大。

　　「如果不覺得騎機車不安全，便沒有理由說吃美牛不安全」，這是錯誤的命題。首先，民眾對交通安全並不是完全放心。他們即使出門不見得會燒香禱告，也可能在身上、車上放平安符。一般人在親友出遠門時，總會致上旅途平安的祝福，正是反映了對交通安全的顧慮。他們了解意外事故是有可能降臨自身的，只是現代生活不能沒有交通，不能因噎廢食罷了。說不怕車禍便沒有理由怕美牛或核災食品，難道要民眾在上餐廳時攜帶平安符或在餐桌上互相祝禱 "Have a safe meal"？關於交通問題，民眾期待的是政府能夠從基本建設來減少車禍的機率，開放有食安顧慮的食品進口卻是增加致病的機率，這當然不符合民眾對政府的期待。

主觀機率 vs. 客觀機率

　　即使撇開命運不談，民眾對於美牛或核災地區食品風險的估計，也會與政府的科學估計有所不同。政府官員從風險管理的立場出發，自然要收集科學證據與統計資料，盡量客觀地估計食安問題對民眾健康造成危害的機率。但是一般人對於機率的認知，通常帶有主觀的成分。這種傾向在 1970 年代即為心理學家、2002 年諾貝爾經濟學獎得主康尼曼（Daniel Kahneman）與其早逝的合作者特沃斯基（Amos Tversky）所發現。康尼曼與特沃斯基的理論主張，一般人在做風險決策時，沒有能力用科學、客觀的方法估計機率，而是用一些簡單、有效率的捷徑來作為主觀估計的依據。這些捷徑，他們稱之為「捷思」（heuristics），意思是具有啟發性的簡便法則。

康尼曼與特沃斯基的研究歸納出三種主要法則：

一、記憶所及簡法（availability heuristic）：以記憶所及的相關事件來估計機率

二、代表性簡法（representativeness heuristic）：根據事件的代表性來估計機率

三、定點調整簡法（anchoring and adjustment heuristic）：以一個數目為基底，然後往上或往下調整估計

根據這些簡法估計出來的機率通常會偏離客觀機率，造成估計誤差。記憶所及的事件常受媒體或個人經驗影響；具代表性特質的事件當然不見得發生次數就高；而作為基底的數目即使是隨機決定的，也常會影響到調整後的估計。

舉例而言，六個兒女的家庭，其性別出生序一共有 2x2x2x2x2x2=64 種可能的排列法。因為每一胎生男生女的機率各為 0.5，而且各胎是男是女都是互相獨立的事件，這 64 種出生序都是同樣可能的。可是當康尼曼與特沃斯基在實驗中問受測者「女男女男男女」和「男女男男男男」哪一種出生序可能性較高時，超過 80% 的受測者認為第一種出生序較為可能。即使是比較各有三男三女的「女男男女男女」和「男男男女女女」，大多數人仍然認為第一種排序的可能較高。康尼曼與特沃斯基舉此實驗為「代表性簡法」造成估計偏差的例證，因為一般人都認為上述兩組的第二種排序較無代表性。

另一個例子：下列兩個陳述中，你認為哪一個的可能性較高？

一、「林教授自 2010 年以來，諸事不順。」

二、「林教授自 2010 年與馬英九總統握手以來，諸事不順。」

　　如果你認為第二個陳述的可能性較高，可能你是受到「記憶所及簡法」的影響了，因為記憶中有某某人與馬總統握手過就倒楣的媒體報導；你如果相信它，記憶所及，就容易想像，感覺上可能性就高。但是在邏輯上，第一個陳述包含第二個，因此其可能性較高。

　　以食安問題而言，當人們記憶所及是媒體對狂牛病或核災感染食品危害健康的報導時，他們對食安風險的估計會使用「記憶所及簡法」，因而造成高估的偏差。（筆者長期住在美國，吃牛肉毫無顧忌。記憶中，從未看到美國媒體對這議題有所報導。）

　　其實，康尼曼與特沃斯基後來發展成型的「前景理論」（prospect theory）就直接主張，一般人會高估客觀上較低的機率而低估客觀上較高的機率。像大樂透中頭獎或吃美牛得狂牛病這種客觀上接近於 0 的機率，在小數點之後有那麼多 0，一般人是沒法想像的。多幾個 0 或少幾個 0 對民眾而言其實是無感，可是當他們看到報導有人中頭獎或得狂牛病，他們對這些機率的主觀估計就不會是 0，而是比 0 顯著地高。當人們主觀上認為吃美牛或核災地區食品有得病致死的可能時，他們對進口有安全疑慮食品的期望值就會比現狀來得高，當然無法接受政府開放進口的政策。這一點，應用康尼曼與特沃斯基的前景理論，我們還可以從民眾的立場做更進一步的風險決策分析。

前景理論的風險決策分析

　　前景理論的風險決策分析與傳統理論不同之處，在於後者在計算預期效益時用客觀機率來加權價值，而前者則用主觀機率。除了對主觀機率的假設外，前景理論對價值（或效益）函數也做了一些特殊的假設。如果用 $\pi(.)$ 代表主觀機率作為客觀機率的函數、$v(.)$ 代表價值作為「得」、「失」結果的函數，前景理論的主要假設可以簡單敘述如下：

機率函數

- 客觀機率為 0 的結果其主觀機率亦為 0：$\pi(0)=0$。
- 客觀機率為 1 的結果期主觀機率亦為 1：$\pi(1)=1$。
- 客觀機率甚小的結果其主觀機率大於客觀機率：若 p 甚小，則 $\pi(p)>p$。
- 客觀機率較大的結果其主觀機率小於客觀機率：若 p 甚小，則 $\pi(1-p)<1-p$。
- 較大客觀機率在主觀上被低估的幅度可能大於甚小客觀機率在主觀上被高估的程度：若 p 甚小，則 $(1-p)-\pi(1-p)\geq\pi(p)-p$，也就是 $\pi(p)+\pi(1-p)\leq1$。
- 其他與本文無直接關係的假設。

價值函數

- 無「得」無「失」的結果其價值為 0：$v(0)=0$。
- 有所「得」的正面結果，其價值函數往正向呈現邊際效益遞減的趨勢。
- 有所「失」的負面結果，其價值函數往負向呈現邊際效益遞減的趨勢。
- 相對於同樣數量的「得」，「失」所造成的傷害程度大於「得」所帶來的滿足程度：若 x<0，則 $|v(x)|>|v(-x)|$。
- 風險決策的預期價值為「得」、「失」結果價值用主觀機率加權後的總和：若風險決策得到 x 結果的客觀機率為 p，得到 y 結果的客觀機率為 q，則風險決策的預期價值為 $V(x,p;y,q)=\pi(p)v(x)+\pi(q)v(y)$，此預期價值也稱作「前景」（prospect）。

我們現在可以用前景理論來分析一般民眾在決定要不要支持政府開放

進口有安全疑慮食品的政策了。這個決定包含兩個選項：支持開放進口或維持不進口的現狀。支持開放會有兩個可能結果：（x）因食用不安全的食品而致病；（y）得到更多的安全食品，而民眾做決定時並不能確定哪一種結果會發生，只能主觀估計這些結果的機率，所以他們的決定是一種風險決策。我們可以把選項的各種可能結果更清楚地表示如下：

A、不支持開放進口，其結果為 s。這個結果是確定的也就是客觀機率為 1。若不支持開放進口並不會改變現狀，則我們可以假設現狀的價值為 v(s)=0。因為此結果的客觀機率為 1，其主觀機率 π(1)=1。選項 A 的前景為 0。

B、支持開放進口，其結果為 x 的客觀機率為 p、為 y 的客觀機率為 q。選項 B 的前景為兩種結果用主觀機率加權後的預期價值 V(x,p;y,q)=π(p)v(x)+π(q)v(y)。

前景理論雖然認為民眾在估計機率時會有主觀、甚至不理性的情形，然而在主觀機率形成之後，他們做決定的邏輯卻仍然與理性選擇一樣，也就是用預期價值（前景）的相對大小來決定選項。在這裡，只有當

V(x,p;y,q)=π(p)v(x)+π(q)v(y) > 0

成立的時候，民眾才會選擇 B，也就是願意承擔風險，支持政府開放進口的政策。

上式中，如果 v(x) 與 v(y) 均為正值，不等式是一定成立的，民眾會支持開放；如果 v(x) 與 v(y) 均為負值，不等式則一定不成立，民眾不支持開放。但在這裡 v(x)<0 而 v(y)>0，所以不等式是否成立要進一步分析。政府官員決策的依據，是用科學研究的結論認定食安有問題的機率極小，也就是 π(p)=p → 0，如此則 V(x,p;y,q)=π(q)v(y) >0，不等式亦成立，民眾應該

可以放心政府的開放政策，甚至還可以享受食品多樣性的正面價值。這種一廂情願的想法，卻不能讓民眾接受，那是因為民眾做決定時用的不是傳統經濟學的理性選擇邏輯，而是認知心理學前景理論的邏輯。上面說過，前景理論不因為 p 甚小就認為 $\pi(p)=p \to 0$ 而是認為 $\pi(p) > p$，也就是民眾不認為食安問題的負面結果可以完全忽略：風險選項的預期價值必須要把 $\pi(p)v(x)$ 納入考量。

上面作為民眾買單的不等式可以轉換為

$$-v(x) < [\pi(q)/\pi(p)]v(y)$$

注意，這裡 $-v(x)$ 是因食用不安全進口食品所造成的傷害（負值）的負值；因為負負得正，我們可以用 $|v(x)|$ 來代替它。將它代入上式得

$$|v(x)| < [\pi(q)/\pi(p)]v(y)$$

這個不等式是否成立？為了方便討論，我們且根據前景理論的假設做一些數值估計。因為 p 甚小，民眾主觀上會高估它，我們假設 $\pi(p)=0.01$（百分之一）是個合理的估計。再者，因為 p+q=1，所以 q=1-p=0.99 是個甚大的機率，它會被低估，而且它被低估的程度會大於 p 被高估的程度。我們假設 $\pi(q)=0.90$。將 $\pi(p)=0.01$ 與 $\pi(q)=0.90$ 代入上式得

$$|v(x)| < 90v(y) \text{ 或 } |v(x)|/v(y) < 90$$

也就是說，只有那些主觀上認為健康的代價小於美國牛肉或核災地區食品所能帶來的滿足感的 90 倍的民眾，才會願意甘冒風險支持政府的進口政策！只要健康的代價相對於食品滿足感足夠大，儘管致病的客觀機率甚小，因為主觀上其可能性不可忽略，民眾就不會支持政府。注意：這裡

因為致病是「失」而滿足感是「得」，根據前景理論，即使失與得同額，民眾在價值估計上對失去健康的反應還是會更強烈。

讀者們可以自問您健康的代價會小於美國牛肉或核災地區食品所能帶給您的滿足感的 90 倍嗎？如果您的答案是肯定的，您就可以放心支持政府開放進口的政策了。

政府要如何才能說服民眾支持開放進口？

前景理論最為人所熟知的結果，恐怕是它能用來預測人們對待風險的態度。一般來說，因為價值函數的邊際效益遞減，人們在面對「得」的情況比較會想要避免風險（risk-averse），而在面對「失」的情況比較願意承擔風險（risk-acceptant）。這其實不是鐵律，真正的風險態度還是要從比較選項的預期價值來決定。

從馬政府到蔡政府，不論是進口美牛或核災地區食品，最令民眾困惑的是為何在有食安疑慮的情況下，政府仍然那麼亟於開放進口這些食品。雖然媒體猜測政府背後有來自美、日、或世貿組織的壓力，但政府從未曾把不開放進口的後果明確讓民眾知道，因此民眾在做風險決策時，並未嚴肅考慮不支持開放進口的後果。如果民眾清楚知道不開放的負面後果，那他們是不是就會比較願意承擔風險而支持開放進口？要回答這個問題，我們必須將上面的分析略作修正。此時選項 A 的結果 s 的價值不再為 0，而是 v(s)<0，其主觀機率仍然是 $\pi(1)=1$。選項 A 的前景為 v(s)<0。因此，民眾願意支持開放進口、承擔風險的條件是：

$$V(x,p;y,q) = \pi(p)v(x) + \pi(q)v(y) > v(s)$$

因為 v(s)<0，很顯然這個條件會比較容易達到。

相信有不少民眾會同意：台灣受到重要國際友邦和組織反制的代價，

比起美國牛肉或核災地區食品所能帶給個人的滿足感要高出太多了，何況有安全疑慮的食品即使進口，個人也可以不吃。在這種考量下，應該會有更多民眾願意承擔風險、支持政府的政策。

　　政府官員必須了解：當你們以巨額獎金引誘民眾下注公益彩券的時候，你們不能夠同時要求他們不要擔心有安全疑慮的進口食品；當你們用科學方法從事食安風險管理的時候，你們不能夠簡單地認為幾個人死亡和幾個人中獎一樣，是在政府治理可以容許的範圍之內，而冀求民眾支持。本文嘗試說明：民眾不但相信命運甚於相信機會、系統性高估微小機率，對負面結果的反應也較正面結果更強烈。在進口有安全疑慮食品這個議題上，日、韓政府、馬政府都已嚐過苦頭，蔡政府不應該不汲取教訓。真的有國際關係上不得不然的苦衷，應該實話實說，民眾自然會加以考慮。科學是冷酷的，政府不能不尊重科學，但更不能不尊重民眾的思考方式和安全考量。

4-8
從菜市場分流看防疫政治學

劉俐吟、顏維婷————文

　　台灣在 COVID-19 的危機中一直守得很好，直到 2021 年 5 月才真正
經歷第一波的本土疫情。本土疫情爆發之初，很多案例出現了住家附近傳
統菜市場的足跡。如何降低菜市場人流，成為當時各地方政府的難題。

　　在 5 月底政府介入之前，有些業者已自主改變販售模式，希望減少人
與人之間的接觸。例如有米店就重新設計動線，讓取貨和付款可以零接觸；
也有一些社區居民自發按照門牌號碼或身分證字號自主分流。在 6 月 2 日
的記者會上，指揮中心統一指示安心採買守則，包含各縣市政府列管轄下
公有市場要確保實聯制、佩戴口罩、分流管制與維持社交距離，經濟部也
協助傳統市場以電商模式販售，進一步降低病毒的傳播速度。

　　雖然減少人流是明確目標，但地方政府降低菜市場人流的方法卻花招
百出。基隆市在 5 月 30 日率先決定用身分證字號尾數進行自主分流，而
後多個縣市跟進（例如嘉義、台中、桃園、新竹、嘉義、高雄），以民眾
自發遵守為目標，但若民眾無法自行自主，則會強制執行。高雄市在實施
多日之後覺得效果佳，市長陳其邁為了感謝菜市場的自治會與攤商，特別
宣布免收規費和清潔費三個月。

　　雙北一開始並未跟進身分證分流法。台北市 5 月底的決策是市府會協
調市場自治會，希望透過輪流擺攤讓人流下降。至於民眾該怎麼做，市長

柯文哲只在記者會上道德勸說，呼籲買多少去。台北市政府在 6 月 2 日又想出一個點子，決定利用菜市場外圍的攝影機，提供即時影像監視，鼓勵民眾在出門前，透過即時影像來監看菜市場的人潮，若人少再去。不過，顯然對民眾溫情喊話的勸導效果有限，且即時影像監視也沒有發揮預期的效果，人潮並沒有明顯減少。也有菜市場自治會向立法委員陳情，認為台北市政府等於是把分流的責任丟給自治會，但自治會規模人力各有不同，很多人也是攤販，不是每個自治會都有能力自己進行分流。終於在一週後，台北市政府決定也使用身分證尾數來分流市場、超市與賣場，違者祭出傳染病防治法可罰 3,000 ～ 1 萬 5,000 元，若仍無法有效改善人流，則市場需休市一至三天。北市府市場處表示，改變做法強制管控是因為民眾無法「自律」。

新北市長侯友宜同樣也未採取身分證尾數的方式分流，5 月 26 日市長侯友宜公布十六字箴言勸導民眾：「一次買足、減少次數、買好就走、不要逗留」。新北市另外的做法也是將人流管制回歸到各個市場的自治會，要求轄下管制的市場自治會各自提出人流控管計畫，落實分流與實聯制，新北市政府則扮演稽核的角色，若稽查發現市場沒有做到確實分流，就會勒令歇業。新北市的理由是回歸市場自治會自行決定是因地制宜的做法。之後新北市也陸續開鍘懲處了幾個公有市場，以「稽查、嚴懲」來加強落實力度。

由於疫情仍舊沒有受到完全控制，隨著三級警戒再次延期，指揮中心在 6 月 6 日又公布了強化市場人流的管理辦法，包含各地方政府要擴大管制傳統市集至周邊攤販，明定核心營業時間、管制路段，並強化管制出入口，限時採買落實人數管制、實聯制與派員駐守。蔡英文總統 6 月 7 日發表防疫工作談話，再次強調菜市場分流的重要性。

小小的一個菜市場分流政策，呈現出好幾個可以探討的防疫政治學「眉角」。這篇文章試圖從公共政策的角度來討論，為何菜市場的分流政策在各縣市出現巨大差異，背後的意義與可能原因為何。又，為什麼需要

人們自主配合的政策在某些地方成功？某些地方卻失敗了？

菜市場分流，哪種政策工具有效？

　　為何有些政策工具有用？有些無用？為何拜託人民疫情期間不要出門遠行的道德勸說就有用？為何拜託人民不要太常去菜市場就無用？要討論這個問題，首先要先了解的是政府在制定政策（例如分流）時，為了達到預期政策目標（例如菜市場降載），所使用的各種不同的政策工具。一般來說，由政府直接發起的政策工具可分為五種：[1]

一、權威型政策工具（Authority Tools）：政府使用其合法權利要求所屬機關執行上級機關的命令。在防疫政策中，由中央決定警戒標準與規範，並要求地方執行，即是權威工具的一種。

二、誘因型政策工具（Incentive Tools）：政府透過經濟的正向誘因（例如補助）或負向誘因（例如罰款）來達成政策目的。發錢的紓困方案就是藉由正向誘因讓大家盡量待在家不外出工作；未戴口罩出門會被罰款則是透過負向誘因。

三、能力培養型政策工具（Capacity Tools）：由政府提供資訊與資源來培養一般大眾或團體自行達成目標的能力。例如政府不斷教育民眾病毒傳播的方式和保持社交距離的重要性，像某些商家或社區在政府還沒強制分流前，就自主進行分流或是開發出新的販賣付款模式，都可算是自行培力成功的例子。又例如在整體防疫措施中，中央政府提供經費和醫療資源給地方政府自由使用，或是在不違反中央政策框架下給予地方行政裁量權都是能力培養型工

1　改寫自 Schneider & Ingram 的文章。參考文獻：Anne Schneider and Helen Ingram. 1990. "Behavioral Assumptions of Policy Tools." *The Journal of Politics* 52 (2): 510-29.

具的一種。

四、象徵型政策工具（Symbolic and Hortatory Tools）：政府透過訴諸情感的勸導、宣傳或公關的方式來改變民眾的認知與意願，進而自主配合達到政策目標。在宣導端午節不要返鄉這件事，不管是總統的全國談話或是每天指揮中心的記者會，都用了大量的道德勸說。又，陳時中常常說，防疫的成功要感謝大家的配合，都可以算是象徵型工具的例子。

五、學習型政策工具（Learning Tools）：當政府知道問題所在卻不了解如何能夠改變目標群眾的行為時，透過給予地方機關裁量權，以實驗的方式找出最適合解決問題的工具。

政策工具並沒有優劣之分，能否針對目標群眾對症下藥才是決定政策工具有效與否的關鍵。

為了讓菜市場分流，台北市在菜市場出入口設立監視器，就是一個沒有成功對症下藥的政策。檢視這個政策的原意，是要讓顧客在出發去菜市場前，能上網確認人流數，達到自發分流的效果。換句話說，這算是能力培養型的政策工具，希望提供民眾相關資訊，讓民眾自己做出更好的決定。但能力培養型的工具要成功，只有在目標人群知道分流很重要的前提下，提供資訊才能有效改變他們的行為。從疫情爆發後，有好一段時間，期待民眾自發分流的期望一直無法達成，這就代表平常光顧菜市場的民眾，可能對疫情的危機意識沒有那麼高。當台北市政府沒有做到有效的政策溝通或說服，從而改變民眾的危機意識，就算給予監視器畫面參考，也不會改變他們的行為。

另外，菜市場的老主顧們年齡層偏高，這些目標人群是否有上網查看監視畫面的能力，都必須在採用這個政策工具之前納入考量，否則再好的原意都會造成政策工具的失敗以及資源的浪費。在分秒必爭的抗疫過程中，選用錯誤的政策工具，可能造成極大的負面影響。

　　我們從 2021 年 5 月疫情爆發後菜市場分流的規畫可以發現，政策工具通常會搭配使用，而非單一採用。面對像防疫這樣棘手的問題時，採用單一政策工具通常不會有太好效果，多項政策工具並行，比較有可能達到政策目的，並且得以隨著外在環境的改變，針對政策工具的比重進行重新調配。

　　針對菜市場分流一事，我們可以看到政策工具隨著疫情而動態改變。在升三級初期，中央偏向採用能力培養型工具、象徵工具、與學習工具並行，由中央提供群聚的標準，透過宣導請民眾避免菜市場集聚，保留地方裁量權，並由中央對地方提供資源協助，期望地方能夠因地制宜制定分流策略，再透過各地方政府採取的不同措施中互相學習，以找出最適合處理菜市場群聚問題的方式。當 6 月 7 日中央再次頒布強化市場人流的管理方法，就開始比較偏向透過權威型工具，由中央提出明確規範而地方執行。

　　依賴權威型工具雖然可以快速有效率，但若地方能積極行動，從一開始就採取能力培養、象徵、與學習政策工具並行的方式，其實有較多的優點：

第一，各地菜市場的規模以及人流大小不同，由中央統一規範是不可能將各地細節納入考量。

第二，防疫政策的成功，除了政策制定的品質之外，政策執行的能裡也很重要，但執行跟制定通常密不可分，中央政府制定的政策越細，地方政府能夠自行裁量的空間就越小，在現實執行上可能會遇到更多問題。

第三，權威型工具因其強制的特性，較容易引發民間的反彈，如果分流規範是由地方制定，地方政府較能直接跟市場溝通，找出雙方都可以接受的策略，以降低反彈與不服從的程度。當所有規範都由中央制定，就沒有這種優勢。又，強制的政策不代表就是有效的政策，制定出讓人民最小幅度反彈、最大幅度服從的

政策，才是有效的政策。

因此，若地方政府能積極作為，會比目前由中央統一分流標準的方式更加完善。像新北市直接站在強制者的角色去要求各市場自行達標，就是未善用地方政府可以因地制宜來設計政策工具的優勢。不過，菜市場的規畫與分流可能還有選票考量，地方政府在沒有中央背書的情況下，若使用強制手段分流，對現任地方首長的下次選舉或多或少會造成影響。

菜市場分流，到底是中央還是地方的責任呢？

另一個大家也可能會問的問題是，到底進行菜市場分流是誰的責任？是中央的？還是地方的？既然中央可以發布人流管制的管理辦法，為何不在疫情爆發一開始就是由中央主導？在這一波疫情裡，除了菜市場分流之外，也發生過好幾次到底是中央還是地方權責的爭論。究竟在像防疫這種國家緊急危難的處理中，中央與地方權責該如何區分，這個問題不只在實務面有許多爭議，在學術界也尚未取得共識。

從政策工具的角度來看，無論政策決定權在中央或地方，大部分的防疫政策執行都必須仰賴地方政府。若地方政府因任何政治考量而不徹底執行中央決策，那麼決策再好，政策效果都會大打折扣。該次菜市場爭議的上半場，明顯可以看到有些地方政府不需中央指引就把分流的工作做得很好，甚至使用了正向的誘因型政策工具來獎勵攤商，而某些地方政府就選擇不作為。

反之，若中央沒有提供地方所需的資源，在不考慮地方的執行能力便下達政策指令的話，那麼地方當然也無力執行。另外，以台灣的地理環境來看，各縣市之間的人流量高，以中央制定大方向的政策，並給予地方政府適當裁量權，或許是能夠兼顧防疫工作的一致性，卻不失因地制宜優勢的權衡方式。

　　最後，在這一波疫情中，中央與地方間的爭議，也不僅僅是管轄權與責任歸屬之爭，背後更牽涉地方民選官員對上了中央行政官員的矛盾。雖然衛福部長陳時中是政治任命，但疾管署及其背後的系統屬於技術官僚，他們主要的任務是發揮專業知識來完成防疫任務，他們背後並沒有民意基礎，因此回應民意也不是他們的主要職責。但地方民選官員就不同了，他們的背後通常有過半數的民意支持，他們的行動也以尋求民意支持為主，以確保下次選舉得以連任。在有選舉需求的狀況下，民選官員就會以抨擊行政官員的方式來強迫行政官員超速回應他們或是選民的要求，讓選民認為不作為的一方是行政官僚，而積極作為的是民選官員。選舉給了地方民選官員更大的動機，來使用疫情作為贏得選票的誘因。當然這種政治壓力不只來自於反對黨民選官員，執政黨的民選官員與其行政官員之間也有類似的衝突。[2] 當政治與行政的衝突越大，或是當政治凌駕於防疫行政，就越有可能拖累整體防疫的成果。如何在民主國家裡，維持政治人物的課責性以及讓技術官僚保有政策制定的專業性，是所有民主國家的防疫政治都必須處理的政治難題。

2　Kenneth J. Meier. 1997. "Bureaucracy and Democracy: The Case for More Bureaucracy and Less Democracy." *Public Administration Review* 57 (3): 193-99.

4-9

大 COVID 時代
新興傳染病的公共衛生倫理準備

葉明叡、廖偉翔————文

　　COVID-19 疫情至今（2021 年初），台灣已經挺過好幾波的傳染，但全球大流行（pandemic）的事態依舊不減。[1] 除了繼續沉著應對可能的再流行以外，應當趁著比較有餘裕的時候，來思考回顧一些疫情中的倫理難題。以下將透過探討台灣應對 COVID-19 之案例，介紹我們在面對傳染病大流行時主要的倫理考量。[2]

　　在此先說明，學術上被稱為「公共衛生倫理」（public health ethics）的公衛學次領域，就是專門探討政府、組織或個人在遭遇公共衛生挑戰或日常實作中總會面臨的價值取捨時，究竟應該怎麼辦，才能做出更加符合倫理的決策和公衛行動。[3] 對於新興傳染病大流行的倫理準備，過去已經有不少的討論，在這波 COVID-19 的疫情中，也很快地被許多論者重新提出

1　傳染病的流行依其規模可粗分為地方性流行（endemic，如台灣的登革熱）、區域型流行（epidemic，如伊波拉）與全球大流行（pandemic，如流感、COVID-19），同一傳染病可能依時間而變化，如一開始 COVID-19 可能僅是在中國的區域型流行，最終演變為全球大流行。

2　本文主要參考 Smith & Upshur 一文的架構。請見 Maxwell Smith and Ross Upshur. 2019. "Pandemic Disease, Public Health, and Ethics." In Anna C. Mastroianni, Jeffrey P. Kahn, and Nancy E. Kass (ed), *The Oxford Handbook of Public Health Ethics*.

3　可以稱之為商議和決策的倫理品質（ethical quality）。

並加以檢驗。

公衛防疫基本對策

在傳染病大流行初期、仍有許多未知的狀況下，我們的選項其實不太多，主要還是沿襲人類社會自古以來面對傳染病的基本步驟。首先，阻絕可能傳染源、隔離、發布旅行建議與禁令、強制檢驗與治療等，這些也就是中央流行疫情指揮中心（下稱疫指中心）初期所採取的步驟。[4] 為了促進集體衛生安全、避免疫病傳染給大眾的作為，或多或少會對個人的自主意願、行動自由等有所限制，這是公衛政策中典型的「集體目的」（collective good）與「個人權利」（individual rights）之間的兩難，只是在傳染病流行的情境中更為鮮明、迫切。

傳統上主要適用於個別病患的臨床醫學倫理，一旦碰到這類情境就可能較不適用，也就是說，對一個人而言符合倫理的作為，對一群人來說可能會造成巨大的倫理衝突。例如插健保卡就能看光你的出入境紀錄？沒問題！一開始只有醫療機構能看，後來警政單位臨檢八大也能看？沒問題！個人隱私？資料不當連結？等防疫結束後慢點再說……在臨床上面對單一病患，當事人的隱私、自主和自願同意幾乎是最重要的原則，但在防疫上這類重要性很容易被會被排到後面。

每個社會對「集體目的」和「個人權利」之間的均衡會有不同的判斷標準，如果是在民主社會，執政者必須向全民負政治責任，政府的衛生部門因此必須向大眾說明各項公衛作為：一、有其「必要性」（necessity），即某些防疫目的必須透過此項政策才能實現，而無其他更佳方案；二、具備「有效性」（effectiveness），即此項政策基於現在所知的科學和技術，

4　基於我們對於中國資訊的不信任，台灣採取了較為預警的措施，早於世界主要國家採取此類政策介入。事後而言，顯然是正確的做法。

確實能夠達到所欲達成的防疫目的；三、政策預期帶來的效益和傷害之間有「符合比例」（proportionality），以取得一定程度的公共信任和政治支持。以上是當代公衛倫理對公衛政策的普遍基本要求。[5]

由於流行的越初期，對於傳染病的所知越有限，不確定性也越高，因此衛生部門在過去應對傳染病的經驗，以及執政者是否受到人民的信任，就更顯重要。例如2003年台灣經歷過SARS大流行，在事後檢討時就將許多應對疫情的作為制度化，也修訂相關法律確立政策的適當法源依據，所以此次遭遇COVID-19大流行，衛生部門才能快速反應。然而，即使制度條件允許、衛生部門反應快速，也需要大眾積極配合才能真正發揮最大防疫效果。大眾配合的意願，又是建立在相信疫指中心具備足夠能力來有效防疫的基礎之上。兩者若配合得宜，大眾的信任和衛生部門的效能會形成正向增強的關係；反之，則可能會陷入大眾懷疑而不願配合，造成政府防疫效能降低，大眾又更加不信任的負循環。

有限資源的配置

傳染病的流行很容易造成各國健康照護體系很快就超出負載，相比於許多資源不足或未及時在COVID-19爆發早期便公衛介入的國家，台灣到目前為止還沒發展到這個階段，但為了應付最惡劣的局面，此刻應該開始思及在有限資源的狀況下，防疫物資和醫療設備人力應該依照哪些原則來做資源配置（rationing）。事前規畫好，才不至於臨到關頭，必須在強大的時間壓力下做出艱難的決策。

---

5 例如，當全民健保決定納入哪些服務和藥物給付，或是決定醫院診所藥品的部分負擔高低時，就已經依照特定醫療需要、財務能力，對不同群體做出了誰可優先獲得資源、而誰的需要又排到較低順位的決定。不僅台灣，世界各國的公共資助健康體系，包括公醫制度、社會健康保險等，都必須做出類似的日常決定，因為沒有任何一個國家的財政有能力負擔所有人、無止盡的醫療需要。

　　不用等到傳染病大流行，健康體系的資源配置其實早已存在於日常之中，[6] 只是 COVID-19 的流行造成大量檢驗需要，以及比率低但總數大的重症人數，使得日常資源配置的決策顯得更為露骨無情，原本未被言明的優先次序原則，或可能並無特定原則、只是受到偶然因素或特定遊說團體影響的優先次序決定，會被迫攤開在大眾的目光下審視。尤其疫病大流行時間一拉長，不僅醫療需要持續增加，能夠投入的醫療人力也會因為受到感染、過勞等因素而逐漸減損，全球醫療設備、器材以及藥品供應鏈，也可能未能及時重新達到均衡，從而造成整體能夠投入的資源下降。更不用說因為經濟活動衰退而造成的購買力降低，以及其他連鎖負面健康效應。

資源配置的優先次序

　　資源配置應該依照什麼原則來設定優先次序（priority setting）呢？在公衛倫理的決策中，最常用、也最符合直覺的，是以效益主義為倫理基礎的利益最大化原則。效益主義的判斷就是，如果某個政策做下去，相比於其他政策選項而言，最可以促進所有人的總體利益，例如降低 COVID-19 傳染機率，那它就是一個最符合倫理的政策。用最少錢、得到最大總體健康成果（health outcomes），[7] 的成本效益（cost-effectiveness）邏輯，對於多數公衛人士來說幾乎是直觀到不需要解釋，而這正是評估多數公衛政策介入的主要指標。無怪乎觀察涉及健康政策的人，只要一開口就是準備談錢（尤其是省多少錢）。這個原則在傳染病大流行時，似乎也是主流。

6　J. F. Childress, R. R. Faden, R. D. Gaare, L. O. Gostin, J. Kahn, R. J. Bonnie, ... & P. Nieburg (2002). "Public health ethics: mapping the terrain." *The Journal of Law, Medicine & Ethics*, 30(2), 170-178.

7　例如，政策實施下去，可以減少多少傳染、減少多少死亡，或是其他更進階的測量方法，例如可以預防多少「品質校正生命年數」（quality-adjusted life years, QALYs）的損失。

　　還有一種原則是將資源優先分配給病得最嚴重的人，在急診這是「檢傷分類」（triage）的概念。例如就算是先到急診室，但你只是小擦傷在流血（儘管你自己看起來感覺好像流很多），基本上醫院會把你放在旁邊，先去處理隔壁大腿開放性骨折的病人。平時是這樣沒有錯，但是一旦遇到大量傷患湧入事件（如八仙塵爆）或是傳染病大流行時，有限的資源會迫使我們做出艱難的決策，檢傷的規則也可能隨之調整改變。

　　防疫人員也可能獲得優先配置。防疫需要大量醫師、護理師以各類醫療公衛人員，一方面他們是各項防疫作為的必要人力，沒有他們所有政策都推不動，自然要優先保護；另一方面，他們確實暴露於感染風險最高的防疫前線，可以說是為了群體的健康而做出較大的個人犧牲，因此會獲得較為優先的資源配置，一定程度而言算是公平補償。[8]

　　亦有論者認為，面對新興傳染病大流行，所有人的命運都是相似的，因此應該要以完全公平的機率來決定資源配置，例如「抽籤樂透」（lottery）。

公平開放的決策程序

　　不論上述原則之間的均衡在特定社會的結果為何，民主國家的政府都應該要盡力確保決策過程的包容和透明，[9]讓所有可能受到防疫政策影響的利害關係人都參與其中。當然這是極度困難的事情，可能也不是台灣社會面對疫情時習慣的模式。雖然缺少直接證據，但台灣人整體而言對於醫療

8　但是再另一方面，醫療公衛人員本身也有他們自己的專業倫理要求，在面對傳染病大流行時，或許他們本來就有相較於一般人較高程度的義務來救治受感染的病患，這是所有人在入行之前（或是專業訓練過程中）就應該知道的事。

9　World Health Organization. (2016) . *Guidance for managing ethical issues in infectious disease outbreaks*. World Health Organization.

衛生專業的信任度是很高的，傾向於認為交給專業解決沒有問題。[10] 但是至少決策的「透明度」（transparency）應該可以由基本的政策溝通來做到，在 COVID-19 流行正酣時，台灣疫指中心的每日記者會就是一個廣受國際認可、達到積極溝通的範例。

時效性與正當性之辯

在本次 COVID-19 疫情中，我們觀察到，急迫的時效性（意即事態緊急）似乎能自然證成政府擴張或宣稱臨時權力的正當性。然而，我們必須思考的是，伴隨急迫時效性而來的，同時也是堅實科學證據的不足；在此前提下，即使權力擴張是合理的，要擴張到什麼程度，又該有什麼樣的監督和權衡機制，又是否因為事態緊急以致無法獲得充分討論，都是值得仔細考察的重點。另外，當疫情稍微趨緩，這些政府為了因應防疫而暫時擴張的特別權力，例如健保卡串連旅遊史、醫事人員背景等等，人民應該在什麼時間點，用什麼樣的方式要求收回，又是否有可能要求收回？回歸公衛倫理而論，不僅是 COVID-19，任何流行病爆發時，時效性是否足以構成政府擴權的正當性，這正是傳染病公衛倫理必然的緊張，也是我們需要從每一次的疫情中學習的經驗。

大 COVID 時代的公衛倫理

防疫是科學、是專業，而倫理原則的權衡則是活生生的政治決定，也是公衛防疫實作每天必須做的事。我們必須仰賴科學和專業提供證據、各種預估數字以及有效的防疫介入方法，但科學和專業終究無法回答政治問題，政治問題必須由所有人來回答。所有人是誰？這是一個饒富興味的

---

10 至於單純因為政黨政治立場而攻訐防疫策略的那種情形……呃……暫時不討論。

問題，先進國家、國際學界知名人士總是喜歡提及「全球團結」（global solidarity），想望一種橫跨國界、不分群體、全人類面對大流行的共同責任與義務……嗯……嚴格說起來也不能說他們錯，只是，我們台灣人好像對此一理想的蒼白感有特別切身的經驗。

希望本文提出的討論，對於未來可能的辯論有所啟發：假若未來疫情趨緩，我們必須重新審視 2020 年 1 月以來疫指中心各項政策介入以及獲得的巨大權力授權，是否應逐步解除、取消；假若 COVID-19 又興起第二波、第三波的流行，如部分學者所言流感模式化，那麼資源配置的優先次序、公權力介入限制個人權利的範圍，都應該盡量於事前詳加考慮準備。當然，最好的狀況是，這些惡劣情境都不會發生，而本文就只當作思考的小練習──直到下次的傳染病大流行來臨之前。

第五部　威權擴散與中國因素

　　中國因素一直在影響、界定台灣政治競爭的許多面向；近年來，除了台灣之外，中國也透過各種方式對世界上許多地方積極施加影響力。整體而言，中國對外施加影響力的策略有哪些呢？其他國家對此有什麼應對？而台灣在多重影響之下又是否有選擇的可能？

　　本部的第一章由普麟彙整中國近年來在不同領域對外施加影響的策略，並指出美國對中國立場的轉變。接下來的兩章分別聚焦於中國發揮銳實力的作為與威權擴散的可能：其中黃兆年的〈中國「銳實力」的影響與因應〉分析中國銳實力對人類安全造成的威脅，也解釋台灣與美國可以如何應對這些挑戰；普麟與陸離的〈中國的數位威權輸出〉則分析中國在何種商業利益與地緣政治考量下向外輸出威權監控系統，而這些監控設備又對當地國家造成哪些影響。黃兆年的〈當「中國因素」成為全球日常〉可作為本部前半的小結，說明在上述種種策略下，中國因素如何滲入兩岸與國際社會的日常生活中。

　　接下來的文章將焦點由世界其他地方轉回台灣，延續前一章對日常生活的關注，陳方隅在〈面對中國，台灣人選擇麵包或愛情？〉文中分析台灣民眾統獨偏好的理性與感性基礎，說明利益評估、認同、與資訊如何影響民眾的態度。陳宥樺在〈中國會打台灣嗎？〉一文則由中國領導人的角度出發，分析哪些因素可能影響中國領導人對於動武與否的考量，包含民族主義、內部派系、與邊境安全等因素的重要性。王奕婷在〈（被）統一後真能維持現在的生活嗎？〉文中以賽局模型分析倘若台灣被中國統一，台灣民眾是否有可能獲得比現在更好的生活。

　　最後一章回到本部主角——中國——身上，若是威權治理是上述中國

各種作為的關鍵因素之一，那麼我們也想追問，在何種狀況下中國較有可能出現民主轉型呢？顏維婷在〈發大財後一定能民主化嗎？〉解釋經濟發展與民主化之間的關係，並分析為何經濟發展似乎未能帶動中國的民主轉型。

（本部主編王奕婷）

5-1

從國際智庫報告淺談中國影響力以及美國政府對中國政策的轉變

普麟————文

前言

　　川普當選美國總統後於 2017 年底公布了任內第一份《美國國家安全戰略》（*National Security Strategy*），直接點名包括中國與俄羅斯這種所謂的「修正型大國」，正在「採取技術、宣傳和脅迫等方式試圖塑造一個與我（美）國利益和價值觀對立的世界」。[1]2018 年 10 月，副總統彭斯在位於華府的智庫哈德遜研究所（Hudson Institute）發表了關於川普政府中國政策的演講，內容被外界視為是美國對於中國長年以來製造貿易不平等、竊取美國高科技技術、對內侵犯人權以及對外擴張政治影響力的宣戰。川普就任總統之初，外界曾一度認為他對中國的強硬立場或許只是一時魯莽，更有可能的是在不久的將來對中國妥協，而彭斯的演講無疑是直接破解此一猜測。不僅如此，川普政府的執政團隊在任期越接近尾聲時對中國的態度越趨強硬。甚至國務卿彭佩奧於 2020 年 7 月發表對中政策演講時，

1　White House. 2017. National Security Strategy of the United States of America, https://www.whitehouse.gov/wp-content/uploads/2017/12/NSS-Final-12-18-2017-0905-2.pdf; 中文新聞稿可參考：美國在台協會，「美國國家安全戰略綱要」，2017 年 12 月 20 日，網址：https://www.ait.org.tw/zhtw/white-house-fact-sheet-national-security-strategy-zh/。

還公開呼籲世界各國與中國人民一起「改變中國共產黨的行為」，因而被媒體稱之為「新鐵幕演講」。

川普政府在面對中國時，很明顯地與此前的歐巴馬政府有著截然不同的立場，但這樣的改變並非毫無原因。從白宮國家貿易委員會主任納瓦羅以及被川普喻為最具權威的中國專家白邦瑞兩人的著作中，不難看出川普所喊出的「美國優先」（American First）與其中國政策有著非常密切的關係。其中，納瓦羅的《致命中國》（Death by China）一書列舉了中國如何透過各種不公平的貿易手段來獲取鉅額利益，傷害美國的產業發展與就業市場；白邦瑞的《2049百年馬拉松》（The Hundred-Year Marathon）則是反省了美國近四十年來對中國崛起的誤判以及「交往政策」（engagement policy）的失敗，並指出中國的最終目的是要取代美國來領導全球秩序——兩人的著作與建議不但影響了川普對中國的態度，也在往後的政策制定與執行上得到落實。[2]

近年來，政策圈與國際輿論不停在討論川普時代的美中關係到底是競爭（competition）還是對抗（confrontation）？以及，全球政治是否進入了所謂的新冷戰時代？無論是針對此前的川普政府或是新上任的拜登政府，外界對於美國當前的中國政策立場是否為跨黨派共識仍舊持續辯論不休。但從近年來國際各大智庫針對中國議題的研究報告，可以發現政策圈關心的主題與內容已經不同於以往，正逐漸反映出西方國家對於如今的中國更具警惕與批判。本文將簡單介紹近年來由美國、澳洲、日本與歐洲地區等多國智庫與學術機構所公布的中國議題研究報告，並分為「銳實力」、「經貿」與「意識形態」三大面向，同時對照美中關係的發展，讓讀者更容易了解川普政府所採取的各項對中政策背後的基礎。最後將淺談美國學界與中國研究專家對這個所謂「新共識」的看法與辯論，以及拜登政府上任後

2　交往政策又被稱為接觸政策或和平演變政策，指美國透過與中國的交往與互動，試圖讓中國在改革開放之後展開市場與經濟自由化，進一步促成中產階級興起，期待他們成為推動中國民主化的力量。

可能的發展。

銳實力：統戰、「大外宣」與假新聞

　　近年用以分析威權大國如何透過滲透、收買與操弄輿論等方式來威脅民主世界的概念，引發最多討論的莫過於美國國家民主基金會於 2017 年底發布的報告中所提出的「銳實力」（sharp power）一詞。[3] 銳實力非常不同於軟實力，後者強調一國靠著文化、價值觀等吸引或說服其他國家，銳實力雖然也有文化與價值的面向，卻是專指威權政權透過滲透、分化與操弄等方式來影響民主國家的政治運作，例如俄羅斯被控以資訊戰、輿論戰的形式介入與干預美國 2016 年總統大選。除了俄羅斯之外，被點名使用銳實力來影響其他民主國家的威權大國也包括了中國。雖然過去在中文研究圈就有許多從事中國統戰研究的專家關注到此一手段，但直到近年來歐美各國逐漸感受到中國政治影響力之後，才有外國學者直接使用「United Front Work」（「統一戰線」的英文直譯）的概念來討論中國對民主國家的威脅。[4] 例如紐西蘭學者安—瑪麗‧布雷迪（2017）就寫了一本 *Magic Weapon*，形容統戰是中國政府的「法寶」，分析習近平掌權下的中國如何對紐西蘭進行統戰並發揮政治影響力。[5] 美國國會設立的「美中經濟與安全審查委員

3　Christopher Walker and Jessica Ludwig. 2017. "From 'Soft Power' to 'Sharp Power': Rising Authoritarian Influence in the Democratic World," Sharp Power: Rising Authoritarian Influence, National Endowment for Democracy, https://www.ned.org/wp-content/uploads/2017/12/Sharp-Power-Rising-Authoritarian-Influence-Full-Report.pdf.

4　早在銳實力的概念被提出之前，中國共產黨就長於使用類似的手段進行政治鬥爭，也就是通稱為「統戰」的統一戰線工作，除此之外還包括對外的宣傳工作，特別是中國於 2003 年提出「三戰」中的心理戰與輿論戰。

5　Anne-Marie Brady. 2017. "Magic Weapons: China's political influence activities under Xi Jinping," Kissinger Institute on China and the United States, Wilson Center, https://www.wilsoncenter.org/sites/default/files/for_website_magicweaponsanne-mariesbradyseptember2017.pdf.

會」（US-China Economic and Security Review Commission, USCC）也發布
報告，直接點名中國已將統戰的範圍從國內延伸至國際社會，包括美國、
澳洲、紐西蘭以及台灣。[67]加拿大麥克唐納勞里埃研究所（Macdonald-Laurier
Institute）發布的銳實力研究報告中，更進一步批評攏絡、收編、意識形態
審查與散播虛假資訊等中國銳實力活動，毫無疑問是違反道德且遊走在法
律的灰色地帶。[8]

　　上述報告都有提到中國進行國際統戰的領域不但包括政府與政黨，還
有學術圈與智庫、媒體與出版業，以及廣大的海外中國人與留學生社群。
中國不但透過代理人捐助政治獻金、收買政治人物，甚至還有與共產黨關
係密切的海外中國人直接參選，像是澳洲富商黃向墨、紐西蘭國會議員楊
健都是近幾年極具爭議的實例。除了直接影響他國政治圈之外，中國在社
會與文化領域也著力甚深，過去一向被視為是中國軟實力代表的「孔子學
院」，也被美國學界批評是中國意圖控制海外大學校園與輸出官方意識形
態的機構。[9]美國智庫威爾遜中心（Wilson Center）發表了中國政治影響力
滲透美國高等教育的研究報告，除了提到孔子學院之外，還指出中國會透
過外交官員與留學生向校方或教授施壓，以取消涉及「政治敏感」的學術

6　Alexander Bowe. 2018. China's Overseas United Front Work Background and Implications for the United States, U.S.-China Economic and Security Review Commission, https://www.uscc.gov/sites/default/files/Research/China%27s%20Overseas%20United%20Front%20Work%20-%20Background%20and%20Implications%20for%20US_final_0.pdf.

7　相關的研究還包括澳洲學者克萊夫‧漢密爾頓的《無聲的入侵》與加拿大資深媒體人文達峰的《大熊貓的利爪》等兩本著作；台灣的個案則可以參考由吳介民、蔡宏政與鄭祖邦主編的《吊燈裡的巨蟒：中國因素作用力與反作用力》一書。

8　Cole, J. Michael. 2018. The Hard Edge of Sharp Power: Understanding China's Influence Operations Abroad, Macdonald-Laurier Institute, https://macdonaldlaurier.ca/files/pdf/20181022_MLI_China's_Influence_(Cole)_PAPER_WebreadyF.pdf.

9　Peterson, Rachelle. 2017. Outsourced To China Confucius Institutes and Soft Power in American Higher Education, National Association of Scholars, https://www.nas.org/images/documents/confucius_institutes/NAS_confuciusInstitutes.pdf.

活動、研究或教學內容。[10]

　　針對媒體與出版領域，美國國家民主基金會於 2013 年就發表報告指出中國如何藉由影響國際各大媒體機構來延伸其審查制度，報告作者、也是自由之家資深研究員 Sarah Cook 提到，中國除了透過官員直接干預或施壓海外媒體之外，還會經由代理人購買廣告或併購媒體，最終讓這些媒體機構自我審查，像是香港與台灣的主流媒體已經出現上述狀況。[11]《霧鎖中國：中國大陸控制媒體大揭密》一書作者何清漣更指出，中國於 2009 年開始投入大量資金在所謂「大外宣」的海外宣傳計畫，做法是大肆收購或入資國際媒體，以擴大在海外的輿論影響力。[12] 自由之家 2020 年的報告《北京的全球擴音器》（*Beijing's Global Megaphone*）總結了中國如何透過政治宣傳、審查機制與內容發布等手段，將媒體平台與內容控制的範圍延伸至全球，以達成在國際社會塑造對中國有利的觀點與形象之目的。[13]

　　除了傳統媒體，銳實力的影響很大一部分是在網路社群媒體上的輿論戰——特別是近幾年的熱門話題，像是假新聞（fake news）與假訊息（disinformation）。英國牛津大學所執行的「運算宣傳研究計畫」

---

10 例如加州大學聖地牙哥分校（UCSD）就因為在 2017 年邀請達賴喇嘛擔任畢業典禮的主講人，而被中國取消雙方的合作與交流。請參考：Lloyd-Damnjanovic, Anastasya. 2018. A Preliminary Study of PRC Political Influence and Interference Activities in American Higher Education, Wilson Center, https://www.wilsoncenter.org/sites/default/files/prc_political_influence_full_report.pdf.

11 Cook, Sarah. 2013. The Long Shadow of Chinese Censorship: How the Communist Party's Media Restrictions Affect News Outlets Around the World, Center for International Media Assistance and National Endowment for Democracy, http://www.cima.ned.org/wp-content/uploads/2015/02/CIMA-China_Sarah%20Cook.pdf.

12 何清漣，〈何清漣專欄：一份未能出版的中國大外宣研究報告〉，《上報》，2018 年 03 月 21 日。該報告經過改編之後出版成書，請參考：何清漣，2019，《紅色滲透：中國媒體全球擴張的真相》，台北：八旗文化。

13 Cook, Sarah. 2020. Beijing's Global Megaphone: The Expansion of Chinese Communist Party Media Influence since 2017, Freedom House, https://freedomhouse.org/sites/default/files/2020-02/01152020_SR_China_Global_Megaphone_with_Recommendations_PDF.pdf.

（Computational Propaganda Research Project）於 2017 年指出，在台灣關於政治的數位宣傳（digital propaganda）分為兩類，一類是內部議題，另一類則是跨海峽宣傳——特別是關於「統一」言論的宣傳攻勢。該報告也提到，即使台灣身處假新聞重災區，卻沒有在如此慘重的災情中得到免疫。[14] 另外，由新加坡學術機構發表的假新聞研究報告中，還特別提到俗稱「五毛黨」的中國網路大軍現象，例如他們曾經翻牆到蔡英文的臉書粉絲頁留下大量負面言論，以此干擾或癱瘓台灣的社群媒體。[15] 對此，美中經濟與安全審查委員會在 2018 年度報告中明確指出，中國為了削弱台灣民主，在蔡英文政府上任後更是加強對台政戰工作，包括支持反對勢力以及透過網路散布假新聞與不實謠言等手段。[16]

面對中國銳實力無所不在的影響，美國哈德遜研究所在 2018 年的報告就指出，美國應該與其他民主國家盟友共同合作以因應中國對外的政治影響力，報告並特別點出政府應該加強培養民眾的媒體識讀能力。[17] 無國界記者組織則是在 2019 年所發表的報告《中國追求的世界傳媒新秩序》中，建議民主國家政府應要求北京政府停止干預海外記者與媒體，並透過要求公開中國媒體的股東與資金來源等反制措施，以捍衛新聞與言論自

14 Monaco, Nicholas J. 2017. "Computational Propaganda in Taiwan: Where Digital Democracy Meets Automated Autocracy," Samuel Woolley and Philip N. Howard, eds. Working Paper 2017.2. Oxford, UK: Project on Computational Propaganda, http://comprop.oii.ox.ac.uk/wp-content/uploads/sites/89/2017/06/Comprop-Taiwan-2.pdf.

15 Vasu, Norman., Benjamin Ang, Terri-Anne-Teo, Shashi Jayakumar, Muhammad Faizal and Juhi Ahuja. 2018. Fake News: National Security in the Post-Truth Era, S. Rajaratnam School of International Studies, https://www.rsis.edu.sg/wp-content/uploads/2018/01/PR180313_Fake-News_WEB.pdf.

16 U.S.-China Economic and Security Review Commission. 2018. 2018 Annual Report, https://www.uscc.gov/Annual_Reports/2018-annual-report.

17 Parello-Plesner, Jonas and Belinda Li. 2018. The Chinese Communist Party's Foreign Interference Operations: How the U.S. and Other Democracies Should Respond, Hudson Institute, https://s3.amazonaws.com/media.hudson.org/files/publications/JonasFINAL.pdf.

由。[18] 在執行層面上，國際合作因應假新聞的建議也在美國的「全球合作暨訓練架構」（Global Cooperation and Training Framework, GCTF）獲得落實，像是美台於 2018 年 10 月共同舉辦的「培養媒體識讀以捍衛民主」工作坊就是一例。此外，台灣在因應中國銳實力與資訊戰的經驗，也成為民主國家的借鏡，例如美國智庫戰略與國際研究中心（Center for Strategic and International Studies, CSIS）於 2021 年的報告就總結台灣經驗並指出政府運用數位工具來強化資訊溝通以回應假新聞，以及透過教育與培力來加強民眾的媒體識讀能力等，都是美國在處理中國銳實力活動時可以參考的作為。[19]

經貿關係與科技競爭

（一）一帶一路

中國要成功發揮銳實力的影響力，背後不可或缺的因素就是高速成長的經濟實力。中國於近年正式將「一帶一路」計畫升級成國家戰略，整合過去對外的各種投資與開發計畫，系統性對外輸出基礎建設工程。澳洲的洛伊國際政策研究所（Lowy Institute for International Policy）在 2017 年指出，這項戰略的目的是透過在周邊國家進行基礎建設開發案，一方面輸出國內過剩的產能，另一方面更可以推銷中國專屬的工程與技術標準，讓中國穩坐區域的經濟領導地位。[20] 美國智庫蘭德公司（RAND Corporation）

18 無國界記者，2019，《中國追求的世界傳媒新秩序》，網址：https://rsf.org/sites/default/files/cn_rapport_chine-web_final_1.pdf?fbclid=IwAR3wUVV4ptkVeL_hGWnjNK7QEqNz-9PqGC8DfbnPdFZoKBPct_lpbJ1Q1i0.

19 Blanchette, Jude, Scott Livingston, Bonnie S. Glaser and Scott Kennedy. 2021. Protecting Democracy in an Age of Disinformation: Lessons from Taiwan, Center for Strategic and International Studies, https://csis-website-prod.s3.amazonaws.com/s3fs-public/publication/210127_Blanchette_Age_Disinformation.pdf.

20 Cai, Peter. 2017. Understanding China's Belt and Road Initiative, Lowy Institute, https://www.

也指出，中國在一帶一路國家的交通建設與彼此的貿易在統計上呈正相關，同時對交通建設的投資也有利於兩國的貿易發展。[21] 然而，許多一帶一路國家卻因為無力償還中國過於龐大的基礎建設貸款而面臨所謂的「債務陷阱外交」（debt-trap diplomacy），例如斯里蘭卡就是因此被迫於2017年底將漢班托塔港移交給中國九十九年。美國哈佛大學甘迺迪學院的報告認為，中國推動一帶一路的目的之一就是藉此達成「珍珠鏈戰略」（String of Pearls Strategy）以解決麻六甲困境（Malacca Dilemma），並在區域對抗以美國為首的勢力。[22][23] 美國的川普政府於2018年底提出非洲戰略並通過《2018年亞洲再保證倡議法》（Asia Reassurance Initiative Act of 2018），皆被視為是試圖在區域平衡中國日益擴張的政經影響力，特別是一帶一路等投資。[24]

（二）中國製造 2025

除了一帶一路計畫，美國國會研究處於2018年發表的中國經濟崛起

---

lowyinstitute.org/sites/default/files/documents/Understanding%20China%E2%80%99s%20Belt%20and%20Road%20Initiative_WEB_1.pdf.

21 Lu, Hui., Charlene Rohr, Marco Hafner and Anna Knack, 2018. China Belt and Road Initiative Measuring the impact of improving transportation connectivity on trade in the region, RAND, https://www.rand.org/content/dam/rand/pubs/research_reports/RR2600/RR2625/RAND_RR2625.pdf.

22 Parker, Sam and Gabrielle Chefitz. 2018. Debtbook Diplomacy: China's Strategic Leveraging of its Newfound Economic Influence and the Consequences for U.S. Foreign Policy, Belfer Center for Science and International Affairs, Harvard Kennedy School, https://www.belfercenter.org/sites/default/files/files/publication/Debtbook%20Diplomacy%20PDF.pdf.

23 麻六甲困境是由前中共總書記胡錦濤於2003年提出，指中國的海上能源運輸主要經由麻六甲海峽，但此航線會經過西方強權的勢力範圍，又可能會有海盜襲擊，因此確保航運安全以突破麻六甲困境就成為中國政府亟欲解決的戰略難題。

24 請參考：White House, "President Donald J. Trump's Africa Strategy Advances Prosperity, Security, and Stability," (December 13, 2018); U.S. Congress, "S.2736 – Asia Reassurance Initiative Act of 2018," Congress.gov (December 31, 2018).

報告還特別提到另一項中國經濟戰略的計畫——「中國製造 2025」。[25]中國官方宣稱其目的是為了全面提升中國的製造能力，但該報告卻指出此一產業政策的具體手段竟包括竊取西方國家的智慧財產，最終勢必影響美國的經濟利益。同年 6 月，美國白宮貿易與製造業政策辦公室更直接點名中國取得美國智慧財產與高科技技術的目的之一，就是為了達成「中國製造 2025」計畫。[26]事實上，美國貿易代表署早在同年 3 月就發布了針對中國的 301 調查報告，並認為中國的經濟竊密與強迫技術轉移等行為不僅侵犯了美國經濟利益，也違反了世界貿易組織的相關規定，川普更在同一天據此簽署備忘錄，決定對中國進口商品徵收關稅，美中貿易戰爭端因此升級。[27]

（三）竊取智慧財產

　　中國竊取西方國家智慧財產的狀況實際上有多嚴重呢？根據澳洲戰略政策研究所（Australian Strategic Policy Institute, ASPI）與德國墨卡托中國

---

25 Morrison, Wayne M. 2018. China's Economic Rise: History, Trends, Challenges, and Implications for the United States, Congressional Research Service, https://fas.org/sgp/crs/row/RL33534.pdf.

26 Office of Trade and Manufacturing Policy. 2018. How China's Economic Aggression Threatens the Technologies and Intellectual Property of the United States and the World, White House, https://www.whitehouse.gov/wp-content/uploads/2018/06/FINAL-China-Technology-Report-6.18.18-PDF.pdf.

27 USTR 2018. 主要調查內容包括四大面向：一、不公平地強迫美國在中企業進行技術轉移；二、對外企的歧視性限制；三、透過對外投資來進行企業併購以取得關鍵技術；四、透過網路駭客來竊取美國的智慧財產與商業資訊。請參考：United States Trade Representative. 2018. Findings of the Investigation Into China's Acts, Policies, and Practices Related to Technology Transfer Intellectual Property, and Innovation Under Section 301 of the Trade Act of 1974 (March 22, 2018), https://ustr.gov/sites/default/files/Section%20301%20FINAL.PDF; United States Trade Representative. 2018a. Update Concerning China's Acts, Policies and Practices Related to Technology Transfer, Intellectual Property, and Innovation (November 20, 2018), https://ustr.gov/sites/default/files/enforcement/301Investigations/301%20Report%20Update.pdf.

研究中心（The Mercator Institute for China Studies, MERICS）合作發表的報告指出，中國不但未遵守在 2015 年與美國所達成的互不竊取智慧財產協議，反而透過各種手段不斷對美國、德國與澳洲三國進行商業竊密與網路攻擊。[28]ASPI 的研究員周安瀾更指出，中國解放軍自 2007 年至今共派遣高達 2500 多位具有軍方背景的研究人員，前往五眼聯盟國家 [29] 與德國、新加坡等地留學或以學術合作的形式，參與並蒐集包括人工智慧、量子物理等先進科技領域的技術與研究成果。[30] 這些隱匿解放軍背景的研究人員以上述方式將西方國家的技術帶回中國，大大提高了西方戰略優勢的風險。此外，中國政府還透過召募海外留學生與研究人才回國以加速引進外國的先進科技，即俗稱「千人計畫」的海外高層次人才引進計畫。但由於該計畫參與的專家學者有多位涉入間諜案而被美國聯邦調查局盯上，中國才趨於低調。

（四）5G 爭霸

很明顯地，川普政府發動貿易戰的背後並非單純是為了經濟上的利益，想要影響補貼與關稅，而是中國違反了 WTO 遊戲規則並侵犯了美國的智慧財產權，直接影響到美中兩國的產業發展以及在高科技領域的競爭，其中最為關鍵的就是被稱為 5G 的「第五代行動通訊技術」。美國政治顧問公司歐亞集團（Eurasia Group）認為，中國靠著國家投入資源來發

---

28 Segal, Adam. Samantha Hoffman, Fergus Hanson and Tom Uren. 2018. Hacking for ca$h Is China still stealing Western IP?, Australian Strategic Policy Institute and Mercator Institute for China Studies, https://s3-ap-southeast-2.amazonaws.com/ad-aspi/2018-09/Hacking%20 for%20cash_0.pdf?FHTEXSif5qZDfwPoxnAAhTliEw45dMR1.

29 五眼聯盟（Five Eyes）指的是五個英語系國家所組成的情報共享體系，成員包括美國、英國、加拿大、澳洲與紐西蘭。

30 Joske, Alex. 2018. Picking flowers, making honey The Chinese military's collaboration with foreign universities, Australian Strategic Policy Institute, https://s3-ap-southeast-2.amazonaws. com/ad-aspi/2018-10/Picking%20flowers%2C%20making%20honey_0.pdf?H5sGNaWXq MgTG_2F2yZTQwDw6OyNfH.u.

展 5G 技術並取得部分先發優勢，預計國內將於短期內投入商用，不過由於美中在貿易與科技領域的對抗短期看來難以和緩，加上採用中國硬體設備所潛藏的國安問題，美國及其盟友在發展 5G 建設時仍傾向將中國排除在供應商名單之外。[31] 美國 CSIS 的科技專家 James A. Lewis 也指出，美國雖然仍掌握發展 5G 的關鍵技術，但美國及其盟友如今卻面臨了中國在智慧財產權、標準與專利等領域的挑戰，中國甚至還擁有華為與中興通訊兩大 5G 設備供應商，嚴重威脅到美國的科技領導地位。[32]

　　為了因應華為在科技發展上對美國潛在的國安威脅，美國的反制手段包括：2018 年 4 月短暫禁止向中興通訊銷售晶片；8 月川普簽署法案全面禁止政府單位採購華為與中興通訊的設備；隔年 5 月商務部宣布將包括華為在內的 70 多間相關企業納入「實體清單」（Entity List），限制華為取得美國相關技術與產品。在此同時，川普政府也陸續呼籲五眼聯盟的成員以及其他盟國一起抵制華為，加拿大逮捕華為財務長孟晚舟也被視為是美國反制華為的升級行動。2020 年，川普政府進一步對華為實施出口管制，更大幅增加華為取得 5G 零件與晶片的難度，繼任的拜登政府不但並未對華為放鬆管制，而是於 2021 年 6 月簽署行政命令，將包括華為在內的 59 間中國科技公司列為禁制美國企業與個人投資的黑名單；更於同年 11 月通過《安全設備法》（Secure Equipment Act），以避免華為、中興等被視為威脅美國國家安全的企業之設備與產品進入美國的通訊網路。

---

31 Eurasia Group. 2018. Eurasia Group White Paper: The Geopolitics of 5G, https://www.eurasiagroup.net/siteFiles/Media/files/1811-14%205G%20special%20report%20public(1).pdf.

32 Lewis, James A. 2018. How 5G Will Shape Innovation and Security: A Primer, Center for Strategic and International Studies, https://csis-prod.s3.amazonaws.com/s3fs-public/publication/181206_Lewis_5GPrimer_WEB.pdf.

美中兩國的意識形態對抗?

讀者也許會問,美中的「對抗」是否已提升到意識形態層次?美國對於北京無論是違反 WTO 的貿易規則的關切,或是擔憂中國科技公司對世界各國所帶來的潛藏國安問題,背後都反映出兩強陣營在價值上的根本差異。讓美國與其他民主盟友擔心的是,中國政府大力推動高科技領域發展的背後,是為了讓北京的專制政權對社會的掌握更強化、更深入,甚至還能跨越國界。根據多家智庫報告分析,中國正透過「社會信用系統」、以及 AI 與大數據等技術,再結合近兩億個監視器與人臉辨識科技所組成的「天網」系統,讓中國民眾從線上到線下都受到政府無所不在的監控,西方輿論因此稱之為「歐威爾式監控」。[33] 美國詹姆斯頓基金會(Jamestown Foundation)刊登專文指出,新疆當地政府的再教育營建造與採購標案,以及警政、獄政與司法經費的大量增加,正是北京政府對當地維吾爾族人進行監禁與思想改造最有力的證據之一,代表新疆早已成為中國啟用大規模科技監控系統的試驗場。[34]

33 Hoffman, Samantha. 2017. "Managing the State: Social Credit, Surveillance and the CCP's Plan for China," China Brief 17(11), https://jamestown.org/program/managing-the-state-social-credit-surveillance-and-the-ccps-plan-for-china/https://jamestown.org/program/managing-the-state-social-credit-surveillance-and-the-ccps-plan-for-china/; Hoffman, Samantha. 2017a. Programming China: The Communist Party's autonomic approach to managing state security, Mercator Institute for China Studies, https://www.merics.org/sites/default/files/2017-12/171212_China_Monitor_44_Programming_China_EN__0.pdf; Meissner, Mirjam. 2017. China's Social Credit System: A big-data enabled approach to market regulation with broad implications for doing business in China, Mercator Institute for China Studies, https://merics.org/sites/default/files/2020-05/Chinas%20gesellschaftliches%20Bonit%C3%A4tssystem.pdf; Wang, Maya. "China's Dystopian Push to Revolutionize Surveillance," The Washington Post August 18, 2017, https://www.washingtonpost.com/news/democracy-post/wp/2017/08/18/chinas-dystopian-push-to-revolutionize-surveillance/.

34 Zenz, Adrian. 2018. "New Evidence for China's Political Re-Education Campaign in Xinjiang," China Brief 18(10), https://jamestown.org/program/evidence-for-chinas-political-re-education-campaign-in-xinjiang/; Zenz, Adrian. 2018a. "Xinjiang's Re-Education and

　　然而這樣的場景並非只發生在中國。中興通訊在委內瑞拉就與馬杜洛政府合作打造用以監控人民的系統，透過發行新版身分證「祖國卡」與建置資料庫來追蹤人民的行為與各種紀錄。這反映出中國在發展國內的監控系統與「社會信用系統」的同時，也對外輸出技術與具有中國特色的社會控制模式。根據自由之家發布的《2018 年網路自由報告》（*Freedom on the Net 2018*），中國不僅在網路自由是全球倒數第一，甚至還藉由輸出基礎建設與資通訊設備，將這套透過高科技以達成社會監控的模式出口至這些一帶一路國家，間接鞏固當地的威權統治，自由之家稱這樣的發展為數位威權（Digital Authoritarianism）的崛起。[35]

　　在歐洲，德國全球與區域研究中心（German Institute of Global and Area Studies, GIGA）與多所知名大學、研究機構於數年前共同組成了「國際威權擴散與威權合作」（IDCAR）研究社群。[36] 該社群的研究成果指出，對於許多發展中國家的領導人而言，中國不但具有經濟上的吸引力，與北京進行政治結盟也符合其國內外利益；研究成果同時提到，一黨專制的中國相較於俄羅斯而言，傾向於對其他威權國家展現出更多的合作行為。[37][38]

Securitization Campaign: Evidence from Domestic Security Budgets," China Brief 18(17), https://jamestown.org/program/xinjiangs-re-education-and-securitization-campaign-evidence-from-domestic-security-budgets/.

35 Shahbaz, Adrian. 2018. "The Rise of Digital Authoritarianism," Freedom on the Net: The Rise of Digital Authoritarianism, Freedom House, https://freedomhouse.org/sites/default/files/FOTN_2018_Final%20Booklet_11_1_2018.pdf.

36 該社群集合了多位享譽國際的民主化與威權研究專家，以探討國際擴散與合作如何影響不同的威權政權，以及威權擴散與合作的權力機制，研究的國家個案包括了俄羅斯、中國、中東國家等，詳細資訊可參考：https://www.giga-hamburg.de/en/projects/international-diffusion-cooperation-authoritarian-regimes-idcar-network/。

37 Strüver, Georg. 2014. "What Friends are Made of: Bilateral Linkages and Domestic Drivers of Foreign Policy Alignment with China," Foreign Policy Analysis 0: 1–22; Ishiyama, John. 2018. "Understanding the "Gravity" of Authoritarianism China, Russia, and Authoritarian Cooperation," Taiwan Journal of Democracy 14(1): 25–39.

38 針對中國影響力後果的研究已經有不少初步成果，例如有研究發現，中國在非洲南撒哈拉國家投資當地的礦業，但其實並未創造更多的就業機會，反而還因為引

《民主期刊》（*Journal of Democracy*）2015 年的專刊《走向全球的威權主義》（*Authoritarianism Goes Global*）也有文章提到，無論中國的目的為何，其經濟實力與不附帶人權條件的外交援助，對於發展中國家而言，是一個比西方援助更有誘因的選擇，來自北京的資金讓當地的領導人更有辦法拒絕西方的自由民主價值。[3940]

　　美國普林斯頓大學教授范亞倫則指出，相較於在短期內威脅區域和平與穩定的俄羅斯，一樣是專制政權的中國，其對外政策與威脅更多是反映在經濟實力與統戰，從而對以美國為首的西方自由秩序形成更為長期的挑戰。[41] 德國全球公共政策研究所（Global Public Policy Institute, GPPi）與 MERICS 共同發表的報告強調，除了發展中國家，中國的政經影響力也已在歐洲進行擴張，報告並呼籲歐盟國家應該團結並正視這個問題，才能捍衛歐洲所共享的價值與利益。[42] 2019 年，時任美國國家情報總監的丹・科茨（Dan Coats）在該年度《世界威脅評估報告》中也提到，北京的領導人正試圖證明中國模式的威權資本主義相較於西方世界的自由民主價值是一個更好的選擇，中國與西方的差異不僅僅是在物質或經濟利益方面，而是

　　入中國勞工使得當地的勞動就業產生排擠現象，進而影響當地的政局。請參考：Wegenast, Tim., Mario Krauser, Georg Strüver and Juliane Giesen. 2019. "At Africa's expense? Disaggregating the employment effects of Chinese mining operations in sub-Saharan Africa," World Development 118: 39–51.

39 Cooley, Alexander. 2015. "Authoritarianism Goes Global: Countering Democratic Norms," Journal of Democracy 26(3): 49–63.

40 Cooley 2015. 該專刊後來集結出版成專書，請參考：Diamond, Larry., Marc F. Plattner & Christopher Walker. 2016. Authoritarianism Goes Global The Challenge to Democracy. Baltimore, MD: Johns Hopkins University Press.

41 Friedberg, Aaron L. 2017. The Authoritarian Challenge: China, Russia and the Threat to the Liberal International Order, The Sasakawa Peace Foundation, https://www.spf.org/jpus-j/img/investigation/The_Authoritarian_Challenge.pdf.

42 Benner, Thorsten., Jan Gaspers, Mareike Ohlberg, Lucrezia Poggetti and Kristin Shi-Kupfer. 2018. Authoritarian Advance: Responding to China's Growing Political Influence in Europe, Global Public Policy Institute and Mercator Institute for China Studies, https://www.merics.org/sites/default/files/2018-02/GPPi_MERICS_Authoritarian_Advance_2018_1.pdf.

早已走向意識形態層次的對抗。[43]

美國社會對中國政策的新共識

　　2019 年是美中建交四十週年，國際上許多專家或學者也紛紛對美中四十年來的交往進行反省。2018 年 11 月底，美國史丹福大學胡佛研究所（Hoover Institution）發表了研究報告《中國影響力與美國利益：提高建設性警惕》，由民主化研究專家戴雅門與亞洲協會美中關係中心（Center on U.S.-China Relations, Asia Society）主任夏偉共同主筆，內容詳述中國如何利用美國民主社會的開放性，於過去數十年來大舉滲透，從政治圈、學界與智庫，到媒體、企業都可以看見中國的政治影響力，報告更要求美國政府應該對此「提高建設性警惕」。[44] 由於參與該報告的中國研究專家超過三十多位，許多人過去都被視為是美國應與中國進行建設性交往的支持者（俗稱的擁抱熊貓派），以及所謂重量級的「中國通」，像是黎安友、沈大偉、易明與葛來儀，甚至還有知名的政治學者福山，因此被輿論界視為是「美國一整代中國專家的覺醒」。

　　然而學界對中國政府的態度是否也反映在美國政策圈呢？沈大偉指出，雖然共和黨與民主黨在對中政策上的具體細節有所差異，但川普政府上任後接連發表的《國家安全戰略》和《國防戰略報告》都明確地定義中國為美國的戰略競爭對手，他認為如果沒有獲得跨黨派的支持就不可能制定出這樣的策略。他還認為由於川普對中國的強硬態度也得到了國會的支

---

43 Coats, Daniel R. 2019. Worldwide Threat Assessment of the US Intelligence Community, Office of the Director of National Intelligence, https://www.dni.gov/files/ODNI/documents/2019-ATA-SFR---SSCI.pdf.

44 Diamond, Larry and Orville Schell. 2018. Chinese Influence and American Interests: Promoting Constructive Vigilance, Hoover Institution, https://www.hoover.org/sites/default/files/research/docs/chineseinfluence_americaninterests_fullreport_web.pdf.

持，顯示美國國會兩黨在中國政策上已經明顯地形成新的共識。喬治華盛頓大學教授 Robert Sutter 更進一步指出，美國國會兩黨在 2018 年直接批判中國對美國及其利益造成威脅，並支持美國政府對中國採取更強硬的反制手段，甚至當川普可能減輕對北京政府的壓力時（例如解除對中興通訊的制裁），還遭到部分國會議員的反對。[45] 因此，美國國會對中國的態度幾乎可以說是跨黨派，且與美國《國家安全戰略》以及《國防安全戰略》站在一致的立場。

雖然彭佩奧曾說：「美國並沒有對中國發動冷戰或者實施圍堵政策。」但他也點名包括中國在南海的軍事化行動、打壓台灣的外交空間，以及壓迫國內宗教自由與迫害維吾爾族人等侵犯人權的行為，早已引起美國強烈的不滿。[46] 美國除了對中國發動貿易戰外，還發起了包括科技戰與法律戰等幾乎是全面性的對抗，因此有媒體與學者用「脫鉤」（decoupling）、「圍堵」（containment），或甚至是「新冷戰」（New Cold War）等概念來形容或討論當前的美中關係。但正如時任國安會亞洲事務高級主任博明 2018 年 9 月在華府的中國大使館的演講，他直接表明美中現在已經是「競爭」關係，他還特別強調：「自由和競爭的概念為美國民主跟市場經濟的核心；不承認美中為競爭關係，只會引起誤解跟失算。」這句話也可以說是為兩大強權在川普時期的關係下了一個暫時的註解。

從國際智庫近年針對中國的研究報告可以發現，川普政府對中國所採取的政策或反制作為並非毫無研究根據，相反地，已有非常多的研究報告給予支持。這也是為什麼中國議題能在國會獲得跨黨派的支持，甚至在美

---

45 Sutter, Robert. 2018. "Congress and Trump Administration China Policy: Overlapping Priorities, Uneasy Adjustments and Hardening toward Beijing," Journal of Contemporary China 28(118):1-19.

46 請參考：U.S. Department of State, Press Availability With Secretary of Defense James Mattis, Chinese Politburo Member Yang Jiechi, and Chinese State Councilor and Defense Minister General Wei Fenghe, November 9, 2018；中文內容請參考：美國在台協會，美國國務卿邁克·蓬佩奧於美中外交與安全對話上致詞，2018年11月9日。

國泛政治圈與學界也形成如此的共識。[47]

小結與後記：展望拜登政府的中國政策

　　面對中國在各領域的擴張主義，美國政界、學者與智庫對中國的態度，也是經歷了數十年的交往與反省才出現如此轉變；即便仍有部分學者或政治人物對中國政府懷抱著期待，但無論是官方或民間社會都不再認為過去的交流模式是可行且能長期維持的。不過，2020 年拜登的勝選讓美國白宮重新迎來民主黨的總統，由於傳統上民主黨對中國的態度是以合作代替對抗，也讓川普路線的美國對中政策能否在拜登政府時期延續下去增添變數，甚至輿論還出現了拜登政府恐全面轉向對中友善的懷疑論調。

　　拜登就任美國總統後便於 2021 年 2 月與習近平首次通電話，表達了

---

47 其餘的討論還可以參考《外交家》（*The Diplomat*）資深編輯 Ankit Panda 與夏偉、謝淑麗三人的對談。謝淑麗在接受《端傳媒》訪問時就提到，雖然許多美國的中國專家與學者不再相信北京高層，但她對中國仍未完全放棄希望；紐約大學教授孔傑榮（Jerome A. Cohen）也對《BBC》表示他承認過去美中交往政策有其缺陷，但不應該將兩國交往的成果「不分良莠，好壞一起丟」（Throw out the baby with the bath）；丹佛大學教授趙穗生則強調美中兩國都無法承擔「分手」（disengage）的後果，他同時認為競爭不代表對抗（confrontation），更不是戰爭，反而交往（engage）才應該是兩國良性競爭的基礎（Zhao 2019）。《南華早報》則分析霸府政策圈的對中鴿派遭到鷹派邊緣化的過程，其中美國的重量級中國專家、維吉尼亞大學教授何漢理（Harry Harding）表示，即便經過超過 30 年的全面性交往政策，許多美國觀察家對於兩國在各層面的差異已日益感到失望與挫折；何漢理本人的態度也認為美中現在早已處於競爭的過程，雖然同時有著合作的可能，但也存在著對抗的危險。可以參考：Panda, Ankit., Orville Schell & Susan Shirk. 2019. "Competition, Confrontation, or Collision Course? Reassessing US-China Relations," The Diplomat (March 05, 2019); 付航，〈專訪「中美接觸」支持者謝淑麗：美對華政策有缺陷，但我也驚訝於中國現狀〉，《端傳媒》，2019 年 3 月 1 日；孔傑榮，〈觀點：中美建交 40 年美國是否失策 誰是最大的贏家？〉，《BBC 中文網》，2019 年 1 月 7 日；Shi Jiangtao, "The hawks of war: how moderates were shut out of Donald Trump's inner US-China trade circlea," South China Morning Post (July 26, 2018); "Interviewing Professor Harry Harding," Newsletter, NCCU College of Social Science (November 8, 2018).

美國仍會持續強烈關注與因應中國的擴張主義與人權侵犯行為；同時，拜登政府在公開聲明中也表示中國在經濟與安全領域皆對美國形成挑戰，且需要比川普對中政策更有戰略性的視角來處理此一議題。拜登政府在3月所公布的首份《國家安全戰略暫行指南》（Interim National Security Strategic Guidance）也重申將積極因應中國威脅的立場，透過投資國內人民、經濟與民主的做法來強化美國的優勢，從而在與中國的戰略競爭中勝出。[48]

在對中政策相關的人事安排上，拜登政府延續了川普時期的印太戰略概念，找了歐巴馬時期的助理國務卿、重返亞洲（Asian Pivot）戰略的設計者坎貝爾，出任白宮國安顧問蘇利文之下新增的國安會印太事務協調官，此項任命反映出拜登對於印太與中國事務的重視。除了被稱為鷹派老將的坎貝爾進入執政團隊外，拜登還任命了一批新生代的中國通來擔任國安團隊內的中國政策幕僚，包括杜如松、格維茲、拉普—胡珀與拉特納。這批新生代中國政策幕僚除了懂中文、熟悉中國事務外，對中國政府的立場皆屬強硬派。[49] 例如在一份由智庫新美國安全中心（Center for a New American Security, CNAS）於川普時期所發表的《因應中國挑戰》（*Rising to the China Challenge*）報告中，明確指出美國需要重新加強在軍事、經濟與科技等面向的實力，才能因應中國在印太區域所帶來的挑戰，這份報告的作者群就包括了杜如松與拉特納。[50]

48 Biden, Joseph R. 2021. Renewing America's advantages: Interim National Security Strategic Guidance The White House, https://www.whitehouse.gov/wp-content/uploads/2021/03/NSC-1v2.pdf.

49 唐家婕，〈揭密拜登的中国政策幕僚（上）– 鷹派老将与新生代"中国通〉，自由亚洲电台，2021年2月3日，網址：https://www.rfa.org/mandarin/ytbdzhuantixilie/biden-china-team/jt-01292021130218.html；唐家婕，〈揭密拜登的中国政策幕僚（下）– 第一个考题是台海〉，自由亚洲电台，2021年2月3日，網址：https://www.rfa.org/mandarin/ytbdzhuantixilie/biden-china-team/jt-02022021103457.html。

50 Ratner, Ely, Daniel Kliman, Susanna Blume, Rush Doshi, Chris Dougherty, Richard Fontaine, Peter Harrell, Martijn Rasser, Elizabeth Rosenberg, Eric Sayers, Daleep Singh, Paul Scharre and Loren DeJonge Schulman. 2019. Rising to the China Challenge: Renewing American

　　雖然如此，目前任何對於拜登政府面對中國的政策與實際效果的分析仍舊言之過早，但可以預期的是，他在處理中國議題時會採取跟川普不同的手段（例如更加強調與盟友的合作），以及短期內針對川普時期對中國的反制手段並不會輕易解除（例如施加關稅），這些做法都凸顯了美國政界對中國更加謹慎、警覺，並視之為戰略競爭對手的立場。

　　對於台灣而言，美國政策圈對中立場的轉變也反映在川普政府及其後美台交流的升溫，包括雙方高層官員的頻繁互訪、多次的對台軍售案，以及《台灣旅行法》、《2018 年亞洲再保證倡議法》、《台灣友邦國際保護及加強倡議法》與《台灣保證法》等友台法案的通過，這些作為不但有利於台灣的對外參與，更讓台灣在面對北京政府的步步進逼時獲得國際支持。然而在台灣社會內部，由於部分政黨、政治人物與媒體長期以來的宣傳，讓許多台灣民眾對中國的經濟發展仍抱持相當的樂觀與期待，甚至認為唯有擁抱中國才是台灣發展的活路。這樣偏差的認識與理解，不但導致民眾對於國際社會對中國當前的態度與作為缺乏足夠的認識，甚至還有部分民眾對台美的交流密切抱著質疑的態度，疑美論不管是在面對川普或拜登政府都未曾減弱，造成台灣社會在面對中國時常出現「失敗主義」的論調。中國始終未曾放棄對台灣社會與主權的滲透及侵併，台灣民眾唯有正確認識中國與世界──特別是中國對台各種手段背後的政治意圖，才有助於建立起屬於台灣自己的國際觀，也才能支持政府推動各項有助於提升台灣國際地位的對外政策與作為。

Competitiveness in the Indo-Pacific, Center for a New American Security, https://s3.us-east-1.amazonaws.com/files.cnas.org/documents/CNAS-Report-NDAA-final-6.pdf?mtime=20200116130752andfocal=none.

5-2
中國「銳實力」的影響與因應
從「國家安全」到「人類安全」

黃兆年———文

　　中國「銳實力」（sharp power）帶給世界的最大潛在威脅在於：讓民主弱化與衰微，並使威權強化及擴張。在談因應之道之前，必須對其權力運作有所了解。

中國「銳實力」的運作與影響

　　從權力運作的手段來看，銳實力所憑藉的並非「軟實力」（soft power）所訴諸的吸引和說服，而是「硬實力」（hard power）所仰賴的強制與誘因，例如資訊扭曲、假消息散布，或以各種經濟誘因／威脅製造自我審查（self-censorship）、塑造公共輿論，凡此皆涉及對個人自由的壓迫。[1]從權力運作的目的來看，中國對海外民主社會行使銳實力，是為了破壞人們對民主的信任，進而建構民眾對威權有效性或正當性的認同。其具體效果是：中國威權體制本身因對外樹立各種「防火牆」、保持封閉而免於外來文化影響，但民主社會卻因對外開放而易受中國資本與資訊的滲透，此種封閉體系與開放體系之間的不對稱交流，造就了中國威權主義在當代國

1　Joseph S Nye, "How Sharp Power Threatens Soft Power," *Foreign Affairs* (January 2018).

際社會中的外溢效果（spillover effect）。[2]

　　不論從權力運作的手段或目的來看，中國銳實力都涉及個人或群體能否自由選擇其生活方式，亦關乎基本人權與民主原則是否受到侵犯，故不只是傳統意義上個別國家所關切的「國家安全」（national security）問題，同時也是全人類必須共同面對的「人類安全」（human security）問題。

因應之道：對內守護並強化民主體制

　　面對中國銳實力的擴張，美國作為自由世界的領航者，台灣作為美中「新冷戰」的前哨站，恰可聯手應對中國威權主義的外部影響，以維護共同的價值與利益。基本的因應之道在於針對與中國之間的資本及資訊的輸入與輸出做出適當的審視與管理，以求突破甚至扭轉現狀之下威權體系與自由體系之間不對稱的交流結構。

　　對內而言，台美應保護並強化自身的民主體制，使其免於中國銳實力的過度衝擊。首先，在資本輸入方面，台美應謹慎審查中國相關投資或併購案之中有傷害基本人權、言論／新聞自由之虞者。例如北京 2009 年起推出「大外宣政策」，資助國有媒體向海外擴張、鼓勵中資購買或持股當地媒體、大規模投資好萊塢電影，試圖過濾禁忌話題、壓制批評聲音、提升中國形象。然而美國目前對外資的審查，多出於在經濟與安全上能否維持相對優勢的「國家安全」考量，主要聚焦在涉及關鍵技術的高科技產業。但在中國銳實力的影響下，政治上能否保有自由民主生活方式的「人類安全」考量也不容忽視，因此諸如媒體、網路、出版、文化等涉及資訊公共性與觀點多元性的產業，也應考慮納入外資審查時的敏感部門。台灣目前雖未開放中資投資相關產業，但鑑於北京可能透過台商或外資購買台灣媒

2　Christopher Walker and Jessica Ludwig, "From 'Soft Power' to 'Sharp Power': Rising Authoritarian Influence in the Democratic World," in Sharp Power: Rising Authoritarian Influence, (Washington DC: National Endowment for Democracy, 2017), 6-25.

體，當局對相關投資的審查亦應謹慎。

其次，在資訊輸入方面，台美應致力於把外來訊息的來源端透明化、將傳播端課以責任、並對接收端「賦能」（empower）。北京經常透過付費置入內容、直接提供內容等方式遂行其對外宣傳。前者如國台辦及省市政府曾對《中國時報》與《聯合報》提供置入性行銷、中共黨報《中國日報》對《華爾街日報》與《華盛頓郵報》贊助副刊專欄、中美交流基金會對美國智庫及學界提供補助；後者則如中國官媒向海外電台提供免費外語內容、北京被指透過網路散布假消息以影響台美選舉、塑造疫情輿論等。為了避免民眾受表面訊息的蒙蔽與誤導，台美當局不僅應依法要求訊息傳播者揭露資訊來源及背後的贊助者，也應考慮修法要求包括社群網站在內的傳播媒體承擔起事實查核責任並輔以適度的罰則。更重要的是，為了確保民眾享有充分資訊以參與民主，政府除了鼓勵民眾加強媒體識讀與民間事實查核之外，也應考慮強化公廣集團、建立讓民間媒體追求自主與多元的誘因機制，目標是確保公民社會在被外來資訊戰包圍之際仍有替代性的資訊來源。

因應之道：對外反制並弱化威權體制

另一方面，台美對外宜協同理念一致的國際盟友，要求北京鬆綁其威權統治，以促進中國的自由化、民主化。首先，在資本輸出方面，國際社會應適度管制對中國的技術出口，以免特定有助威權統治的先進技術持續流入中國。例如，中共興建「天網」用以監控內部社會，其所需的核心技術與晶片多仰賴包括美國在內的西方國家供應。截至 2020 年底為止，美國商務部已將包括華為、中興、海康威視在內的 275 家中國企業列入出口管制的實體清單，歐盟則計畫提案針對特定產品設立新的出口管制，目的之一即是避免可能被用於侵犯人權的技術流入中國等威權政權手中。除此之外，國際社會也應要求北京取消或降低威權管制，以協助跨國資本順利

進入中國市場。目前美國對中國的貿易訴求多涉及兩國貿易不平衡、中國補貼國內企業、強迫技術轉讓、侵犯智財權等經濟與安全上的考量。然而中國當局也經常以市場准入作為誘餌或威脅，要求包括 Google 在內的跨國企業配合從事媒體內容審查與民眾個資控管，相關當事國或可參考 Google 當年退出中國市場所發聲明，考慮將該些威權管制視為貿易障礙，經由 WTO 對北京共同施壓要求鬆綁。[3]

其次，在資訊輸出方面，國際社會應在促進中國政府鬆綁威權、開放市場的同時，為中國社會注入更多未經「防火牆」過濾、更完整、且更多元的資訊。長久以來，中國政府對外來的書報、網站、乃至影視作品皆採取嚴格的管制及內容檢查，使得置身封閉體系的中國民眾難以完整接收來自開放體系的訊息和觀點，以致其自由選擇生活方式的能力受到壓抑。一旦北京的政經管制進一步鬆動，將使自由體系的資訊更容易進入中國社會，有助於中國民眾取得更充分的資訊來決定自己渴望的生活方式，亦有助於自由與威權的價值在中國內部乃至國際體系展開對等交流與公平競爭，進而有助於中國走向自由化與民主化。

綜合而言，台美面對中國銳實力，或可聯合國際盟友，基於「人類安全」原則畫下一道紅線，並據此針對與中國之間的資本與資訊交流進行適當的審視與管理，以求對內守護並強化民主體制，使其免於中國威權滲透，對外尋求反制並弱化中國威權體制，爭取中國人民及世人對自由民主的嚮往和尊重。

※ 本文初稿發表於「思想坦克」網站（2018 年 11 月 18 日），亦收錄於台灣智庫與全球台灣研究中心（GTI）合辦的「台美如何共同面對中國銳實力？」國際研討會手冊（2018 年 12 月 2 日），修訂後轉載於「菜市場政治學」網站，再度修訂後收錄於本書。

3　Bob Boorstin, "Promoting Free Trade for the Internet Economy," Google Public Policy Blog, November 15, 2010, https://publicpolicy.googleblog.com/2010/11/promoting-free-trade-for-internet.html.

5-3

中國的數位威權輸出

從中國地緣政治利益看「監控絲路」的興起

普麟、陸離————文

前言

　　從 2016 年開始，中國政府對於新疆的治理轉趨嚴厲，不但大量興建「再教育營」，並任意拘留、關押超過百萬名維吾爾族人與其他少數民族穆斯林，還投入數十億美金在新疆各地建置無數的監視器鏡頭與監控設備，透過大數據演算、人工智慧、生物特徵辨識、人臉辨識系統與手機應用程式，來進行無所不在的監控，以數位鎮壓（digital oppression）達成「維穩」的目的。[1] 不過，新疆並非唯一加強監控的地區，從北京、上海到南方與內陸城市，中國政府先後提出「平安城市」、「天網工程」與「雪亮工程」等計畫，讓中國各大城市不但布滿監視器鏡頭，更透過 AI 科技等先進技術讓罪犯與異議人士皆無處可躲。[2]

---

1 Maya Wang. 2019. China's Algorithms of Repression: Reverse Engineering a Xinjiang Police Mass Surveillance App (New York: Human Rights Watch), https://www.hrw.org/sites/default/files/report_pdf/china0519_web5.pdf.

2 A Democratic Staff Report Prepared for the use of the Committee on Foreign Relations United States Senate, The New Big Brother: China and Digital Authoritarianism, July 21, 2020, https://www.foreign.senate.gov/imo/media/doc/2020%20SFRC%20Minority%20Staff%20Report%20-%20The%20New%20Big%20Brother%20-%20China%20and%20Digital%20

　　美國智庫自由之家於 2018 年指出，世界上有越來越多國家開始引進來自中國的審查技術與監控系統，並朝著數位威權主義（digital authoritarianism）的方向發展。[3]2020 年的年度報告更特別點出，在前蘇聯地區包括中亞、高加索與中、東歐等正進入轉型期的國家，如今面臨中國勢力的海外擴張，特別是透過國際宣傳與政經影響力的形式，其中當然也包括數位威權主義的輸出。[4]

　　因此，當中國的政經影響力從新疆一路延伸至中亞與中、東歐，形成一條威權「監控絲路」（Surveillance Silk Road）時，來自中國的監視器與監控設備會對這些國家造成什麼影響呢？另一方面，向外輸出威權監控系統，對於中國自身而言又有什麼樣的商業利益與地緣政治策略呢？最後，本文將藉由回答上述問題，進一步思考面對這些接受中國數位威權模式的絲路國家以及中國本身，自由世界又該如何回應或反制呢？

一樣都是威權輸出，多了「數位」兩個字有差嗎？

　　澳洲智庫「澳洲戰略政策研究所」的國際網路政策中心研究團隊，就針對當前中國科技公司的發展與全球佈局進行深入的調查與研究，並於 2019 年 4 月發布了名為《中國科技巨頭的圖像與行動軌跡》（Mapping China's technology giants）的研究報告。[5]該報告直接指出，許多中國企業在

Authoritarianism.pdf.

3　Adrian Shahbaz. 2018. "The Rise of Digital Authoritarianism," Freedom on the Net 2018: The Rise of Digital Authoritarianism (Washington, DC: Freedom House), https://freedomhouse. org/sites/default/files/2020-02/10192018_FOTN_2018_Final_Booklet.pdf.

4　Zselyke Csaky, "Fragile Institutions Open the Door for Chinese Communist Party Influence," Nations in Transit 2020: Dropping the Democratic Facade, (Washington, DC: Freedom House, 2020), https://freedomhouse.org/sites/default/files/2020-04/05062020_FH_ NIT2020_vfinal.pdf.

5　CDanielle Cave, Samantha Hoffman, Alex Joske, Fergus Ryan and Elise Thomas. 2019. Mapping China's Tech Giants, Australian Strategic Policy Institute, available at: https://s3-ap-

經營上仰賴政府補貼與官方特許，又被中共以黨組織牢牢掌握，還需配合國家的情報工作，諸多如華為與其他所謂「中國國家隊」的科技公司都負有政治目的，即向全球輸出中國治理模式。[6] 研究團隊追蹤了包括阿里巴巴、騰訊、華為與海康威視等十二間中國主要的科技公司在全球的業務與投資，發現這些公司不但協助中國政府侵犯新疆維吾爾族地區的人權，例如建置通訊、監視器與臉部辨識等監控系統；同時，這些中國科技巨頭還在世界各國與當地的專制政權合作，利用中國所提供的科技與網路技術來強化社會控制，導致當地人權與自由的狀況持續惡化，報告中所提到的個案包括辛巴威、委內瑞拉與白俄羅斯，以及由華為在各國所協助建置的「智慧城市」（Smart City）計畫。[7]

　　目前關於威權擴散的研究，對於擴散與輸出的模式多半分為「實質政策或影響」與「價值示範」兩種類型。[8] 所謂「實質影響」是指，由中國提供不附帶人權、環保與民主治理等條件的援助或投資，往往會讓許多非民

---

southeast-2.amazonaws.com/ad-aspi/2019-05/Mapping%20China%27s%20technology%20giants.pdf?EINwiNpste_FojtgOPriHtlFSD2OD2tL.

6　根據《中國共產黨章程》第 30 條規定包括企業在內的組織，「凡是有正式黨員三人以上的，都應當成立黨的基層組織。」第 33 條則規定無論國企、私企的黨組織都要協助企業「貫徹黨的方針政策」，《公司法》第 19 條也規定：「在公司中，根據中國共產黨章程的規定，設立中國共產黨的組織，開展黨的活動。公司應當為黨組織的活動提供必要條件。」此外，中國於 2017 年所通過的《國家情報法》，在第 7 條更規定「任何組織和公民都應當依法支持、協助和配合國家情報工作……」賦予公司與私人企業必須要協助國家從事帶有政治目的的情報工作之法源。

7　Paul Mozur, Jonah M. Kessel and Melissa Chan "Made in China, Exported to the World: The Surveillance State," *New York Times*, April 24, 2019, available at: https://www.nytimes.com/2019/04/24/technology/ecuador-surveillance-cameras-police-government.html

8　相關理論請參考：Thomas Ambrosio. 2010. "Constructing a Framework of Authoritarian Diffusion: Concepts, Dynamics, and Future Research," *International Studies Perspectives* 11: 375-392; Stephen G. H. Hall and Thomas Ambrosio. 2017. "Authoritarian Learning: A Conceptual Overview," *East European Politics* 33(2): 143161; Kurt Weyland. 2017. "Autocratic Diffusion and Cooperation: the impact of interests vs. ideology," *Democratization* 24(7): 1235-1252.

主國家的專制政權更有資源壓制反對勢力，並造成人權與自由的倒退。[9]
除了來自北京的資金，中國的科技公司及其所提供的各式監控技術，更是
直接讓這些威權政府能夠有效進行社會監控，掌握一般民眾的個資、實體
行蹤，以及通訊與網路上的各種紀錄，以預防犯罪之名打壓社會異議者，
直接在當地複製中國的「歐威爾式監控國家」。「價值示範」則是指，中
國的數位威權主義背後所代表的價值觀，讓這些威權國家的領導人印象深
刻，開始公開讚揚中國的社會治理模式，例如辛巴威的前總統穆加比。甚
至，辛巴威政府在面對示威抗議時採取封鎖社群媒體與網路的做法，就與
中國在面對新疆維吾爾族抗爭時的回應如出一轍。[10]

　　在自由之家的報告中，數位威權主義的發展主要包括兩大領域：其一
是濫用網際網路，像是干涉網路言論自由、散播不實謠言、侵犯隱私權等；
其二是利用科技直接監控社會大眾，例如由監視器、臉部辨識與 AI 技術
所結合的「天網」系統，以及用來評估公民信用程度的「社會信用系統」，
而後者的發展更是高度依賴北京政府對於網路的掌控。[11][12]

　　數位威權主義的輸出就如同其他形式的威權擴散，透過威權大國的價
值示範或實質利益讓在地國家在政治發展上朝向威權主義的方向移動，只
是數位威權主義是透過數位與網路科技等手段，讓政府在控制民眾上更為

9　Bräutigam 則認為這些非洲國家原本就由威權政府掌權、人權與自由程度不佳，因此
　　中國的援助並非導致其國內人權狀況倒退的主因。請參考：Deborah Bräutigam. 2010.
　　The Dragon's Gift: The Real Story of China in Africa, Oxford: Oxford University Press.

10　北京政府在 2009 年鎮壓新疆維吾爾族抗爭中，就曾關閉當地網路長達 10 個月的時
　　間。請參考：Edward Wong, "After Long Ban, Western China Is Back Online," *New York
　　Times* May 14, 2010, available at: https://www.nytimes.com/2010/05/15/world/asia/15china.
　　html.

11　Michaelsen 與 Glasius 則是將數位威權主義分成監控系統、隱私權與不實謠言，以及
　　對言論自由的侵犯等三大面向。請參考：Marcus Michaelsen and Marlies Glasius. 2018.
　　"Illiberal and Authoritarian Practices in the Digital Sphere: Prologue," *International Journal of
　　Communication* 12: 3795-3813.

12　Shahbaz, 2018.

直接且有效。甚至，這些在世界各國所蒐集到的龐大數據與資料，又會再回傳至位於中國的資料庫，協助中國政府與科技巨頭公司訓練 AI，不斷強化中國數位威權的科技發展。[13] 自由之家主席 Michael J. Abramowitz 更指出，北京領導人的最終目的是在國際上用威權主義來取代數位領域現有的自由規範。[14]

中國的數位威權輸出：監控絲路

為什麼數位監控會如此有效呢？在數位時代，網路平台與社群媒體使得社會抗爭的參與、串連變得更為快速（例如 2010 年的茉莉花革命）。對於統治者而言，透過數位技術在網路上及早發現並切斷集體行動的串連，甚至以監控系統來掌握每一個個人的「異常」行為，不但可以讓監控成本大幅下降，也可以有效預防可能的抗爭或暴動，這樣的技術因此成為威權政府最趨之若鶩的統治工具。根據研究，數位鎮壓有利於威權統治者進行社會控制，導致人權侵犯與政府濫權的情況急速增加。[15] 而中國不但是利用數位鎮壓來協助實體鎮壓（physical oppression）最惡名昭彰的國家，也是對外輸出這套數位威權統治模式的中心，協助打造出橫跨歐亞大陸的

---

13 Lv 與 Luo 指出，數位威權主義在中國的快速發展，讓這些數位科技巨頭與一般民眾形成極大的權力不對稱與落差，也因此除了中國政府的角色，數位科技巨頭及其所掌握的權力自然也成為亟需關注與研究的對象。請參考：Aofei Lv and Ting Luo. 2018. "Asymmetrical Power Between Internet Giants and Users in China," *International Journal of Communication* 12: 3877-3895.

14 Michael Abramowitz and Michael Chertoff, "The global threat of China's digital authoritarianism," *The Washington Post*, November 1, 2018, available at: https://www.washingtonpost.com/opinions/the-global-threat-of-chinas-digital-authoritarianism/2018/11/01/46d6d99c-dd40-11e8-b3f0-62607289efee_story.html?utm_term=.abb6b87ac8e6.

15 Kendall-Taylor, Andrea, Erica Frantz and Joseph Wright. 2020. "The Digital Dictators: How Technology Strengthens Autocracy," *Foreign Affairs*, March/April, https://www.foreignaffairs.com/articles/china/2020-02-06/digital-dictators.

「監控絲路」。

　　古代的陸上絲綢之路多是從現今的中國到中亞、經由西亞到歐洲，本文所定義的「威權監控絲路」則涵蓋了從中亞繞道高加索、俄羅斯，再轉到中、東歐與巴爾幹等沿線國家，也就是原本在冷戰時的蘇聯及其附庸國等地，如今被自由之家稱為「轉型國家」（nations in transit）。這些國家大部分都是所謂的「後共國家」，至今仍多半位處俄羅斯的影響力範圍，民主發展程度不一，且多數被歸類為非民主國家。在第三波民主化之後，歐盟原本期待以經濟發展與加入歐盟為誘因來吸引中、東歐與巴爾幹國家進行民主轉型、改善人權。確實也有些中歐國家如波蘭、捷克的民主已日趨鞏固。然而當西方國家在 2008 年的金融海嘯載浮載沉，反之中國的經濟崛起，讓這些後共國家對國家發展的方向有了另一個選擇與可以效仿的模式。

　　本文所研究的個案大致與自由之家 2020 年報告的轉型國家相同（但扣除民主發展程度較高的波羅的海國家），關於中國監控系統輸出的數據則採取澳洲智庫 ASPI 的中國監控科技公司資料庫，合作類型包括設立分公司、協助訓練、資通電科技、成立研發中心、研究合作、監控設備以及華為的「智慧城市」計畫，本文將兩者對照後再整理出下表（請參考表 5-3-1）。[16]

　　蘇聯解體後，這些轉型期國家在民主轉型的表現大不相同，較靠近西歐的捷克、匈牙利、波蘭、斯洛伐克等中歐四國的民主表現較好，與俄羅斯較近且受其影響較深的中亞地區與白俄羅斯則是威權國家，其他多個國家如烏克蘭、摩爾多瓦等則是在轉型路上掙扎。自從中國在全球崛起之後，其政經勢力當然也延伸到上述這些地區，無論是來自北京的投資、援助，或是中國的經貿市場都有著非常強大的吸引力，例如習近平上任之後所提出的「一帶一路」計畫參與國幾乎囊括了本文所研究的轉型國家，即便是

---

16 華為的「智慧城市」計畫據稱是以 AI 科技、物聯網與大數據等技術來打擊犯罪、以科技協助城市治理，又被稱為是「安全城市」計畫。請參考：https://chinatechmap. aspi.org.au/#/splash/.

地區	國家	合作範圍	華為智慧城市
中亞地區	哈薩克	設立分公司、協助訓練	V
	吉爾吉斯	協助訓練、資通電科技	V
	塔吉克	協助訓練	V
	土庫曼	監控設備、協助訓練	
	烏茲別克	設立分公司、協助訓練	V
高加索地區	亞美尼亞		V
	亞塞拜然		
	喬治亞		
中歐地區	捷克	設立分公司	V
	匈牙利		V
	波蘭	設立分公司	
	斯洛伐克		
東歐地區	白俄羅斯	協助訓練、成立研發中心、監控設備	V
	保加利亞	設立分公司	
	摩爾多瓦		V
	羅馬尼亞	設立分公司	
	俄羅斯	設立分公司、協助訓練、研究合作、監控設備	V
	烏克蘭		V
巴爾幹半島（東南歐地區）	阿爾巴尼亞		
	波士尼亞與赫塞哥維納		V
	克羅埃西亞		
	科索沃		
	蒙地內哥羅		
	北馬其頓		
	塞爾維亞	設立分公司	V
	斯洛維尼亞		

【表 5-3-1】「監控絲路」沿線國家與中國數位監控合作一覽表

資料來源：International Cyber Policy Centre, Mapping China's Tech Giants (Canberra: Australian Strategic Policy Institute, 2019), https://chinatechmap.aspi.org.au/#/splash/；整理：普麟。

民主發展較好且屬於歐盟會員國的波蘭、捷克、斯洛伐克、斯洛維尼亞等國也都加入其中。無論這些國家的民主轉型進行到何種階段，都能見到中國數位監控滲透的痕跡，特別是反映在那些採用中國監控系統或與中國監控設備供應商合作的國家，例如中國監視器大廠浙江大華科技就分別在波蘭與捷克有子公司，甚至華為也曾在 2017 年協助捷克首都布拉格導入智慧城市方案。[17] 值得一提的是，雖然不能直接從民主程度與地理距離來研判一國與中國在監控領域的合作或交流情況，但很明顯地，目前與中國監控科技公司在各種業務往來最密切的國家仍是「威權鞏固國家」（consolidated authoritarian regime），包括中亞五國、白俄羅斯與俄羅斯。

儘管中國的監控設備長期被批評有資安疑慮與國安風險，但對於許多發展中國家而言，中國在監視器、AI 科技與人臉辨識系統的技術領先無庸置疑，再加上價格相對低廉，「Made in China」因此成為亞洲、非洲與拉丁美洲政府在採購監控系統時的首選。對北京而言，無論是為了中國科技公司的業務發展或是中國的海外商業利益，都必須想方設法將監控設備推銷至海外。為了打開海外市場，中國政府甚至貸款給一帶一路國家以提高它們採購中國系統與設備的誘因。[18] 截至 2019 年，全球有超過 80 個國家採用了中國監控科技公司的系統或設備，這個數字當然也包括了歐美國家的大城市。[19] 然而，根據美國智庫戰略與國際研究中心（Center for Strategic and International Studies, CSIS）的研究指出，華為的「智慧城市」聲稱可以

---

17 Steven Feldstein. 2019. The Global Expansion of AI Surveillance (Washington, D.C.: Carnegie Endowment for International Peace), https://carnegieendowment.org/files/WP-Feldstein-AISurveillance_final1.pdf.

18 Sheena Chestnut Greitens. 2020. "Dealing with demand for China's global surveillance exports," (Washington, D.C.: Brookings Institution), https://www.brookings.edu/wp-content/uploads/2020/04/FP_20200428_china_surveillance_greitens_v3.pdf.

19 Greitens, Sheena Chestnut. 2020. "Dealing with demand for China's global surveillance exports," (Washington, D.C.: Brookings Institution), https://www.brookings.edu/wp-content/uploads/2020/04/FP_20200428_china_surveillance_greitens_v3.pdf.

有效降低犯罪率的說法不但難以驗證，甚至可能被誇大或是有問題的（例如肯亞首都奈洛比在引進智慧城市之後的犯罪率不降反升）。[20] 這也不禁讓人好奇，這些採用了中國設備與技術的監控絲路國家，其國內的政治與社會狀況實際上發生了什麼轉變呢？

「監控絲路」國家的國內政治變遷

在新疆，中國政府透過高科技方式來蒐集個人資訊，無論是在網路上或是實體世界，以牢牢掌握住每一個人的行為模式與蹤跡。為了有效達成以科技進行「維穩」的目標，中國政府投入大量資金並引導相關領域的科技企業參與當地公共安全系統的建置，例如製造監視器鏡頭與設備的海康威視、浙江大華科技，提供人臉辨識系統的商湯科技、雲從科技，以及提供監控系統的華為與中國電子科技集團等，都是中國在監控、安全設備與服務相關產業的指標性科技企業。[21] 因此，從 2019 ～ 2020 年，美國川普政府先後一共制裁了數十間中國科技公司，皆是因為這些企業協助中國政府在新疆建置大規模監控系統，進而參與中共在當地的人權迫害。[22]

---

20 Jonathan E. Hillman and Maesea McCalpin, "Watching Huawei's "Safe Cities"," (Washington, D.C.: Center for Strategic and International Studies, November 2019), https://csis-website-prod.s3.amazonaws.com/s3fs-public/publication/191030_HillmanMcCalpin_HuaweiSafeCity_layout_v4.pdf.

21 Ana Swanson and Paul Mozur, "U.S. Blacklists 28 Chinese Entities Over Abuses in Xinjiang," *New York Times*, October 7, 2019, https://www.nytimes.com/2019/10/07/us/politics/us-to-blacklist-28-chinese-entities-over-abuses-in-xinjiang.html; "New US sanctions on 33 Chinese firms and institutions to take effect on June 5," *South China Morning Post*, June 4, 2020, https://www.scmp.com/news/world/united-states-canada/article/3087460/new-us-sanctions-33-chinese-firms-and-institutions; David Shepardson and Diane Bartz, "U.S. adds 11 firms to economic blacklist over China's treatment of Uighurs," *Reuters*, July 20, 2020, https://www.reuters.com/article/us-usa-china-human-rights/u-s-adds-11-companies-to-economic-blacklist-over-chinas-treatment-of-uighurs-idUSKCN24L1XT.

22 Andrea Kendall-Taylor, Erica Frantz and Joseph Wright. 2020. "The Digital Dictators: How

　　在中亞地區，中國是當地國家最重要的經貿、投資夥伴，反過來看，中亞的天然資源與戰略位置對北京來說也日顯重要。除此之外，雙方更是在打擊恐怖主義與「維穩」等議題上密切合作，例如中國、俄羅斯與中亞五國發起的上海合作組織就是在此一背景下誕生的（之後於 2017 年第一次擴大並加入印度與巴基斯坦）。在「反恐」的名義下，中國與中亞國家除了進行軍事的合作，也包括了社會控制與監控系統。早在 2013 年，華為與塔吉克政府就聯手在首都杜尚貝打造中亞的第一座智慧城市，部分經費來源還是透過上海合作組織向中國貸款。接著在 2018 ～ 2019 年間，包括哈薩克、烏茲別克與吉爾吉斯，都與華為合作在當地進行智慧城市計畫；烏茲別克的智慧城市更是總統米爾濟約耶夫於 2019 年出訪北京、參觀華為的研發總部後，於同年底所引進的，光是單一計畫的金額就高達十億美金。[23] 在 2020 年自由之家針對轉型國家的民主與人權排名的倒數十名中，中亞五國全部上榜，顯示出這些國家在引進北京的監控設備與監視器鏡頭的同時，國內的自由狀況卻是持續惡化。

　　在歐洲，自由之家 2020 年排名倒數第六的是長期由獨裁強人盧卡申科統治的白俄羅斯，早在 2011 年開始就由華為提供白俄羅斯政府所需的監控設備與影像分析系統，並於 2014 年在當地設立研發實驗室，與白俄當地科技公司進行技術合作；於此同時，越來越多證據指出盧卡申科政權正在利用數位科技來系統性地壓制公民社會與異議人士。[24] 鄰近的俄羅斯也同樣上演了威權政府利用科技來壓制社會反對勢力的劇目；2019 年剛與華為簽訂「智慧城市」計畫、且政府相當親中的塞爾維亞，接下來是否也

Technology Strengthens Autocracy," *Foreign Affairs*, March/April, https://www.foreignaffairs.com/articles/china/2020-02-06/digital-dictators.

23 Temur Umarov. 2020. "China Looms Large in Central Asia," (Washington, D.C.: Carnegie Endowment for International Peace), March 30, https://carnegie.ru/commentary/81402; Yau Tsz Yan. 2019. "Smart Cities or Surveillance? Huawei in Central Asia," *The Diplomat*, August 07, https://thediplomat.com/2019/08/smart-cities-or-surveillance-huawei-in-central-asia/.

24 Cave et al. 2019.

會出現上述狀況，或甚至擴散到其他中、東歐與巴爾幹國家，就成了未來觀察的重點。

雖然「監控絲路」沿線國家在數位監控與社會控制方面的「中國化」程度高低不一，但已經可以明顯觀察出中國數位威權模式在當地的擴散與引起的效仿，那麼，這對中國自己而言，又有什麼實際利益或戰略考量呢？

中國在「監控絲路」沿線國家的地緣政治利益

2017 年 5 月，中共中央總書記習近平在首屆「一帶一路」國際合作高峰論壇上，提出「二十一世紀的數字絲綢之路」概念後，同年 12 月於浙江烏鎮的第四屆世界互聯網大會上，隨即發起《「一帶一路」數字經濟國際合作倡議》，並與哈薩克、土耳其、波蘭、捷克、塞爾維亞、匈牙利等 16 國簽署備忘錄，將這條由一帶一路開展的「監控絲路」正式條約化。[25] 就中國戰略利益的重要性而言，「監控絲路」沿線的中亞與中、東歐兩大區域，應該分別從不同的脈絡來理解。

首先，「監控絲路」在中亞的覆蓋區域，與兩條重要能源命脈完全疊合：中國新疆阿拉山口市－哈薩克阿特勞州石油管線、中國新疆霍爾果斯市－亞塞拜然巴庫天然氣管線。根據美國能源情報署統計，中亞五國西倚的裏海地區，石油蘊藏量僅次於中東地區，可達 480 億桶，天然氣 292 兆立方。[26] 天然氣被北京視為主要潔淨能源之一，到了 2018 年已占中國能源

---

25 這 16 國當中，非洲有埃及；亞洲有哈薩克、沙烏地阿拉伯、阿拉伯聯合大公國、土耳其、孟加拉、寮國、南韓；歐洲有英國、波蘭、捷克、塞爾維亞、匈牙利、愛沙尼亞；中南美有古巴、祕魯。黃勇，〈數字絲綢之路建設成為新亮點〉，《人民日報》，2019 年 4 月 22 日，http://finance.people.com.cn/BIG5/n1/2019/0422/c1004-31041928.html.

26 US Energy Information Administration, "Overview of oil and natural gas in the Caspian Sea region," August 26, 2013, https://www.eia.gov/international/content/analysis/regions_of_interest/Caspian_Sea/caspian_sea.pdf.

結構 23%，其中由陸路天然氣管道供應在 2020 年達 550 億立方之譜，當中的 94% 都來自中亞裏海地區；土庫曼現已成為中國管線天然氣最大來源國，緊接在後的是烏茲別克與哈薩克。[27] 再來就地緣位置來看，中亞地區為新疆外環，有民族親近性，中國協助區域國家鎮壓其國內反政府勢力，將動盪遏制於境外，藉此避免各種思潮行動延燒到新疆。其中，吉爾吉斯、塔吉克為中國通往中巴經濟走廊與阿富汗的必經之地，解放軍現已進駐鄰近瓦罕走廊的扼制點，控制了往來新疆喀什與巴基斯坦的通道。[28] 哈薩克、土庫曼兩個裏海能源國，再加上烏茲別克，皆位於東亞通往伊朗的要道沿線；隨著未來中國與伊朗長達 25 年的合作協議簽署，中亞勢將成為伊朗輸油管通往中國的必經之地，成為北京影響力深入波斯灣的輻輳之地，而伊朗若有意將油管延伸至印度，位於樞紐的中亞或將導入另一種潛在的中印競合因素。[29]

27 Stephen O' Sullivan. 2019. China: Growing import volumes of LNG highlight-China's rising energy import dependency (The Oxford Institute for Energy Studies), https://www.oxfordenergy.org/wpcms/wp-content/uploads/2019/06/China-growing-import-volumes-of-LNG-highlight-China%E2%80%99s-rising-energy-import-dependency.pdf; Simon Pirani, Central Asian Gas: prospects for the 2020s (The Oxford Institute for Energy Studies, December 2019), https://www.oxfordenergy.org/wpcms/wp-content/uploads/2019/12/Central-Asian-Gas-NG-155.pdf; Wenran Jiang, China's LNG Market: Past, Present and Future (Canadian Global Affairs Institute, August 2019), https://www.cgai.ca/chinas_lng_market_past_present_and_future; APEC 能源國際合作資訊網，〈APEC 各會員體能源資訊分析〉，2020 年 8 月 8 日檢視，https://apecenergy.tier.org.tw/energy2/china.php；劉佳，〈中國天然氣進口氣源更加多元〉，《新華社》，2019 年 8 月 1 日，http://www.xinhuanet.com/energy/2019-08/01/c_1124823224.htm。

28 Gerry Shih, "In Central Asia's forbidding highlands, a quiet newcomer: Chinese troops," *Washington Post*, February 19, 2019, https://www.washingtonpost.com/world/asia_pacific/in-central-asias-forbidding-highlands-a-quiet-newcomer-chinese-troops/2019/02/18/78d4a8d0-1e62-11e9-a759-2b8541bbbe20_story.html.

29 Farnaz Fassihi and Steven Lee Myers, "Defying U.S., China and Iran Near Trade and Military Partnership ," *New York Times*, July 11, 2020, https://www.nytimes.com/2020/07/11/world/asia/china-iran-trade-military-deal.html.

相較於中國政府在中亞所打造的「威權換能源」共生結構，中國在歐洲的「監控絲路」推展則反映出其經略外交的意圖。在歐洲，附麗於「中國─中東歐合作框架」之下，自 2019 年希臘加入後，這個一帶一路下的中、東歐「16+1」機制已擴張至南歐，成為「17+1」，當中 12 國都是歐盟成員國。（2021 年 2 月立陶宛國會傳出欲退出的消息後，可能倒退回「16+1」。）[30] 這些國家都有一個相同特徵：它們要不是前蘇聯共和國或衛星國，就是 2008 年金融海嘯過後重傷的歐豬國家，在經濟發展上落後於西歐國家，對於德法主宰的歐盟經濟秩序已感不耐，希望向外尋找新的融資挹注或市場。這些歐洲統合過程當中產生的裂縫，讓北京得以趁虛而入。隨著美國反制中國技術竊取的政策一一出爐，「17+1」對於中國能否突破技術封鎖將至關重要。透過經濟作為掩護，中、東歐可當作中國進入歐盟申根區的破口，利用「監控絲路」作為跳板持續蒐集情報，同時深化各種技術合作，持續吸收西方軍民兩用的新興科技。再者，中國透過雙邊協定各個擊破，裂解歐盟經濟主體性，不但能達到分化目的，也能有效抵銷來自歐盟的國際壓力，把涉及北京利益的爭議性議題「和諧」掉，例如匈牙利、希臘、克羅埃西亞、斯洛維尼亞，早在 2016 年南海仲裁案出爐時，就對南海問題不置可否，甚至反對干涉。希臘 2017 年還在聯合國阻撓歐盟針對中國人權問題發表聲明。[31]

---

30 「17+1」中的 17 國，指的是波蘭、捷克、斯洛伐克、匈牙利、斯洛維尼亞、克羅埃西亞、羅馬尼亞、保加利亞、愛沙尼亞、立陶宛、拉脫維亞、塞爾維亞、蒙特內哥羅、北馬其頓、波士尼亞與赫塞哥維納、阿爾巴尼亞以及 2019 年加入的希臘。

31 Robin Emmott, "EU's statement on South China Sea reflects divisions," *Reuters*, July 15, 2016, https://www.reuters.com/article/southchinasea-ruling-eu/eus-statement-on-south-china-sea-reflects-divisions-idUSL8N1A130Y; Robin Emmott and Angeliki Koutantou, "Greece blocks EU statement on China human rights at U.N.," *Reuters*, June 18, 2017, https://www.reuters.com/article/us-eu-un-rights/greece-blocks-eu-statement-on-china-human-rights-at-u-n-idUSKBN1990FP; Mark Leonard et al., "Redefining Europe's Economic Sovereignty," (European Council on Foreign Relations, June 2019), p.3, https://www.ecfr.eu/page/-/2_Redefining_Europe%E2%80%99s_economic_sovereignty.pdf.

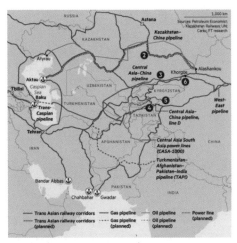

【圖 5-3-1】中國裏海油氣管線

說明：從阿拉山口到阿特勞為石油管線／穿過霍爾果斯到巴庫為天然氣管線。圖片來源：Jack Farchy & James Kynge, "Map: Connecting central Asia," *Financial Times*, May 10, 2016, https://www.ft.com/content/ee5cf40a-15e5-11e6-9d98-00386a18e39d.

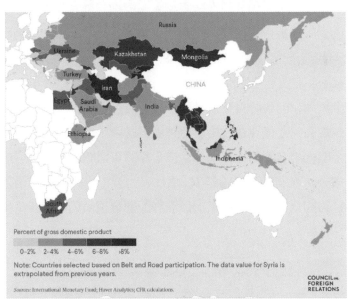

【圖 5-3-2】一帶一路國家 2017 年自中國進口貿易額 GDP 占比

圖片來源：Andrew Chatzky and James McBride, "China's Massive Belt and Road Initiative," (New York: Council on Foreign Relations, January 28, 2020), https://www.cfr.org/backgrounder/chinas-massive-belt-and-road-initiative.

結論：給民主國家的政策建議

無論是中國或辛巴威政府透過控制網路與社群媒體來防止群眾在社會抗爭中組織、串連，或是香港「反送中」抗爭中有 Telegram 群組被政府所掌握（甚至是 Telegram 本身受到來自中國的大規模 DDoS 攻擊）等事件，都反映出當代公民社會的抗爭者在面對威權政府時出現極大的資源與科技不對稱。這套由北京所打造的數位監控系統，讓許多威權政府找到一種低成本、卻不一定符合歐美民主人權標準的維穩工具，例如中亞國家就將中國輸出的資訊關鍵基礎設施視為一帶一路的經濟發展配套，在能源結構與地緣政治等因素的影響下面對中國的投資與援助幾乎是照單全收。

話說回來，抵抗中國數位威權在全球的擴張，並非毫無希望。《紐約時報》的報導指出：「……把海康威視公司列入美國黑名單。這也標誌著川普第一次因為一家中國公司在監視和大規模拘禁維吾爾人——一個主要是穆斯林的少數民族——所起的作用而加以懲罰。」[32] 這個趨勢即便到了 2021 年拜登政府上台之後，大方向仍然沒有改變。那麼，在新疆的監視器鏡頭與美國的制裁又有什麼關係呢？

事實上，北京的最終目標就是要建立符合「中國模式」的網路治理型態以及科技規範：不僅要在技術上超越歐美國家，還要在高科技領域的規範與價值上取代現有的西方標準。當代全球的資通訊產業早已形成複雜但完整的跨國分工產業鏈，無論是 IC 晶片、智慧型手機或是監視器材，生產過程都是跨國分工的，但實際上目前許多關鍵技術仍掌握在美國手中。

---

32 Ana Swanson and Edward Wong, "Trump Administration Could Blacklist China's Hikvision, a Surveillance Firm," *New York Times* May 21, 2019, available at: https://www.nytimes.com/2019/05/21/us/politics/hikvision-trump.html；中文版報導可參考：Ana Swanson、黃安偉，〈美國或將中國影像監控巨頭海康威視列入黑名單〉，《紐約時報》，2019 年 5 月 22 日，網址：https://cn.nytimes.com/usa/20190522/hikvision-trump/zh-hant/

因此，中國於 2015 年提出「中國製造 2025 」，同時又於近年來大力推動 IC 晶片的自主製造，以及 5G 行動通訊與 AI 等技術的發展，甚至不擇手段對歐美企業進行竊密，就是希望在全球科技爭霸的比賽中快速取得優勢，並且擺脫對美國的技術依賴。

美國在川普政府時代對中國祭出了關稅手段大打貿易戰，從 2018 年開始以危及國家安全為由盯上華為之後，又於 2019 年 5 月禁止美國企業採用被認為將對美國國家安全造成危害的外國電信公司，繼美國商務部將華為加入制裁名單後，許多科技大廠包括 Google、ARM 也暫停對華為技術支援。美國甚至聯合民主盟友對中國企業進行制裁或封殺，究其背後，除了因為許多中國企業常涉及侵犯智慧財產權與商業竊密，另外也有國家安全的疑慮與考量，更因兩強科技爭霸被外界形容是「科技戰」。[33] 就像《紐約時報》在報導中所提，如果美國考慮限制提供零件與技術給海康威視的做法屬實，此舉勢將影響其監視設備的出貨與業務運作，也讓阻止中國數位威權的擴散出現更多的可能。[34]

除了美國所實施的制裁手段之外，民主國家陣營還需要理解到「監控絲路」的出現是供需媒合的結果，要從自身的民主機制找尋可能的因應方案：由這條「威權供應鏈」的國際供需兩端分別反制，提高威權國家「科

33 *The Economist*. "Huawei has been cut off from American technology," May 25, 2019, available at: https://www.economist.com/business/2019/05/25/huawei-has-been-cut-off-from-american-technology; David J. Lynch "How the U.S.-China trade war became a conflict over the future of tech," *The Washington Post* May 22, 2019, available at: https://www.washingtonpost.com/business/economy/how-the-us-china-trade-war-became-a-conflict-over-the-future-of-tech/2019/05/22/18148d1c-7ccc-11e9-8ede-f4abf521ef17_story.html?utm_term=.bb5deb4bdfcb.

34 Arjun Kharpal "US takes aim at Chinese surveillance as the trade war becomes a tech war," CNBC May 26 2019, available at: https://www.cnbc.com/2019/05/27/china-mass-surveillance-state-technology-at-center.html; Cassell Bryan-Low, Colin Packham, David Lague, Steve Stecklow and Jack Stubbs, "Hobbling Huawei: Inside the U.S. war on China's tech giant," *Reuters* May 21, 2019, available at: https://www.reuters.com/investigates/special-report/huawei-usa-campaign/#article-the-5g-fight.

技鎮壓」的總成本，藉此抵銷中國輸出「監控絲路」的優勢，特別是要透過不同層級的法律途徑做系統性回饋，以法治來引導商業競爭，自然汰除違反人權的企業。其主要目的，即是使需求方失去購買誘因，同時在供給面增加替代彈性，協助國際商業環境「新陳代謝」。以下試擬民主國家可採取的反制作法，包括：

一、強化國際人權法應用於新興兩用科技（dual-use technologies）侵害人權的國際實踐（特別是生物特徵）：例如透過民主國家國際合作、結合國際公民團體，從《經濟社會文化權利國際公約》（ICESCR）及《公民權利和政治權利國際公約》（ICCPR）的共同第五條去發展新型民主治理防衛機制。

二、透過補強國內個資法、敏感科技管制措施來擴散國際私法實踐：例如從歐盟的《一般資料保護規定》去進一步發展讓企業「有感」的防衛機制。這類「懲罰」相關企業的手段或將涵蓋市場阻卻所帶來的商業損失，以及未來其潛在競爭者取而代之的高昂「機會成本」，例如將可能協助「監控絲路」進一步發展的兩用科技納入管制，特別是歐盟的《軍商兩用貨品及技術出口管制清單》及美國《武器貿易管制條例》。

三、擴大《全球馬格尼茨基人權問責法》適用範圍：美國應鼓勵民主國家推動各自版本的《全球馬格尼茨基人權問責法》（The Global Magnitsky Human Rights Accountability Act），並提出相應的制裁方式，例如美國財政部的外國資產辦公室（Office of Foreign Assets Control, OFAC）或可進一步將「監控絲路」的供應商負責人與進口國政府要員納入「指定制裁名單」(Specially Designated National List, SDN)。

四、以「民主供應鏈」替代「威權供應鏈」：因應措施應作為美國倡議的「乾淨網路」（Clean Network）之一部分，由三種行為者組

成聯盟推動全面汰換，包括國際法主要塑造者（美國、歐盟）、民主情報聯盟（五眼聯盟）、產業龍頭國（台歐美日韓等）。但是該如何確保這些產品不會被濫用，將是技術面與法制面需要加以解決的難題。或許透過 5G 技術與區塊鏈技術，未來有機會創造出去中心化、即時問責的安全監控供應鏈網路。

　　就如同在武漢肺炎的防疫表現上獨步全球一樣，關於「監控絲路」的議題，台灣可以利用長期在民主前線對抗中國滲透、威脅的獨特優勢與經驗，在全球民主國家陣營內扮演經驗分享與協助反制的角色。台灣在政策上有兩大方向可以持續推動：首先，政府已經配合美國的立場，在 2018 年時宣布八大關鍵基礎設施產業禁用包括華為在內的科技產品，接著是將此一立場徹底落實在各級機關單位以及未來的相關政府採購（特別是政府數位設備採購的中國因素問題至今仍層出不窮）；此外，由於台灣本身在國際市場就有不少知名的安全監控設備品牌，惟過去受到中國大廠的競爭而發展受限，如今在美中科技角力的同時，我政府或許可以加強挹注、支持本土安全監控產業的發展，並配合「民主供應鏈」的思考，再次打開國際市場。[35]

　　上述的政策建議都建立在全球主要民主國家願意在捍衛自由價值的前提下進行合作。雖然目前就全球 5G 科技的發展進程來看，以美國為主的五眼聯盟國家和德國、法國等歐盟國家在面對華為時的態度與實際做法仍有明顯差異，但歐美國家之間仍須積極溝通、尋求合作，才能有效因應中國的數位威權輸出以及「監控絲路」等相關議題。拜登上台後的美國政府能否重新以多邊合作方式來因應中國的數位威權擴散，將是未來幾年世界局勢改變的關鍵所在。

---

35 Victor Lin Pu. 2019. "Taiwan Can Profit from the US-China Tech War," *The Diplomat* October 15, available at: https://thediplomat.com/2019/10/taiwan-can-profit-from-the-us-china-tech-war/.

5-4
當「中國因素」成為全球日常
「建構主義」的警示

黃兆年———文

　　2016 年台灣總統大選前夕，周子瑜只因在韓國綜藝節目上手持小型中華民國國旗，便遭遇龐大的中國民族主義輿論壓力，最後被迫公開道歉。2020 年武漢肺炎（COVID-19，或稱新型冠狀病毒肺炎）疫情期間，友邦邀請台灣以觀察員身分參加世界衛生大會（WHA）的提案，持續面臨北京方面「一個中國原則」的打壓，使台灣一再被拒於門外。小到個人言行，大到國際參與，我們不斷看到中國政府在兩岸與國際社會致力於把台灣「中國化」的各種作為，使台灣的國際處境日益艱難。

　　本文試圖從國際關係領域中的「建構主義」（constructivism）觀點，[1]解讀中國當局對台灣國際角色的打壓，同時指出「中國因素」可能產生的「建構式言論審查」（constitutive censorship）效果，希望有助於思考台灣的因應之道。

1　「建構主義」強調思想或觀念（ideas）在國際體系中的作用，建構主義者傾向把國際體系理解成一種社會體系或文化體系，行為者在既有的思想或觀念體系的影響下建構出自己的身分和利益，另一方面也透過互動去影響其他行為者的思想或觀念，進而塑造或改變國際結構。有關建構主義的詳細介紹，可參閱各大國際關係教科書。

從國際場域向庶民生活進擊

　　在過去，中國政府對台灣國際身分的打壓，集中在以國家行為者（state actors）為主體的正式國際場域之中。例如要求與中國建交者必須遵守「一個中國」政策、阻礙台灣參與各種國際組織與國際活動、頂多允許台灣以被矮化的「中華台北」名義申請加入，其目的不外乎建構出「世界上只有一個中國、台灣是中國一部分」的國際認知體系。

　　近幾年來，北京當局開始把對台灣國際角色的打壓，轉移到商業場域之中、甚或是日常生活之中的非國家行為者（nonstate actors）身上。亦即利用中國市場的龐大商機與經濟誘因，驅使或脅迫各行各業的企業家以及從業人員，協助中國政府在各領域封殺台灣或中華民國，藉此塑造世界對台灣國際地位與兩岸關係發展的理解與認知，最終達到建構「一個中國」意象的政治目的。

盤點日常生活裡的「中國因素」

　　本文將以中國政權打壓台灣國際角色作為觀察點，檢視中國因素近幾年來如何透過商業互動滲入兩岸與國際社會的日常生活各層面，以下分別就食、衣、住、行、育、樂進行簡單的盤點與回顧。

一、「食」的方面：2016年台灣政黨輪替之後，海霸王即擔心被北京認定為「綠色台商」，特別在年底登報表示「堅定支持九二共識、兩岸同屬一個中國」，此案被各界指為「許文龍案的翻版」。2018年85度C因為蔡英文總統「路過」其美國門市，麵包師傅吳寶春因為要赴上海展店，分別被中國網友貼上「台獨企業」與「台獨麵包」的標籤，陸續被迫聲明支持「九二共識」與「兩岸一家親」。2019年香港「反送中」運動期間，一芳水果茶的香港

加盟門市宣布加入罷工行列，一芳的官方微博隨即發文表達「支持一國兩制、譴責罷工」。

二、「衣」的方面：義大利的 Versace、法國的 Givenchy、美國的 COACH、以及 Gap 等國際知名服裝品牌，只是因為在印有城市與國家名稱的 T-shirt 上把香港、澳門、台灣與中國並列，或者只是在印有中國地圖的 T-shirt 上未顯示台灣的位置，就接連被中國網友群起撻伐，最後不得不公開道歉、聲明尊重「中國主權及領土完整」。

三、「住」的方面：萬豪酒店集團於 2018 年中片面將其 SPG 訂房系統（簡體中文版）中的「台灣」改為「中國台灣」，據網友統計共有 25 家台灣飯店的所在地被標記為「中國台灣」，包括 W 飯店、台北雅樂軒、台北中和福朋喜來登、新竹喜來登等，此舉引起部分飯店業者與消費者的抗議和抵制。此外，位於斯德哥爾摩的喜來登飯店，曾在 2019 年拒絕我國駐瑞典辦事處租借場地、舉辦國慶酒會的請求，也被認為是中國使館以「台灣舉行國慶酒會是非法（國際法）活動」為由施壓所致。

四、「行」的方面：最經典的案例莫過於中國民航局 2018 年 4 月致函 44 家外國航空公司，要求限期修改官網上的「台灣」名稱，並加註隸屬「中國」，否則可能遭受中國市場抵制。在中國政府施壓下，許多航空公司陸續在官網上把「台灣」改為「中國台灣」，或列為中國的一部分，包括加拿大航空、英國航空、德國漢莎航空、土耳其航空、阿聯酋航空、新加坡航空、酷航等。部分美國、印度、日本的航空公司則採取彈性作法，僅以城市或機場名稱標註台灣，或改稱「中華台北」。

五、「育」的方面：2018 年底英國雅思（IELTS）考試中心彷彿重演國際航空公司改名事件，該中心迫於中國壓力，修改其線上報名系統中的國籍欄位，把原本的「台灣」選項改為「中國台灣」。

2019 年初倫敦政經學院（LSE）在校內設立地球儀裝置藝術，台灣被標註為「中華民國（台灣）」，並與中國標示為不同顏色，引起近年呈倍數成長的中國留學生抗議，其後 LSE 決定保留台灣的名稱和顏色，但加上星號表示具有爭議。2019 年底世界科學院（TWAS）宣布 2020 院士名單，中研院共有三名院士獲選，但國籍均被標為「中國台灣」。2020 年底華藝線上圖書館與中國公司合作的「台灣學術文獻數據庫」，被揭露論文標題中提及「我國」者均被改為「台灣」，而內容涉及台灣主權、六四天安門等敏感議題的文章甚至直接被消失，引起台灣學界抵制聲浪。

六、「樂」的方面：除了最令人印象深刻的「周子瑜事件」之外，諸如戴立忍、林心如、宋芸樺、許瑋甯、波特王等知名娛樂圈工作者，或因曾關心社會運動、領取文化部補助，或因被問及「最喜歡的國家」時回答「台灣」、在 IG 按讚提及「阿六仔」字眼的貼文，乃至於與台灣總統合拍搞笑影片，就被質疑是「台獨」，最後不得不自清並非「台獨」、表態自認「中國人」、或聲明支持「一個中國」，否則就得放棄中國市場。除此之外，2019、2020 連續兩年的金馬獎，也因 2018 年頒獎典禮上傅瑜導演的得獎感言所引發的統獨風波，而被中國官方下令抵制。

「建構式言論審查」的效應與因應

當日常生活各層面都蒙上了中國因素的陰影，中國政府對海外企業與民眾的言論及思想控制，便不再只是「歐威爾式胡言亂語」（Orwellian nonsense）而已，[2] 而是更進一步可能具有「建構式言論審查」的意義與效

2　2018 年 5 月美國白宮以「歐威爾式胡言亂語」（Orwellian nonsense）指責中國政府要求美國航空公司在網站上將台灣、香港、澳門列為中國一部分的行為。

果。建構式言論審查涉及人類社群如何經由互動過程逐漸形成「什麼可以說」、「什麼不能說」的正式規則或「潛規則」。[3]

雖然這些規則最初可能是由一個如「老大哥」（Big Brother）般的權威所設定，然後透過各種強制或誘因的權力互動機制迫使社群成員們遵從，但規則一旦建立起來之後，即使老大哥不再現身，即使強制與誘因都被移除，社群成員仍會因習以為常而自動自發地遵守這些規則，甚至代代相傳。換句話說，今天看起來的「胡言亂語」，有可能就是日後「自我審查」的根源。

放在中國政權打壓台灣身分的脈絡來看，雖然今天許多國際航空公司是迫於中國政府與市場的壓力才協助矮化台灣的國際地位，但日後即使中國當局未再明確下令，即使後來的航空公司未曾遭受任何威脅或利誘，即使其他各行各業的企業家或從業人員未曾接收到把台灣「中國化」的指令，但只要他們想進中國市場、想跟中國人做生意，就很有可能會自動自發地把台灣寫成「中國台灣」。

我們這一代人當然得以知悉「航空公司們」修改台灣身分的緣由及苦衷，但下一代的世人卻很可能習慣成自然地認為：把台灣視為中國的一部分，才是比較合理正當、合乎邏輯的事情。如此一來，中國政府便得以重新建構兩岸與國際社會對台灣國際角色的認知框架，因此我們千萬不能小看建構式言論審查的傳染及繁殖效應。

當中國不斷把台灣拉進「中國的世界」，台灣能做的就是持續站穩「世界的台灣」。當中國不斷告訴世界「台灣是中國的一部分」，台灣不僅要持續告訴世界「我們是台灣、我們不是中國」，更要持續告訴世界「台灣跟中國哪裡不一樣」，此時強化台灣與世界的連結就顯得格外重要。

具體來說，當中國政府對外築起「網路長城」、對內要求媒體都要「姓

---

3 Sue Curry Jansen, *Censorship: The Knot that Binds Power and Knowledge*, New York: Oxford University Press, 1988.

黨」，台灣就更要繼續堅持網路自由、新聞自由、以及言論自由。當中國當局致力迫害法輪功、強拆十字架、強制穆斯林「再教育」，台灣就更要繼續追求宗教自由、族群多元、乃至性別平權。當中國政權取消國家領導人任期制，台灣就更要把轉型正義、自由選舉、民主鞏固進行到底。

　　總而言之，當中國試圖用「大中華民族主義」塑造世界對台灣的理解，台灣能做的就是用「普世價值的在地實踐」來標誌及識別與中國的區隔，用自由民主的面貌與內涵來建構世界對台灣的認知，進而為台灣的國際角色找到世界範圍中的定位。

※ 本文初稿發表於「思想坦克」網站（2020 年 1 月 2 日），修訂後轉載於「菜市場政治學」網站，再度修訂後收錄於本書。

5-5
面對中國，
台灣人選擇麵包或愛情？

陳方隅———文

　　每隔一段時間，台灣就會有名人或者知名廠商上演相同的戲碼：為了到中國做生意、推展事業，而必須公開地對個人的認同與統獨偏好表態。近幾年最有名的例子包括：2018年冠軍麵包師傅吳寶春發表「中國台灣論」以及「九二共識論」；全球衛星導航設備龍頭廠商 Garmin 被施壓後聲明指出，「為維護中國主權及領土完整，不再將台灣標示為國家」；2019年香港「反送中」運動當中，以「一芳」為首的一票台灣手搖飲料公司紛紛表態支持「一國兩制」。

　　無論這些表態是否為個人或者該廠商真實的意志，這樣子的表態（或被迫表態）好像已經成為常態。本文不是要論證這些商業與政治抉擇是否正確，而是要討論台灣的社會科學當中一個非常重要的主題：「來自中國經濟利益的引誘，對新興台灣民族認同造成何種影響？」對台灣人來說，族群認同、國家認同的考量，總是既受到感性因素又受到理性思維的影響。有一篇非常有名的社會科學文章，題目就叫做〈麵包與愛情〉，此時藉機討論再適合不過了。

面對兩岸關係，理性與感性哪個重要？

關於民族認同的本質，有兩個最主要且互相競爭的理論：強調理性因素的「物質利益論」和強調感情與價值因素的「群體認同論」。捷克的歷史學家 Miroslav Hroch 說：「民族認同和物質利益兩個元素相輔相成……當民族主義的意識形態反映了宣揚它的群體之利益、或至少接近其利益的時候，這種意識形態的動員是最有效的。」[1] 台灣的狀況很有趣，原本在國民黨獨裁時期，官方禁止台灣意識、規定大家一定要當中國人，但是自由化與民主化之後，在相對非常短的時間之內，人們的自我認同便出現很大的轉變：台灣民族主義（認為自己是台灣人而非中國人）興起，自認為是中國人的比例大幅下降。這是很多因素綜合下的結果。也就是因為這樣的趨勢跟中國民族主義的方向相反，才會與中國經濟的吸引力產生很微妙的互動。

那麼，面對「與中國關係」的選擇時（也就是對於台灣國家地位的統獨立場以及自我的認同歸屬）時，人們是怎麼考量的呢？我們首先來回顧中研院社會所吳乃德教授所著的〈麵包與愛情：初探台灣民眾民族認同的變動〉，這篇文章發表在 2005 年的《台灣政治學刊》。[2] 在這個研究當中，最重要的是所謂「條件式統獨」的測量。吳乃德用兩個問題來測出人們的立場：

一、如果台灣獨立之後仍然可以和中國維持和平的關係，請問你是不是贊成台灣獨立？

---

1 Miroslav Hroch. 1985. *Social Preconditions of National Revival in Europe: A Comparative Analysis of the Social Composition of Patriotic Groups Among the Smaller European Nations.* Cambridge University Press.

2 吳乃德，1993，〈國家認同和政黨支持〉，《中央研究院民族學研究所集刊》，74: 33- 61。

二、如果兩岸在政治、經濟和社會的發展大致相當，你是不是贊成中
國統一？

同意第一個問題、而不同意第二個問題者，吳乃德稱為「台灣民族主
義者」：不論中國是否自由民主、繁榮富裕，他們都不願意和中國統一。
同意第二個問題、而不同意第一個問題者，為「中國民族主義者」：即使
台灣獨立不會帶來戰爭，他們也不願意台灣獨立。

對兩個問題都同意者，暫時定義為「實用主義者」：統一或獨立他們
都可以接受，只要政治制度、經濟利益和社會福祉受到保障。實用主義應
該比較接近題目引喻的「麵包」立場。

吳乃德首次在 1992 年提出這種測量方式的時候，台灣民族主義者約
占 9.3%，1996 年加倍成長到 21.3%（他推測跟總統直選及台海飛彈危機有
直接關係），之後就趨於穩定，大概都是五分之一到四分之一左右。實用
主義者從 1992 年的 25%，到 2000 年時已達 43%。中國民族主義者從 38%
降到 13.6%。

如果我們繼續用其他有問類似題目的調查研究資料（例：台灣國家安
全調查、台灣選舉與民主化調查、台灣社會變遷基本調查）來做追縱的話，
在這個定義下的中國民族主義者一直到 2017 年都維持在差不多 10 ～ 15%
的比例，台灣民族主義者約占 30 ～ 35%，比三分之一略多，實用主義者
仍然占多數。

觀察從 1992 ～ 2000 年之間台灣民眾的認同態度轉變，吳乃德有兩個
發現：第一，台灣民眾的民族認同態度尚未定型，甚至在短期內都可以歷
經甚大的浮動，這要看環境因素的變化（例如：中國的經濟崛起狀況，台
灣受到中國威脅的程度，以及個人對文化方面的認同等等）。第二，在該
調查的時間點上，基於族群文化的感情連繫所帶來的鞏固力量，似乎大於
經濟誘因所產生的轉變趨力。

兩岸經貿交流態度中的理性與感性

　　除了民族認同外，目前已經有很多文獻探討「理性與感性」因素對政治行為、政黨選擇、以及兩岸經貿關係（也就是「要不要靠中國拚經濟」）的影響。篇幅有限，筆者在這邊僅舉例以篇名來看最直接相關的一篇文章。陳陸輝、耿曙、涂萍蘭、黃冠博等四位學者於 2009 年發表在《東吳政治學報》的文章〈理性自利或感性認同？影響台灣民眾兩岸經貿立場因素的分析〉，[3] 標題和〈麵包與愛情〉，是同樣意思。

　　這篇文章處理的是什麼因素會影響台灣人要不要支持更大程度的兩岸經貿往來，這跟冠軍麵包師傅吳寶春還有眾多要去中國拚經濟的案例是更直接相關的態度。所謂「理性」層面的因素，主要考量「個人競爭優勢」、「所處區域」及「自評利益」（自我評估的預期利益衝擊）。有關「感性」層面則是民眾的「省籍背景」、「政治認同」、「政黨認同」、「台灣意識」等多項因素。四位作者的研究結果發現，理性層面及感性層面的因素均具有一定的影響（這是一定的，在社會科學當中，尤其人的行為，本來就很難有單一的歸因，任何影響因素都是程度上的、機率式的問題），但如果更進一步分析就會發現：

　　看似左右民眾理性抉擇的「自評利益」，實際上卻是根深蒂固的政治認同所形塑。換言之，由於認同的制約，對部分台灣民眾而言，兩岸經貿實際上是「與對手貿易」，而對其贊成與否的關鍵，不在獲利大小，在於敵意多少。

　　簡言之，贊不贊成與中國擴大經貿往來，對人們來說最重要的因素並不單純只是看經濟上的獲利與否，還要看人們如何認定中國對我們的敵意以及政治上的負面影響。當然我們也可以這樣推論：認定敵意越少的人，

3　陳陸輝、耿曙、涂萍蘭、黃冠博，2009，〈理性自利或感性認同？影響台灣民眾兩岸經貿立場因素的分析〉，《東吳政治學報》，27(2): 87-125.

越會傾向認定「政治歸政治、經濟歸經濟」,把與中國交往視為只是做生意,或者像是「我只是個麵包師傅」「我完全不懂政治,只想拚經濟」這樣的看法。

中共惠台的目的是減少敵意與改善形象

對於中國的敵意認定,當然有可能會隨著時間而改變。事實上,這也是中國不斷使用各種「惠台政策」想要改變的事情。中共自 1990 年代開始提出「寄希望於台灣人民」的口號,之後採取「以民逼官、以商圍政」,欲改變台灣的大陸政策,達成其「以經促統」的目的。他們祭出的各項對台優惠措施,用學術的話來說可以稱為「經濟勸誘」(相對於軍事威脅和經濟制裁而言)。不管是制裁或是利誘,主要的對象往往是民間的企業單位以及一般人,希望這些人承受中國的影響力之後,轉換為社會壓力進而影響決策。主要做法包括投注各種資源來創造親中的利益團體(包括政黨,或民間團體)、塑造中國的美好形象以及吸引力(也就是所謂的軟實力);到了近期,更出現「銳實力」的討論,可以說是軟實力的暗黑版或加強版,包括使用各種合法或不合法的管道滲透到對手國家以及施加影響力。

學者耿曙曾經以民調資料來印證「惠台政策」效果。[4]中共是從胡錦濤主政時開始有計畫地、大規模地釋放利多,透過直接施惠民眾,試圖影響台灣民意走向,增加民眾對兩岸統合的好感。不過,研究指出,「到 2007 年底為止」,惠台政策未能扭轉台灣民眾的統獨立場、身分認同以及政黨傾向,比較明顯的改善是對中國的印象變好。

不過,顯然從 2008 年之後,兩岸關係又是很不一樣的光景,尤其在馬政府時期看似維持得不錯,兩岸簽了不少的協議,因此開始多了很多遊

---

4 耿曙,2009,〈經濟扭轉政治?中共「惠台政策」的政治影響〉,《問題與研究》,48(3): 1-32。

客、學生等方面的直接交流。但是台灣人對於和中國之間政經往來背後的一些疑慮，在 2014 年太陽花運動期間達到高峰，人們普遍認為跟中國之間的經貿交流至少必須要更小心謹慎、要經過審核。

在習近平上台之後，中共對台的統戰手段和優惠措施持續推陳出新，例如「31 條」、「26 條」、「11 條」、「農林 22 條」，從各方面給予台灣的廠商、就學及就業的人們各種優惠，習近平也毫不掩飾地說兩岸之間就是要「以通促融、以惠促融、以情促融」（2021 年 3 月「兩會」結束之後所提出）。這段期間搭配的是各種輿論戰、甚至是資訊戰，也就是以各種宣傳手段講中國有多美好、且一起鼓吹台灣和中國更多的交流。表面上，這些統戰的成效和以往研究一樣，可能達成的效果有限，難以讓人們因此更主張統一。尤其在經歷中共針對香港的所作所為、大規模的「反送中運動」以及終結一國兩制之後，台灣人們已經普遍理解到中國在政治上可能帶來的威脅。不過，在很多基層的、地方的事務上，我們仍然不是很了解中共的惠台措施效果如何，尤其像是宮廟、地方組織、甚至是國安相關單位方面，已有研究者指出中國「滲透」的狀況嚴重，而這些議題有待後續的研究追蹤。[5]

小結：人們對兩岸關係態度一向是「模稜兩可」，而政治資訊扮演重要角色

根據學者俞振華與林啟耀的研究，[6] 學界對於台灣民眾統獨偏好的特質所獲致的初步結論，大致可歸納為以下兩點：第一、統獨偏好是「理念」與「務實」層面考量下的「交纏偏好」，當兩種層面的價值觀產生矛盾衝

5　參考《吊燈裡的巨蟒：中國因素作用力與反作用力》，吳介民、蔡宏政、鄭祖邦編，2017，台北：左岸文化。

6　俞振華、林啟耀，2013，〈解析台灣民眾統獨偏好：一個兩難又不確定的選擇〉，《台灣政治學刊》，17(2)：165-230。

突，或兩方觀點都有道理時，民眾的統獨偏好容易出現「模稜兩可」的情形。第二、由於統一和獨立都是未發生的狀態，民眾對於台灣未來的前途具有相當高的不確定性。

可能有人會覺得，說了這麼多好像沒說一樣？不過，這些研究成果可以說明，為什麼人們會喜歡自稱無色、彈性、不要搞政治，因為很多時候人們自己也不確定最好的選擇到底是什麼。在這種狀況下，維持現狀（不統不獨）好像就成為一個雖非最佳、但也可以接受的選擇。進一步來說，當選民自己都「模稜兩可」，那麼很多政治人物去貼近選民的偏好，進行價值模糊、去政治化的論述、甚至是立場上的跳動，可能都只是剛好而已。

值得注意的是，美國政治學者 Dean Lacy 與牛銘實兩位教授的研究發現，[7] 統獨偏好對於每個人的重要性並不相同，而「政治資訊」扮演了關鍵的角色，影響了選民心中對統獨議題重要性的高低。綜合現有的研究結果發現，中共如果要影響台灣民意，必須要想辦法影響幾個重要的政治資訊傳達管道與內容，例如：中國的經濟實力和整體國力是如何強大（告訴大家中國的發展很好，台灣人都想去中國求學或就業），以及台灣會受到中國影響的程度和方式（告訴大家一定得承認九二共識或「中國台灣」，這樣才可以到中國做生意）。

這也可以說明為什麼「輿論戰」一直都是中共統戰策略當中最重要的環節之一，如果我們觀察現在台灣媒體對中國報導的風向，以及人們使用的社群媒體和通訊軟體（例如：Line）上面大量傳送的訊息，那麼對於兩岸關係的一些趨勢變化可能就不會這麼意外。政治資訊很重要，而且生活無處不政治，在這個很多人都說「不要搞政治」「XX 歸 XX，政治歸政治」的時候，我們該做的事情就是再多來點政治資訊！

7　Dean Lacy and Emerson Niou. 2012. "Information and Heterogeneity in Issue Voting: Evidence from the 2008 Presidential Election in Taiwan." *Journal of East Asian Studies* 12 (1): 119-41.

5-6
中國會打台灣嗎？中國領導者眼中的理性是什麼？

陳宥樺———文

　　台灣總統蔡英文在 2018 年 1 月接受三立電視台的節目「鄭知道了」的專訪，訪談中提到中國是否會對台動武的問題。

　　主持人：「你覺得中國會打台灣嗎？」
　　蔡英文：「沒有人會排除這個可能性，就要看他的決策者是不是一個理性的決策者。兩岸問題，已經不是只有兩岸之間的問題，它是一個區域的問題。你從區域來考量的話，任何的理性決策者，這種開啟戰端，是不是一個選項，他自己要很小心地去斟酌。」「我想在國際政治裡面，或者在兩岸的關係處理上，任何決策都要計算它的成本，所以我才會講說，理性的決策者都會計算一下它的成本。」

　　蔡英文這一段話的背後似乎包含一個假設——「在決定對台動武之前，中國領導人會／應該對這一選項做一個理性的成本計算。」那問題來了，對中國領導者而言理性是什麼？
　　關於理性，不同的學科有不同的定義，但在社會科學中一般認為，所謂一個「理性的決策者」代表此一決策者：有充分的背景資訊，有一組固定的目標與價值，在面對不同的選項時會將這些選項依據各個選項的成

本、利益、與可能性做一個偏好排序，這些排序內的選項彼此不矛盾，最後進行選擇。選項效益越高者被選中的機率越高，換言之，在任何情況下一個理性決策者所選擇的選項必然是在排序中效益最大的選項。

鑒於中國決策模式的不透明，我們沒有辦法知道中共中央政治局常委們到底如何決定是否對台動武，但是我們可以從學者們關於中國安全政策的研究去推測他們是如何做決策。一般認為，中國領導人往往是「被某種因素推著做決定」，而非先訂定一個明確的目標並且一直向前去。至於那個因素到底是什麼，學者們的答案約略可以分成三個類別。

首先，中國民族主義。中國民族主義對於決策者的壓力是一個近十年來非常流行的論點，主張這因素的學者認為，雖然威權政府不需要對人民負責，但是在中國這個案例中並非如此。自 1990 年代的教科書改革之後，受到愛國民族主義教育的人民對於中國政府的外交政策制定有著莫大的壓力，這壓力往往限制了政府政策的彈性，特別是針對美國、日本、與台灣議題。因此，中國對外好戰的表面下，反映的其實不是中國政府的本意，而是為了平息國內群眾的情緒。在此派學者當中，柯林頓總統時期的東亞太平洋事務副助卿謝淑麗的論點走得最遠，她認為：「台灣跟中國國防安全無涉。關於台灣，中國領導人所說的與所做的首先都是針對國內的受眾，第二是針對美國，希望美國會限制台灣，最後才是針對台灣。」[1] 康乃爾大學的 Jessica Weiss 在中國做的民調似乎驗證了此一論點，民調結果顯示大部分的中國年輕人反而認為中國政府應該投注更多資源發展軍力，並在外交議題上更依賴軍事力量。[2]

第二派的學者傾向從政府內部的角度來解釋中國安全政策做成的原

1　Susan L. Shirk, China: *Fragile Superpower: How China's Internal Politics Could Derail Its Peaceful Rise* (New York: Oxford University Press, 2007), 187.

2　Jessica Chen Weiss, "How Hawkish Is the Chinese Public? Another Look at "Rising Nationalism" and Chinese Foreign Policy," *Journal of Contemporary China* 28, No. 2, (2019): 679-95.

因，中共黨內派系衝突與軍文關係是兩個主要的論述方向。在集體領導的體制下，經常出現派系鬥爭與集體決策的問題，結果就是領導人往往不得不選擇一項對自身派系較有利或者對外強硬的選項。文人領袖是否控制得住軍方的壓力也是一個因素，尤其第三次台海危機的爆發更是一個重點研究案例。大部分學者同意，自 1990 年代開始，中國政府的決策模式從個人化走向制度化，在這轉型的過程中，中央政治局與政治局常委的軍職人員顯著增加，加上六四後上任的江澤民缺乏毛澤東與鄧小平那樣的個人魅力與經驗，軍方的壓力加上江澤民的無力都是促成中國決定 1996 年對台動武的重要因素。[3] 然而，從江澤民後期至習近平時代，軍職人員已不再出任政治局常委，政治局也僅限兩名中共軍委副主席，這樣的比例在過去幾年來一直相當穩定。換言之，未來若有台海危機爆發，來自軍方壓力的可能性相對來得小。

當然，邊境安全因素絕對不可或缺，更準確地說，是中國領導人關於邊境安全的未來評估。江憶恩的《文化現實主義》與 Thomas Christensen〈機會與戰爭〉一文的共通論點是他們都認為，中國對外動武的模式往往是基於「現在不動手，以後會更糟」的想法，而非領導人對於國內經濟條件是否支持以及勝利是否可能的估計。[4] 即使邊境現狀不一定對中國產生立即的軍事威脅性，但主動對外出擊反而可以將逐漸惡化的現狀轉為自己所偏好的發展。1950 年的韓戰、1954 年與 1958 年的台海危機、1962 年

3 Michael D. Swaine, "The Role of the Chinese Military in National Security Policymaking," (Washington, D.C.: RAND, 1998), Jianhai Bi, "The Role of the Military in the PRC Taiwan Policymaking: A Case Study of the Taiwan Strait Crisis of 1995-1996," *Journal of Contemporary China* 11, no. 32 (2002); You Ji, "Making Sense of War Games in the Taiwan Strait," *Journal of Contemporary China* 6, no. 15 (1997).

4 Thomas J. Christensen, "Windows and War: Trend Analysis and Beijing's Use of Force," in *New Directions in the Study of China's Foreign Policy*, ed. Alastair Iain Johnston and Robert S. Ross (Stanford, California: Stanford University Press, 2006), 50-85; Alastair Iain Johnston, *Culture Realism: Strategic Culture and Grand Strategy in Chinese History* (Princeton: Princeton University Press, 1995).

的中印邊界戰爭、1960年代的越戰、1969年的中蘇珍寶島之戰等等，都有這種思考模式的影子。看向未來，台灣人偏好獨立而非維持現狀的傾向逐漸成為社會主流共識，在美中關係惡化的大背景之下，台灣與美國的聯盟關係也日趨緊密，這都會讓中國領導人感到對兩岸關係的發展失去掌控力，因此下一次台海危機爆發或許較有可能循著此一脈絡展開。

事實上，若將文獻討論的範圍拉到國際關係，不少學者反而同意：理性正是戰爭爆發的根源。從宏觀的角度而言，John Mearsheimer 認為在無政府的國際結構下，國家只能依賴自己的力量生存，加上對手國的意圖往往昨是今非，因此一個理性的國家會不斷地採取侵略性政策以增加自身力量來準備攤牌日的到來。[5] 從微觀的層次論之，理性選擇學派的學者也認為「戰前雙方都有誘因去隱藏或蓄意扭曲（misrepresent）自己的真實戰鬥力量與意圖」，[6] 因此在資訊不完全的情況下所做的理性選擇便是戰爭爆發的主因。例如：鑑於隱藏自身真正軍事能力、戰略、與戰術之必要，B國並沒有把自己真的戰鬥力量揭露於外，以至於A國認為可以輕鬆獲勝而做出了戰爭的決定，1904年的日俄戰爭正是俄羅斯低估日本戰鬥能力的結果。另一種可能是，A國認為B國正在誇大自身投入戰爭的意願，目的是為了逼A國對特定議題讓步，例如在第一次世界大戰爆發之前，德國一直認為俄羅斯在吹牛。

當然，關於戰爭與理性的研究還有很多，這裡只是約略列出幾種比較普遍的解釋方向，而且這個世界的運作是由複雜的因果關係所組成，未來的事件到底會怎麼發展也沒人說得準。那麼，中國的決策者到底是不是理性的決策者呢？若以現存的相關文獻來回應蔡英文總統的說法，答案可能是「不太一定，因為我的理性不一定等於你的理性、你在意的成本我不一

---

5 John Mearsheimer, "Reckless States and Realism," *International Relations* 23, no. 2, (2009): 241-56.

6 James D. Fearon, "Rationalist Explanations for War," *International Organization* 49, no. 3 (1995): 379-414.

定在意。」一般人所認為的人員傷亡、經濟成本、勝利與否、與他國關係等一向並非中國領導人考慮的主因，民族主義、派系鬥爭、軍文關係、未來的安全前景等，對中國領導人來說那才是理性選擇。換言之，想要維繫台海和平，從中國領導人的角度去思考理性是什麼或許更為重要。

5-7
（被）統一後真能維持現在的生活嗎？
一個賽局模型的分析

王奕婷——文

　　兩岸關係一直是台灣政治中最受關注的議題之一，2019 年初習近平發表的告台灣同胞書提到「和平統一、一國兩制」的台灣方案更是引起眾多討論。陳方隅曾在菜市場政治學〈什麼是聯邦制？它跟一國兩制有什麼不同？〉的文章中，介紹「一國兩制」在西藏與港澳的施行狀況，指出不管是給予這些地區高度自治的承諾，還是維持原有制度與生活方式「五十年不變」的保證，最後都沒能實踐。和平解放之後的西藏遭到血洗鎮壓，回歸之後的香港出現自由受到限制、法治受到侵蝕，統一帶來的負面效果已經見諸許多文獻與報導。

　　這樣的討論正是想讓台灣民眾知道，一國兩制對台灣現有的民主自由、安定生活會造成相當大的威脅，實在不是個理想的選擇。更有文章直接模擬描繪「被統一後的台灣」，試圖向讀者說明，那些西藏港澳統一之後所發生的事，如若換作在台灣會有多可怕。不過大概也有不少人覺得台灣不一樣啦、台灣哪有可能這樣，那些都是發生在其他地方的事、不能夠套用；或者認為只要乖、只要聽話就能平安無事，現在擁有的安穩生活不但不會改變、甚至還可能更好。

　　真的是這樣嗎？沒有發生的事確實有多種可能，國家／地區之間也有不同的背景條件；政治學雖然並不擅長進行預測，但就算不參照其他地方

的前例，我們也可以試著透過賽局理論、根據簡單的假設來進行一般性的推論。例如推論「假如統一了，真的能過得比較好嗎？」[1]

一個關於一國兩制統一方案的賽局

我們來試著想一下台灣在兩岸關係上所面對的狀況與選擇，參照習近平告台灣同胞書的內容、以及蔡總統的明確拒絕，將台灣的可能選擇分成兩種：其中之一是接受「和平統一、一國兩制」，另一個則是拒絕這樣的方案、並且盡可能地努力維持台灣的主權與政治自主。有些讀者或許會疑惑，在這個賽局中怎麼沒有「維持現狀」的可能呢？那是因為目前的現狀就是維持政治自主，跟第二種選擇是相同的；同時，只要不支持一國兩制，在中國的定義裡也都算是「分裂、台獨」。圖 5-7-1 呈現這個賽局的架構，左半邊的第一階段顯示台灣的兩個選擇。

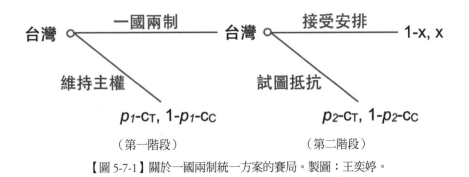

【圖 5-7-1】關於一國兩制統一方案的賽局。製圖：王奕婷。

若選擇拒絕統一、盡可能保持主權，那麼就如同台灣民眾現下所熟悉的，我們要面對中國武力侵犯的威脅，以及各式各樣在國際場合甚至是內政領域對台灣主權的侵蝕與滲透，例如要應付飛彈部署、被國際組織拒絕、

---

1 以下的賽局援引 James D Fearon. 1994. "Ethnic war as a commitment problem." Presented in the *Annual Meetings of the American Political Science Association.* 這篇文章裡的模型架構。

在許多場合沒辦法使用自己的名字、要付出更多成本與格外努力才能與其他國家建立關係等等。這樣的狀態可能會是長期的堅持對抗，也可能引致突然的軍事衝突；堅持的結果可能成功，但也可能終究失敗。為了簡化分析，我們假設成功的話、台灣整體可以獲得的收益是 1 分，失敗的話則是 0，成功的機率為 p_1。反過來，中國在對抗中成功的機率是 $1-p_1$，成功與失敗也假設分別得 1 分及 0 分。

堅持對抗與文攻武嚇都是需要付出成本的，包含維護國防安全的軍事支出、滲透與反滲透要花費的資源、以及外交攻防遊說所投入的人力物力等。我們假設台灣在這個過程所需付出的成本以 c_T 代表，中國所付出的成本則以 c_C 表示。合併來說，在這個選擇之下雙方的收益是「成功的機率 × 成功的得分＋失敗的機率 × 失敗的得分－成本」，由於失敗的得分假設為 0，因此台灣的收益可寫為 p_1-c_T，中國則可寫為 $1-p_1-c_C$（上圖中逗號前面的符號即表示台灣在該選擇下的收益，逗號之後的則是中國的收益）。對雙方來說，若對抗成功的機率越大、或成本越低，就會是更有可能採取的選擇。

假如台灣選擇了接受「和平統一、一國兩制」，那麼賽局就進入了第二階段（上圖的右半部分）。在這個階段中依然假設台灣有兩種選擇：其一是聽話地接受統一之後的安排，不要反抗；另一種則是當一國兩制不如想像中的美好，或在中共中央與台灣本地意見不一樣時拒絕忍耐，並以各種方式發動抗爭，試圖爭取更多的自治空間。

若是選擇聽話接受安排，我們可以想像這時台灣與「大陸」變成要在同一個國家的架構下分配各種資源利益。台灣能分得多少呢？中共中央允許台灣獲得多少呢？我們假設這裡的狀況就如同分蛋糕（或鬆餅、派、雞排等等可以分配的東西），對於國家所能分配的各種福利資源金錢，你多得一點我就只能拿少一點。中共掌握中央政府執政權，可以決定在這 1 塊完整的蛋糕中自己要拿走多大一部分（我們以 x 來表示），而另外的 1-x 塊蛋糕則分給台灣。

倘若在統一後台灣仍然選擇發動抗爭、試圖抵抗，那麼我們可以把收益的結構寫得類似於前一階段。試圖抵抗有可能成功也可能失敗，將台灣成功的機率表示為 p_2，失敗（亦即中共中央鎮壓成功）的機率則為 $1-p_2$。同樣也將雙方成功的收益都定為 1 分，失敗則得 0 分。另外，台灣的動員抗爭與中共中央的維穩也都需要付出成本，雙方不僅要投入時間金錢，也可能有人員傷亡，依然將雙方的對抗成本假設為 c_T 與 c_C。與前一階段相同，這個選擇的收益以「成功的機率 × 成功的得分＋失敗的機率 × 失敗的得分－成本」來計算，台灣獲得 p_2-c_T，中國則獲得 $1-p_2$-c_C。

這裡要放入一個重要且符合現實的假設：台灣在一國兩制之下要抗爭成功、獲得更多自治空間的機率＜在目前現狀下繼續成功維持自主的機率，也就是 $p_2 < p_1$。我們可以想像若同屬於一個國家，中共中央對台灣社會將有更大的掌控，能夠更容易地監控民眾的行為、更方便地審查言論，而各種組織結社與集體行動的嘗試會更加困難。所以相較於目前維持主權的可能性，統一之後與中共抗爭能獲致任何成果的機率都不高，更難爭取到充分的自主。（我們也可以想像為，統一之後對抗的成本 c_T 變大了。）也就是說，在一國兩制之下抗爭成功的機率變小（或抗爭的成本變大），所以若希望能維持自主的話，兩階段相較，台灣的收益在第一階段會較大，也就是 p_1-c_T > p_2-c_T。

能夠怎麼選擇？

設定好這些模型的架構後，我們來考慮雙方會怎麼選擇。這樣的模型必須從時間順序的後面（也就是上圖右半邊的第二階段）開始往前推斷。[2] 在第二階段，台灣要選擇一國兩制下是接受安排或是發動抗爭，所以必須比較乖乖聽話所能分得的 1-x 塊蛋糕與試圖抵抗的收益 p_2-c_T，兩者誰大誰

---

2 也就是賽局理論中的逆向歸納法（backward induction）。

小。我們可以想像，蛋糕不需要多大片，只要 1-x 稍微大於 p_2-c_T 一點點，服從就會是比較明智的選擇。

那麼中共會選擇分多少蛋糕給台灣呢？若要阻止台灣抵抗，只要剛剛好比 p_2-c_T 大一些就夠了。既然如此，因為大家都想分得更多一點的蛋糕，那麼中共也就只會給台灣比 p_2-c_T 稍微多那麼一點點，如此才能讓自己分到的蛋糕更大塊。

在這樣的狀況下，台灣在第一階段應該選擇維持主權還是一國兩制呢？這時候台灣就必須比較 p_1-c_T（維持主權的收益）以及統一後乖乖聽話可以獲得的收益（蛋糕）。由於這塊蛋糕只會比 p_2-c_T 稍微大一點點，但我們又很明確知道，在第一階段成功維持主權的機會是遠大於第二階段抵抗成功的機會，也就是說 p_1-c_T>p_2-c_T。所以啊，這個蛋糕應該很難比 p_1-c_T 更大，而在第一階段堅持維持主權會是最好的選擇。[3]

「讓利」為什麼不可能？

在一國兩制之下，人們發動抵抗、爭取更多自治會遇到各式各樣的阻礙，成功機會很低、成本高昂、鎮壓也可能激烈，與這樣的艱難處境相較，利益（蛋糕）只要一點點就能讓人選擇順服了。既然利益不需要多，那麼中共中央大概也不會分出多少給統一後的台灣。也就是說大家可以理性考量一下，在一國兩制之下，就算選擇服從聽話可能也只會比搏命抗爭的下場好一點點，更遑論要比現在過得更好、享有更多福利了。

但，有沒有可能中共中央願意讓出更多一點好處呢？中共「讓利」、共享所謂大國崛起的果實可能是有些人的期待，然而這樣的承諾並不可信，因為對方沒有誘因要這樣做。既然只要一點點利益就能阻止抗爭發生，

3　除非在現狀中維持主權的成本超級高、超級困難，以至於 p_1-c_T<0。若是這樣的話那確實任何大於 0 的蛋糕屑屑都有吸引力。

那麼為什麼需要分出更多呢？（現實中我們確實也看到中共並未實現當初對西藏與香港的承諾。）另外，在這個故事中，整個蛋糕有多大塊並不會影響推論，再大塊的蛋糕分不到就是沒得吃，再夢幻的經濟發展也不會讓那些容許高度自治或讓利的承諾變得更可信。

也就是說，任何認為兩岸該是同一個國家的主張與制度設計，都需要回答如何能解決這個「承諾不可信」的問題。別忘了中國目前是在威權體制之下，絕大多數的一般民眾都沒有參與政治決定、表達蛋糕想分多大塊的制度性權力，一國兩制下的台灣更沒有制衡方法來確保利益分配；縱然是民主國家，要讓多數群體承諾少數群體可擁有某些特定權力與利益，往往也不是容易的事。

本文想要指出，就算不參照其他地區的經驗，根據一些簡單但不違現實的假設來進行推論，也會發現統一不但沒法實現更美好的生活，連要維持現有的保障也有困難。當然這個簡單的模型沒能考慮到其他許多可能，例如模型中將台灣視作整體，實際上每個個人都可能有不同的利益算計，或許有部分人並不以台灣整體利益作為考量的基礎，反而認為統一後能被視作另一邊的一份子、而去分那個 x 的大蛋糕（但為什麼會有自己是 x 那一邊的錯覺呢？）。另外，也很有可能在經濟成長停滯、美日遏制的狀況下，中共有餘裕、能分配的蛋糕實際上不足夠（甚至小於 $p_2 - c_T$），那麼接受中共的統一方案就是更為不智的選擇了。

5-8
發大財後一定能民主化嗎？

顏維婷———文

　　自從川普在 2016 年當選美國總統後，美中關係逐漸從合作關係轉向競爭關係。2021 年拜登政府接手，外界的觀察是美中的競合關係並沒有因為執政黨易位而重新建立起信任關係，整體的態勢仍舊朝競爭的方向前進。細究美國對中政策過去幾年的轉變，背後反應的是美國政策圈重新檢討對中應該採取的戰略方向。

　　2000 年初，美國讓中國加入世界貿易組織，當時透過整合中國進國際市場，一方面讓中國遵循自由市場遊戲規則，成為負責任的世界體系成員；另一方面，也是透過促進中國經濟發展，希望中國有一天能民主化。中國明顯是因為加入世界經濟體系發大財了，但民主化的跡象卻不明顯。隨著中國崛起、習近平（幾乎）稱帝、中國開始輸出威權價值後，美國不得不重新檢視其對待中國的態度。很多人在問，為何中國經濟發展了但卻沒有民主化？

　　不僅僅是對中國，二戰後美國以世界老大哥自居，其外交政策大抵依循現代化理論（modernization theory）加以規畫。現代化理論認為，經濟發展會帶來民主化，所以只要協助一個國家將國內的經濟發展好了，民主體制自然水到渠成，不須外力加以干涉。美國對外的政策方針，因此著重協助有利經濟發展的基礎建設（像是教育、基本醫療、衛生、道路、灌溉等），

例如 1960 年代盛極一時的和平工作團（Peace Corps），派美國志工去各地協助社區與經濟發展，就是現代化理論下的產物。

　　但現代化理論真的對嗎？中國模式是不是打臉了現代化理論？經濟發展對於一國民主化的影響究竟有多大？一個國家民主化的路徑真的只有一條嗎？這篇文章整理了政治學界過去幾十年的研究成果，帶大家一同來探究發大財與民主化的關係，以及有什麼其他的因素能帶領一國的民主化。

經濟發展跟民主化的曖昧關係

　　有關經濟發展與民主化的關係，真是剪不斷理還亂，在政治學的研究裡是個歷久彌新的老問題。到底經濟發展是否有助民主化？還是經濟發展有助維繫民主政治的存活？還是民主政體有助經濟發展？從 1950 年到現在，學界出過無數論文討論經濟發展與民主之間的關係。尤其是過去這二十年，幾乎每幾年就會出現一篇重磅文章或專書，來戰前人的研究結果。[1]

1　在此列舉幾篇（本）過去二十年討論經濟發展與民主關係的重點文章（專書）：

　　——S. Haggard & R. R. Kaufman. 2016. *Dictators and Democrats: Masses, Elites, and Regime Change*. Princeton University Press.

　　——S. Haggard & R. R. Kaufman. 2012. Inequality and Regime Change: Democratic Transitions and the Stability of Democratic Rule. *American Political Science Review*, 106(03), 495-516.

　　——C. Boix. 2003). *Redistribution and Democracy*. London: Cambridge University Press.

　　——C. Boix & S. C. Stokes. 2003. Endogenous Democratization. *World Politics*, 55(4), 517-549.

　　——A. Przeworski, M. Alvarez, J. Cheibub & F. Limongi. 2000. *Democracy and Development*. New York: Cambridge University Press.

　　——A. Przeworski & F. Limongi. 1997. Modernization: Theory and Fact. *World Politics*, 49(02), 155-183.

　　——S. M. Lipset. 1959. Some Social Prerequisites for Democracy: Economic Development and Political Legitimacy. *American Political Science Review*, 53(1), 69-105.

所以咧？學界有共識了嗎？

雖然難保未來不會有新研究再出來戰，但目前相關主題的發展成果，可以大概摘要如下：

一、累積至今的研究結果顯示，經濟發展對民主體制最大的益處，在於幫助民主制度的存活。換句話說，如果今天有兩個民主國家，經濟發展的程度不一，其中一個國家的人均收入較高。那麼經濟發展較好、人均收入較高的那一個國家，其民主制度比較容易維繫；發展低的那一國，退回威權體制的危險性比較高。究其背後的原因，無非是因為好的經濟發展有助於為政權提供統治正當性來源，較不容易被推翻。

二、經濟發展的確有可能導致一個國家的民主化，只是這中間可能存在多種因果路徑，並沒有一個固定的公式。換句話說，隨著經濟發展而變動的因素眾多（像教育水準、中產階級、經濟平等），經濟發展可能只是提供一個會誘發民主化發生的友善環境，並不一定是促使一個國家走向民主化的主因。

三、既然促使一個國家走上民主道路的成因遠遠多於經濟發展這一種可能，因此就算是經濟發展程度低的國家也是有可能因為其他原因而走向民主化。舉例來說，民主政體會產生擴散效應（diffusion effect），也就是自己周邊的國家民主化，可能會刺激自己的國家領導人也想透過民主化來增加統治正當性。只要領導人願意，就算是經濟發展程度低，也還是可以選擇舉行民主選舉（主要的問題反而是這樣的民主可以存續多久）。

用民主選舉來鞏固權力延續

　　針對上述第三點，也就是除了經濟發展以外，其他可能造成一國民主化的因素，才是目前政治學正在百花齊放的研究領域。那麼，到底還有哪些因素可能促使一國民主化？又，大家可能會好奇，中國可能可以透過哪種途徑民主化呢？礙於篇幅限制，這篇文章想聚焦在討論威權統治者的態度如何可能促進民主化的發生。將討論限定於此是因為，假如中國真的要走向民主化，有學者認為這是其中一條可能的路徑。

　　政治學界有一篇新研究顯示，在某些條件下，威權統治者可能比你更想擁抱民主化。[2] 你可能會想：真的假的？這個邏輯聽起來很反直覺？哪有威權統治者會傻傻地擁抱民主？

　　其實，統治者就是因為會算計，才懂得要適時接受民主制度。試想，對於威權統治者來說，民主化牽涉的是放棄絕對權力，接受選舉的邏輯。換句話說，就是從百分百確定自己是統治者，轉變成不確定自己是否可持續掌握權力（因為引進選舉這個有風險的遊戲）。然而，威權統治者真正反對的，很多時候並不是民主化本身，而是民主化後自己可能會輸的事實。（又有誰會尬意輸的感覺呢？）

　　所以，若威權統治者可以確定自己在選舉邏輯下仍然會贏，也就是可以在民主時代維持不敗之勢，那他們可能會比你想像的更願意擁抱民主化，這背後的邏輯是，他們可以「用民主交換權力延續」（concede-to-thrive）。

　　那麼，哪種統治者最有可能選擇用「民主選舉換持續掌權」，而接受自己國家民主化呢？這篇新研究認為，要讓原先的威權統治者感受到民主化不會影響到他們的權力基礎，有幾個必要條件必須先被滿足。第一，這

2　D. Slater & J. Wong. 2013. The Strength to Concede: Ruling Parties and Democratization in Developmental Asia. *Perspectives on Politics*, 11(03), 717-733.

些威權統治者必須本來就有很強的社會穿透力以及很充足的資源,這是他們長期以來可以將社會牢牢掌控住的原因,往後就算多了選舉遊戲,他們也不用擔心自己會失去對社會的控制力。

這個可能是最重要的條件,因為若是統治者沒有信心民主化後自己仍可持續掌控社會,他們不可能把民主化當作可能選項。因此,那些社會穿透力原本就很強的一黨專政威權統治者是最有機會採取「用民主交換權力延續」的策略。[3] 亞洲的幾個威權政體因為「發展型國家」的歷史遺緒都有同樣的特性。[4] 例如台灣威權時期的國民黨,以及印尼蘇哈托時代都是屬於一黨專政型的威權統治者。充沛的資源再加上長期控制國家的能力,讓統治者有信心就算引進選舉,他們仍然可以贏得勝利、維持穩定的局面。

但光是有制度化的權力基礎是不夠的,還要有另外兩個條件同時配合,才會讓威權統治者不僅覺得民主化是個可以幫助延續權力的策略,更可能是最好的策略。其一是統治者必須很清楚地感受到,自己雖然仍掌握權力,但已過了高峰期,其權力的正當性正在慢慢走下坡(但又還沒弱到無法掌控社會)。經濟危機、社會抗議、人民不滿或是支持度降低都是明顯的徵兆。這段時間是威權統治者最有可能透過選擇民主化來延續自己政治生命的「甜蜜點」(sweet spot)。其二是此時統治者覺得民主化是一個重新替自己的統治帶來正當性的選擇,那他們就非常有可能會接受並擁抱民主化的發生。

總結新研究的觀點,在什麼條件下威權統治者有可能選擇用「民主選舉換持續掌權」,而接受自己的國家民主化呢?(一)執政的威權政黨原

---

3 一般來說,威權政體又可以透過統治者的特性分成幾種不同的次類,包含一黨專政、軍人政權、以及一人為首的強人政治。
4 「發展型國家」是一種國家主導的產業政策發展模式,仰賴菁英的經濟官僚來規畫國家產業發展策略,並領導與協調私部門與銀行之間的資金往來,協助國家達成特定的產業政策目標。台灣即是發展型國家模型的範例之一。所謂亞洲四小龍,包括台灣、香港、南韓、新加坡,都是類似的發展模式。

先就有很強的社會控制力；（二）威權統治者感受到自己的權力基礎及統治正當性正在下降；（三）威統治者認為民主化可能讓自己重建統治正當性。

小結：中國的未來？

如果按照上述的邏輯，中國其實正處在最有可能採取「用民主交換權力延續」的「甜蜜點」。中國共產黨對於社會的控制力與穿透性一直很強。但在過去的十年內，我們同時也看到中共在經濟與社會方面的統治正當性不斷地受到挑戰。經濟上的 GDP 成長率從保 7 到保 5，怕的是中國經濟趨緩後的大量失業對社會上造成的負面影響，而中美貿易戰對中國的出口更是影響深遠；社會上的抗爭與衝突，雖然會被快速鎮壓，但頻率只是有增無減。經濟走弱以及社會衝突增加使得中共的權力正當性正慢慢走下坡，按照理論，若中國能選擇在此時民主化，則對於黨的權力延續是最有利的。

不過，上述的邏輯要成立不僅僅是結構條件要符合，更重要的是，統治者必須將民主化視為可以提升統治正當性的手段才行。提出這個論點的作者在文章的最後也說，中國似乎沒有將民主化視為可以強化統治正當性的策略。在國內，習近平打擊政敵與控制社會的力道都在加強；在國際，中國輸出與「華盛頓模式」相反的「中國模式」，在政治上推廣並拉攏其他威權統治者，民主不僅僅不是一個可能會增加中國統治正當性的制度，還是中國所反對的制度。因此，雖然「用民主交換權力延續」有在中國發生的機會，但照目前的走向來看，統治者不會輕易地接受民主化。

本文簡介了發大財與民主的關係，總的來說，學界的共識是認為發大財有助於民主體制的存續，但不一定會直接導致一個國家的民主化。這可以解釋為何中國雖然發大財了但民主化並未自動出現。相反地，在某些條件下威權統治者是會願意透過民主化來交換自己權力的延續，而這些結構條件在中國是存在的。只是，中國統治者並未在主觀上將民主化視為可以

用來提升統治正當性的手段，以至於「用民主交換權力延續」的民主化路
徑在中國看來也很難發生。

第六部　誰的認知？為何而戰？

　　2014 年克里米亞衝突以來，假訊息現象儼然成為全球聚焦的主題。這是一種具有軍事意涵的行動，經由統合性的研究所得出，並被國家行為者以政治作戰的方式所運用。我們將在第六部從台灣所處的位置來探討紅色假資訊可能如何入島、入戶、入腦。

　　黃兆年在《「紅色滲透」不只一種：北京對台媒體控制的三種途徑》提到，「假訊息」的目的在於破壞社會團結、降低民選政府聲望、打擊對民主體制的信任；王奕婷在《台灣「接收境外假資訊」嚴重程度被專家評為世界第一》指出，言論自由使得這座島嶼成為能觸發許多可能性的方舟。王宏恩則在《誰會相信假新聞？行為科學的啟示》點出，對抗假新聞終究會是每個人對每個人之間的戰爭，唯有由下而上的公眾意識才能形成有機抵抗力。

　　接著曾柏瑜、陳韻如在《假訊息對選民的影響分析》提到，憤怒情緒會讓人更相信假訊息「具有科學可信度」。王宏恩則在《如何對抗假新聞？》給了科學四步驟，並在《哈佛大學怎麼研究中國五毛黨？又有什麼發現？》介紹了紅色公權力介入輿論操弄的實例。

　　黃兆年在《經濟統戰的心理作用與輿論效應》提醒，這是不知不覺中潛移默化的可怕現象。認知作戰對內對外是一體兩面的：削弱西方對台灣的支持、爭奪對台灣民眾與海外華人的制腦權、更要對中華人民共和國眾生持續控腦。不過，人生而自由，王宏恩在《中國網友怎麼看待網路長城？兩篇最新研究揭露親身體會自由的重要》點出了兩大重點：認知資訊屏蔽的事實將影響「翻牆」行為、資訊自由遭剝奪則會觸發政治思想活動。

（本部主編陸離）

6-1
什麼是認知作戰？

陸離 ——— 文

　　根據瑞典哥德堡大學的多元民主計畫（Varieties of Democracy project, 簡稱 V-Dem 計畫），台灣是全球接收來自外國政府或其代理人假資訊攻擊最嚴重的國家，相信如你我一般的公民，在日常生活中也曾親身體驗過虛假訊息的威力。台灣這個新型態混合威脅的實驗場在 COVID-19 疫情爆發後更加引起世界關注，因而被許多國家視為民主體制保衛戰的最前線。

　　無論使用的概念詞彙是北約的「資訊作戰」（influence operation）或是台灣的「認知作戰」（cognitive warfare），其中有三個共同的本質性要素：這是一種具有軍事意涵的行動、經由統合性研究而得出的產物、並被國家行為者以政治作戰的方式所運用。

認知作戰是一種軍事行動

　　認知作戰的終極目的就是利用人類認知框架缺陷（loopholes in cognitive framework）或是認知行為特性，來達成過往需仰賴物理性武力才能企及的政治目的，可以說是帶有軍事色彩的行動，手段多元、具有跨領域特性。相較於美國軍方發展的「資訊戰」（information warfare）或是俄羅斯混合戰的「資訊戰」（Информационная война），中國共產黨及其黨軍對於認

知作戰的定義受到中國傳統戰略文化「全勝」思想所影響，涵蓋範圍更廣。[1]

　　中共的認知作戰在各個戰略層次上、面對不同對象，會以不同的面貌呈現，卻又環環相扣。在最高的國家戰略層次，泛指針對敵方高層政策決策過程中所涉及的資訊判斷認知進行干涉的所有行動；國防戰略層次則有輿論戰、心理戰、法律戰等所謂「三戰」者作為指引跨部門政經軍心資源的投入；在軍事戰略層次上則透過海、陸、空、網路、太空等領域的策略性資訊揭露，作為槓動目標國家軍民心理的槓桿，尤其是「能而示之不能、不能示之之能」的虛實用計。當然，以上這三層架構只是一套便於理解的淺析，實際上的運作更為複雜，且隨著時間的推移可能會衍生出新的理論內涵與應用方式。

　　認知作戰之所以對中共來說十分重要，就是因為能在尚未產生巨大傷亡及外國干預的情況下，藉著內部分化、外部孤立來大幅限縮目標國家的防衛選項，再步步升高軍事壓力，最終迫使目標國家在談判桌上接受中共的政治條件，達到不戰而屈人之兵的效果。換言之，順著中共的邏輯來看，認知作戰是人民戰爭在二十一世紀的延伸，是一場所有人對所有人的鬥爭。這點從三位一體的黨政軍結構可看出端倪，中國共產黨中央委員會、中華人民共和國國務院、中國共產黨人民解放軍，三個指揮系統至少有 23 個專責單位涉及相關決策與執行。[2]

認知作戰是一種用於政治作戰的統合研究

　　解放軍對於認知作戰的理論化與實用化過程有其建構脈絡，脫胎於過

1　Paul Charon & Jean-Baptiste Jeangène Vilmer, Les Opérations D'influence Chinoises—Un moment machiavélien, Institut de Recherche Stratégique de l'Ecole Militaire, September 2021, https://www.irsem.fr/rapport.html, pp.27-32.

2　Atlantic Council, *Chinese Discourse Power—China's Use of Information Manipulation in Regional and Global Competition*, December 2020, https://www.atlanticcouncil.org/wp-content/uploads/2020/12/China-Discouse-Power-FINAL.pdf, p 23.

去傳統的統戰並吸收了部分美俄過去二十年間的戰爭科學；[3]2003 年解放軍「三戰」學說始進入公眾視野；2014 年關於制腦權首次公開的理論化出版物《制腦權：全球媒體時代的戰爭法則與國家安全戰略》，由中華人民共和國國防科技大學人文與社會科學學院院長曾華鋒主編；2015 年解放軍戰略支援部隊正式成軍，將資電、太空、心理等情報作戰體系進一步進行整合，解放軍國防科技體系朝自動化輿論控制的方向發展各類技術。

　　當代解放軍對於認知作戰的研究結合了認知行為學、神經心理學、腦科學、AI 等領域，例如專攻腦科學與神經心理學的國防科技大學教授朱雪玲，便寫了《認知神經科學及其軍事應用》，又或是《解放軍報》近年來頻頻討論，如何利用模擬人腦的「類腦」AI 技術來進行各種資訊與物理層次的「控腦」效果。[4]

　　生長在民主國家的我們，能夠清楚理解人生而自由這種普世價值。相較之下，身在專制國家的民眾，則取決於在認知層面上是否能體認到民主自由的價值，因為這並非一個高掛在天邊的名詞，而是一種生活方式；相信以個人自由意志的天生權利所做出的選擇，能夠轉化成為改變社會的公共權力。民主社會的公民都應該思索專制國家的認知作戰正在對你個人所喜愛的生活方式帶來什麼樣的影響？又可能讓正在閱讀本文的逐漸失去哪一些天生的權利？

3　美國方面最明顯的例子就是美軍 2006 年版的《聯戰準則—資訊作戰 (JP3-13)》對資訊作戰的三域分法：物理域（physical）、資訊域（informational）、認知域（cognitive）。俄羅斯方面則影響更為深遠，尤其俄羅斯軍事科學院副院長斯里普琴科（Vladmir Slipchenko）1999 年提出的「資訊戰理論」，2001 書作《非接觸式戰爭》，以及 2002 年的《第六代戰爭理論》。United States Department of Defense Joint Chiefs of Staff, *Joint Publication 3-13: Information Operations*, February 13, 2006, https://www.hsdl.org/?abstract&did=461648.

4　李義，〈認知對抗：未來戰爭新領域〉，《解放軍報》，2020 年 1 月 28 日，http://www.81.cn/big5/theory/2020-01/28/content_9726644.htm；朱雪玲、曾華鋒，〈制腦作戰：未來戰爭競爭新模式〉，《解放軍報》，2017 年 10 月 17 日，http://military.people.com.cn/BIG5/n1/2017/1017/c1011-29592326.html。

6-2

「紅色滲透」不只一種

北京對台媒體控制的三種途徑

黃兆年————文

　　「無國界記者組織」調查報告指出，中國正致力於對外建立一個「世界媒體新秩序」（a new world media order），[1] 引發國際社會廣泛關注。旅美中國學者何清漣的權威著作《紅色滲透》，即是在闡述中國對外宣傳政策如何對香港、台灣、甚至海外媒體發揮影響。[2] 或許由於該書主要內容完成於中國「大外宣」（2009 年起）後兩年的緣故，因此在探討北京如何影響台灣媒體時較側重「經濟吸納」的方式，而吸納的對象也只論及中時、聯合等一般認為偏向統派的媒體。事實上，根據新近研究，除了經濟吸納之外，北京對台灣媒體施加影響的方法，還包括「規範擴散」（norm diffusion）、「假訊息輸出」等途徑。換言之，除了資金滲透之外，還有文化滲透與資訊滲透。本文希望對紅色滲透的三種途徑加以補充。

1　"RSF Report: 'China's Pursuit of a New World Media Order,'" Reporters Without Borders, March 22, 2019, https://rsf.org/en/reports/rsf-report-chinas-pursuit-new-world-media-order.

2　何清漣，《紅色滲透：中國媒體全球擴張的真相》，（台北：八旗文化，2019）。

經濟吸納：只有親中統媒會被收編嗎？

　　經濟吸納大概是最行之有年、也最受到矚目的影響途徑了。[3] 談到經濟吸納，一般首先聯想到的是立場較為親中的統派媒體。例如中國時報、聯合報，已被監察院證實曾違法收受來自中國官方機構的置入性行銷；與旺中集團同為旺旺集團子公司的中國旺旺也被調查揭露長年收受中國政府的高額補貼；TVBS、旺中亦被研究指出曾被海外中資入股，或為親中台商所收購。[4] 這些親中媒體，在財務上被北京吸納、收編，早已不是新聞。

---

3 Sarah Cook, "The Long Shadow of Chinese Censorship: How the Communist Party's Media Restrictions Affect News Outlets Around the World." (Washington, D.C.: The Center for International Media Assistance, National Endowment for Democracy, 2013); Chien-Jung Hsu, "China's Influence on Taiwan's Media," *Asian Survey* 54, no 3 (May/June2014): 515–39; Lihyun Lin, and Chun-Yi Lee, "When Business Met Politics: The Case of Want Want, a Different Type of Media Capital in Taiwan," *China Perspectives*, no. 2 (June 2017): 37–46; Jaw-Nian Huang, "The China Factor in Taiwan's Media: Outsourcing Chinese Censorship Abroad," China Perspectives, no. 3, (September 2017): 27–36; Jaw-Nian Huang, *The Political Economy of Press Freedom: The Paradox of Taiwan versus China* (London: Routledge, 2019); Jaw-Nian Huang, "China's Influence on Taiwan's Media: A Model of Transnational Diffusion of Chinese Censorship," in *China's Influence and the Centre-periphery Tug of War in Hong Kong, Taiwan and Indo-Pacific*, ed. Brian C. H. Fong, Jieh-min Wu, and Andrew J. Nathan (London: Routledge, 2020), 205-223; 張錦華，〈從 van Dijk 操控論述觀點分析中國大陸省市採購團的新聞置入及報導框架：以台灣四家報紙為例〉，《中華傳播學刊》20（2012）：65-93；李志德，《無岸的旅途：陷在時代困局中的兩岸報導》，（台北：八旗文化，2014）；楊琇晶，〈台灣媒體的中國因素——香港經驗參照〉（未出版之碩士論文，國立台灣大學國家發展研究所，2014）；李嘉艾，〈台灣媒體生產政治中的中國因素與獨裁者邏輯：以 C 集團為例〉（未出版之碩士論文，國立清華大學社會學研究所，2015）。黃兆年，〈新聞自由中的美國因素與中國因素〉，在《吊燈裡的巨蟒：中國因素作用力與反作用力》吳介民、蔡宏政、鄭祖邦編。（新北：左岸文化，2017），394-448；川上桃子，〈中國影響力對台灣媒體的作用機制〉，在《吊燈裡的巨蟒：中國因素作用力與反作用力》吳介民、蔡宏政、鄭祖邦編。（新北：左岸文化，2017），449-484；普麟，2018，〈中國因素與威權擴散：中國對香港與台灣新聞自由之影響（2008-2015）〉（未出版之碩士論文，國立台灣大學政治學研究所，2018）。

4 何清漣，2019。

　　不過，有些咸認支持台灣認同的獨派媒體，其實也一度受到中國經濟吸納的影響。經濟吸納包含三種管道：除了上述的廣告市場（如置入性行銷）、資本市場（如補貼、入股、收購）之外，還包括發行市場。[5]民視和三立都曾試圖爭取北京當局審批，以便將自製節目、戲劇版權賣至對岸，好在中國市場落地播出。當時，台灣各大媒體的財務陷入困境：2008年全球金融危機，使得私人企業減少廣告投放；2011年《預算法》修法，又令政府的置入性行銷被禁止。台灣媒體從政府、企業所獲的收益皆減少，只好放眼海外市場，其中以中國市場為主要標的。

　　為了順利進入中國市場，台灣媒體不得不在新聞、節目內容上做出妥協和調整。例如民視高層曾在2009年婉拒購入及播出紀錄片《愛的十個條件》，[6]該片講述疆獨精神領袖熱比婭的事蹟，被北京視為敏感話題。三立則在2011年，將「台劇」改名為「華劇」，希望有助於拓展中國市場。2012年，三立更停播收視率頗高的政論節目《大話新聞》，據報導與承受中國廣電總局的壓力有關。此外2009～2014年間，三立有關六四事件的新聞報導數量明顯減少。[7]由此可見，北京的經濟吸納，不僅能對「統媒」發揮作用，也能對台派或獨派媒體發揮一定程度的影響。除了傳統媒體之外，近來亦傳出有網路媒體、粉絲頁、網紅被中國勢力贊助或收購，可視

5　Jaw-Nian Huang, "The China Factor in Taiwan's Media: Outsourcing Chinese Censorship Abroad," China Perspectives, no. 3, (September 2017): 27–36; Jaw-Nian Huang, *The Political Economy of Press Freedom: The Paradox of Taiwan versus China* (London: Routledge, 2019); Jaw-Nian Huang, "China's Influence on Taiwan's Media: A Model of Transnational Diffusion of Chinese Censorship," in *China's Influence and the Centre-periphery Tug of War in Hong Kong, Taiwan and Indo-Pacific*, ed. Brian C. H. Fong, Jieh-min Wu, and Andrew J. Nathan (London: Routledge, 2020), 205-223; 黃兆年，〈新聞自由中的美國因素與中國因素〉，吳介民、蔡宏政、鄭祖邦編，《吊燈裡的巨蟒：中國因素作用力與反作用力》（新北：左岸文化，2017）。

6　Chien-Jung Hsu, "China's Influence on Taiwan's Media," *Asian Survey* 54, no 3 (2014): 515-39.

7　洪耀南、楊琇晶、陳俊瑋，〈中國效應如何影響台灣媒體〉，國立台灣大學國家發展研究所「通訊傳播實務研究」報告，2014。

為經濟吸納手法的延伸。

規範擴散：媒體峰會只是單純的兩岸交流？

　　2019 年邁入第四屆的「兩岸媒體人北京峰會」吵得沸沸揚揚。有人認為，那些媒體人士只是去對岸參加交流活動、禮貌性聆聽中國官員宣講，並不會被收編、滲透、或影響，沒有那麼嚴重。然而，從其他行之有年的兩岸媒體論壇來看，這類活動未必如想像中那麼單純或沒有效果。

　　以「海峽媒體峰會」為例，自 2009 ～ 2020 年間幾乎每年舉辦一次，至今已有九屆歷史，該論壇有以下幾個值得關注之處：一、台灣媒體不僅是單純參加而已，部分台灣媒體（如旺中集團、聯合報社）還經常性地與中國官方媒體聯合舉辦該論壇。二、與會者並不限於親中、統派媒體，許多台派、獨派媒體也曾派人參加此項活動，包括三立（2011 年 5 月、2013 年 10 月、2013 年 12 月）、美麗島電子報（2013 年 10 月、2013 年 12 月）、綠色和平電台（2013 年 12 月），甚至於具有台灣官方身分的中央社亦多次派員參加（2009 年 8 月、2013 年 10 月、2013 年 11 月、2013 年 12 月、2014 年 12 月）。三、台灣媒體不僅是去聽講、交流而已，更進一步多次與中國官媒簽署共同倡議或「共同建議書」（2009 年 8 月、2010 年 9 月、2011 年 5 月、2012 年 8 月、2013 年 10 月、2013 年 12 月）。那些文件內容十分合乎北京所提倡的中國式媒體規範，亦即「威權發展主義」（authoritarian developmentalism）的媒體規範。該項規範把媒體視為政府的工具，要求兩岸媒體應該「擴大華文媒體在世界範圍內的影響力和話語權」、「增強中華文化的國際傳播力和影響力」、「推動兩岸關係和平發展」、「維護中華民族的共同利益」。[8]

8　Jaw-Nian Huang, "Between American and Chinese Hegemonies: Economic Dependence, Norm Diffusion, and Taiwan's Press Freedom." China: An International Journal 17, no.2 (May 2019): 82-105; Jaw-Nian Huang, *The Political Economy of Press Freedom: The Paradox of*

　　參加峰會與論壇之後，部分台灣媒體便將中國式的媒體規範帶入台灣媒體生態之中。例如旺中和三立的老闆或高層都曾明示或暗示傳達新聞報導方針，要求減少呈現或淡化處理諸如六四、藏獨、疆獨、法輪功等中國官方敏感議題。相關規範的貫徹，起初經常透過由上而下的賞罰誘因機制，後來逐漸形成一種由下而上的社會化與內化過程：編輯和記者開始揣摩上意、避免跨越政治紅線，甚至把自我審查、新聞偏差視為理所當然的日常慣習。在此情況下，一種中國式的媒體自我審查文化，逐漸從對岸擴散到台灣部分媒體部門。[9]

　　由此可見，兩岸媒體論壇並非只是單純的交流活動，還可能具有政治社會化、規範擴散、文化滲透的功能及效果。

假訊息輸出：與北京之間有無直接鏈結？

　　方興未艾的假新聞浪潮對國內外媒體和輿論皆造成重大影響。在台灣，許多人擔心假新聞是來自北京的境外勢力所操縱，但又遲疑假新聞與北京之間難以建立直接鏈結。根據筆者研究，[10] 與中國有關的假訊息至少有以下三種主要來源：中國內容農場、台灣親中媒體、以及中國官媒。其

Taiwan versus China (London: Routledge, 2019)；楊琇晶，〈台灣媒體的中國因素——香港經驗參照〉（未出版之碩士論文，國立台灣大學國家發展研究所，2014）。

9　Jaw-Nian Huang, "Between American and Chinese Hegemonies: Economic Dependence, Norm Diffusion, and Taiwan's Press Freedom." China: An International Journal 17, no.2 (May 2019): 82-105; Jaw-Nian Huang, *The Political Economy of Press Freedom: The Paradox of Taiwan versus China* (London: Routledge, 2019); 李嘉艾，〈台灣媒體生產政治中的中國因素與獨裁者邏輯：以 C 集團為例〉（未出版之碩士論文，國立清華大學社會學研究所，2015）；川上桃子，〈中國影響力對台灣媒體的作用機制〉，在《吊燈裡的巨蟒：中國因素作用力與反作用力》吳介民、蔡宏政、鄭祖邦編。（新北：左岸文化，2017），449-484。

10　Jaw-Nian Huang, "External Threat and Internal Defense: Freedom of the Press in Taiwan 2008-2018," in *Press Freedom in Contemporary Asia*, ed. Tina Burrett and Jeffrey Kingston (London: Routledge, 2019), 129-144.

中，前兩者與北京的實際關係的確不易確立，但第三種來源與北京的直接鏈結則無庸置疑。

　　針對北京輸出假訊息的三種可能來源，舉例如下：一、中國內容農場，如「觀察者網」，曾於 2018 年 9 月燕子颱風導致日本關西機場淹水時，率先發表有關中國使館派車拯救台灣同胞的假訊息。二、台灣親中媒體，如中時與中天，曾在 2019 年 2 月韓國瑜造訪新加坡期間，自製報導我國駐星代表盯場監控韓言論及活動並回報中央的假新聞。三、中國官方媒體，如環球時報，曾於 2018 年 4 月釋出解放軍將在福建外海進行大規模實彈軍演的假訊息，亦曾在 2019 年 3 月報導日本外務省回應「不考慮」蔡英文所提台日安保對話的假新聞。

　　由此可見，部分假訊息確實源自中國官媒，故假訊息與北京的直接鏈結是真實存在的，而假訊息輸出作為北京用以影響台灣媒體及輿論的新手法也是無庸置疑的。除了中國官媒，北京亦有可能透過內容農場或親中媒體來產製假新聞，再經由台灣主流媒體、網路社群媒體加以傳播，最後對台灣輿論造成影響。

　　綜合而言，「假訊息輸出」作為紅色滲透的新手法，其目的與「經濟吸納」和「規範擴散」不盡相同。經濟吸納與規範擴散的主要目的，在於塑造中國的正面形象，進而博取他國人民的認同。假訊息輸出的主要目的，則是試圖破壞民主社會的內部團結、降低民選政府的聲望，進而打擊民眾對民主體制的信任。值此國際社會憂心中國向外建立世界媒體新秩序之際，北京影響台灣媒體的手法日益多元、也越來越細緻，是故紅色滲透在台灣的演化與進擊，值得更多的關注與探討。

※ 本文初稿發表於「淡江國際評論」網站（2019 年 5 月 22 日），修訂後轉載於「菜市場政治學」網站，再度修訂後收錄於本書。

6-3
台灣「接收境外假資訊」
嚴重程度被專家評為世界第一

王奕婷————文

　　瑞典哥德堡大學所主持的多元民主計畫（Varieties of Democracy project，以下簡稱 V-Dem 計畫），每年都會更新專家調查資料庫。其中的「數位社會」新單元當中，有一個調查變項（variable）是對全球各國「遭受外國假資訊攻擊」的程度進行調查，結果台灣居然榮登世界第一！

　　台灣是全球各國家中接收來自外國政府或其代理人的假資訊最嚴重的國家！這個變項具體詢問專家「外國政府及其代理人有多頻繁地透過社群媒體來傳播誤導的觀點或錯誤的資訊，以試圖影響這個國家的國內政治？」指標分數越低代表來自境外的假資訊越嚴重、受害越深，越高則代表該國沒有這樣的問題。

　　我們把 2018 年前幾名的國家畫成圖 6-3-1，前十名還包含拉脫維亞、巴林、卡達、匈牙利、葉門、科索沃、敘利亞、喬治亞與委內瑞拉。另外，已被研究證實接收許多來自俄國假資訊的美國與烏克蘭，則分別為第 13 與 14 名。圖 6-3-1 也顯示，台灣不但榮登世界冠軍，且分數也與其他國家拉開了相當大的差距；也就是說台灣已被負責評比的國內外專家一致肯定為「受害程度相當嚴重」。事實上，在這個變項所涵蓋的 2000 年～ 2019 年期間，台灣在大多數的年份都被評為「接收外國假資訊攻擊」最嚴重的第一名。

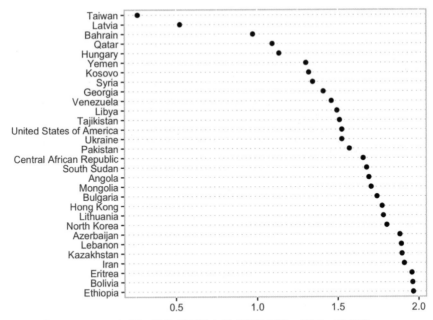

【圖 6-3-1】2000 ～ 2019 年間，接收外國假資訊攻擊排行榜。製圖：王奕婷。
到底 V-Dem 資料庫是如何得出這樣的評分呢？資料庫當中是否還有其他相關的指標？

V-Dem 資料庫介紹

　　V-Dem 是一個針對政治體制與民主運作各面向的大型政治學跨國調查計畫，有全球近兩百個國家的資料，是目前政治學界在國家與變數上涵蓋最廣的資料庫之一，且任何人都可免費下載所有資料。此項計畫試著以更精細的方式提供概念化與測量民主的新途徑。

　　V-Dem 計畫最初的發想，主要是著眼於在測量方法上納入更多元的民主面向。雖然之前已有許多資料庫對民主程度進行過測量，如 Polity IV 或 Freedom House 等；然而這些資料庫的測量與加總方法較為不公開，且往往只依賴少數外國專家提供判斷、往往忽略了在地社會的意見。另外，這些資料庫僅著重於測量選舉以及部分自由權利（liberal rights）的程度，並以此作為「民主」的定義。

　　然而，除了選舉是否自由公平以及自由權利的有無這樣的核心定義之外，民主運作的其他面向，例如國會監督的能量、司法獨立的程度、直接民主的門檻、審議式民主的可能、以及社經資源分配的公平性等，都需要更好地被反映在資料搜集與相關的指標建構中。

　　V-Dem 雖然強調民主的多元表現，但並未試圖挑戰既存規範理論上對於「民主」的定義；相反地，團隊會參考既有規範與實證文獻中所提的民主應該具有的特徵，在資料搜集中盡可能地涵蓋民主的一個核心原則（principle）與其他六個多元原則。與既有資料庫相似，其核心為選舉的有無以及執行的品質，另外六個原則包含「自由」（liberal）、「共識」（consensual）、「審議」（deliberative）、「多數決」（majoritarian）、「平等」（egalitarian）與「參與」（participatory）。

　　接著將每個原則都拆開成為更具體、更細節而容易回答的問題以進行測量。舉例而言，民主的「自由」原則在意的是人民的自由權利，如言論、結社、經濟自由等；然後這些項目又細分為各種媒體與訊息的自由、政黨組成的限制、私有產權的有無等。專家再針對這些具體細項進行判斷，而不是直接回答「這個國家的人民是否擁有自由權利」這樣較廣泛而抽象的問題。

資料搜集的方式與限制

　　在整個計畫中共有超過 300 個類似這樣具體的問項，從而試圖捕捉民主這個複雜而多面向的概念。這 300 多個問項中部分具有「正確」答案（例如國會單一性別保障名額的比例），就由一位專家／研究助理來搜集資訊。另外將近 200 個指標則仰賴人為判斷（例如某次選舉中作票的情形是否普遍），由專家評估來作答。針對這些指標，依照問題的性質，邀請相關領域的學者與非政府組織工作者，每一個國家的每一個指標由超過 5 位本國與外國的專家來作答。專家匿名作答，而且在任何狀況下都不會也不應該

公布專家名單，以避免針對較敏感的議題或來自威權國家的專家不敢真誠地評分。

接著以貝氏項目反應理論（Bayesian item response model）來加總各專家的評分。採用項目反應理論來加總的原因在於，每位專家給分時心裡可能有不同的評斷基準，來自不同國家的專家也可能對現象有不同的理解。項目反應理論模型能夠調節這些不同的給分標準，也控制專家們出錯的可能，讓國家與國家之間的分數能夠相互比較。

讀者們或許會疑惑，5 位專家的給分真的能有什麼測量效度嗎？真的能反映該國的表現嗎？這是專家調查與民意調查的不同之處，民意調查會想要知道大眾對於某些事情的想法、態度、感覺，也就是說重點並非事情的真相究竟何在，而是民眾到底是如何「感覺」的，由於重心在於個別民眾的主觀想法、而非客觀事實，所以民意調查需要有大規模、甚至是具有人口代表性的樣本，才能知道大家的感覺。

專家調查則假定有一個客觀事實的存在，例如台灣受到境外假訊息攻擊的程度、或選舉的公平程度，這是真實存在的現象，每個人當然可以對於這個現象有不同的感受，然而我們在這裡是想知道，若盡量客觀地來說、與其他國家比較，台灣的這個現象是否普遍。這個情況有點類似口試時 5 位面試委員來判斷學生或應徵者的能力表現，5 個人可能有不同的判斷標準（因此 V-Dem 採用項目反應理論來調節），但他們是針對同一位候選人的表現來進行評分的；又或者是語文考試中的作文項目，每一份試卷可能交由 2～3 位閱卷者來進行評分，而並非以大規模民調的方式來決定分數。我們可以把 V-Dem 專家調查的狀況想像成有超過 5 位專家來為例如「台灣在 2018 年的選舉公平程度」這樣的變項打分數。

類似採用專家調查的計畫通常就是以少數專家的判斷為依據，而 V-Dem 所邀集的專家人數已遠超過大家較熟悉的自由之家或 Polity IV 等資料庫。另外 V-Dem 也曾實驗過，比較少數專家的判斷、或廣邀許多一般民眾來為相同的政治現象打分數，結果發現以 V-Dem 所關注的變項來說，專

家確實能提供更有效率、更具有一致性的評分。

當然,所有無論是質化或量化的判斷都有其限制,也都有測量誤差(measurement error)的可能, V-Dem 也不例外。比方由於資料最早蒐集到 1900 年,專家是否能針對這麼早期的現象進行判斷確實會有疑問,另外若專家們同質性太高的話(例如都來自類似的學校/國家、閱讀類似的期刊報章),也可能使評分受限。V-Dem 在所有的專家調查資料中都有提供「信賴區間」,信賴區間是由項目反應理論模型計算出的,也就是除了各國各年度在特定變項上的分數之外,也提供該分數可能的上限與下限;若是專家間彼此的意見越不相同,那麼信賴區間就會越大,代表評分的不確定性越大。若將信賴區間考慮進去後,兩個國家的分數仍有差異,那我們就可以比較有信心地下結論說:縱然考量一些不確定與測量誤差的可能,這兩個國家的表現仍然不一樣。

為了執行這樣龐大且跨越多國的資料搜集,V-Dem 團隊成員超過五十人,許多都是相關領域的著名學者,並邀請三千多名來自超過 170 個國家的學者專家來作答。整個計畫目前涵蓋了 180 個國家自 1900 年至今的資料,並每年進行更新;同時也針對部分國家開始執行 Historical V-Dem 的計畫,主要仰賴歷史學家的判斷、以搜集各國在 1800 至 1920 年間的資料。

關於數位社會以及假資訊傳播

「數位社會」是 V-Dem 計畫當中最新的一個單元,新單元中的變數包括:各國政府散播與接收假資訊的頻率、針對假資訊在不同載具上的應對方式、整體的應對能力、對隱私權的保護、人們使用媒介的方式、政治菁英和政黨傳播訊息的方式等等。調查方式如同前述,是由本國與外國的專家來評分。與其他 V-Dem 變項不同之處在於,由於這些問題是關於新型態的資訊傳播,因此資料涵蓋的時間範圍僅有 2000 年至今。

除了上述台灣榮登第一名的「接收外國假資訊」變項之外,調查中也

試圖理解各國政府對內向自己的民眾傳播誤導、錯誤訊息的程度，以及是否向國外傳播假訊息。圖 6-3-2 就是 2018 年時各國在這兩個問題上的表現盒型圖（盒子裡的粗線是中位數的位置，盒子的上下範圍涵蓋中間 50% 的資料所在，直線則是資料的整體分布）。圖中標示台灣、美國、東亞鄰國（包含日、韓、中國）的位置作為對照。我們可以發現，台灣政府無論對內對外，傳播假訊息的程度都不高。

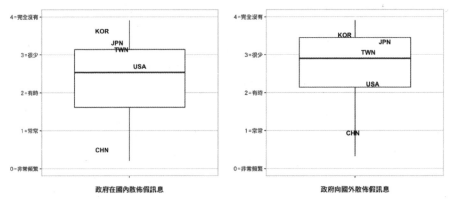

【圖 6-3-2】各國政府對內、對外傳播假訊息比較圖。製圖：王奕婷。

　　另外也有一部分變項可以用來了解政府對於網路言論與活動的控制情形，圖 6-3-3 列出了其中四個指標，包含政府「是否審查過濾網路內容」、「是否限制人民上網」、「是否禁止人民上社群網站」、以及「是否審查社群網站的言論」。毫無意外地，台灣的分數與其他民主國家接近，政府對於網路活動的過濾與審查相當有限。

　　調查中也顯示台灣民眾在網路上有很多元頻繁的活動。使用／接收網路媒體的普遍程度也是 2018 年的全球第一名（圖 6-3-4 左上），而網路媒體所呈現的觀點相當多元、並不偏限於政府立場（右上）。甚至各網路媒體對同一件事情會有相當不同的詮釋與報導方式（左下），而這個現象可能導致或反映了不同網路媒體受眾（各同溫層）之間，在立場與觀點、甚

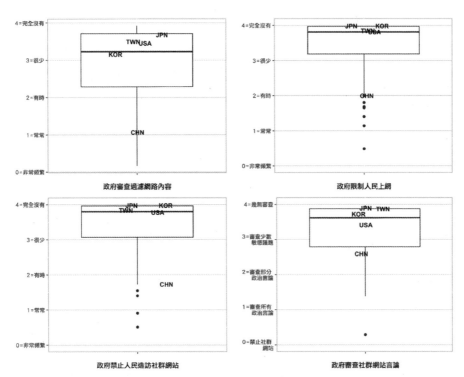

【圖 6-3-3】政府對於網路言論與活動的控制。製圖：王奕婷。

至是對現象的理解上有相當程度的分歧。另外，網路也已經成為台灣民眾用來號召例如抗議、連署、遊行等政治行動的普遍媒介了（右下）。

　　以上的調查結果只是其中一小部分，其他還有許多有趣的變項可供觀察。整體來說，這組新的調查除了讓我們發現台灣很頻繁地接收到來自境外的假新聞之外，也證實了台灣是個網路言論相當自由多元、能觸發許多可能性的地方。

　　當然，有許多大家所關心的問題沒辦法透過上述簡單的圖表得到答案，例如該如何應對假訊息？網路媒體報導的高度分歧會帶來什麼影響？為何出現這樣的現象？另外，調查中也沒有直接詢問假訊息究竟來自哪個國家。這些問題都需要結合其他資料、以及更進一步的分析才能更完整地

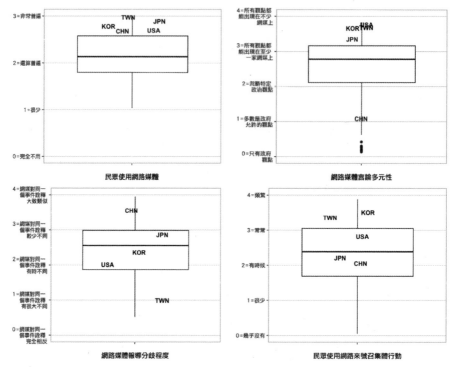

【圖 6-3-4】各國民眾使用／接收網路媒體的程度。製圖：王奕婷。

回答；而除了專家調查之外，透過其他方式所搜集的資料也都很重要，結合不同來源的資料能夠幫助我們在判斷相關現象時更能避免偏誤的發生。

6-4
誰會相信假新聞？行為科學的啟示

王宏恩———文

　　政務委員唐鳳曾提議，要與臉書等社群網站合作對抗假新聞，而世界各地也開始出現類似的立法措施（例如歐盟），[1]之前 2016 年美國總統大選時，甚至也有民眾成立假新聞網站，結果流量大到賺進大筆現金、影響選情（參考文章見註 2，統計 2016 年美國總統相關假新聞被轉了 4000 萬次）。[2]

　　要對抗假新聞，除了應然面的道德論戰之外，從實然面來說，我們要先定義什麼是假新聞、然後知道誰會信假新聞、假新聞是怎麼傳播的。這其實也是近年來美國政治行為與政治傳播學界最熱門的話題，有各種小規模實驗、大規模數據驗證，也成為近幾期《自然》期刊的討論重點。[3]從行

1　M. Scott & M. Eddy. (2017) "Europe Combats a New Foe of Political Stability: Fake News." *New York Times*, February 20, https://www.nytimes.com/2017/02/20/world/europe/europe-combats-a-new-foe-of-political-stability-fake-news.html.

2　H. Allcott & M. Gentzkow. (2017) "Social Media and Fake News in the 2016 Election." National Bureau of Economic Research, June, https://www.nber.org/papers/w23089; S. Shane. (2017) "From Headline to Photograph, a Fake News Masterpiece." *New York Times*, January 18, https://www.nytimes.com/2017/01/18/us/fake-news-hillary-clinton-cameron-harris.html?hp&action=click&pgtype=Homepage&clickSource=story-heading&module=b-lede-package-region.

3　L. Spinney. (2017) "How Facebook, fake news and friends are warping your memory." *Nature*,

為科學的角度出發，我們可以得到什麼啟示呢？

資訊提供只是第一步

達特茅斯學院政府系的 Brandon Nyhan 教授針對陰謀論的傳播進行了一系列的問卷實驗法研究，隨機把參加實驗的人分成實驗組跟控制組，讓他們閱讀不同的內容，再比較兩組態度的差異。他在 2015 年的研究，發現美國疾病管制局假如在網站上澄清流感疫苗會導致發病的謠言，雖然確實會讓民眾比較不再相信那一起謠言，但同時會讓本來就擔心疫苗副作用的人更不想打疫苗。[4] 另一篇 2017 年的研究發現，當同時給實驗參加者看馬航飛機失事的政府報告與鄉民陰謀論，假如政府報告上有不明黑塊（暗示說這份報告上面有些是不公開的機密，但事實上並沒有擋到任何資訊），受試者就會顯著地相信陰謀論。所以，由政府透明地提供資訊確實有些助益。[5]

就算提供更多資訊，有可能反而讓意見兩極化，而且不是因為全民教育不足

耶魯大學法學院的 Dan Kahan 教授在 2010 年執行了一系列的問卷實

March 8, Volume 543, No. 7644, pp.168-170, https://www.nature.com/news/how-facebook-fake-news-and-friends-are-warping-your-memory-1.21596.

4 B. Nyhan & J. Reifler. (2015) "Does correcting myths about the flu vaccine work? An experimental evaluation of the effects of corrective information." *Vaccine*, Volume 33, Issue 3, 9 January 2015, Pages 459-464, https://www.sciencedirect.com/science/article/pii/S0264410X14015424.

5 B. Nyhan, F. Dickinson, S. Dudding, E. Dylgjeri, E. Neiley, C. Pullerits, . . . C. Walmsley. (2016). Classified or Coverup? The Effect of Redactions on Conspiracy Theory Beliefs. *Journal of Experimental Political Science*, 3(2), 109-123. doi:10.1017/XPS.2015.21

驗，研究民眾對於全球暖化、核廢料安全性、以及校園帶槍等意見的看法，並在新聞開頭前操作「多數重量級學者相信／不相信」作為實驗設計。研究結果發現，民眾是否相信重量級學者們的「共識」，完全取決於民眾本來就相信什麼，而民眾本來對這些議題的態度則取決於個人主義的世界觀：越相信平等權利與反歧視很重要的人，越傾向於相信全球暖化、核廢會外洩、校園帶槍更危險。[6]

另一篇 2012 年的研究則發現，人們是否相信全球暖化，反而在那些擁有高學歷、數理工學位的人當中更為顯著地兩極化，而背後的原因同樣是個人主義的世界觀。[7]甚至在較不政治化的領域，例如運動，根據 Nyhan 教授等人 2016 年的研究，「誰會相信美式足球超級盃有把球偷放氣而影響結果的八卦」，結果發現意見兩極化程度最嚴重的，是那些對美式足球相關知識最了解的球迷。[8]關於政府政策的資訊，Nyhan 等人在 2010 的研究同樣發現，當政治人物先講出某件事、而他們的支持者相信後，幾天後再提供更正資訊，反而會讓支持者更擁護自己原本的態度而拒絕改變。[9]也就是說，當人們對一個議題所知越多，即使提供再多資訊給他們，也不見得能夠讓意見兩極化的程度降低，因為影響意見兩極化的因素在於每個人的世界觀。

6　Dan M. Kahan, Hank Jenkins Smith & Donald Braman. (2011) Cultural cognition of scientific consensus, *Journal of Risk Research*, 14:2, 147-174, DOI:10.1080/13669877.2010.511246.

7　D. Kahan, E. Peters, M. Wittlin, et al. The polarizing impact of science literacy and numeracy on perceived climate change risks. *Nature Climate Change* 2, 732-735 (2012). https://doi.org/10.1038/nclimate1547

8　M. John, et al. (2016) An inflated view of the facts? How preferences and predispositions shape conspiracy beliefs about the Deflategate scandal. *Research & Politics*, Volume: 3 issue: 3, https://doi.org/10.1177/2053168016668671.

9　B. Nyhan, J. Reifler. When Corrections Fail: The Persistence of Political Misperceptions. *Political Behavior* 32, 303-330 (2010). https://doi.org/10.1007/s11109-010-9112-2.

第三,顯然,要避免出現平行時空,重點還是在於打破同溫層

普林斯頓大學心理系 Alin Coman 教授帶領的團隊,在 2016 年的研究中一次找十位受試者,先請他們念一小段故事,再讓每位受試者跟其他三位進行對話,但這十位受試者會被隨機分派成兩組:(一)兩群人,中間只有一個連結;(二)兩群人,中間有三個連結。研究結果發現,當兩群人連結越多,對話結束後大家所共享的完整故事內容相同的程度就越高,反之就越低。[10] 加州大學戴維斯分校政治系的 Robert Huckfeldt 教授在其成名作《政治異見》(*Political Disagreement*)書中也指出,一個人會被新出現的資訊影響而改變原有態度的機率,與那個人置身的社會網絡裡意見如何分布密切相關:越是泡在同溫層裡的人被說服改變態度的機率越低,而處在充滿歧異意見的朋友圈,這樣的人最容易被新資訊給說服。

那麼,是哪些人比較喜歡泡在同溫層呢?研究臉書的資料科學家們在 2015 年發表了一篇報告,刊登在《科學》期刊上。[11] 研究是針對 1000 萬名美國臉書使用者,雖然平均而言自由派與保守派的臉書使用者有大概 20% 的臉書好友在另一個陣營,但自由派的人顯著地不會點擊保守派朋友分享的相關新聞(只有 6% 的比例,保守派點閱自由派資訊則是 17%),而自由派的動態牆上也比較少見另一陣營的資訊(20%,相較於保守派的 35%)。

追根究底,對抗假新聞終究會是每個人對每個人之間的戰爭,而社群

---

10 A. Coman, et l. (2016) Mnemonic convergence in social networks: The emergent properties of cognition at a collective level. *PNAS*, July 19, 113 (29) 8171-8176, https://doi.org/10.1073/pnas.1525569113.

11 E. Bakshy, S. Messing & L. Adamic. (2015) Exposure to ideologically diverse news and opinion on Facebook. *Science*, 5 Jun, Vol. 348, Issue 6239, pp. 1130-1132, DOI: 10.1126/science.aaa1160.

網站只是提供了其中一個戰場，並非假新聞出現的原因。要傳遞與改變資訊，還是得由下而上才有可能。當政府與主流媒體不再受到信任，如果仍然由這些人帶頭對抗假新聞，更可能讓假新聞的散播者在「受到打壓」的形象下反而流傳更廣。[12] 如果單純把大眾都當作無知、而不去思考人們獲取資訊的目的，也會讓正確資訊的傳播事倍功半。[13] 換言之，政府或臉書可以做的，也許是試著尋找激勵每一個人更願意表態、更願意分享事實的誘因，透過更多事實來壓下假新聞，而不是由上而下地直接對抗它。

---

12 J. Forestal & M. Philips. (2016) "People blame Facebook for fake news and partisan bile. They're wrong." *The Washington Post*, December 17, https://www.washingtonpost.com/news/monkey-cage/wp/2016/12/16/people-blame-facebook-for-fake-news-and-partisan-bile-theyre-wrong/.

13 王宏恩，2016，〈政治科學 2016 新書介紹：《Uninformed 無知大眾》〉，菜市場政治學，7 月 29 日，https://whogovernstw.org/2016/07/29/austinwang17/。

6-5
假訊息對選民的影響分析
2020 大選投票所出口訪查結果

曾柏瑜、陳韻如———文

　　本研究試圖透過投票所出口訪查，釐清在 2020 年大選中假訊息對選民的影響，並進一步分析假訊息所引起的情緒以及閱讀假訊息的頻率，是否會影響選民對假訊息的相信程度。透過本次研究我們發現，當訊息是以「小道消息」、「口耳相傳」的形式在聊天群組、社交媒體等特定政治立場的選民中出現時，聽過越多次越容易相信、被激起的負面情緒越強越容易相信。然而，當訊息是廣泛被主流媒體傳播和討論時，選民則更有可能被其他因素（既有政治立場、更多不同說法等）所影響。

　　情緒對人們相信訊息的影響，在過去曾有心理學家針對謠言做過類似的研究。Nicholas DiFonzo 和 Prashant Bordia 在 2007 年的著作中，就曾指出散播謠言能幫助人們應對焦慮感與外在環境的不確定性，當這則謠言能成功激起接受者的負面情緒、又符合既有的認知框架，就能幫助接受者處理對未知處境的焦慮，其主觀可信度也會隨之提高。[1]

　　近年來，隨著社群媒體的興起，假訊息對選舉的影響開始受到重視，也有更多學者開始研究「情緒對人相信訊息的影響」，Cameron Martel、

1　N. Difonzo & P. Bordia. (2007). Rumors influence: Toward a dynamic social impact theory of rumor. In A. R. Pratkanis (Ed.), *Frontiers of social psychology. The science of social influence: Advances and future progress* (pp. 271-295). Psychology Press.

Gordon Pennycook 和 David G. Rand 在 2020 年的研究中發現，引起情緒和相信假訊息有正相關。[2]Jiyoung Han、Meeyoung Cha 和 Wonjae Lee 也在 2020 年研究和 COVID-19 相關的假訊息時發現，憤怒的情緒會讓人更相信假訊息「具有科學可信度」，從而讓假訊息的傳播更加廣泛。[3]

另外，根據 Daniel A. Effron 和 Medha Raj 在 2019 年的研究，無論資訊接受者是否相信該訊息，重複遇見相同的訊息都會大幅增加傳播意願。也就是說，當謠言被重複傳播越多次，其主觀可信度便會提高，即使是對謠言的澄清，也可能反而助長了謠言的傳播，然而這次的發現仍需要後續的實驗來進一步佐證。[4]王泰俐在 2020 年對台灣假新聞影響總統大選的研究中，指出人們選擇新聞媒體的習慣與他們的政治傾向類似，值得針對同溫層效應、極化程度的嚴重性進一步研究。[5]

研究方法

台灣民主實驗室於 2020 年 1 月 11 日選舉投票日當天，派出 32 名受訓訪員及 6 名訪員督導，從早上 9 點至下午 4 點，在六都共 11 個投開票所，針對已投完票之選民進行抽樣出口訪查，最終取得 892 份有效問卷（問卷全文見附錄一）。

為避免投開票站的選民政治傾向造成偏差，我們依據 2016 年九合一

2　C. Martel, G. Pennycook & D. G. Rand. (2020). Reliance on emotion promotes belief in fake news. *Cogn. Research* 5, 47. https://doi.org/10.1186/s41235-020-00252-3

3　J. Han, M. Cha W. Lee. (2020). Anger contributes to the spread of COVID-19 misinformation. Harvard Kennedy School (HKS) *Misinformation Review*. https://doi.org/10.37016/mr-2020-39

4　MSc Jasper te Rijdt. (2019) "Fake it till you make it": An experiment of fake news perception by use of experts and support.

5　T.-L Wang. (2020). Does Fake News Matter to Election Outcomes?: The Case Study of Taiwan's 2018 Local Elections. *Asian Journal for Public Opinion Research*, 8(2), 67-104. https://doi.org/10.15206/ajpor.2020.8.2.67

大選時政黨票及總統選票的得票結果，篩選出藍綠支持度約為五五波的投開票所，再從中挑選與 2020 年投開票所的劃分較為一致者，篩選出以下六都 11 個投開票所（桃園僅篩選出一處）。

都市	區	里	投開票所	地址
桃園				
站點一	桃園區	中泰里	0710 中山國小6年2班	桃園市國際路一段1070號
備案一	桃園區	中聖里	0713武陵高中102教室	桃園市桃園區中山路889號
高雄				
站點一	苓雅區	林靖里	1483 福東國小201	高雄市福德三路96號
站點二	鳳山區	生明里	1604 百姓福德宮	高雄市生明路150之6號
備案一	鳳山區	海光里	1636紅十字會育幼中心慈暉園	高雄市鳳山區瑞光街61號
備案二	鳳山區	生明里	1605生明里活動中心	高雄市鳳山區中山東路12－1號
新北				
站點一	中和區	平河里	1528花園廣場社區媽媽教室	新北市中和區中正路831號
站點二	中和區	錦昌里	1616中和新莊餐廳大樓	新北市中和區連城路365號
備案一	中和區	連城里	1479美國華城(文康室)	新北市中和區連城里42鄰連城路89鄰9號
備案二	中和區	新南里	1519　中和平和小和平樓(602)教	新北市中和區漳和里3鄰中和路100號
台中				
站點一	北屯區	忠平里	1025陳平國小	台中市陳平路58號
站點二	北區	立人里	1186立人國小	台中市北平路一段60號
備案一	西屯區	福瑞里	0784福科國中(6)	臺中市西屯區福林里27鄰福林路333號
備案二	北屯區	后庄里	1015　上益汽車修配廠	臺中市北屯區后庄里19鄰后庄路386之1號
台南				
站點一	北區	東興里	0730東興社區活動中心	台南市北區小東路401巷51號之1
站點二	永康區	神洲里	1166永仁高中	台南市永康區忠孝路74號
備案一	永康區	勝利里	1001埔山新城活動中心	臺南市永康區勝利里31鄰小東路423巷6號
備案二	仁德區	仁愛里	1403仁和國小	臺南市仁德區仁愛里1鄰保仁路68號
台北				
站點一	中正區	文祥里	1108基督教教恩堂	台北市杭州南路一段129號
站點二	大安區	永康里	1180金華國小	台北市大安區金華街79巷11號
備案一	大安區	龍安里	1168新生國小1年1班	臺北市大安區龍安里10鄰新生南路2段36號

【表 6-5-1】依據藍綠五五波所篩選出來的 11 個投開票所。

892 份有效問卷中，有高達八成的受訪者認為台灣面臨的假訊息威脅是「嚴重的」，有七成以上的受訪者認為自己支持的候選人有受到假訊息的攻擊，至少有一半的受訪者表示，自己支持的候選人有因為假訊息而影響選情，顯示台灣選民普遍感受到假訊息對選舉造成的影響。

針對假訊息在台灣選民間散播的情形，我們依據新聞熱門程度、傳播管道及傳播受眾政治傾向的差異，綜合選擇了以下四題假訊息：

一、中國間諜「王立強」只是他受訪的化名，因此中國宣稱他是詐欺犯，是「自打嘴巴」。
二、蔡英文總統的論文是造假的。
三、愛滋病藥商是推動同婚合法化的推手。
四、韓國瑜在中國受共產黨統戰教育。

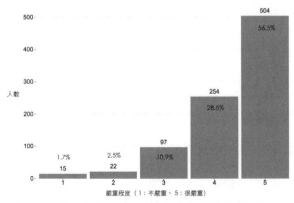

【圖 6-5-1】您認為台灣社會面臨假訊息的威脅嚴重嗎？

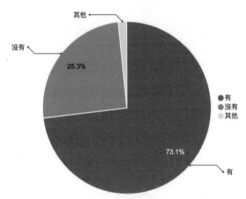

【圖 6-5-2】請問你認為你支持的候選人有受到假訊息的攻擊嗎？

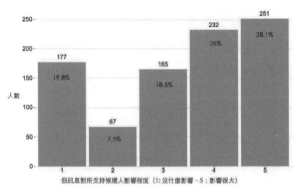

【圖 6-5-3】你認為你支持的候選人，有因為假訊息而影響選情嗎？

訪員分別就四個假訊息，詢問受訪者「是否聽過或看過這則訊息」、「聽到或看到這則訊息的頻率」、「覺得這則訊息可信嗎」以及「看到這則訊息的感受」。

調查結果

一、中國間諜「王立強」只是他受訪的化名，因此中國宣稱他是詐欺犯，是「自打嘴巴」

這一個題組相對其他題組來說比較複雜，首先要聽過『中國間諜「王立強」』及『中國宣稱「王立強」是詐欺犯』的相關訊息，又要聽過『「王立強」只是他受訪的化名，因此中國宣稱他是詐欺犯，是「自打嘴巴」』，共有三個不同的訊息層次。

但即使訊息層次較複雜，仍有近五成多的受訪者指出自己聽過相關說法。在這五成多的受訪者中，有近五成的人表示他們看到這則訊息的頻率偏高，但僅有四分之一的受訪者相信這則訊息的真實程度。顯示大部分的

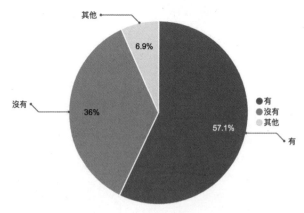

【圖 6-5-4】有沒有聽過類似說法？

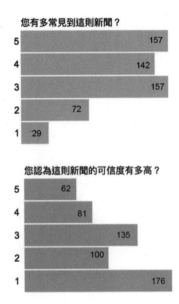

您有多常見到這則新聞？

5 157
4 142
3 157
2 72
1 29

您認為這則新聞的可信度有多高？

5 62
4 81
3 135
2 100
1 176

【圖 6-5-5】有聽過類似說法的受訪者，追問頻率與主觀可信度。

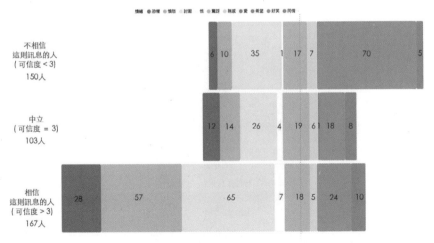

情緒 ● 沿憤 ● 憤怒 ● 討厭 ● 怕 ● 驚訝 ● 無感 ● 愛 ● 希望 ● 好笑 ● 同情

不相信
這則訊息的人
（可信度 < 3）
150人
6 10 35 1 17 7 70 5

中立
（可信度 = 3）
103人
12 14 26 4 19 6 1 18 8

相信
這則訊息的人
（可信度 > 3）
167人
28 57 65 7 18 5 24 10

【圖 6-5-6】受訪者回報訊息所激起的情緒。

人雖然頻繁地看到這則訊息，但並不認為這則訊息具有可信度。針對訊息出現的頻率和針對訊息的可信度進行相關分析，發現該則假訊息出現的頻率和可信度並無明顯相關。

　　除此之外，我們也發現這則訊息對受訪者來說，普遍激起「討厭」或「憤怒」的負面情緒反應，覺得「好笑」的比例亦高，但訊息所激起的情緒和該訊息的可信度亦無明顯相關。

二、蔡英文總統的論文是造假的

　　題組二「蔡英文總統的論文是造假的」，有高達八成的受訪者接收過該則訊息，且有六成以上的受訪者認為自己看到這則訊息的頻率偏高，但僅有兩成的受訪者認為這則訊息具有可信度，且看到訊息的頻率和相信該訊息呈現弱相關。這則訊息激起的情緒反應，相較題組一，更偏向正向的「同情」、「好笑」或中性的「驚訝」，但訊息所激起的情緒和該訊息的可信度亦無明顯相關。

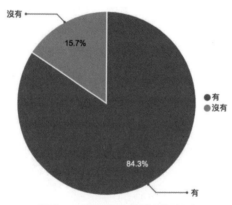

【圖 6-5-7】有沒有聽過類似說法？

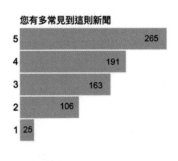

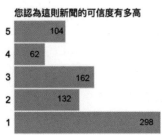

【圖 6-5-8】有聽過類似說法的受訪者，追問頻率與主觀可信度。

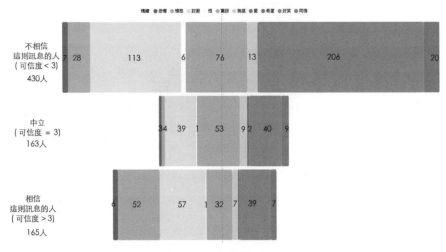

【圖 6-5-9】受訪者回報訊息所激起的情緒。

三、愛滋病藥商是推動同婚合法化的推手

題組三「愛滋病藥商是推動同婚合法化的推手」，僅有三成的受訪者接收過該則訊息，且相較其他題目，受訪者普遍認為看到相似訊息的頻率偏低，且只有兩成的受訪者認為這則訊息具有可信度。針對此則訊息，我們發現看到訊息的頻率與是否相信呈現弱相關。

這則訊息激起的情緒反應更趨於兩極，且受訪者表達對此則訊息「無感」的比例略高於其他題目，但訊息所激起的情緒和該訊息的可信度相較於題組一和題組二，呈現弱負相關，也就是說，受訪者接受此則訊息後，被激起越多的負面情緒，就越有機會相信此訊息。

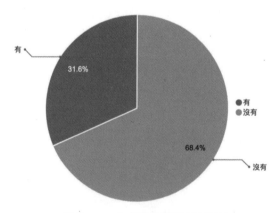

【圖 6-5-10】有沒有聽過類似說法？

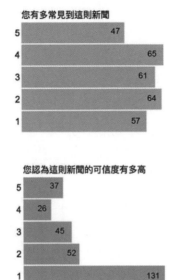

【圖 6-5-11】有聽過類似說法的受訪者，追問頻率與主觀可信度。

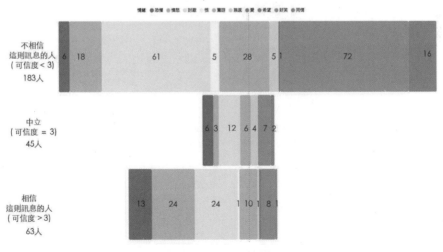

【圖 6-5-12】受訪者回報訊息所激起的情緒。

四、韓國瑜在中國受共產黨統戰教育

　　題組四「韓國瑜在中國受共產黨統戰教育」，約有五成的受訪者接收過該則訊息，且相較其他題目，受訪者普遍認為看到相似訊息的頻率偏低。但儘管如此，仍有四成多的受訪者認為此訊息具可信度。針對此則訊息，我們發現看到訊息的頻率與是否相信呈現弱相關，其相關性也是四個題組中最高的。

　　這則訊息激起的情緒反應偏向負面反應，而受訪者表達對此則訊息「恐懼」的比例略高於其他題目，且「訊息所激起的情緒」和「該訊息的可信度」呈現中度負相關，也是四個題組中最高的，也就是說，受訪者接受此則訊息後，越是被激起負面情緒，就越有機會相信此訊息。

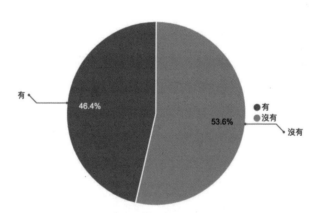

【圖 6-5-13】有沒有聽過類似說法？

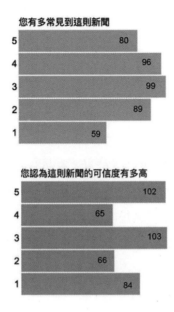

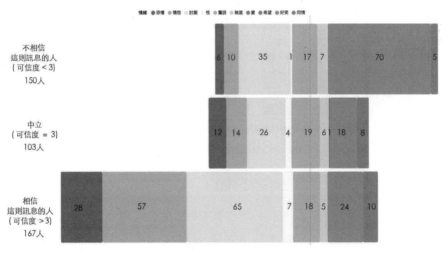

【圖 6-5-14】有聽過類似說法的受訪者，追問頻率與主觀可信度。

【圖 6-5-15】受訪者回報訊息所激起的情緒。

五、綜合分析

一、政治傾向綜合比較

　　人們是否傾向相信符合自己立場的訊息呢？答案是肯定的。我們進一步分析各題組中，認為該題具有最高可信度（1 到 5 分中選擇最高分者）的受訪者，並分析其政治傾向，可以明顯發現，大部分相信該題組的原因，還是來自其本身的政黨傾向。舉例而言，題組二及題組四與 2020 年總統大選兩黨候選人相關，可以發現當受訪者聽聞過該則訊息，其判斷是否為真的依據，還是回到受訪者的主觀政治傾向。

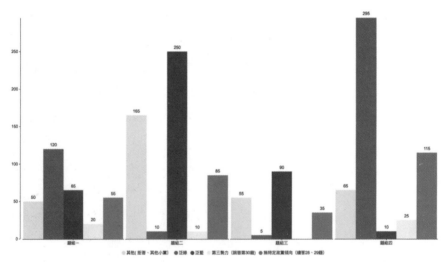

【圖 6-5-16】各題組選擇「5 最高可信度」的受訪者，各自政黨傾向的情形。

二、看到頻率、激起情緒和可信度相關

　　除了受訪者本身的政治立場外，看見同一訊息的頻率、以及訊息激發的情緒，也會影響該訊息的主觀可信度。綜合以上四個題組，我們將「看到訊息的頻率」和該訊息的主觀可信度進行「皮爾森相關係數」的計算，另外，我們將訊息使受訪者產生的情緒，依據「正向情緒為 1 分、負向情

緒為 -1」的方式計算出「看到的感受」，再和該訊息的主觀可信度進行「皮爾森相關係數」的計算，得出其相關性如表 6-5-2：

	題組一可信度	題組二可信度	題組三可信度	題組四可信度
看到的頻率	0.086	0.110	0.173	0.261
看到的感受	-0.064	0.056	-0.207	-0.321

【表 6-5-2】各題組可信度與看到頻率／看到感受的相關係數表。

　　以「皮爾森相關係數」而言，一般認為 0.1 以下為無相關，0.1 到 0.3 為弱相關，而其正負數則代表相關性的方向關係，正數代表為正相關、複數代表負相關。從這些數字可以看出，以題組二（蔡英文論文）、三（愛滋病藥商）、四（韓國瑜中共學歷）來說，看到的頻率和該則訊息的可信度成正向弱相關。也就是說，越常看到題組二、三、四的人，越有可能相信該則訊息，這樣的關係呈現弱相關。

　　而題組三、四中，「看到的感受」和該題可信度成負向弱相關，代表當看到該則訊息的感受越是負面，則越有可能相信該訊息，這樣的關係也呈現弱相關，且甚至比看到的頻率相關性更高。從四個情緒分布圖（圖 6、9、12、15）也可以看出，相信該訊息的人回報的負面情緒都高於正面情緒，而題組三、四尤其如此，吻合相關係數的結果。但在不相信該訊息的人回報的情緒當中，只有題組四有正向情緒大於負向情緒的情況，其他題組則沒有明顯的正負情緒分布差異。我們推測，是因為每個人對情緒的主觀判斷不同所導致的結果。舉例而言，題組二蔡英文論文造假的訊息，不相信該訊息的人回報最多的情緒是「好笑」和「討厭」，這背後的完整情緒可能是「居然有人還在傳這個，也太好笑／討厭了吧！」在此正負向情緒並沒有明顯的分野，如果要進一步分析，會需要以訪談或其他方式獲得更詳細的資料。

　　若比較題組的傳播管道，題組三及題組四多透過 LINE 等聊天軟體或

Facebook 社群媒體傳播，題組一及題組二出現在主流媒體的頻率較高。但頻繁出現在主流媒體和大眾前，並沒有提升該訊息的可信度，聽聞過題組三、題組四訊息的受訪者明顯少於題組一及題組二，且大部分的受訪者都認為自己頻繁看到題組一及題組二的訊息，而即使聽過題組三及題組四訊息的受訪者，也普遍認為這兩個訊息出現的頻率並不高，但是看到頻率和可信度之間卻有比題組一、二更高的相關係數。

是否聽過該訊息	題組一	題組二	題組三	題組四
是	57.1%	84.3%	31.6%	46.4%
否	36%	15.7%	68.4%	53.6%

【表 6-5-3】聽過各題組的比例。

綜合「聽過該訊息」的受訪者所統計出的「看到頻率」與可信度的相關係數、「看到感受」與可信度的相關係數，我們可以做出以下結論：

訊息流傳廣泛程度	訊息可信度 vs.	
	訊息接觸頻率	正負情緒
被主流媒體報導 （回答聽過此訊息者 > 50%）	無相關	無相關
小道消息 （回答聽過此訊息者 < 50%）	正向弱相關	負向弱相關

【表 6-5-4】區分是否廣泛流傳後，訊息可信度與看到頻率／看到感受的關係。

小結

透過本次研究我們可以進一步判斷，只有當訊息是以「小道消息」、「口耳相傳」的形式在聊天群組、社交媒體等特定政治立場的選民中出現時，與上述兩項研究相符：聽過越多次越容易相信、被激起的負面情緒越

強越容易相信。但當訊息是廣泛被主流媒體傳播和討論時，選民則更有可能被其他因素（既有政治立場、更多不同說法等）而影響。因此，廣泛傳播事實查核、對謠言的澄清，或許能降低謠言的可信度，但其關係還有待後續研究驗證。

※ 鳴謝：本研究特別感謝台大新聞所王泰俐教授在問卷設計、研究架構上面提供諸多協助，本文也呼應了王泰俐老師更早之前研究的結論。另感謝內華達大學拉斯維加斯分校政治系王宏恩教授及菜市場政治學編輯陳方隅博士提供修改建議。

附錄一、問卷全文

台灣民主實驗室 2020總統大選 出口調查

因應2020總統大選，台灣民主實驗室希望了解假訊息對台灣民主的影響，針對六都共11個投開票所，進行抽樣出口調查。為符合《公職人員選舉罷免法》，本問卷僅針對已完成投票之民眾進行，且離投開票站50公尺，完成問卷填答之受訪者將不會獲得任何物質回饋。本研究結果將於5月於台灣民主實驗室網站發表。

*必填

1. **請問你投過票了嗎？** *
   單選。

   ◯ 是
   ◯ 否（非合格受訪者，結束訪問）
   ◯ 沒打算去投（非合格受訪者，結束訪問）

2. **請問你認為你支持的候選人有受到假訊息的攻擊嗎？**
   單選。

   ◯ 有
   ◯ 沒有
   ◯ 不知道什麼是假消息

假訊息是：

將自己或他人捏造、扭曲、竄改或虛構全部或部分 可證明為不實的訊息(包括資訊、消息、資料、數據、廣告、報導、民調、事件等各種媒介形式或內容)。
-故意甚至是惡意地藉由媒體、網路或以其他使公眾得知之 方法，以口語、文字或影音的形式傳播或散布於眾，引人 陷入錯誤，甚至因而造成公眾或損害個人的利益

3. **您認為台灣社會面臨假訊息的威脅嚴重嗎？** *
   單選。

	1	2	3	4	5	
不嚴重	◯	◯	◯	◯	◯	嚴重

4. **您本人有收到過假訊息嗎？**
   單選。

   ◯ 有
   ◯ 沒有
   ◯ 不清楚

以下我們將會給您看幾則網路上廣為流傳的訊息，有些是真實的，有些是假的，您不用在乎訊息的真假，只需要告訴我們您最真實的感受

即可

題組一：中國間諜「王立強」只是他受訪的化名，因此中國宣稱他是詐欺犯，是「自打嘴巴」

5. 請問你有聽過類似的說法嗎？

單選。

- ⬭ 有（續答6、7、8）
- ⬭ 沒有（如沒有請跳題組2）

6. 您有多常見到這則新聞？

單選。

	1	2	3	4	5	
不常見	⬭	⬭	⬭	⬭	⬭	頻繁見到

7. 您認為這則新聞的可信度有多高？

單選。

	1	2	3	4	5	
不可信	⬭	⬭	⬭	⬭	⬭	非常可信

8. 請問這則訊息帶給您的感受是？

單選。

- ⬭ 恐懼
- ⬭ 憤怒
- ⬭ 討厭
- ⬭ 恨
- ⬭ 愛
- ⬭ 同情
- ⬭ 驚訝
- ⬭ 希望
- ⬭ 好笑
- ⬭ 其他：＿＿＿＿＿＿＿＿＿＿＿＿＿＿

題組二、蔡英文總統的論文是造假的

9. 請問你有聽過類似的說法嗎？

單選。

- ⬭ 有（續答10、11、12）
- ⬭ 沒有（如沒有請跳題組三）

10. 您有多常見到這則新聞？
單選。

	1	2	3	4	5	
不常見	◯	◯	◯	◯	◯	頻繁見到

11. 您認為這則新聞的可信度有多高？
單選。

	1	2	3	4	5	
不可信	◯	◯	◯	◯	◯	非常可信

12. 請問這則訊息帶給您的感受是？
單選。

◯ 恐懼
◯ 憤怒
◯ 討厭
◯ 恨
◯ 愛
◯ 同情
◯ 驚訝
◯ 希望
◯ 好笑
◯ 其他：_____

題組三、愛滋病藥商是推動同婚合法化的推手

13. 請問你有聽過類似的說法嗎？
單選。

◯ 有（續答14、15、16）
◯ 沒有（如沒有請跳題組四）

14. 您有多常見到這則新聞？
單選。

	1	2	3	4	5	
不常見	◯	◯	◯	◯	◯	頻繁見到

15. 您認為這則新聞的可信度有多高？
單選。

	1	2	3	4	5	
不可信	◯	◯	◯	◯	◯	非常可信

16. **請問這則訊息帶給您的感受是？**
　　單選。

- ◯ 恐懼
- ◯ 憤怒
- ◯ 討厭
- ◯ 恨
- ◯ 愛
- ◯ 同情
- ◯ 驚訝
- ◯ 希望
- ◯ 好笑
- ◯ 其他：＿＿＿＿＿＿＿＿＿＿＿＿＿＿

題組四、韓國瑜在中國受共產黨統戰教育

17. **請問你有聽過類似的說法嗎？**
　　單選。

- ◯ 有（續答18、19、20）
- ◯ 沒有（如沒有請跳至第21題）

18. **您有多常見到這則新聞？**
　　單選。

	1	2	3	4	5	
不常見	◯	◯	◯	◯	◯	頻繁見到

19. **您認為這則新聞的可信度有多高？**
　　單選。

	1	2	3	4	5	
不可信	◯	◯	◯	◯	◯	非常可信

菜市場政治學

20. 請問這則訊息帶給您的感受是？
單選。

- ○ 恐懼
- ○ 憤怒
- ○ 討厭
- ○ 恨
- ○ 愛
- ○ 同情
- ○ 驚訝
- ○ 希望
- ○ 好笑
- ○ 其他：＿＿＿＿＿＿＿＿＿＿＿＿

您平常都從哪裡取得新聞資訊呢？

21. 您平常都從哪個管道得到新聞資訊呢？ *
每列請僅選取一個答案。

	最不常使用	2	3	4	最常使用
電視新聞台	○	○	○	○	○
報紙	○	○	○	○	○
新聞app	○	○	○	○	○
臉書朋友分享	○	○	○	○	○
Line 朋友分享	○	○	○	○	○
Line Today	○	○	○	○	○

22. 您平常會看政論節目嗎？ *
單選。

- ○ 會（續答23、24）
- ○ 不會（請跳答25）

2020/1/5　　　　　　　　　　台灣民主實驗室 2020總統大選 出口調查

23. 是看哪一台的政論節目？
(可複選)

☐ 中天
☐ 三立
☐ TVBS
☐ 東森
☐ 非凡
☐ 民視
☐ 公視
☐ 華視
☐ 中視
☐ 網路直播節目（請舉例）
☐ 網路 youtuber節目（請舉例）
☐ 不清楚
☐ 其他：＿＿＿＿＿＿＿＿＿＿＿＿

24. 您看政論節目的頻率？
單選。

◯ 每天看3小時以上
◯ 每天看1-3小時
◯ 每天看1小時以下
◯ 兩三天看一次
◯ 每週看一次
◯ 偶爾轉到才看
◯ 不清楚

25. 你認為你支持的候選人，有因為假訊息而影響選情嗎？ *
單選。

	1	2	3	4	5	
沒有影響	◯	◯	◯	◯	◯	有影響

26. 您覺得您對政治的關心程度有多高？ *
單選。

	1	2	3	4	5	
不關心	◯	◯	◯	◯	◯	非常關心

菜市場政治學

27. 您方便透露您的投票傾向嗎？
單選。

- ⃝ 堅定泛藍（跳答第30題）
- ⃝ 泛藍（跳答第30題）
- ⃝ 第三勢力（跳答第30題）
- ⃝ 泛綠（跳答第30題）
- ⃝ 堅定泛綠（跳答第30題）
- ⃝ 無特定政黨傾向（續答28、29題）
- ⃝ 不方便透露（跳答第30題）

28. 如果您上一題填選：無特定政黨傾向，您是否投過民進黨也投過國民黨？
單選。

- ⃝ 是(跳答第30題)
- ⃝ 否

29. 如果上一題填選：否，那您都投哪一個黨？
單選。

- ⃝ 民進黨
- ⃝ 國民黨
- ⃝ 其他小黨

30. 您的生理性別是
單選。

- ⃝ 女
- ⃝ 男
- ⃝ 其他：＿＿＿＿＿＿＿＿＿＿

31. 您的實際年齡是
單選。

- ⃝ 20-29歲
- ⃝ 30-39歲
- ⃝ 40-49歲
- ⃝ 50-59歲
- ⃝ 60-69歲
- ⃝ 70-79歲
- ⃝ 80歲以上

32. 您的學歷為

單選。

◯ 國中以下
◯ 高中職
◯ 專科學校
◯ 學士
◯ 碩士
◯ 博士

33. 您的職業為

單選。

◯ 學生
◯ 服務工作人員及售貨員（店員、美容、餐飲工作人員等）
◯ 行政和企業主管、經理人員及自營商
◯ 事務工作人員（打字員、記帳員等）
◯ 專業人士（工程師、律師、醫師等）
◯ 農林漁牧工作人員
◯ 技術員（各類技術員、製圖師、營養師等）
◯ 體力工（抄表員、送報員、搬家工等）
◯ 技術工（木工、水泥工等）
◯ 軍警
◯ 公務員、教師
◯ 家管
◯ 退休（跳第34題）
◯ 無業或待業

34. 如果您已退休，您退休前的工作是

單選。

◯ 服務工作人員及售貨員（店員、美容、餐飲工作人員等）
◯ 行政和企業主管、經理人員及自營商
◯ 事務工作人員（打字員、記帳員等）
◯ 專業人士（工程師、律師、醫師等）
◯ 農林漁牧工作人員
◯ 技術員（各類技術員、製圖師、營養師等）
◯ 體力工（抄表員、送報員、搬家工等）
◯ 技術工（木工、水泥工等）
◯ 軍警
◯ 公務員、教師
◯ 家管

感謝您的填答！讓我們離對抗假訊息更近一步！

6-6
如何對抗假新聞？

王宏恩———文

　　自從人類有歷史以來，假新聞就一直存在著。俗諺有云：三人成虎、曾參殺人，都說明了假新聞如何出現並影響人們。

　　假新聞在這幾年成為一個格外重要的議題，這與兩個趨勢有關。第一個是因為社群網站的出現，人們通訊成本降低，人人可以當自媒體、自己報新聞、路上看到什麼就上網爆料，不再是每個新聞都先由記者查核、由編輯挑選。同時，因為社群網站的演算法，人們更傾向看到自己同溫層的相關內容，因此更不容易接觸到其他的事實以及對事實的詮釋。

　　與這有關的第二個趨勢，就是跨國的資訊戰。在國內散布假新聞，可以透過法院來最終裁決真假；媒體或自媒體散布假新聞，長久下來也可能因為名聲變差而被市場淘汰。但是假如散布假新聞的是外國，透過網路來散播，那國內的法院完全沒有辦法進行懲罰，也不可能從源頭斷絕，自然就成為一個長期的問題了。

　　那麼，要如何對抗假新聞？

　　假如我們使用科學方法來討論這個議題，那麼一共可以分成四步：第一步，定義假新聞。第二步，有了定義之後，接著測量人們有多相信假新聞。第三步，當測出不同人相信假新聞的程度不同後，我們開始尋找一些因素來解釋為何某些人特別會相信假新聞。第四步，則是試著透過這些因

素來對症下藥、降低人們對假新聞的吸收與相信程度。

什麼是假新聞？什麼不是假新聞？

根據東北大學政治系與電腦科學系教授 David M. J. Lazer 等人在《科學》期刊上的定義，所謂的假新聞，是指「格式與呈現上與正規新聞相近，但是內容本身是偽造的，沒有經過正規的查核與編輯程序」。因為格式與呈現上刻意模仿正規新聞，所以就竊用了正規新聞建立起的正當性，讓人誤信。[1] 本文接下來對於假新聞與防治的討論，也都會圍繞著這個定義展開。

在這個定義之下，許多大家常說的一些媒體亂象，例如偏頗報導的議程設定（Agenda Setting）、刻意不報導、刻意僅呈現部分事實、刻意引導思考方向等框架效應（Framing），其實都不在上述假新聞定義的範圍。

但這中間也是有一些灰色地帶。例如自己開一個抖音頻道，然後自己講講對新聞的評論或轉述，這些看起來不完全像新聞、內容也真假難分，在上述的定義中有多接近假新聞呢，要視情況而定。

舉例來說，在 2020 年左右，YouTube 出現了一系列的假新聞主播，這些頻道剪接了其他人講話的動作，但是用一個大麥克風遮住主播的嘴巴，搭配上機器生成的語音，來唸中國時報及其他中國內容農場的內容。這些頻道在 2021 年 10 月每週產出近百部影片，八個頻道總共獲得三千多萬的點閱率。最後這些頻道在被 YouTube 檢查後，被以傳播假訊息、連續違反社群規範為由而全部下架。

1　D. M. Lazer, M. A. Baum, Y. Benkler, A. J. Berinsky, K. M. Greenhill, F. Menczer, ... & J. L. Zittrain. (2018). The science of fake news. *Science, 359*(6380), 1094-1096.

測量人們有多相信假新聞

　　學術界對於人們有多相信假新聞的測量中，最常用的方式就是列出一串真、假新聞，然後請受訪者回答整個列表裡哪些是真新聞、哪些是假新聞。以筆者之前於 2020 年總統大選的研究為例，我們列出了八個假新聞題目，包括健康類（青椒裡面有世界上最小的毒蛇？）、兩岸類（上海 Costco 有一堆吃剩的烤雞骨頭？）、以及兩位總統候選人（韓國瑜小額捐款最多？蔡英文用立可白改畢業證書？）等。受試者能答對越多問題，理論上代表受試者辨別假新聞的能力越好。[2]

　　但讀者一定已經發現這種測量方式，可能會有三個問題。

　　第一，研究人員自己怎麼知道哪個新聞是真的、哪個是假的？通常學術界的做法是參考各國的事實查核報告。假如有一些假新聞已經被超過一家事實查核中心確認為假或為真，則依此作為題目。第二種比較簡便的做法，是設定特定網域、或是特定頻道帳號為假新聞。例如在 Youtube 上一天到晚貼美國出大事了、中國又贏了之類的帳號。

　　第二，受訪者的假新聞判別分數，可能取決於放哪些題目在問卷裡。假如題目都只包含特定候選人，或只包含特定領域，那可能測出來的結果就會有偏差。通常面對這個問題，學術界的做法是讓問卷裡同時包含各黨派、政治與非政治的問題，來減少可能的偏差。

　　第三，或許也是最大的問題，是當受試者說他「相信」某個新聞時，不一定代表他真的相信那個新聞。這要怎麼說呢？選民對於一段新聞的相信與否，可能全盤取決於他的政黨認同。換言之，他因為已經偏向某個政黨了，因此無論眼前這段新聞是真是假，只要這段新聞對自己的政黨有利，我就說他是真的，對自己的政黨不利，我就說他是假的。事實上，我完全

2　A. H. Wang, Yao-Yuan Yeh, Fang-Yu Chen, and Charles Wu. 2021. "Media Literacy and Partisan Convergence across Social network sites." Paper presented at APSA 2020 Annual Conference.

不在意這段新聞是真是假，我只在意這段新聞對我自己的政黨是否有利。在這種狀況下，詢問選民是否相信某段新聞，其實只是在測選民的政黨認同而已。

　　研究人員有透過一些方式來降低這樣的政黨偏差，例如跟選民說答對越多可以拿越多獎金，這樣就能顯著地降低選民因為政黨認同而盲目作答的狀況。但值得討論的是，這樣測出來的結果，就算比較接近實際上選民對假新聞的認知，但選民也不一定是拿這個真正的認知去進行政治判斷。

假新聞的成因與對策

　　為何人們會相信假新聞？前面提到的政黨認同是一個原因。當政治極化嚴重時，因為各黨支持者都極度不希望對方獲勝，同時各黨政治人物也有宣傳假新聞的動機，因此政治極化跟民眾相信假新聞之間是有關的。

　　另外，許多人相信，假如提高人們的教育程度，大家就比較不會相信假新聞。但是這點其實值得商榷。至少以美國選民為例，美國選民的教育程度越高，也不會因此比較相信全球暖化或其他科學，反而是更兩極化。[3]

　　除此之外，年齡也可能是一個因素。Andrew Guess 等人透過手機 app 追蹤了全美 3000 位選民大選之前在 Facebook 上的所有言行，同時也發放問卷詢問跟政治有關的問題以及個人背景等變數。[4] 下載完這 3000 位選民在選前貼了什麼文之後，他們接著比對每一篇文章是否有連結到假新聞網站。結果發現，超過 65 歲的年長者在臉書上轉貼假新聞的比例特別高。然而，或許問題不是年齡，而是年齡背後所代表的網路原民或網路移民。

3　C. Drummond & B. Fischhoff. (2017). Individuals with greater science literacy and education have more polarized beliefs on controversial science topics. *Proceedings of the National Academy of Sciences*, 114(36), 9587-9592.

4　A. Guess, J. Nagler & J. Tucker. (2019). Less than you think: Prevalence and predictors of fake news dissemination on Facebook. *Science advances*, 5(1), eaau4586.

　　那麼要如何對應假新聞呢？事實查核是必要的，但是事實查核對於有強烈政黨認同的讀者可能只有反效果。在 Brandon Nyhan 與 Jason Reifler 最有名的一篇研究中，作者給美國兩大黨的支持者先看一篇小布希宣稱減稅可以增加稅收的演說，接著再給大家看來自國會預算委員會的打臉文，事實上減稅完後國庫收入大減。結果跟小布希總統同邊的共和黨支持者完全不理會後來的打臉文，甚至比沒看打臉文的共和黨支持者更相信小布希一開始的宣稱。[5] 這就是因為人們對這些新聞的相信與否，一開始就取決於跟自己是不是同邊。除此之外，假新聞源源不絕，事實查核中心的人們光是追著每個假新聞跑就澄清不完了，要一篇篇教導民眾何者為真為假也曠日廢時。

　　因此，另外一種可能的做法是提高民眾的媒體識別力（media literacy）。所謂的媒體識別力，是透過一些系統性的訓練，讓民眾能夠分辨出哪一些媒體可能只是假新聞，其內容不足採信。一旦民眾的媒體識別力提高了，自然在未來接收新資訊時就會特別小心，就有自己過濾掉假新聞的能力。舉 Andrew Guess 等人在美國以及印度所做的實驗為例，他們讓一半的受試者先接受媒體識別力訓練（如下圖），內容提到「辨別假新聞的訣竅：質疑新聞標題、檢查新聞網站連結、確認新聞來源、注意網站排版、檢查照片真偽、確認新聞發布時間、檢查相關證據、看看其他相關報導、確認這是不是刻意諷刺的文章而非新聞、以及注意有些新聞是故意寫錯的」。在進行這些媒體識別力訓練之後，研究人員發現民眾在一系列新聞中辨別出假新聞的能力有顯著的提升。[6] 研究結果代表這樣的訓練是確實有效的。（除此之外，

5　B. Nyhan & J. Reifler. (2010). When corrections fail: The persistence of political misperceptions. *Political Behavior*, 32(2), 303-330.

6　A. M. Guess, M. Lerner, B. Lyons, J. M. Montgomery, B. Nyhan, J. Reifler & N. Sircar. (2020). A digital media literacy intervention increases discernment between mainstream and false news in the United States and India. *Proceedings of the National Academy of Sciences*, 117(27), 15536-15545.

前面提到年齡跟轉貼假新聞之間的相關性，實際上也可能來自於長輩的媒體識別力不足，不知道哪些在網路上的內容可能是假的。）

"Tips to Spot False News"

Be skeptical of headlines. False news stories often have catchy headlines in all caps with exclamation points. If shocking claims in the headline sound unbelievable, they probably are.

Look closely at the URL. A phony or look-alike URL may be a warning sign of false news. Many false news sites mimic authentic news sources by making small changes to the URL. You can go to the site to compare the URL to established sources.

Investigate the source. Ensure that the story is written by a source that you trust with a reputation for accuracy. If the story comes from an unfamiliar organization, check their "About" section to learn more.

Watch for unusual formatting. Many false news sites have misspellings or awkward layouts. Read carefully if you see these signs.

Consider the photos. False news stories often contain manipulated images or videos. Sometimes the photo may be authentic, but taken out of context. You can search for the photo or image to verify where it came from.

Inspect the dates. False news stories may contain timelines that make no sense, or event dates that have been altered.

Check the evidence. Check the author's sources to confirm that they are accurate. Lack of evidence or reliance on unnamed experts may indicate a false news story.

Look at other reports. If no other news source is reporting the same story, it may indicate that the story is false. If the story is reported by multiple sources you trust, it's more likely to be true.

Is the story a joke? Sometimes false news stories can be hard to distinguish from humor or satire. Check whether the source is known for parody, and whether the story's details and tone suggest it may be just for fun.

Some stories are intentionally false. Think critically about the stories you read, and only share news that you know to be credible.

[These tips are taken verbatim from the original tips published by Facebook (see `https://www.facebook.com/help/188118808357379`).]

【圖 6-6-1】媒體識別力訓練。資料來源：*Proceedings of the National Academy of Sciences*, 117(27), 15536-15545

除了針對讀者的訓練之外，社群網站也肩負一部分的責任。Katherine Clayton 等人在社群網站分享連結時，會在假新聞網站的連結下加註警語，說這個網站過去可能常被查核為假新聞、名譽不佳等。在加註警語之後，受試者對於這些網站所提供新聞的相信程度就會顯著下降。[7] 當然，社群網

7　K. Clayton, S. Blair, J. A. Busam, S. Forstner, J. Glance, G. Green, ... & B. Nyhan. (2020). Real solutions for fake news? Measuring the effectiveness of general warnings and fact-check

站加註警語，本身也有誤殺或錯放的可能。但如今人們通過社群網站的朋友轉貼吸收新聞的比例已經越來越高，因此這種透過加註警語的方式從源頭降低假新聞的影響力，也是十分有效的。

小結

　　過去人們只有三台新聞、只有一台收音機，收音機講了什麼國際大事，就是人們認為全世界運轉的方式。但現在資訊爆炸、網路快速，人們能夠、也偏愛選擇特定的資訊來源。加上因為政治兩極化，人們更有接收特定資訊來源的動機。假新聞最容易從這樣媒體挑食的人們之中開始茁壯。

　　在前面提到假新聞氾濫的原因，還有一點是跨國的資訊戰。如同前述所云，跨國資訊戰並沒有辦法透過言論自由或者透過法院來處理。如果面對這些源源不斷的外部長期攻擊，每個人的資訊識別力可以提高，社群網站公司也肩負起釐清假新聞網站連結的義務，那麼在兩者的共同努力下，或許比較有可能降低資訊戰的實質影響力。

tags in reducing belief in false stories on social media. *Political Behavior*, 42(4), 1073-1095.

6-7
哈佛大學怎麼研究中國五毛黨？
又有什麼發現？

王宏恩———文

　　所謂的「五毛黨」不是一個真的政黨，而是謠傳在中國，有一群人受雇於政府，專門上網說中共政權好話、幫忙護航中共政府施政，企圖改變網路民意走向。因為貼一句話可以跟政府請款五毛錢，所以這群人被稱為「五毛黨」。身為政治科學研究者，應該如何驗證這個傳說呢？哈佛大學政府系 Gary King 教授帶領的團隊，在政治學頂尖期刊 APSR 的 2017 年文章便針對中國的五毛黨進行初步分析。筆者也在教授於同年 3 月初至杜克大學造訪時與他當面討論該篇文章，並同時與系上中國研究專家 Melanie Manion 教授討論了這篇文章可能的侷限之處。

　　要怎麼研究五毛黨呢？過往的研究限制在於，五毛黨不會真的承認自己是五毛黨，尤其是對外國研究機構自我揭露身分，就算他們承認了也不一定能信。不過，Gary King 的團隊整理出一份資料：2013 年與 2014 年，江西省贛州市章貢區網宣辦被駭客入侵，整個網路宣傳部門的電子郵件全文被複製了一份公布在網路上。全部的郵件共有 2341 封，其中 1245 封包括了貼文者跟網宣部回報他們在各網站留下的五毛黨性質的文章，裡面共有 43797 篇網路留言的截圖或內容！換言之，這筆資料內容與傳說中的五毛黨行為一致。那麼接下來的研究問題就是：他們是誰？他們做了哪些事？又有什麼可觀察到的脈絡呢？這個小小章貢區的結果又可以在多大的程度

上推論到全中國的五毛黨呢？

關於五毛黨的研究發現

第一、五毛黨的組成：該論文作者們（以下稱作者）首先去找出每一封電子郵件的寄件人與貼文者，發現大多數是由各局處的帳號貼的，包括商務局、法院、地稅局、社區辦公室、鎮辦公室、鎮黨辦公室等，散布在各局處間，網宣部自己只發了 20% 的文章。與過去猜測五毛黨都是一般民眾的假說不同，這裡的結果顯示：五毛黨可能主要是由各機關公務員來兼任的。作者們推論，因為中共政府已經雇用了一大批公務員，那就要求各機關公務員都多花點時間貼文。這顯然比額外聘一群專門貼文的人來說更省事，也是跟過往五毛黨研究不同之處。

第二、五毛黨貼了什麼：作者將全部回報的貼文進行文字探勘分析，發現可分成五大類：（1）嘲笑外國；（2）與其他網友針對時政的爭論；（3）對近日施政表達滿意；（4）純粹施政內容的貼文；（5）讚美中國、愛國愛黨。作者又在這裡發現一個跟過往猜測大不相同的結果：這些受政府雇用的五毛黨，貼文內容大概有 60% 都是（5）讚美中國、讚美黨（例如："众多革命先烈们的英勇奋斗，缔造了我们今天的幸福生活！向英雄致敬。" 以及 "大家的日子都过好了，中国梦就实现了！"），至於跟其他網友爭吵、筆戰、護航的比例遠低於 20%。作者進一步把全部的貼文依中國不同的社交網站分類、或依帳號性質分類，其分布結果仍然雷同。因此，作者認為五毛黨們並不真的跟人爭論，大多是不停地發文愛國。

第三、五毛黨何時發文：作者接著再把這些文章的貼文時間排序統計，發現五毛黨貼文並非隨機，而顯然是只要有重大爭議事件或時間點，各機關間似乎就會協調好一起跑出來密集地貼文。作者特別指出，假如某些事件可能會引起群眾抗議的話，那時貼文數就會特多。

總結上述三點，作者認為這些愛國愛黨文跑出來洗版，目的是要透過

大量資訊引開群眾對特定事件的注意力，而不是真的想靠論辯來改變其他中國網友的想法。假如一直在網路上跟人互相筆戰，只會引起網友們對特定事件更多的注意，反而可能造成因注意力提升而最終導致群眾上街的反效果。相較之下，這些五毛黨的行為反映了中共政府的策略：只要大家的注意力被拉走，該事件的時間點過了就沒事了。

小小區域可以推論到全中國的五毛黨嗎？

　　當然，只分析一個區的洩密資料恐有偏頗，所以作者透過一系列的方法驗證這個結果是否能推論到全中國。第一，他們用貝式統計去估計全中國五毛黨的比例。第二，他們設計了一個小實驗。他們去那些前面洩密資料中的微博帳號，傳私訊給他們問：「（翻譯）你的文章寫得真好，你是不是有受過什麼輿論引導訓練啊？」（輿論引導是政府公開政策，對他們來說不算負面詞。）同時，他們也上微博隨機抽帳號，也是在下面留言問一樣的問題。結果洩密帳號裡有回應的人當中 57% 的人說「有」（回覆率6.5%），但隨機抽的只有 19% 說「有」，差別十分顯著。同時，作者也用這些洩密帳號的資料與言行，去預測全中國其他可能是五毛黨的帳號，這些預測帳號裡回應說「有」的比例是 59%，與洩密帳號的表現十分一致。第三，King 教授在演講時透露，這篇文章草稿不慎傳到中國時，平常砲聲隆隆的官媒《環球日報》這次居然沒有反駁，只是強調「中西體制不同」、「輿論引導很重要」。King 教授相信官媒的反應間接證實了他們的研究是部分可信的。

　　作者於是把這區的結果等比例換算到全中國，估計全中國的五毛黨一年至少貼了 4.48 億篇文章，而且傾向於在最可能出現大規模群體性事件時，或者當群體性事件會受到最多人民關注的時間點（例如黨代表大會、兩會期間），才會出現來愛國愛黨。這些洗版文平常不出現，忽然湧出後也不回覆討論、也不互相評論，就只是這樣大量貼文把其他事情給蓋過去。

作者認為這推翻了過去對五毛黨的認知與理解，也重新發現了威權政府控制言論的方式。

然而，這樣的研究的確還有不少問題。第一，筆者親自向作者詢問：作者要怎麼證明其它中國網友真的會被這些愛國愛黨文給轉移注意力？在社群網站上，反政府人士根本不會跟政府帳號或親政府帳號連結，就算五毛黨貼文洗版，這些人八成也是看不到的。結果 King 教授對這問題並沒有直接證據；他只說從心理學來看，洗版應該就能轉移注意力，不過這會成為他未來的研究方向之一。第二，Manion 教授則認為，假如中國政府真的只靠這樣轉移焦點，那顯然效果很差，因為中國仍有大量的抗議與群眾運動每日發生。第三，會發現貼文者都是公務員，可能正是因為洩密帳號是公部門帳號，而到底有沒有其他機關、用其他方式在做言論引導或審查？其他機關可能因為組織性質與任務上的不同而有他們的「五毛黨」，專門在網路上發表譏笑外國的言論、跟人民爭辯或者擁護中共。受限於資料未公開，這些方面仍需要進一步研究。第四，到底趨動五毛黨貼文的因果機制為何？真的是由上而下的聽命辦事嗎？

總之，這篇文章作為第一個系統性的五毛黨實證研究，裡面應用了各種前瞻的文字探勘技術、爬蟲抓資料、貝式統計、網絡分析、線上抽樣等，就方法論上可說是集大成之作，也不意外地登上了第一名的政治學期刊。更因為這筆外洩資料，讓我們能一窺中共政府在刪文與禁關鍵字之外，另一種面對網路輿論的可能對應方式：轉移注意力。另外值得討論的是，會做這件事的只有中共政權嗎？

※ 本文特別感謝高頡（德州大學奧斯汀分校政府系）、陳方隅（密西根州大政治所）、與劉昊（杜克大學政治所）的增刪修補。

參考文獻：Gary King, Jennifer Pan, and Margaret E. Roberts. Forthcoming. "How the Chinese Government Fabricates Social Media Posts for Strategic Distraction, not Engaged Argument." *American Political Science Review*, 2017.
Copy at http://j.mp/1Txxiz1

6-8
經濟統戰的心理作用與輿論效應

黃兆年————文

　　中國長久以來經常一方面對台灣展開軍演、巡航等軍事行動，另方面又同時對台灣提出各種經濟上的「惠台」措施，充分展現其武力與經濟力交錯並用的對台統戰策略。面對「武統」威脅，台灣民眾基本上是不買帳的，近年民調已經顯示，有超過七成民眾表達願意為保衛國家而戰。[1]那麼「經濟統戰」效果又如何？本文關注中國對台經濟分化策略，發現似有達到初步的心理及輿論效果，但是否會達到「反獨促統」的最終目標，仍有待進一步觀察。

　　經濟分化策略可理解成中國「銳實力」（sharp power）在台上演的劇碼之一。「銳實力」一詞由美國「國家民主基金會」於 2017 年底提出，用來描述中國、俄羅斯等威權強國如何透過各種強制與誘因手段，對海外民主社會進行資訊扭曲和輿論操控，以達到壓抑反對聲音、塑造友善民意的目的。[2]中國對台灣實施的經濟分化策略，即是憑藉其龐大的經濟資源，

---

1 台灣民主基金會，〈「2020 台灣民主價值與治理」民意調查記者會會後新聞稿〉。http://www.tfd.org.tw/export/sites/tfd/files/news/pressRelease/Press-Release_20201016.pdf

2 Christopher Walker, and Jessica Ludwig, "From 'Soft Power' to 'Sharp Power': Rising Authoritarian Influence in the Democratic World," in Sharp Power: Rising Authoritarian Influence, (Washington DC: National Endowment for Democracy, 2017), pp.6-25.

對台灣不同的執政當局施以差別待遇，幫立場偏統的國民黨政府做政績（如開放陸客來台），但對立場偏獨的民進黨政府則祭出懲罰（如縮減陸客來台），中程目標可能是塑造「台獨當家」對經濟不好、遵守「一中」才有糖吃的輿論氛圍，最終目的不外乎塑造「反獨促統」的民意走向。

根據中研院社會所中國效應調查（以下簡稱 CIS 調查），當台灣民眾被問及「兩岸關係目前的發展，對台灣整體經濟的長期發展，是好的影響，還是壞的影響？」在 2011 ～ 2016 年間，認為有正面影響者皆多於認為有負面影響者，但到了 2017 ～ 2020 年間，變成認為有負面影響者多於認為有正面影響者（見圖 6-8-1）。這個轉折不只發生在民眾對總體經濟的評估上，也出現在民眾對個體經濟的衡量上。當被問及「目前為止兩岸經濟關係的發展，對您家庭的經濟狀況是好的影響，還是壞的影響？」從 2016 ～ 2017 年也出現「好的影響居多」轉為「壞的影響居多」的情況。雖然 2019 年曾短暫出現認為有正面影響者略多於認為有負面影響者，但到了 2020 年又回復「壞的影響居多」的局面（見圖 6-8-2）。可見 2016 年政黨輪替之後，兩岸關係從「熱絡」轉為「冷和」，也讓台灣民眾產生兩岸關係對經濟不利的心理認知，似乎符合中國對台經濟分化策略的中程目標。

然而，製造「反獨促統」的民意才是經濟分化策略的最終目的，此一目標是否達成尚須進一步研究方能判斷。本文僅就 CIS 調查的最新資料（2020）進行初步分析，認為兩岸關係對台灣總體或個體經濟有負面影響者（相較於認為有正面影響者），並沒有明顯支持國民黨、中國人認同、或者兩岸統一的傾向。同時值得慶幸的是，根據 CIS 調查，當被問及「台灣經濟要繼續發展，就一定要靠中國」此一命題時，近兩年仍有多數民眾回答「不同意」（2019 年為 58.4%、2020 年為 66.6%），僅相對少數回答「同意」（2019 年為 37%、2020 年為 29.3%）。此外更有約七成民眾穩定支持兩岸關係「維持現狀」（2019 年為 75.5%、2020 年為 69.8%），即使被問及「如果中國大陸在經濟政治各方面的發展和台灣差不多」，依然有

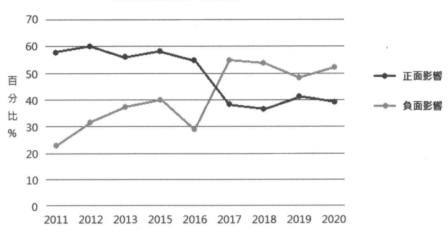

【圖 6-8-1】民眾認知兩岸關係目前發展對台灣整體經濟的影響。資料來源：中研院社會所中國效應調查。

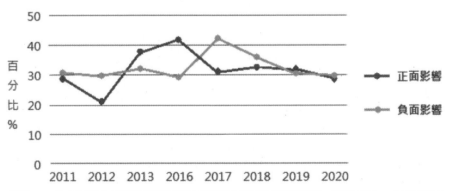

【圖 6-8-2】民眾認知兩岸關係目前發展對個人家庭經濟的影響。資料來源：中研院社會所中國效應調查。

七至八成不同意兩岸應該統一（2019 年為 73.2%、2020 年為 80.5%）。足見目前大部分台灣民眾仍保有維繫政經主體性的意志。

值得留意的是，儘管 2016 年政黨輪替之後較多台灣民眾持有兩岸關係對經濟不利的負面觀感，但此一觀感除了可能是真實經濟情況的反映之外，也有可能是統戰宣傳所造成的心理作用。以觀光產業為例，中國政府長久以來把「陸客來台」作為其對台經濟分化策略的重要政策工具，2008年國民黨政府上台後開放陸客來台，2016 年民進黨政府上台後則大幅縮減陸客來台，[3] 使得台灣社會在政黨輪替後普遍存有台灣觀光遭受重大衝擊的印象。但事實上，根據政府統計數據，2016 年後全台外來觀光人數不減反增，雖然陸客大幅下滑，但來自東南亞、日本、韓國、港澳者明顯變多。同時，總觀光收入也並未減少：在外匯收入方面，雖然 2016、2017 兩年略為下降，但 2018、2019 兩年已逐漸回升至接近 2014、2015 年的高點；在國人國內旅遊收入方面，則是自 2016 年起反而略為增加，並且維持至 2019 年）（見圖 6-8-3、6-8-4）。[4] 假如實際經濟情況並未如民眾心理所以為的那麼差，那麼台灣政府就應加強資訊揭露及輿論溝通，以因應統戰宣傳所造成的心理作用及輿論效果。

綜合而言，面對中國經濟統戰，台灣政府對外應持續分散對中國的經

3　蔡宏政，〈陸客觀光的政治經濟學〉，在《吊燈裡的巨蟒：中國因素作用力與反作用力》，吳介民、蔡宏政、鄭祖邦編。（新北：左岸文化，2017），頁 217-240。

4　交通部觀光局，〈歷年來台旅客按居住地分〉。https://stat.taiwan.net.tw/statistics/year/inbound/residence（2021 年 3 月 29 日）。交通部觀光局，〈觀光收支統計表〉。https://admin.taiwan.net.tw/Handlers/FileHandler.ashx?fid=cc3a895c-9289-44b1-b43c-16e63c464283&type=4&no=1（2021 年 3 月 29 日）。交通部觀光局，〈歷年觀光外匯收入統計〉。https://admin.taiwan.net.tw/FileUploadCategoryListC003330.aspx?CategoryID=3bf84d7f-2b17-47d5-b137-29271c1b129b&appname=FileUploadCategoryListC003330（2021 年 3 月 29 日）。交通部觀光局，〈2009-2019 國人旅遊狀況調查〉。https://admin.taiwan.net.tw/FileUploadCategoryListC003340.aspx?CategoryID=7b8dffa9-3b9c-4b18-bf05-0ab402789d59&appname=FileUploadCategoryListC003340（2021 年 3 月 29 日）。

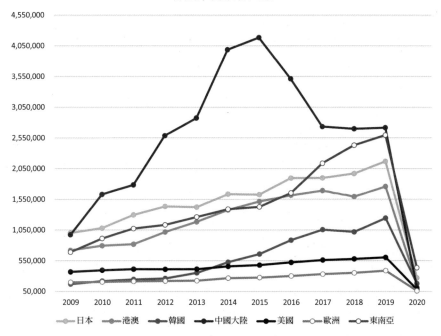

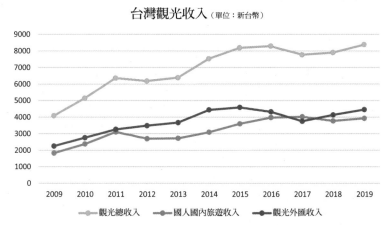

濟依賴，對內則應關注並照顧在經濟上實際受害的群體，或者在認知上感到受害的群體，並且進一步鞏固台灣民眾維繫政經主體性的意志。

※ 本文初稿發表於「淡江國際評論」網站（2018 年 5 月 2 日），修訂後轉載於「菜市場政治學」網站，再度修訂後收錄於本書。

6-9

中國網友怎麼看待網路長城？兩篇 最新研究揭露親身體會自由的重要

王宏恩——文

　　隨著中國政局變化，中國政府在2018年4月1日再度加強翻牆的難度，讓翻牆軟體 VPN 更難使用。[1] 另一方面，中國政府也對網路上的各種內容審查更為嚴謹，讓使用者超過兩億的「今日頭條」CEO 出面道歉內容審查不夠。[2]

　　到底中國民眾本身是怎麼看待網路長城的呢？

　　這個問題看似簡單，但實際上要做科學研究非常困難，因為首先中國政府不會讓你問這個問題，就算問了，受訪者也不一定會講實話。但這個研究問題又非常重要，這個問題不只與中國政權本身的穩定與否有關，也跟人類是否具有追求民主自由等天性的政治哲學議題緊緊相連。

　　在 2018 年初，有兩篇非常有趣的研究論文就直接探討了這個議題，使用非常聰明的實驗法與設計，來直接觀察中國網友的行為，並建立嚴謹

1　楊采翎，2018，〈【高牆蓋起來】中國政府4月強迫全部私人 VPN 下架，淪陷重災區你們辛苦了！〉《BuzzoOrange》，4月9日，https://buzzorange.com/techorange/2018/04/09/china-VPN-ban/。

2　數位時代，2018，〈中國四款新聞 App 被政府下架，今日頭條 CEO 致歉、承諾連抖音都要上線「反沉迷系統」〉，4月11日，https://www.bnext.com.tw/article/48759/toutiao-be-discontinued.

的統計推論。研究結果顯示：自由是可貴的。一旦親身體會過後，就回不去了。

第一篇研究：假如提供翻牆軟體給中國民眾，他們會做什麼？

這篇研究是史丹佛大學的 David Y. Yang 博士生（據傳已被哈佛大學聘為助理教授）與北京大學管理學教授陳玉宇（據傳已被請去喝咖啡）的論文 The Impact of Media Censorship: Evidence from a Field Experiment in China。[3] 兩位作者做了一個非常刺激的實驗：提供翻牆軟體給中國民眾，看會發生什麼事。

兩位作者先透過網路信箱召募了 1800 名大學生受試者，請他們填一份說是研究全球化的問卷。兩位作者接著把這些受試者隨機抽獎，其中 100 位拿到免費優酷影音網站會員一年份（作為掩飾），另外 1200 位拿到某知名翻牆軟體會員一年份。兩位作者跟這家翻牆軟體合作，因此可以知道有誰在用這個軟體、以及翻牆後看了哪些網站。

接著，兩位作者隨機挑選 1200 位（與上面有重複）來寄送兩份文宣，第一份文宣是鼓勵他們看看牆外的新聞，第二份文宣則是看完牆外新聞後有獎徵答（兩小題答對拿 10 美元，有四次活動）。

研究結果如何呢？

第一，就算拿到翻牆軟體，也只有 53% 的人真的用了（作者甚至寄六封信提醒得獎）。只給他們翻牆的機會，他們並沒有想翻出去的意思。

第二，但對於那些收到有獎徵答的學生來說，他們就會明顯地出現翻牆行為，會在《紐約時報》海外版多待好幾分鐘並回答問題。因此，人們

---

3 Y. Chen & D. Y. Yang. (2018). The Impact of Media Censorship: Evidence from a Field Experiment in China. JOB MARKET PAPER, https://www.gsb.stanford.edu/sites/gsb/files/jmp_david-yang.pdf.

也不是真的不敢翻出去或者不會翻牆。

第三，有趣的事來了：這些參加有獎徵答的群組，在接下來 14 個月當中，雖然已經沒有有獎徵答的誘因，他們繼續翻牆逛海外網站的時間與次數仍遠大於其他只拿到翻牆軟體而沒參加有獎徵答的人。同時，這些人也會開始看一些原本不在有獎徵答活動裡的封鎖網站，例如維基百科。甚至，在實驗尾聲恰逢川普跟蔡英文通話時（2016 年 12 月），這群參加過有獎徵答的受試者也更常造訪《紐約時報》追蹤新聞消息。問卷也顯示，有參加有獎徵答的人會提高他們認為外國被禁網站的價值。

第四，這些因參加有獎徵答的受試者，在實驗結束以後，也更願意掏錢出來繼續自費續約翻牆軟體。

第五，作者甚至也研究了這些實驗參與者跟他們的大學室友。作者發現這些有參與有獎徵答的人不僅在回答國內外重要事件的知識顯著提高（更常聽過香港雨傘革命或阿拉伯之春），甚至連他們的室友在同屬政治知識的題目上分數都顯著較高，這意謂翻牆是有些微外溢效果的。

因此，兩位作者認為，中國民眾就算給了翻牆軟體也不一定翻牆，原因是沒有實際接觸過被屏蔽資訊，無法認知到這些資訊的價值。即使只是個簡單的有獎徵答，一旦讓中國網友真的去認真體會一下牆外網站後，他們的各種態度與言行就都改變了，開始更常翻牆甚至願意掏錢、更重視被屏蔽訊息，而且也會將內容與室友分享。

第二篇研究：假如忽然給中國民眾加高網路長城，他們會做什麼？

第一篇的大規模研究是正向地幫中國民眾翻牆來觀察其改變。那假如反過來，忽然加高網路長城又會發生什麼事呢？

西北大學博士後研究員 William Hobbs 以及加州大學聖地牙哥分校助理教授 Margaret Roberts 在 2018 年 4 月於政治學頂級期刊 APSR 發表最新

研究 How Sudden Censorship Can Increase Access to Information，他們追蹤了一個特殊案例：中國在 2014 年 9 月忽然禁了 Instagram（香港雨傘運動於三天前開始）。[4]

兩位作者結合了五、六個不同的網站來觀察其流量，發現在禁了 IG 的當天（而非香港佔中開始時），出現以下狀況：

第一，中國手機下載翻牆軟體 VPN 的流量忽然大增，從當日下載排名 1000 變成前 10 名最熱門。

第二，翻牆後不只回到 IG，中國網友開始顯著地去瀏覽被禁的網站，包括有大量網友註冊推特跟臉書帳號、瀏覽《紐約時報》跟《蘋果日報》、以及維基百科裡政治敏感的條目。跟同一時期 IG 沒被禁的香港網友相比，香港網友的瀏覽數量反而都沒改變。

第三，這些因為 IG 被禁而翻牆去推特註冊的網友們，在三年後諾貝爾和平獎得主劉曉波去世時，更常在當時註冊的推特上提到劉曉波的名字，遠多於在禁 IG 前或很久以後才註冊推特的中國網友。

在這第二篇研究中，原本網友們只是在 IG 上發發自拍照分享，畢竟 IG 本身沒有什麼群眾動員的效果。可是一旦這個自由忽然被奪走，網友們為了尋回這個自由，不只去找了翻牆軟體，同時也因為這個事件，在翻牆同時開始關注各種人權議題與異議網站，從自拍少年變覺醒青年。

小結

資訊不流通、到處是網路長城時，人們就會努力翻牆去尋找資訊嗎？這兩篇最新的中國政治研究顯示，並不會。假如人們不知道資訊的重要，就算給了翻牆的機會也不會翻過去。

---

4 W. Hobbs & M. Roberts. (2018). How Sudden Censorship Can Increase Access to Information. *American Political Science Review*, Volume 112 , Issue 3 , August, pp. 621-636.

　　然而，一旦人們體會到資訊自由的美好與價值，就回不去了——人們不只會願意自掏腰包翻牆，而且一旦被禁了就會嘗試努力地翻出去。

　　活在言論自由的民主社會，自由地取得各種資訊似乎是家常便飯，甚至被提升到人權的高度。但也因為太過自然，人們可能反而忘了資訊的價值與成本。這兩篇研究雖然都是針對中國，但其中的啟示也值得我們每一個人好好思考。

第七部
席捲全球的身分政治與民粹主義

　　民粹在學術上其實是一個中性的詞語，用來指涉把公共事務二分為好與壞、訴諸要打倒腐敗的既有體制、號召人民力量來建立新秩序的那些想法和修辭。近幾年，以這種宣傳方式為主要手段的政治人物或者政黨，在全球許多地方掀起了巨浪，對民主政治現有的制度和政治生態，帶來廣泛而顯著的影響。我們將在本部以國際案例進行討論，將民主方舟駛向世界，看看民主政治在國際上面臨的重大挑戰。

　　首先，我們會先介紹民粹主義的基本定義：陳方隅，〈台灣充滿民粹嗎？談「民粹主義」作為名詞和形容詞〉，以及社會科學怎樣研究民粹主義；王宏恩，〈科學化的研究民粹〉。

　　接下來我們進入實際的案例分析，尤其是觀察幾位政治人物如何襲捲政壇。從台灣出發，吳冠昇所寫的〈用心理學理論來解釋「韓流」現象〉以韓國瑜支持者們為例，告訴大家為什麼許多群眾會為了自己所喜愛的公眾人物，做出許多平常不會做、甚至「看起來」不合常理的事情。

　　接著我們用兩篇文章來討論川普旋風背後的主要元素：身分政治與認同的動員。王宏恩用福山的《身分政治》一書解釋川普所帶來的關於身分認同情感，陳方隅則以「弱弱相殘」的邏輯，解釋在各種社會分歧下的動員策略如何得以成功。

　　除了討論川普個人魅力和他所動員的方式之外，我們接下來把視角轉往宏觀的層次。在川普任期內最重大的轉變就是美中關係。對此，陳方隅、葉耀元、王宏恩、吳冠昇一起用〈美中關係為何大轉變〉一文，來分析美

國之所以終結了長久以來對中國的「交往政策」，轉而將中國視為「戰略競爭對手」的背後因素。

　　同樣是國際視角，英國脫歐和民粹主義現象也是一體兩面，背後同樣是各種身分政治、貧富不均、全球化之下的贏家輸家分歧現象。蔡昀臻解釋了英國脫歐（Brexit）的來龍去脈以及後續影響，描述這段「愛與恨交織的故事」。沈智新接著以加泰隆尼亞與蘇格蘭的獨立運動與公投為例，談「公民民族主義」這個概念的建構與動員。

　　本部最後是以「奶茶聯盟」作結。作者王宏恩與陳方隅認為，民主價值以及反抗威權統治已是許多人們的共同語言，很可能跨越國界、引起共鳴與串連。

　　本部的討論讓我們了解，「身分政治」牽涉到自我定位和群體認同，是當代政治許多紛爭的最基本面向。我是誰、誰是跟「我們」一樣的人，以及「我們」應該共同追求怎麼樣的價值，這些問題是民主方舟駛向世界時，最能夠幫助我們定錨和推進的最根本提問。

（本部主編陳方隅）

7-1
台灣充滿民粹嗎？談「民粹主義」作為名詞和形容詞

陳方隅——文

「民粹主義」在今天幾乎是「政治操弄」的同義字，無論是政治人物或政治觀察家，都喜歡用「民粹」來形容他們厭惡的政治現象，好像只要幫對方貼上「民粹」的標籤，對方就立刻被畫入一個「不可理喻」的範疇，這樣論者就可以對其主張卸去同情理解的基本職責，而放縱自己「理性」優越感的情緒滿足。

——陶儀芬 [1]

「民粹」這個詞一直都很紅，尤其許多政客常常會說「台灣充滿民粹」。這樣的指責並不新奇，每當政治紛擾之時，總有人不斷重覆民粹誤國等論調。然而，到底什麼是民粹？台灣真的「太民粹了」嗎？本文主要是想討論：「民粹」這個詞作為名詞和形容詞到底是什麼意思。

民粹主義的概念及類型

民粹主義（populism）這個概念是從拉丁文 populus（人民）一字發展

---

1 陶儀芬，2008，〈全球化、民粹主義與公共知識社群〉，《思想》9: 223-231。

而來，泛指「政治必須遵照人民的偏好才是對的」這種信念，本質上是一個中性的詞語。信奉民粹主義的政治人物通常直接訴諸人民，宣稱代表人民的意願；這樣的行動可以跟任何的立場或意識形態相結合，在不同的國家、地區或權力結構之下出現。

對民粹主義的定義和區分，在學術上的討論比較多人是將其視為一種「程度」而非「有無」。[2] 學者 Margaret Canovan 的界定是最常被引用的作品之一，[3] 她認為，民粹主義是「訴諸人民以反抗既有權力結構、主流觀念和社會價值的運動」；在歷史上的各種民粹主義常常是跳過「代議政治」或既有政治秩序的規範，由領導者直接訴諸民意來決定政治事務。

普林斯頓大學政治系教授 Jan-Werner Müller 寫過一本書《解讀民粹主義》（ *What is Populism?* ），嘗試拆解、界定民粹主義的基本特徵。他說：「民粹主義是一種特別的政治道德想像，是一種認知政治世界的方式，這個意思的設定是，讓『道德高尚』的民眾來對抗腐敗或是在其他方面道德較差的菁英。」在他的界定當中，採用、實行民粹主義的主體是政治人物、政治領袖或政黨，而不是一般人。主要有幾個特徵：

一、批判菁英以及現存政治制度：他們會宣稱現有的制度是腐敗的、壓榨廣大人民的。

二、反多元主義：只有他們能夠代表「真正的人民」的意見、聲音、利益，其他人都是虛假的。

三、區分「真正的人民」的邊界：民粹主義者會區分誰是真正的人民、誰是敵人，通常都有排他傾向。

2　張祐宗，2009，〈搜尋台灣民粹式民主的群眾基礎〉，《台灣社會研究季刊》75: 85-113。

3　Margaret Canovan, 1981. *Populism*; 1999. "Trust the People! Populism and the Two Faces of Democracy."

綜觀古今，民粹主義／民粹運動，一直都存在。學界對於民粹主義的定義和案例研究從來沒有停歇，還有非常多的論戰，所以我們無法回答到底民粹主義是不是越來越盛行，只能大致指出某幾個政治活動具有民粹的性質。例如 Margaret Canovan 將民粹區分為七種類型，前三類是農民民粹運動（agrarian populism），包括：（1）農民基進主義；（2）農民運動；（3）知識分子農業社會主義。這三類民粹主義的代表行動或行為者分別是美國 1890 年代的人民黨（People's Party）、[4] 加拿大 1930 年代的社會信用運動（Social Credit movement）、俄國 1860 年代起由知識分子發起的民粹派農民運動（The Narodniks）以及德國 1890 年代的農民運動。

後四類為政治民粹運動：（4）民粹獨裁；（5）民粹式民主；（6）反動式民粹；（7）政客的民粹。「民粹獨裁」是指人民支持的獨裁政權／獨裁者破壞了既有的法規後實行專制。過去曾有不少人民支持的政治領袖一步步廢掉民主制度後掌握大權，例如德國的希特勒和義大利的墨索里尼；但也有像是 1920 ～ 30 年代出任美國路易斯安那州州長和參議員的 Huey Long，他執政時以幫助窮人之名，跳過州議會的審議對富人增稅，並加強福利政策。

「民粹式民主」主張落實「直接民主」的精神，以補充功能不彰的代議政治，例如美國二十世紀初期的「進步主義運動」即以此為訴求，主要由知識分子帶動。當代的瑞士則是民粹式民主的典型代表，他們有完善且頻繁使用的公民投票制度。至今，瑞士的聯邦層級已經進行過將近六百個

---

4 美國在十九世紀上半葉就形成兩黨政治的局面，此時農民是被壓迫的，在西南方大草原和產棉區漸漸有政客、知識分子和農民結合起來號召廣大佃農和工人團結。人民黨的政治口號是：「人民對抗華爾街，勞動對抗資本，農工階層對抗有錢階層。」其具體主張為：「政府加強管制銀行、反對金本位幣制、建立累進稅制、成立公營郵政銀行、鐵路電話電報收歸國營、土地重新分配、直選參議員、總統任期限制一任、運用人民創制與複決權決定政策和法律、縮短工時提高工資、限制移民、限制外籍勞工」。引自羅天人，2015，〈民粹主義與公民政治參與〉，建構公民社會學術研討會。然而，最後他們並沒有取得政治權力。

公投案,是當代實行直接民主制度來補正代議民主的代表性國家。當然,不是所有直接由人民決定的議案就一定是最「好」的,但卻是人民最「想要」的。

「反動式民粹」特別指涉激進的反自由主義運動,例如在 1968 年美國的黑人民權運動展開時,有些政治人物豎起了反對大旗,堅持種族隔離政策是正當的,並鼓動一般民眾反對平權;現在歐洲崛起的所謂「新右派」,大力反對外來移民、訴求單一種族的國家,也可以被視為反動式民粹(在敘利亞難民問題成為全世界矚目焦點的同時,反動式民粹也正在匯聚更強的力量)。這類民粹主義通常代表草根式的反動、威權、種族思想,主要是對抗「自由、寬容的菁英文化」。

最後一類「政客的民粹」,是指政治人物團結人民的方式,是提出一種跨越階級而且涵蓋各種不同面向的(catch-all)政治主張。

許多學者都認為,我們很難完全將所有事件、運動、政治人物給全部包含在民粹運動的分類內,各個運動依發展的情境與時間等等,也可能在不同的類型之間轉換。不過,它們的共同點就是「訴諸人民」、「反菁英」,常常都是反對現況以及訴求改變,而且通常也伴隨著對既有體制的不尊重(或說,反映了既有體制的不足)。從以上的分類和例子中可以看到,民粹主義其實不一定是一件壞事情。它有可能是菁英、知識分子所發動的,有可能跟民主或跟獨裁政權結合,作為一個名詞、一個概念,民粹主義並不是一個髒字。

當民粹是一個形容詞

「民粹」這個詞在媒體上出現,更多時候是一個形容詞,而不是名詞。當我們用民粹當負面形容詞的時候,其實不是用來批判群眾,而是用來批判(或形容)那些操弄多數民意的人,讓一些明明是對整體有害的政策被制定出來。然而,民粹這個詞卻出現了被濫用的趨勢。我們常會看到政客

跳出來把一般民眾或者對手陣營形容成民粹，這是一種什麼概念呢？簡單來說就是搞錯主詞、搞錯對象了。例如，有政客不斷強調「投給他／她才是理性，不投給他／她就是民粹」，這本身就是民粹。

現在常見的狀況是，當一個政客的主張跟多數意見相反的時候，他會跑出來跟大家說自己的意見是最好的，或說自己才是多數人支持的（例如宣稱有一個「沉默大多數」的存在），並且控訴不同的意見是民粹。其實，叫大家不用去檢證什麼政策才是最好的，只需要片面相信某一單一的聲音，就是在「進行民粹的動作」啊！

在民主國家，政府施政當以民意為依歸，當我們拿民粹主義來當成負面形容詞的時候，是先假設有一個「客觀存在」的利益標準，如果民意不是贊成那個客觀上最佳的選項，政客也以民意為主而不是去選擇那個最佳的選項時，我們就會說這個政客在搞民粹。然而，客觀上的「最佳」很難定義，每個人認為的最佳也可能會不一樣，所以用民粹來指責另一方，一定會流於各說各話。

可以確定的是，民粹主義是用來指責政客（或政黨及媒體等行為者）只去貼近甚至是操控民意的行為，不是民意本身。舉例來說，當地方政府高舉「經濟發展」或「促進公益」的大旗，並且用軟硬兼施的方式逼迫市井小民不得不同意「徵收案」的時候，我們就會說該政客是在大玩民粹牌。

媒體上常出現使用這個詞來當負面的形容，例如跟著政客一起罵「台灣就是太民粹」，或是指責某個人很民粹。學者王宏恩說：「許多罵人民粹的人，未說明其指涉對象所持立場錯誤之處為何，也未嘗試用自己的立場、邏輯來說服對方，而是只簡單抱持著『有一群人跟我態度相反，好煩，政府快把他們攆走』的反民主想法。」就如同開頭引文所講的，在討論公共議題時，只要說對方是民粹，就好像證明了只有自己才是理性的，自己不喜歡的意見就是該消失不見。這樣的態度其實是「反民主」、「威權性格」，不能說是民粹。

結論

　　「只問立場不問是非」跟民粹的關係其實不大，而「民意」更不盡然是非理性，並不是多數意見跟自己的意見相反就叫做民粹。就算我們退一萬步來說，今天台灣真的是民粹主義盛行好了，針對「壞的民粹主義」的解方也絕對不會是投票給某個政黨或某個候選人就可以解決的。壞的民粹主義出現，很可能是因為現有體制的不足，政府無法回應人民的需求，又或者是資訊揭露的管道不足，讓人們無法充分了解公共議題，導致政治人物可以挾單一民意以自重，進而破壞了體制、阻礙了大家對公共議題的討論。

　　最後來一個摘要：民粹主義在學術上大致的定義是「訴諸人民以反抗既有權力結構，想要推翻主流觀念，以及反對多元社會價值的行動」，泛指「政治必須遵照人民的偏好才是對的」這種信念。民粹主義其實是一個中性的詞彙，歷史上曾被用來形容許多政客以民意為後盾從而挑戰甚至破壞體制的行為，到了近代會變成一個負面形容詞，是因為太多政客拿來指責跟自己意見不同的人，並且自以為自己的意見可以代表客觀中立的最佳選項。

　　我們可以做的事情是，去檢視該政客的具體主張到底是不是我們想要達成的最佳利益，也可以去討論怎麼樣的制度設計才更能解決所謂的「民主赤字」、政府回應性不足、民眾政治參與不足的問題，而不是加入其行列一起罵民眾太民粹，然後繼續把公眾事務的決定權都交給民粹的始作俑者，也就是政客。民粹不是一種「惡靈的網羅」，然而，如果我們對政治人物或媒體資訊全盤接收，把政治事務交給我們心目中認定的唯一政治偶像，然後就不參與政治、不思考公共議題，這才是最應該「燒毀」的觀念。

※ 本文最初版本發表於 UDN 鳴人堂，感謝編輯的修改意見。

7-2
民粹的政治科學

王宏恩———文

　　如 7-1 一文所說，民粹是一個近年來被大量提到的名詞以及形容詞，雖然經常被人濫用來只是罵對手陣營或政見，但在一些國際事務上，例如國界、移民、文化議題，又似乎真的有民粹興起的現象。於是政治科學家開始研究這些現象並試圖歸納出民粹的不同定義。

　　最近十幾年來的民粹研究與相關討論，是一種非常標準地將民粹研究給「科學化」的過程。在政治科學方法論中，所謂的科學化，在於（1）清楚的研究型定義；（2）具有良好信度、效度的測量；（3）找出依變數與自變數來合理解釋彼此之間的關係。

　　這樣科學化的研究是重要的。第一，假如大家對民粹的定義都不一樣，或者沒有一種測量民粹的標準，那我們就沒有證據說近年來民粹正在興起。舉個例子來說，假如家中的體重計每次都隨便跳一個數字，每次的單位都不一樣，甚至跳出拉丁文，那我們根本不會知道最近是變重還是變輕了。第二，在我們測量出民粹是隨時間變化以後，我們才可以去找一些原因來解釋為什麼會有變化。例如，真的確定自己變重之後，人們才會覺得不該再繼續吃宵夜了。第三，我們的測量不能只是對自己有效，應該也要有辦法給其他人測看看。假如別人也能測出跟我一樣的結果，那知識跟研究結果就是可以累積的。反過來說，假如我宣稱發明了一個測量民粹的方

法，但過程只有我自己知道，別人也不知道我怎麼測的，那這樣的閉門造車是無法累積科學研究成果、也無法交流或做檢驗的。

7-1 提到各種對於民粹主義的定義，其中一個很大的共通點在於「區分出菁英對人民、人民善良菁英邪惡、所以不要聽菁英的」，這種修辭方式有可能會用在社會福利政策、移民政策、文化語言政策，但重點在於修辭方式。許多政治學者企圖建構一個科學化測量民粹的方式，其中最著名的是楊百翰大學政治學教授 Kirk Hawkins 自從 2009 年以來一系列的研究。[1]

Hawkins 教授提出的測量方式，是統計全世界主要政黨的政治人物在公開演講、以及中選會所列出的政見內容當中，有多少比例是「講述政策」、又有多少比例是單純「區分菁英與人民、然後強調菁英邪惡人民至上」。接著，Hawkins 把民粹主義分成三個等級，第一級是大部分發言都在討論公共政策，第二級是一半政策一半民粹，第三級是大部分的發言或政見都是民粹內容。

在列出這樣的測量方式後，Hawkins 聘任了好幾位助理，拿著這套標準去評比好幾個政黨的表現，然後再交叉比對，結果發現不同的人根據同一套標準所評比的同一個政黨分數都很一致。Hawkins 最近兩三年更與人合作，透過自然語言以及機器學習的方式，讓電腦來判讀政黨的民粹主義分數，結果跟聘人來評分是高度一致。

上述研究方法成功地建立了一個可以各國通用的民粹主義測量標準，具有可重複性的科學邏輯，接著就可以拿這個測量去判斷哪些國家有民粹政黨興起、哪些國家的民眾支持民粹主義政黨。Hawkins 根據這個方式建立了一個資料庫，名為「測量民粹型修辭：全球民粹主義資料庫」（Measuring Populist Discourse : The Global Populism Database）。

當然，這樣的測量可能還是有一些偏差（bias），例如這份資料只分

---

1 Kirk A. Hawkins, 2009. "Is Chávez Populist?: Measuring Populist Discourse in Comparative Perspective." *Comparative Political Studies* 42(8): 1040-1067.

析發言跟政見，卻沒有分析當選後的實際作為，而政見跟實際作為之間可能是有落差的。另一種會發生的問題，在於政黨或政治人物的公開演講跟私下小組討論的內容也可能不同，畢竟公開演講是競選的一環，多少具有表演的成分。第三個問題，是假如某些國家遇到外敵，在開戰前講的話往往會清楚區分敵我、菁英或民眾，但此時的菁英不一定是國內菁英，就算喊了軍民一心，也不是所謂的民粹主義。雖然知道有這些可能的偏差存在，但假如這個測量方式具有信度（reliability，即測量的一致程度），至少我們仍然可以知道一個國家的民粹主義程度是否有隨著不同的年度而改變，而不同的國家之間也仍具有一定程度的可比性。

在確認了這樣的測量方式並確認這種測量實行的結果之後，有了資料生產的過程，後續就可以拿來檢驗各種理論、設計更多的問卷，然後就是統計方法發揮的時候了。舉例來說，阿姆斯特丹大學的 Matthijs Rooduijn 教授就根據這些定義與測量，先依照分數高低區分出民粹政黨與非民粹政黨，然後透過統計來觀察支持民粹政黨的民眾是否有特定的社會、經濟背景。結果 2018 年的研究發現，光就歐洲十五個國家來看，支持民粹政黨並沒有特定的社經背景。某些國家的窮人較支持民粹政黨、某些國家的富人較支持；某些國家的高教育程度支持民粹政黨、某些國家卻是反過來的。簡言之，根據不同國家的脈絡，假如我們採用這種「修辭學式」的民粹主義定義，其實任何人都有可能去支持民粹主義的政黨。[2]

有趣的是，Rooduijn 在 2012 年的研究發現，其實歐洲的大黨們並沒有隨著時間變得更為民粹，反而是一開始的民粹小黨在取得選舉勝利後逐漸變得緩和。[3]

2　Matthijs Rooduijn, 2018. "What unites the voter bases of populist parties? Comparing the electorates of 15 populist parties." *European Political Science Review* 10(3): 351-368.

3　Matthijs Rooduijn, Sarah L. de Lange, and Wouter van der Brug, 2014 (2012). "A Populist Zeitgeist? Programmatic contagion by populist parties in Western Europe." *Party Politics* 20(4): 563-575.

　　最後，Busby 等三位學者在 2019 年的最新研究，[4] 是以美國人為研究對象，讓他們閱讀跟政府政策失敗有關的文章，其中一些文章是把政策失敗歸咎於政策執行過程，但另一些文章則是指責特定種族跟菁英的「背景決定論」。結果發現當民眾讀了背景決定論的抱怨文後，很容易受到這種民粹修辭式的影響，導致傾向於支持常使用民粹主義修辭的候選人，包括川普跟桑德斯。這是透過實驗法的方式更一步建立因果關係，確認民眾會受到民粹主義修辭的影響，進而被民粹候選人所吸引。

　　從這些結果來看，人們的確會受到民粹主義修辭的影響，而且不分男女老少都可能轉而支持民粹主義的政黨與候選人。對於政治科學家來說，這整套研究過程是知識的累積。對民眾來說，在知道民粹是怎麼測量、怎麼轉變之後，或許可以更仔細觀察有哪些候選人都不談政策、只會挑動菁英與民眾之間的仇恨，然後就會知道這些候選人的言行可能就是學術定義下的民粹主義。

4　Ethan C. Busby, Joshua R. Gubler and Kirk A. Hawkins, 2019. "Framing and Blame Attribution in Populist Rhetoric." *Journal of Politics* 47 (9): 1324-1353.

7-3
用心理學理論來解釋「韓流」現象

吳冠昇——文

　　自 2018 年以來，台灣政壇以及民眾最關心的政治人物之一非韓國瑜莫屬。從 2018 年高雄市長選舉擊敗強勁的對手陳其邁，到上任不到半年就決定參選總統，再到之後落選以及被高雄人民罷免，期間可以說是驚滔駭浪。從政過程所累積的高人氣，為韓國瑜帶來很多粉絲（一般會稱為「韓粉」），韓粉每天無時無刻不在追蹤韓的一舉一動。韓國瑜的旋風（稱為「韓流」），除了在台灣流行之外，更延燒到了國外。舉例而言，當韓到美國進行參訪活動，就有許多住在美國當地的華僑變身韓粉、如影隨形，自動自發地為韓加油打氣。「韓流」旋風也連帶激發出許多周邊的活動，除了支持韓國瑜的粉絲頁面如雨後春筍般在各大社群媒體中出現，許多韓粉更是經常舉辦大規模市集以及遊行，讓韓粉可以在參與活動的同時促進攤商以及周邊的經濟活動。

　　對於研究者而言，韓粉的出現以及韓流的盛行，讓許多人疑惑：為何群眾能夠為自己所喜愛的公眾人物，做出許多平常不會做、根本不合常理的事情？舉個例子，在一場造勢活動中，幾位韓粉公開在攝影鏡頭前大口啃下冷凍包子，即使包子還未退冰，但韓粉都不約而同地露出陶醉的表情，面對記者大讚包子「好吃」！除此之外，台大和政大的學生因為中天過量報導韓國瑜的新聞，而發起不同形式的拒看行動，也激起了韓粉強烈的回

應，在社團公告「所有台大的學生，不管畢業或是還在學，一律拒絕加封鎖」，然而由於許多韓粉本身也是這兩個學校畢業的，此一公告反而讓這些人不知如何適從。韓流似乎有消弭社會衝突的妙用，例如新聞指出，有兩位韓粉在參加造勢活動的路上互撞出了車禍，但因為對方也是「韓粉」，於是當場和解不計較。最後，更有韓粉為了勸進韓參選總統，願意暫時放棄工作，到市府四維中心靜坐絕食，不吃不睡只喝水，只為了等到韓國瑜一個是否要參選總統的回覆。

雖然韓粉做了這麼多外人看似「不理性」的行為，[1] 但許多韓粉看起來是自願自發的並且甘之如飴。為什麼對政治人物的支持竟然可以讓群眾變得這麼不理性？社會心理學理論或可提供一個方向，協助我們了解韓流現象。例如有位著名的心理學家李察‧韋斯曼（以《怪咖心理學》聞名的學者與作家）在他的著作《超自然心理學》（*Paranormality*）一書當中，對於不理性的群眾行為及其動機便做了深入的研究。[2]

選民是怎麼變成韓粉的？

本文打算根據並援引該著作所提到的「民眾不理性行為所仰賴的心理媒介」初探近來的韓流現象：

---

1 編者按：社會科學所說的「理性」跟一般人常說的理性不太一樣。主張「理性選擇」（rational choice）理論的社會科學家認為，人們只會去做對自己有好處、也就是效用（utility）為正的事，如果效用小於付出的成本（cost），人們就不會去做。簡單來說，只要人們可以對自己的選擇偏好做排序、排序之間彼此不矛盾、然後選擇效用最大的那一個選項，就叫做理性。

從這個定義來看，「韓粉」當然是理性的，因為他們覺得支持韓國瑜對他們來說是最開心、效用最高的事（不管這樣的偏好是怎麼形成的，都不影響到判斷他們理性與否）。然而，一般人口中的「理性」似乎比較偏向：有禮貌，不要「偏激」（但其實偏激與否的定義也常是個人的定義），最好是要合乎大眾想法，守規矩等等，跟學術上的定義不太一樣。

2 Richard Wiseman. 2011. *Paranormality: Why We See What Isn't There*. London: Macmillan.

一、得寸進尺

心理學研究有一個概念，稱作「登門檻效應」（foot in the door effect），用在行銷上又稱為「得寸進尺法」，或者最簡單的理解就是「軟土深掘」。心理學家透過實驗發現，只要你能夠讓對方答應你的一個小請求，之後將會大幅提升對方再度答應請求的可能性。在一個著名的案例中，研究人員先是詢問住家願不願意在院子裡豎立「當個安全駕駛」的小告示，結果是幾乎每一家都答應了。過了一段時間之後，當研究人員再次來訪，問這些上次答應的人是不是願意換上一個超大的告示牌時，竟然有 75% 以上的居民都答應了。這個超大告示牌其實很不方便又有礙美觀，所以，如果研究員直接詢問能不能豎立超大告示牌，大部分人都是直接回絕。然而，當許多居民已經先答應了小告示牌的請求，軟土深掘之後，對於大告示牌這個不方便的請求就幾乎都會接受。[3]

我們也可以在韓流當中看到類似的邏輯。韓國瑜在競選初期的時候，提出兩個口號：「高雄又老又窮！」與「韓國瑜幫（北漂青年）回家！」。固然有一部分人認為這是醜化高雄的說法，但不可諱言地，韓國瑜發揮了個人魅力，把高雄既有的問題講成了大毛病，讓許多民眾開始相信，或許他真的可以帶給高雄市一個新的未來。當許多選民開始相信他、願意給他一個機會的時候，登門檻效應就逐漸發酵。即使後來韓提出許多可笑、誇張、不可行的政策，例如愛情摩天輪或是在太平島挖石油等，但因為支持者先前已經決定支持韓或給韓一個機會，他們就不會對韓的承諾進行真偽的檢驗。久而久之，當韓繼續提出一些天方夜譚的說詞之後，韓粉也會覺得合理可行啊。在韓當選市長不到半年就決定投入總統選舉並得到許多支持的現象中，我們也看到類似的效應出現。許多民眾因為已經支持韓選上

---

3 Jonathan L. Freedman, and Scott C. Fraser. 1966. "Compliance without Pressure: The Foot-in-the-Door Technique." *Journal of Personality and Social Psychology* **4 (2): 195-202.**

市長，所以當韓進一步提出一個更大的目標時（選總統），韓粉也毫不猶豫地繼續支持其決定，對於韓提出要選總統的理由全都無條件接受。

二、從眾心理

我們在韓流現象中，可以看到所謂的從眾心理效應，或者是所謂的三人成虎、人云亦云效應。心理學家做過實驗發現，當受試者身邊的多數人（五至六位），對於實驗者詢問的問題故意給予錯誤的答案時，（即使知道答案是錯誤的）實驗受試者幾乎無法避免地會受到群眾的壓力，跟著回答那個顯然錯誤的答案。[4]

我們在觀察韓粉的舉動時也發現，在韓粉的封閉性群組中，有少數狂熱的韓粉會不間斷地貼文帶風向，對韓本人及其家庭成員歌功頌德，建立對他們的個人崇拜，將韓國瑜塑造成台灣百年難得一見的政治奇才，是解決台灣困境的希望。除此之外，隨著韓流應運而生的韓粉直播主，更是天天接棒放送對韓支持的言論。還有韓粉社團更是數週或是每月固定在台灣各地舉辦韓粉市集以及夜市，利用大型集會的機會讓挺韓的言論更深入其支持者的內心。

韓粉除了對韓國瑜極盡吹捧，也對韓在政治上的競爭對手進行人身攻擊（這些對手甚至包括韓的同黨同志），以重複性的攻訐 黑挑起群眾對其他政治對手強烈的仇恨。最後，對於提出不同看法的群組成員（或者是比較溫和的韓粉），一方面是在言語上極盡辱罵之能事，另一方面更常懷疑這些人是否來自其他陣營的潛伏者，有時甚至未加查詢就將人踢出群組。這些都是韓粉用來鞏固韓粉思想、使韓粉不敢產生不同於 桿韓粉的想法、進而塑造一言堂氛圍的方式。

---

4 Solomon E. Asch. 1956. "Studies of Independence and Conformity: I. A Minority of One against a Unanimous Majority." *Psychological Monographs: General and Applied* **70 (146).**

三、展現奇蹟

　　另外一個鞏固並加深韓粉支持的方式，是透過不斷宣傳韓國瑜的超強執政能力。許多韓粉對於韓上台後的政績，例如到中國簽署備忘錄以及將道路上的坑洞鋪平，不斷地透過媒體、網路進行飽和轟炸，以塑造韓有神力的印象，只有他才可以完成其他人不能完成的任務。這些「奇蹟」讓韓粉認為自己沒有看錯人，從而加深對韓國瑜的支持。

四、自我辯護

　　雖然韓國瑜完成了上面兩項政績，但更明顯的是，他在競選時所提出了大部分承諾，例如全台首富、太平島挖石油、10 年人口 500 萬人、愛情產業鏈、愛情摩天輪、賭場、低價醫療觀光、北漂青年返鄉、老青共住、開放中資買房、賽馬場等政策，全都沒有完成。雖然韓主動承認其競選承諾多數無法兌現，然而韓粉卻好像視而不見，反而認為韓上任之後，「高雄市成了華人關注最高的城市」、「高雄市民變快樂了」，認為自己還是做出了最好的選擇。

　　這種堅信自己的想法而忽略其他相反的證據，在心理學有一個專有的詞彙，稱作「動機推理」（motivated reasoning），[5] 這個心理機制讓人類在面對大量相反證據時能夠繼續維持原有的信念。人類之所以常常犯下動機推理的錯誤主要是因為，當我們遇到相反證據的時候，心中會產生一個「認知不同」（Cognitive dissonance，又譯為「認知不協調」）的感覺，[6] 而這樣的感覺會令人不舒服。所以，當人類接收到與自己的認知不一樣的訊息時，很容易會對此一訊息加以忽略和懷疑，以保持「我們是對的」這個良好感覺的認知平衡。

5　Ziva Kunda. 1990. "The Case for Motivated Reasoning." *Psychological Bulletin* 108 (3): 480-498.

6　Leon Festinger. 1957. *A Theory of Cognitive Dissonance*. Vol. 2. Stanford University Press.

即使有許多明顯的證據顯示，韓並沒有像韓粉所認為的那樣全能，但韓粉為了證明自己沒有看錯人，沒有做出錯誤的選擇，只能趕緊找尋並接受韓政見跳票的外在理由，如執政黨杯葛、或「市長權力不夠大所以必須來參選總統」，以維持他們自己的認知平衡。最後，當韓被罷免的時候，顯然許多韓粉是不能接受的，因為這樣的結果與他們的自我認知差異過大。無法接受結果的群眾，為了維持自己的認知平衡，又開始尋找各式原因來解釋韓為什麼會被罷免，種種作為只是為了讓自己的心裡好過一點。

小結

雖然有些人認為韓流的出現是一個奇蹟，但其實心理學理論可以幫助我們瞭解這個現象從何而來：韓國瑜以直白、接地氣的語言和群眾打成一片，讓民眾對其接下來天馬行空的政策都有所期待；接著再依靠媒體以及「網軍」（此處廣泛指涉自願的支持者，並不侷限在公關公司的宣傳手段）的推波助瀾，將韓國瑜的部分政績宣揚成前所未有的奇蹟；最後，在支持者社群內，嚴格控管任何反對與質疑韓國瑜的聲浪，以塑造一言堂的氣氛，結果就成了一個不斷自我強化、自我辯護的「韓粉群體」。

倒是韓粉的出現，讓平常對政治無感的民眾被挑起了熱情，促使他們願意花更多時間來關心公眾事務。事實上，類似韓粉與韓流的現象並不只限於這一兩次的選舉，還有其他看似「不理性」的事情也可以用心理學來解釋，讀者不妨從上面所提到的四個心理媒介開始進行分析。

7-4
歷史仍未終結
閱讀福山重要著作《身分政治》

王宏恩——文

　　史丹佛大學政治學教授法蘭西斯‧福山 2018 年出版的重磅著作《身分政治》（*Identity: The Demand For Dignity and The Politics of Resentment*），在前言就直接說他要面對兩大問題。第一，他要回應他自己曾在蘇聯倒台後提出的歷史終結論為何仍未終結，以及這些年來批評者對他的誤解；第二，他希望可以解釋為何川普的當選與民粹主義浪潮，是在「現在這個時候」，才在全世界各地出現。

　　本書的整個理論架構來自三大因素的匯流：（1）人類隨著歷史逐漸變化對於尋求尊嚴的天性；（2）歐美國家國內政治環境的變化，尤其在蘇聯解體之後；（3）快速的工業化與全球化。這三個因素的匯流導致了民粹主義長期伏流，卻在近年來忽然崛起。

追求尊嚴的天性，從個體尊嚴到身分尊嚴

　　在人類天性方面，福山做了一個來自於蘇格拉底的假設：人類的靈魂有三個部分，第一個是原始的物質慾望，第二個是理性的計算，而第三個，也是本書最強調的部分，是自己的尊嚴（Dignity）得到他人的認可。

　　這個尊嚴隨著人類的歷史不斷演進。蘇格拉底一開始提到的尊嚴，是

專指那些貴族可以選擇冒著自己的生命危險去防衛與拯救家園。但對於大
多數老百姓來說，生老病死都在同一個村落，階級世襲，他們的人生在一
出生就被決定了毫無選擇，沒有選擇就沒有尊嚴的問題。直到馬丁‧路德
開啟宗教改革，主張每個人可以選擇內心是否要遵循神的恩典，而非被外
在的教會與儀式所決定，一般人才開始出現內心與外在之分，宗教改革因
此被視為個人主義的開端。盧梭則更進一步指出，尊嚴與否不只是選擇追
隨上帝，還在於個人的內心可以選擇是否遵從社會的道德價值。雖然在之
後尼采更進一步認為不只是選道德價值，而是選擇是否遵從自己訂下的價
值即可，但福山仍指出，人本是社會性的動物，人們很自然會去遵從一些
社會規範的道德價值，甚至人的內心對自我的定義可能也是來自與社會上
其他人的互動。光從字面上來看，福山並不完全認同尼采的說法。

　　福山在蘇聯解體後說人類歷史已經終結，是因為他認為自由民主與資
本主義市場機制已經滿足了人們基本上想尋求尊嚴的渴望：民主政體給予
每個成人參政權，對待每個成人都像一個成人，讓每個人都有基本的被認
可；對於那些尋求尊嚴與地位超越一般人的人們（megalothymia），他們
可以透過參政當選尋求滿足、也可以透過經商成功獲得滿足。相較之下，
福山是認為人類社會不可能走到馬克思主義的那些人性假設，馬克思所預
想的無產階級革命歷史階段終究是達不到的。在達不到下一個歷史階段的
情況下，人類歷史可說是終結了。

　　那麼為什麼現在會有民主衰退、民粹主義興起的浪潮？難道歷史不但
沒終結，還往回走了嗎？又為什麼是現在才發生？福山認為是歐美國內與
國際情勢使得一些人們的尊嚴不再被滿足了。

國內情勢與國際情勢交錯

　　首先，就歐美的國內情勢來說，二戰過後所興起的一波福利國家浪潮，
雖然促進了左派與工會的崛起，但左派在推動政策時產生了國家發不出那

麼多錢、或是多印鈔票導致經濟與金融危機的結果，從而使得注重勞權、強調共產等概念變得負面而不受歡迎。福山認為，在那之後，左派政黨就離棄勞動階級而去，不再討論更困難的經濟轉型與產業發展等問題，轉而投入智識上比較簡易的身分平權運動——婦女、少數族裔、性少數等，追求這些身分要獲得跟他人平等的尊嚴，而不只是經濟或機會上的平等。福山特別舉了同志婚姻作為例子，這項運動對於能夠結婚的訴求遠多於法制上給予的經濟或法律保障，主張適用民法就是因為追求的是受他人認可的尊嚴。每當社會出現問題時，左派就開始切割或創造出新的身分類別，然後根據這個新類別去要求平等尊嚴，而不是將這群受害者加入既有的較大群體中來爭取平等。

　　就在左派開始強調身分政治的同時，本來的工人與虔誠的教徒就覺得被遺棄了，被社會無視（invisible）了。他們不再獲得他人的認同，甚至帶給他們工作倫理的信仰還常遭到左派的嘲笑與攻擊。福山特別指出，雖然美國工人的收入下降、同時經濟不平等也加劇，但收入改變真正造成的影響是低收入的人（即使有社會福利支撐）沒辦法得到其他人的認同，當這些人的尊嚴得不到認同時他們就會產生憤恨。這也是為何許多經濟上受惠於歐巴馬健保的民眾居然投票希望廢除這個健保，因為他們認為這健保不是給他們的尊嚴。

　　當這些人思索自己身上還有哪些身分是有辦法得到尊嚴與認同的，他們想到了國家，然後就成為愛國主義者，國家越有尊嚴他們就越有尊嚴。他們認為，這個尊嚴來自於國家是否有選擇的權力，如果國家有權力不讓移民進來、不被歐盟或跨國組織所控制，那才是真正的國家。於是右派也開始玩弄與動員身分政治，如同左派將社會不同的群體越切越細一樣，但是這些切法很多都是跟人的出生背景有關根本無法改變，最終就造成左派與右派都極端化而不存在可能妥協的空間，從而導致民主政治的僵局。

　　另一方面，由於全球化與工業化帶來快速的社會變遷，人們從古代嚴密地被鑲嵌在沒有選擇的農村，忽然有了機會可以離鄉背井甚至跨越國

界，來到大城市的工廠裡變成一個小螺絲釘。當眼前有了無數的選擇，身邊卻不再有任何連結，人們於是開始問：「我到底是誰？」福山認為，這解釋了為何非常多歐洲穆斯林移民的第二代，本來甚至沒有信教，但看著父母跟自己再怎麼努力仍不被主流社會接受，他們因此開始尋找自己的其他身分是否能被認同，就在此時他們發現基本教義派的伊斯蘭國能夠給予他們尊嚴，於是他們寧可放棄歐洲的大學教育與工作機會，端起槍與炸彈走向戰場跟人群。另一個程度上比較輕微的例子，則是許多中東移民女性因為非宗教因素而自願戴上頭巾面紗，這是為了追求身分認同而非被壓迫。

911 恐怖攻擊之後，很多恐怖份子被發現其實是具有法定身分的歐美國民，這使得歐美國家的愛國主義更加高張，認為國家尊嚴在於要有權力決定是否以及怎麼接受移民。另一方面，社群網站興起之後，人們很容易沉浸在自己的舒適圈裡面、只想找到跟自己相同群體的人、也拒絕與其他身分的人交流，最後就導致身分政治大行其道。

總結來說，上述三個要件：尋求被他人認同的尊嚴、歐美左派與右派的轉變、以及國際政治經濟環境的變化，共同促成了這幾年我們看到的民粹主義興起、川普當選、以及英國脫歐等讓人震驚的結果。

確立國家權力與追求自由民主文化

那麼，要如何抵抗民粹主義的浪潮？有趣的是，福山認為應該強化國家選擇的權力，更重要的是要強調國家同化移民的力度。這個同化並非針對文化上或種族上，而是針對民主自由的認同上。「追求多元」本身無法成為國家確立身分的方向，必須是一些更實體的概念包括憲政主義、依法行政等。福山認為：「自由民主本身有自己的一套文化，這套文化應該被放在較高位，高於其他反民主的文化。」（Liberal democracy has its own culture, which must be held in higher esteem than cultures rejecting democracy's value.）福山認為大多數民粹主義的支持者並非那些不可理喻的種族主義者，他們只是擔心這些移民會破壞民主國家基本的民主價值。假如國家可以確保移民都能遵守基本的民主價值，並透過參與國民義務實際為國家付出過，那麼民粹主義可能就會退潮了。至於那些拒絕遵守自由民主的人，福山則認為國家有權力拒絕他們並把他們趕走。

之所以要國家追求自由民主，是因為福山仍然相信這個制度能提供給每個人尊嚴，也才能滿足當代社會作為人的基本需求。由於每個人在當代都可能同時有不同的身分交疊，如果有最起碼的自由民主，這些不同交疊的身分可能可以互相牽引，來慢慢降低身分政治的動員跟影響。例如，大家最起碼先承認對方也是同樣認同自由民主的國民，同樣已經為國家付出過，在這樣的共識下再來慢慢解決其他衝突之處。最後，繼續朝向歷史的終結前進。

評論

雖然福山多次強調尊嚴的重要性，但筆者認為這涉及到以下幾個重要討論。第一，和許多言論自由的論戰中所提到的爭議點類似，就是我們是否需要平等對待當下獲得尊嚴等級不同的人？假如現況就是尊嚴已經分配不平均而需要重分配，難道我們非得尋找一個讓所有人尊嚴都同時增加的可能性嗎？到底是結果朝平均邁進比較重要，還是當下的增減一致比較重要？

第二，福山提到許多現代人所定義的自我與尊嚴不只是自己，而是把自己的尊嚴跟整個社會傳統規範綁在一起，自我是因為社會規範互動下而存在的，因此一旦傳統社會規範被破壞或修正，這些人就彷彿喪失了自己基本的尊嚴。這是個強而有力的解釋，清楚說明了為什麼許多保守派會在意同志婚姻合法化，即使同志結婚完全不影響自己的婚姻與家庭。但假如這些人用來跟自己綁定的傳統規範，其內涵同時包含打壓他人的話，那這

種尊嚴是否仍神聖不可減損？有辦法找到不是零和賽局的狀況嗎？

第三，福山在書中多次強調自由民主的重要與國家的權力，但福山沒有討論這樣的國家權力是否會被濫用，以及到底自由民主的定義包含到多大的範圍？為何福山要擔心阿拉伯之春後埃及選出穆斯林兄弟會執政的政府？還有這樣的定義是否跟住民自決、獨立運動的風潮相違，假如相違又該怎麼辦？我猜福山會支持這些自決與獨立運動，他特別提到當代國家身分不明確，是因為當代國家的領土劃分大多是戰後與殖民後互動下的產物，而確認國家身分的方法正包括了獨立運動或重塑國家身分。

第四，我覺得福山對於個人主義式的尊嚴實在是過度樂觀。當愛國主義或種族主義再度興起後，許多人已經把自我認同與族群認同重疊在一起了。換言之，這些人覺得國家好就是自己好，國家壞就是自己壞，但這樣無異獨裁的溫床，尤其是當國家好壞的詮釋權掌握在掌權者的嘴巴或命運之上時。如何重新把人們的自我認同從因民粹而興起的族群認同重新予以淡化或分離出來，我想是福山策略（透過多重身分來降低單一身分的影響力）的成功關鍵。

最後也要特別提一下，本文在提到本書時將 identity 翻作「身分」而非「認同」，是因為筆者認為福山是要強調每個人的 identity，而不是政治心理學所說的人對特定團體的長期心理依附，福山的 identity 更像是傳統的身分類別，因此可藉由動員或重塑每個人對不同身分的比重來影響人們的言行。

※ 本文最早寫於 2018 年 11 月，後來在 2020 年時，本書中文版由時報出版，書名為《身分政治：民粹崛起、民主倒退，認同與尊嚴的鬥爭為何席捲當代世界？》

7-5
為什麼川普如此受歡迎？
談社會分歧下的動員策略

陳方隅——文

　　自從 2015 年正式展開競選活動，唐納・川普便以他個人的「魅力」席捲全美。許多美國人感到非常不可思議，因為他的競選主軸包含各種高度爭議的發言，不只歧視女性、少數族群、穆斯林、外來移民，更以辛辣言論直接挑戰所有政治人物。到底他為什麼可以得到這麼大的支持，不只在初選當中「輾壓」同黨所有候選人，並且在四年後爭取連任的選舉當中，（雖然沒有連任成功）其普選票更是一舉突破新高呢？

　　從許多報導來看，川普的支持者跟傳統共和黨的群眾很不一樣。許多有錢人本來就比較支持共和黨，共和黨一向追求減稅，川普也一直大力抨擊跟富人收稅是不對的。然而，川普的支持者除了年齡偏大、以白人為主之外，更包含以下特質：藍領、收入偏低、大學學歷以下，甚至在拉丁裔移民當中也獲得不少支持。川普反對重分配政策，偏好有利富人的稅制，還歧視外來移民、想把他們全部趕走，那為什麼勞工階層與移民仍舊有很多人支持他？

羅賓漢悖論：弱勢族群的悲歌

　　理論上，當一個社會的貧富不均越嚴重，人民會越希望進行重分配、

越重視社會正義；但是說也奇怪，實際上大多時候，越是不平等的地方，人們越不喜歡重分配、國家整體的社會福利水準也越低。經濟學家把這個現象稱作「羅賓漢悖論」。（參閱第四部第三章）

從整體的角度來看，造成這個矛盾現象的原因是：有錢或有權的菁英掌握了「發聲權」以及「影響政策的權力」，一方面說服民眾說不需要制度改革，一方面則阻止一切制度改革的努力。然而在民主國家，菁英的權力來自人民，那麼為什麼人們在貧富差距越大的時候反而越不喜歡重分配政策呢？

其中一個主因是：弱弱相殘。

首先從勞工的角度來看。勞工大致上可以分成兩種，一種是「低風險」的，他們的收入通常較高，或者較有保障，比較不怕失業；一種是「高風險」的，他們通常很容易就失業，或是落入低薪貧窮生活（例：約聘勞工、臨時工）。當國家在經濟上的貧富差距擴大，或者是勞動市場的狀況變差，那些面臨失業風險的「魯蛇」勞工（loser），有可能會更加擔心自己的工作機會被同類人搶走，因此對同類人（工作的同質性較高的相對弱勢勞工）敵意會上升。經濟狀況所帶來的威脅連帶影響了其他方面的政治態度。調查研究發現，貧富差距擴大的時候，人們對新移民、少數族群（甚至包括同性戀社群）的容忍度都會下降。

相形之下，那些失業風險較低的「溫拿」勞工（winner）比較不會歧視少數族群。然而，這些相對來說比較受到保障的勞工們，在經濟狀況變差的時候也會覺得，如果需要社會福利的人越多，則自己能拿到的好處就越少，因此他們也不見得會支持重分配政策。當全球化、後工業化的時代來臨，「體制內」和「體制外」的勞工因為得到的保障差異越來越大，以致他們的政治態度也越來越分歧。

歧視少數族群是「政治不正確」的事情。然而很多時候，抱持歧視態度的人們要不是覺得「這根本不是歧視」、「就算是歧視也沒關係，懂得笑就不會恨了」，要不就是覺得很委屈，為什麼不能講出自己的想法而只

能當沉默的大多數？像川普就是一個口無遮攔、大聲講出所有歧視想法的人，他完全不掩飾自己對女性、對外來移民、對穆斯林、對少數族群（包括非裔、拉丁裔美國人）的不屑，他的競選與施政主軸就是去強調「我群」和「他者」的不同。他為美國人民樹立一個又一個的敵人，把少數族群說成都是來搶奪工作機會、造成社會負擔的威脅，把穆斯林說成都是恐怖分子，把女性都罵得很難聽。然而在這個貧富差距屢創新高的時代，這種招數其實特別管用。許多群眾大力稱讚他率直、敢講真話，部分原因當然就是這些人們根本不覺得歧視有什麼錯，或是覺得那些少數族群就是自己生存的威脅，又或是覺得我們不需要「額外」去照顧少數族群，因為那會排擠掉本該屬於自己的資源。

貧富不均與愛國主義

　　川普的另一項利器是愛國主義，例如他的主要競選口號就是「讓美國再次偉大！」（Make America Great Again!）而這項武器能夠發揮的程度也跟國內的貧富差距有關。政治學者 Frederick Solt 發現：當國家所得分配不平等的程度越高，國內的「民族主義情緒」也會越高，這些情緒包括對國家的自豪感與依附感，以及對整個民族文化的自豪感。另外，政治學者 Moses Shayo 的研究指出，當一個人的民族主義情感越高，對於重分配政策的支持度就越低，這個現象在中下收入階層的人們更為明顯。

　　這是因為，經濟狀況不好的時候，人們特別容易找一些可以強調民族光榮、國家榮耀之類的民族主義議題，來作為一種心靈上的依歸。在此同時，菁英也傾向於強調要振興整個民族之類的話語：執政者用以轉移眾人的焦點，挑戰者則是拿來匯聚人氣。相對於複雜的階級問題、貧富差距的成因等等，「愛國心」對人們來說更簡單明瞭、更容易被接受。鼓動愛國情操的語言會讓支持者特別容易覺得親切，讓人覺得政治人物跟自己是一國的。特別是當社會上的貧富分配狀況越差，類似像全民愛國運動之類的

語言就越好用，越可以讓人感覺應該要團結在一起共同讓未來變得更好。

　　只要政治人物夠敢講，就會把「愛ＸＸ」（填入國家，例如愛美國、愛台灣之類的）講成唯一最重要的事情，並且把所有跟自己不一樣的立場都說成是不愛國。川普的邏輯很簡單：拚經濟就是愛國家，而驅逐非法移民才能拚經濟，建造圍牆阻止移民才是保護人們的工作，貿易制裁別國產品才能拚經濟，不允許穆斯林進入美國才能保障國家安全，這一切都是為了讓美國強大。所有任何其他事情，不管有沒有衝突，只要跟自己的立場不同，全都是不愛國的表現。（在台灣也常會有人問說為什麼要處理轉型正義？為什麼要處理其他社會正義的議題？難道不能先拚經濟嗎？這種質疑也是有點類似）。至此，弱弱相殘的邏輯全部連在一起，「大家」都是為了愛國，所以像是平等、人權等價值都不重要了，就讓我們選這位最「誠實」、最「勇敢」說出大家心聲，以及帶來最多民族偉大願景的大富翁吧！

小結

　　川普旋風的出現不是偶然。美國社會的分歧主要是沿著兩個軸線來發展：一是全球化與產業變遷下的經濟贏家與輸家（產業外移，傳統製造業勞工失業潮）；二是身分政治與認同政治之下，對於種族議題和價值觀念的文化之爭（外來移民以及少數族群的比例越來越高，原本占多數的白人感到憂慮）。川普的崛起是人們對整套體制不信任以及貧富差距擴大下的結果，但他本人也用鮮明的個人風格，精準地動員社會大眾對於整個體制的不滿情緒，訴諸民族主義、愛國心，把弱弱相殘的邏輯發揮到極致，加深了社會分歧的程度。美國選民對傳統政治人物感到失望，尤其是對整個體制覺得很不滿，他們認為川普道出了大家的心聲、指出了整個體制的問題所在，因此他們願意相信川普能夠帶來改變。而川普在四年的執政當中，也沒有讓支持者失望，他的支持度始終維持在四成上下，基本盤非常穩定，而且在大選中的得票數從 2016 年的將近六千三百萬票，成長到 2020 年的

七千四百萬票。

　　政治人物會塑造「威脅假想敵」已經不是一個新的現象了。早在 1949年，美國民意理論大師 V. O. Key 就觀察到，當一個地區的非裔美國人越多，白人就越容易支持高舉種族主義的候選人，因為他們所感到的威脅變嚴重了。經過半個世紀以上的民權運動，美國人在各種調查研究中所顯示的種族偏見確實減少了，但許多研究也發現這不表示歧視態度已經減少，只是大家不想直接表達出來而已。

　　有些人很擔心政治人物一旦開始動員仇恨政治、愛國主義、或種族主義狂熱，有可能會加深社會本來就存在的分歧。在美國，由於產業變遷和人口結構改變所造成的社會分歧仍然存在，如果貧富差距沒有改善的跡象，像川普這樣子能夠動員不同族群的政治人物仍然隨時會再出現。這個現象也不只有在美國，許多民主國家也都面臨類似的問題。

　　川普在台灣人的社群當中擁有滿高的支持度，因為川普執政時期的台美關係的確有相當大的進展，而且美國在 2017 ～ 2020 年之間對中共強硬的態度，是許多台灣人所樂見的。不過，台灣人看川普總是有些「距離產生的美感」，畢竟美國社會的分歧與紛爭對我們來說比較遙遠。但是我們仍然必須面對重分配政策和貧富不均的各種討論，而政客們的歧視語言和族群動員也是從來沒有少過。

　　一個民主社會要防止極端候選人贏得重要公職，還是得靠民主制度和價值。政治學大師 Robert Putnam 就闡述了「社會資本」的重要性，他發現，公民對於公共事務的參與，以及人際信任的累積，可以克服由種族帶來的偏見，讓個人及國家都走向更好的方向。這或許是民主國家的公民們共同要做的功課。

※ 本文提到的研究參考書目，請參閱陳方隅，〈羅賓漢悖論：「魯蛇族群」只能追求「未來的美好小確幸」嗎？〉，菜市場政治學。
　　http://whogovernstw.org/2014/08/12/fangyuchen3/

7-6

美中關係為何大轉變？
是否有反轉的可能？

陳方隅、葉耀元、王宏恩、吳冠昇————文

　　2017 年川普總統上台之後，執政團隊成員開始講出挑戰中國的措辭並推出相關政策，美國對台外交也有所突破，相較於以往的低調，陸續出現多次公開的官方交流，對此，台灣人也開始大量關注台美關係的發展。其中最關心的事情當然就是美國的對中政策，尤其是川普政府在 2017 年底提出了「印太戰略」，將中國定位為主要的競爭者以及對國際秩序的挑戰；2018 年開打的「貿易戰」可以說是完全扭轉過去二十年來美國將中國視為「準同盟關係」的政策方針。在台美關係方面，美國推出了一項接一項的政策與法案，包括鼓勵台美高層互訪的《台灣旅行法》、關切台灣邦交國與國際參與的《台北法》、在各年度國防授權法（NDAA）當中多項國家安全相關的合作條款、讓美台關係升級的《台灣保證法》等等。然而到了2020 年，很多人開始擔心，美國與中國的關係真的改變了嗎？是否會因為政黨輪替又再回到過去呢？

美國與中國的競爭關係

　　經過將近一年的時間再回頭檢視，美國的對中政策一點都沒有改變，拜登政府上台後仍沿續先前的態度，將中國視為戰略競爭者，並且採用拉

攏盟友的策略試圖建立一個新的圍堵網絡。這是可以預期的事，如果我們從美中關係背後的幾個結構性因素來看，就會知道這樣的發展並不令人意外。美國與中國的關係已經改變了，而且不可能回到過去那樣的狀態。對此，我們必須要從三十年前談起。

大約 1990 年代中期，中國的加工出口業起飛，開始朝向「世界工廠」的地位發展；2001 年中國加入 WTO，許多分析家認為中國終將實現「自由化」與「現代化」的目標，而多數國家也可以受惠於這樣的全球化市場。將近三十年來，美國政策界主流的看法一直認為，把中國納入國際體系當中，尤其是像 WTO 與各類國際組織，會讓中國走向自由化的道路，越來越開放。這種看法被稱做交往政策（Engagement Policy）。在中國龐大的經濟市場以及代工能力之下，的確讓不少西方國家發展出和中國在經濟互賴的關係，包括美國在內。

然而，近年來美國的輿論出現一個非常大的風向轉變，越來越多人認知到中國不可能走向自由開放，過去的交往政策是失敗的，尤其是大約從 2010 年開始逐漸有人討論到中國可能帶來的威脅。等到習近平上台後展現出與以往不同的外交政策，2015 年前後的美國便有不少人討論該如何抑制中國野心了。2016 年共和黨執政後，經過一段政策辯論期，最終在 2018 年推出貿易戰，針對美國從中國進口的上千億產品課徵額外關稅。在此同時，美國也在「印太戰略」當中將中國列為重大的國家安全與區域和平挑戰者。拜登政府上台後，也是將中國稱做「戰略競爭者」（strategic competitor，美國只有在面對蘇聯的時候用過這個名詞）。2021 年 5 月，歷經一番辯論之後，白宮國安會主管亞洲事務的特任官坎貝爾表示：美國與中國的「交往」已經結束，雙方進入「激烈競爭」的階段。等於是由官方正式終結了長期以來的政策核心原則之一。

那麼，到底為什麼中美關係會走到這個地步呢？

《大國攤牌》揭示了美中衝突的系統性原因

　　在這裡我們用一本精彩的書來討論美中關係改變的幾個主要原因。《大國攤牌》（*Superpower Showdown: How the Battle Between Trump and Xi Threatens a New Cold War*）出版於 2020 年 6 月，一上市便獲得中美智庫各界的熱烈討論。本書作者是兩位來自華爾街日報的資深記者，Bob Davis 常駐白宮採訪、魏玲靈（Lingling Wei）則是長期在北京採訪，但是在 2020 年 3 月因為中國報復美國對中國官媒的新措施（要求登記成外國使團，以及限縮記者採訪簽證發放）導致多名美國記者遭到驅逐，魏玲靈也包括在內。

　　本書的主題是美國與中國的貿易戰，談的是為什麼美國和中國的關係會由同盟走向競爭。內容著重在中美之間如何從 2000 年美國協助中國加入 WTO，兩國之間的貿易量增加四倍以上，然後自 2016 年開始逐漸經濟脫鉤，進入了許多人所認為的新冷戰情勢。兩位資深記者的通力合作讓本書的價值遠大於一般的新聞報導，因為同時有駐美跟駐中的記者提供採訪素材，所以在書中出現的每一個重大事件，我們都可以看到美中雙方的官員是怎麼看待自己、怎麼看待對方、又是怎麼誤判對方、最後導致兩大強權反目成仇。

　　本書的另一個特色，是針對主要角色，包括習近平與川普，以及談判過程中兩造的主要策士們，在他們出場時都有一段這個人的小傳。這些小傳透過家庭歷史、個人軼事等把每一個人所堅信的意識形態與偏好給形塑出來。因此在後續故事展開時，我們就會預期某一個參與者基於個人的信念與偏好，可能會與哪些參與者合作，或是與哪些參與者衝突，以及他們做了哪些選擇。

　　有意思的是，這本書從兩位記者自身的背景寫起。魏玲靈的出身特殊，外公曾經跟毛澤東一起長征並負責照顧毛的健康，魏玲靈本身也是在中國出生長大，可說是根正苗紅的第三代。但她為了追逐新聞志業與自由，選擇到美國唸書，取得公民權之後進入華爾街日報工作。她在長駐中國多年

後被驅逐出境，不過她也在家人鼓勵下，選擇與家人分離，繼續完成記者的志業。魏玲靈的經歷正反映了中美關係的惡化。另一位作者 Davis 的人生經歷則是來自家族事業：父親的皮革工廠。這類製造業就是在全球化（尤其是對中國開放貿易）之後，成為自由貿易下的大輸家。因為全球化所導致的貿易贏家與貿易輸家，是中美關係變化的一個重要因素。

中美關係轉變的三條軸線

本書用大量的訪談資料來補充中美關係從柯林頓以降的各種轉變，導致轉變的因素固然不能忽視領導者的風格和意念，但背後的動力其實是全球化、貿易、產業發展、國際關係。根據兩位作者的論述，我們整理出三大軸線。

第一，是美國企業的立場。

第一章開場就是華爾街 CEO 們對時任國安顧問的波頓提出各種疑慮。這些商業巨頭在美國對中政策的形成過程中扮演了重要角色，他們曾大力遊說對中國開放，現在成為最擔心中美衝突的人們。

作者回顧了柯林頓政府與時任中國總理的朱鎔基團隊打交道，最後讓中國加入 WTO 的過程。1989 年 6 月 4 日發生天安門事件之後，西方世界有一段時間對中國採取經濟制裁措施。1992 年參選美國總統的柯林頓，本來在競選時也強調要審視中國人權，結果當選後就變調了。面對即將大舉開放的中國市場，美國企業強烈希望可以前往中國投資，他們擔心晚一步就會被日本和歐洲給取得先機。

根據約翰霍普金斯大學教授孔誥峰的研究，中國仔細挑選了可以幫忙遊說的美國企業，並給予從來不會實現的承諾（例如說要開放市場，但最後都沒開放）。在遊說美國讓中國加入 WTO 這件事情上，中國花了至少一億美元，最後證明也的確有用。柯林頓政府甚至連年度人權檢查都放棄

了，順利通過了給中國永久最惠國待遇，以及讓中國加入 WTO（當時民主黨反對的人比共和黨還要多很多）。另一方面，開放中國市場帶來國有企業龐大的反對聲浪，但朱鎔基在美國的壓力與誘因之下成功地壓制了國企反對派，讓中國市場多了一些開放與自由，也促進了中美雙方的經濟合作。

西方國家認為讓中國加入 WTO，中國就會開始遵守規則、走向開放、保護產權。柯林頓認為中國根本不可能也無能力控制龐大的網路世界，網路讓人們走向開放，中共根本不可能閉關自守。在當時，即使是鷹派、保守派、現實主義派的學者或智庫，都認為中共必定會民主化，因為這個浪潮是擋也擋不住。多年後他們才承認自己錯了。

兩位作者指出，對中政策立場的動搖，大約是從 2009 年之後開始的。最先的質疑來自那些在自由貿易之下的輸家，特別是像家具製造這類產業。作者們從商界、學界、政界等方面來解釋，為什麼大家對中國崛起的反應這麼慢。簡單來說就是對中國政治發展的理解太天真，對中的商業利益太龐大，以及資料數據的取得太困難。

商界大概要等到 2015 年才轉變態度。當習近平在 2012 年後逐漸大權在握，並讓權力更為集中，不只民主化的時程顯得更為遙遠，習近平所喊出的「中國製造 2025」，對美國企業來說，就是要把他們榨乾之後再趕走的意思。加上在這段期間內，中國針對美國企業的巧取豪奪、對智財權的侵犯始終不斷，讓美國企業開始懷疑雙方的經濟整合已經帶來無法承受的經營成本，也開始懷疑到底中國有沒有可能真正達成經濟自由化。很顯然地，即使中國加入 WTO，自由主義的多邊制度也沒有辦法讓中國走向制度化。因此，當川普的貿易戰開打時，雖然還是有不少企業試圖遊說川普的執政團隊延後或取消關稅，但至少多數企業已經意識到可能要離開中國，或者同意必須有人對中國長期以來的積弊進行根本性的改革，不能再像以往那樣有一大堆企業一窩蜂地幫中國遊說了。這些美國企業已經受不了無止盡的必輸法律戰，還有總是「被自願」將技術轉移給中國。更重

要的是，美國企業在這段時間發現中國原先給予的一些承諾並沒有真正落實，而這無法落實的部分，並不是單純的人脈問題，是根本的制度問題。

第二個軸線是川普本人。

讓川普崛起的力量源自於那些中美經貿合作後長期被忽視的美國勞工。跨國大企業為了利益極大化，自然會搬到勞工成本較低的中國。（勞工成本一開始只有美國的 5%！）那麼美國勞工怎麼辦？學界的研究指出，在 1990 ～ 2011 年間，有 240 萬個工作因為對中貿易的關係而消失，大部分是來自最底層的工人。就是在這種狀況下，這些人支持了川普。

川普出生富裕，房地產起家，人物設定就是個「商人」。他從過去一直很反對自由貿易，認為工作會因此外流。他常透過設定貿易敵人的方式來獲得支持，例如在 1980 年代，他就常常說日本是貿易上的敵人，但他也從日本投資客手上大賺一筆。後來日本經濟泡沫化之後，他又逐漸把目標轉向中國。川普始終希望表現出一個「談判專家」與「強人」的形象，這對他的決策模式影響甚鉅。本書一開始提到，川普希望透過一個又一個的談判，來讓大家覺得他很厲害，所以他一上任就來個川蔡通話、還發推說什麼都可以談。既然什麼都可以談，那過去美國很少用的關稅當然也可以拿來當作武器、那些美國簽過的約當然可以再簽一次或退出，因為這些都只是「手段」罷了。這也是為什麼，當中國居然也用關稅報復、當報紙居然嘲笑川普說他在談判桌上對中國太軟弱時，他又會不顧阻止立刻更用力地打回去。作者還提到，川普非常注重立即的效果與掌聲。每次新關稅或新政策出籠，當天或隔天的股市如何反應，馬上影響到他對該政策是成是敗的判斷。當川普幾次加了關稅美股都大漲，更會讓他覺得自己的行動獲得民眾與企業的力挺。

兩位作者根據自身的觀察認為，川普雖然要求與中國談判，但一開始真的只有雙方貿易逆差的問題（其實大多數學者並不認為貿易逆差一定是壞事），至於商業資料洩密、南海議題、韓國議題、香港議題都只是籌碼

而已，重點是能不能快速談出一個讓他很風光的合約。但川普的談判團隊分成兩派，一派是主張有合約就好、不一定要關稅制裁，這一派包括財政部長梅努欽以及主要談判代表羅斯；另一派則是認為中國不可信、要對中國懲罰並持續檢視，這一派則是以 2017 年上任的貿易代表萊特海澤為主。一開始梅努欽派占上風，把中美問題單純當作貿易逆差來處理，因此只要敦請中國進口美國商品就可以解決問題，中方負責談判的副總理劉鶴也樂得開一系列的購買清單。

但隨著時間進展，包括中國數次推遲或毀約、給的清單數額膨風，再加上中國發動的報復制裁，都讓川普與其團隊越來越覺得中國的口頭承諾不可靠，必須實際觀察中國的作為才行。最終是強調關稅制裁而且不能隨便拿掉的萊特海澤在內部的論戰中勝出，由他來主導談判。

對於萊特海澤等人來說，中美之間並不只是貿易逆差的問題，更重要的問題核心在於貿易的自由開放、智慧財產權掠奪、以及國安議題。這些議題都需要中國進行制度面的改革才有辦法處理——假如連法院都「姓黨」，那問題永遠處理不了。在萊特海澤等人不斷地說服之下，川普本人終於說出華為是美國國家安全的威脅、以及他支持關稅不可棄的立場。

不過，最有趣的事情是，後來萊特海澤改變了態度，反而試圖阻擋太過強硬的對中制裁，因為他認為需要提供給中國多一點誘因，讓他們有意願遵守與美國簽訂的協議。萊特海澤的轉向，使他和川普政府當中主張對中更加強硬的閣員針鋒相對，這些強硬派包括國務卿龐培歐（Mike Pompeo）。

第三條軸線是中國自己的改變。

這項改變必須從習近平本人說起，他是改變中美關係的重要因素（甚至可以說是改變中國在全世界對外關係的重要因素）。基於過去在各省市執政的經驗，習近平相信共產黨帶領國家經濟的重要性，並意識到在經濟轉型的過程中，意識形態的經營更為重要。正因如此，習近平上任後，開

始擴大對國家企業的補貼、在更多私營企業內設黨部以對其加強控制，這和大家所期待的自由市場貿易等原則完全背道而馳。與此同時，習近平也加強各種思想與意識形態的鞏固，破壞原本集體領導的體制，改為一人集權無限連任，這些都與美國政界、學界、商界的期待相左，讓這些美國人漸漸不再相信經濟成長可以帶動中國民主化。

習近平更常使用「中國夢」或者「百年國恥」作為號召，來煽動反美情緒與政策。只要任何談判讓他不滿意，就開始放送共軍大敗美軍的愛國劇、拿出「二十一條」的歷史大肆宣揚「喪權辱國」的意識形態。由於集所有權力於一身，使得習近平不能承擔任何外交上的軟弱或失敗，所以負責談判的副總理劉鶴就是習近平不想站到第一線承擔各方責難所推出的人選。作者提到，川普常常刻意要給習近平一些政治威信和談判功勞（credit），希望讓習近平搞定反對者。然而，習一直沒有站到前線；而劉鶴的政治權威不足，沒有主導政策走向的能力，不像朱鎔基一樣可以適當運用美國的壓力來促進改革（事實上，川普的談判團隊也很努力地要把劉鶴帶往朱的方向，想要和中國內部的改革派合作，讓他們可以從內部帶來改變。但中國的政治結構已經不一樣了，劉的政治威信遠遠不如朱）。這也讓川、習二人的談判如同兩人開車對撞的「膽小鬼賽局」（chicken game），誰先閃開誰就輸了。由於兩人都不願閃開而是繼續往前開，最終就只有對撞的結果。

結構性問題讓雙方漸行漸遠

在這三大軸線交互影響下，其結果就是從中美開始交往、到中美經濟密不可分、最後到這幾年反而要逐漸脫鉤。兩位作者互相比較中美的反應，顯現出雙方在制度與文化上的差異如何造成更深的鴻溝。舉例來說，在一次談判時，美方擺開了大陣仗，帶上了所有主要官員。中方因此認為川普非常重視這次的談判，想要快點有結果。但其實川普只是因為搞不定主戰

派與主和派的兩派官員，乾脆就一起全部帶出來看看而已。另一次談判，中方在川普宣布關稅制裁後，立即在政策上有些退讓。中方認為，我們都退讓了，釋出善意了，美國應該不要得寸進尺，也應該適時地把關稅拿掉一些作為回禮。但對於川普團隊跟萊特海澤來說，這些反而證明關稅才是真正有用的武器，結果用得更凶更甚。

我們可以說，川普政府從 2017 年底一路到 2018 年中段之後，整個國安團隊對於中國的政策開始更為明確，其中包括多位瞭解中國政府作為的策士在團隊當中，例如中文流利、長期待過中國、還曾被武警揍一拳的博明。川普的團隊成功地讓美國政界改變觀點，意識到中國並沒有因經濟成長走向民主化，中國的確有對外擴張的企圖。

兩位作者的結論是：中美的冷戰已經正式開打，而且短期之內不會結束，因為兩國是一步步地因為結構性問題而走到今天這樣的窘境。美國兩大黨的國會議員都在懲罰中國這件事情上達到共識，反而是川普本人仍然把貿易問題當成單純的商業談判來處理。作者並不同意川普在中美冷戰的做法上採取了最有效率的策略，因為光是美國的單邊行動並不夠。作者認為，美國一開始就應該積極拉攏日本、歐盟、墨西哥等盟友來一起制裁中國，但川普把這些潛在盟友都甩了一個巴掌，與中國直接去談判新的貿易合約（卻沒有可以有效處理中國經濟市場扭曲的機制），導致美國的單邊制裁最終可能事倍功半。另一方面，作者也對川普的替代方案提出質疑，認為除了貿易戰之外，川普政府並沒有推出在國內的產業升級或投資計畫作為因應。根據筆者接觸一些官員或企業界人士的經驗，許多人對「撤出中國」的支援計畫感到困惑與不足。尤其，既然川普希望維持美國在科技上的優越與競爭力，那至少應該大舉提升科研經費，而不是各方面都砍經費。又川普也提到，減稅可以讓企業把錢花在企業的研發上，但是學校的基礎科學研發才是整個國家科技力的基石。

拜登政府從上台以來，就不斷強調對中國的政策將會是外交政策的重心，還有要拉攏盟友一起應對中國，同時強調科學研究和供應鏈重整的重

要性。我們可以從中看到美國外交政策具有高度的延續性，因為美中關係的轉變是由這些結構性因素所造成，只要這些結構性因素不變，尤其，只要中國持續地挑戰美國，那麼美國就沒有袖手旁觀的道理。

問題與討論

　　本書對於中美兩大強權互動的深入探討，顯現出一些非常有趣的學術問題。第一，所謂的國家利益本身，是各方行為者逐漸互動摸索出來的。從美國來看，川普政府至少有兩派官員對於經貿以及國安在國家利益的權重明顯不同，更遑論川普本人還把個人情緒視為國家利益的一部分。對中國來說，從朱鎔基以降的市場開放派與習近平所主張的加深管制派，同樣對於中國的國家利益有不同的看法。如何精準掌握每個互動中行為者的偏好，與制度條件下所給出的互動方式，方可對外交政策以及國與國之間的關係做更進一步的判斷。

　　第二，就算確立了國家利益的定義，兩邊政府如何測量這利益的增減也是充滿學問。川普本人相信華爾街股市的漲跌，但國安團隊裡有些人看到的是失業率以及關鍵搖擺州的選票。對於習近平來說，消滅雜音與異議派系，維持黨乃至於個人絕對的控制權，才是最重要的事情。雙方在計算國家利益時，隨著對未來利益重視程度的不同，算出來的結果也會不同。

　　第三，可信度的問題。美國在與中國交涉的過程中，對於中國提出相關改革的信任程度越來越低，覺得中國是在以拖待變，不是真心想與美方談判，取得共識。光從協議的字面來看，中國似乎在許多方面都順從美國的意思，打算進行改革；但從雙方實際的互動來看，顯然這些字面上的改革並不代表雙方的談判真的有進展。

　　第四，要消弭中美雙方的新冷戰，可能比美蘇之間的舊冷戰要來得複雜與困難。美蘇冷戰在蘇聯的經濟垮台之後，蘇聯就進行開放與改革，這個過程對實行市場經濟的西方民主國家來說影響不大。反觀中國，在習近

平的統治之下，要藉由經濟發展將中國民主化的這個夢已經不復存了。但在全球化的經濟結構之下，如果中國的經濟垮台，那麼全球市場秩序也勢必崩潰，連美國也無法脫離災情。這就是為什麼，即便雙方在過去兩年間不停地漫天喊價、不停地設關稅壁壘，但自始至終都沒有完全隔絕彼此的打算，因為經濟上的全面「脫鉤」（decoupling）是不可行的選項。這也是為什麼雙方最後還是得站上談判桌，簽下第一階段貿易協定（Phase One Deal）。

所以拜登政府上台之後，也常強調美國必須在重要的國際議題上與中國合作，前提是必須要符合美國國家利益。在全球化的時代，很難全面地與另一個大國絕交。

最後，這次席捲全球的新冠肺炎（Covid-19）疫情，造成了全球市場經濟的斷裂，而中美兩國都想辦法要把疫情歸責給對方。對中國來說，雖然在 2020 年第一季之後，國內生產線就回歸正常，但因為國際市場停擺，導致這些過剩的產能無處消耗，勢必會對以經濟成長作為政權合法性的中國政府造成顯著的負面影響；對美國來說，在川普試圖競選連任的節骨眼殺出了 Covid-19 這個程咬金，造成美國失業率急速上升，最後也成為川普連任失敗的主要原因之一。新冠疫情增加了中美雙方對彼此的敵意，更遑論中國根本沒有達成和川普政府簽訂的第一階段貿易協定所規定的購買美國農產品與高價商品額度。

本書的結尾跟開頭一樣有意思。魏玲靈在白宮現場見證了第一階段貿易協定的簽署，而 Davis 在自己的辦公室內準備發新聞稿，他想到自己父親的皮革工廠：美國已經沒有什麼重要的貨品會出口到中國了，中國也已經沒有什麼原料會出口給美國來課稅了，因為相關產業早已外移到亞洲其他國家了。意思是說，中美之間的摩擦是經濟與政治變遷下的產物，而我們正在見證這個巨大的轉變。

在過去一段很長的時間以來，美國相對其他國家的國力優勢太過顯著，而在「全球化」的趨勢下，所有的主要大國都成了夥伴關係，共同追

求經濟發展與處理跨國界的問題（例如恐怖主義或氣候變遷），沒人想到如果出現競爭者來挑戰既有秩序時會怎麼樣。但是，中國和俄羅斯競逐權力的野心越來越大，而且各自都希望成為區域內的霸權。現在，中國已經被各方認定正在許多領域著力挑戰美國，包括涉及軍事與國家安全、商業、科技發展等「硬實力」，以及文化方面「軟實力」，甚至有許多研究報告說中國正在運用「銳實力」（sharp power），意即非法的或者遊走於灰色地帶的手段，進行「滲透」與擴張影響力的工作（例如以交換學者或文化交流為名，把人送到美國的學術機構，進行間諜行為）。現在美國政策的轉向，就是因應挑戰者崛起所做的政策調整，如果挑戰者的姿態沒有改變，那麼現在這種大國對峙與競爭的狀態，只會繼續發展下去。

※ 本文初稿發表於《端傳媒》。

7-7
一段由愛與恨交織的故事
英國脫歐與英歐關係

蔡昀臻———文

　　英國脫歐（Brexit）公投在 2016 年 6 月 23 日這天舉行，由英國人民投票決定是否和歐盟「分手」，重回「單身」，掌握自己國家的命運；亦或繼續和歐盟「在一起」，同舟共濟，想辦法克服許多複雜的「感情問題」。然而，無論分或合，決定公投的這個舉動猶如在感情中提出分手，不僅帶給英國本身一大震撼，也重重打擊了歐盟。英國與歐盟四十三年的愛情長跑所跑出來的雙邊關係，在脫歐公投後將會如何發展，更是另一值得注意的焦點。

為愛沖昏頭？——1973 年英國入歐

　　身為歷史悠久的大國，日不落的大英帝國一向對自己充滿驕傲。的確，英國是工業革命發源地、聯合國安理會常任理事國、世界第五大經濟體，一直以來都是帶著高貴的氣息，持續在國際上占有一席之地。對於歐洲而言，相較於法國代表的自由爛漫，義大利的熱情奔放，德國的嫻熟工藝，英國則保持一種酷玩風格，在滿不在乎中卻表徵了菁英與進步，無形中也帶給歐洲各國一股向前進步的驅動力。

　　這種滿不在乎的態度，來自英國對歐盟外交政策中「挑對象」的距離

感原則。在歷經兩次世界大戰的戰火後，英國得出的結論是：「歐洲大陸為動亂的根源，歐洲事務儘量不宜介入太深。」因此，當歐陸在戰後積極地推展統合運動時，英國並未將歐洲看成如美國一般「適合交往」：先是冷眼旁觀 1951 年歐洲煤鋼共合體（European Coal and Steel Community），再是拒絕加入 1957 年的歐洲經濟共同體（European Economic Community, EEC）。

英國真正考慮把歐洲視為「潛在交往對象」大約始於 1960 年代。在見到歐洲統合的種種好處，以及看著德法戰後復興之路走得穩健，蒸蒸日上後，英國為了取得經濟利益，開始「倒追」歐洲，三次申請入歐。直到 1973 年贏得歐洲芳心，雙方正式交往，英國才加入歐洲經濟共同體（EEC）。有趣的是，兩年後在 1975 年，英國也舉行了有如今日般的歷史性公投，來確定民眾對當時「升級」版的歐洲共同體（European Communities, EC）有多大的「好感」。67.23% 的英國人民在該次公投中投下了「YES!!」，表達對歐洲共同體的愛慕之意。看上歐洲共同市場帶來的經濟利益，應是當時大多數英國民眾投下贊成票的重要原因。

若即若離的關係——英國在歐盟中的角色

然而，即使交往了，英國還是和情人保持若即若離的關係。在歐盟統合的過程中，英國總是被歸類到疑歐派的主要信徒，對歐洲各國政治、法律上的整合表達抗拒，也不滿布魯塞爾的權力日漸擴增（歐盟的行政中樞為比利時的首都布魯塞爾，歐盟法案的擬定、協商和通過皆在此運作）。外在表現最明顯的例子便是，英國一直堅持不使用歐元、不加入申根區簽證、不滿歐盟稅制、反對歐盟直選總統等等。

但矛盾的是，英國仍然對情人擁有不可抗拒的影響力。在歐盟之中，英國其實與法國、德國並駕齊驅，稱為三巨頭。根據人口比例原則，[1] 英國是歐盟前三大人口國，享有前三名歐洲議會（European Parliament）的席

位;在歐盟理事會(Council of the European Union,又稱部長理事會,為歐盟最終決策機構)加權計票的決策制度中,英國、法國與德國享有最高票,並在內部決策過程中扮演關鍵性的角色。在經濟上,英歐互相依賴的程度很深:英國 45% 對外貿易對象為歐盟,歐盟多國對英國則有貿易順差;在國防上,歐盟能向英國成熟的國防戰術學習,英國也能和歐洲大陸手拉手防禦近期俄國的擴張。

因此,在這段關係中,兩方彼此需要的程度相當,並沒有誰比較愛誰、誰比誰付出更多這種一般情侶鬧彆扭的爭端。

賠上自尊後的崩潰

但究竟是發生什麼問題,讓這段英國與歐盟的關係失去了平衡,導致英國提出分手呢?其中最大的糾結點在於「自尊」的放棄。

歐盟最讓英國痛苦的,也是歐盟和其他國際組織最大的差別,即會員國有義務遵守歐盟法規,採取歐盟政策,以換取在歐盟各組織中的代表席位,進而取得政策制定影響力。與此同時,歐盟擁有獨立於會員國外的歐盟法院來確保會員國遵守條約。若會員國未履行這些責任,就會被處以罰鍰。英國的《歐洲共同體法案》甚至導致某些國內法因為與歐盟法抵觸而失效:[2] 例如,英國法律允許國防部無償解僱服軍役的懷孕婦女,但這就不符合《歐洲人權暨自由公約》的規範。當英國國會的立法權實實在在地、一點一滴地流失到布魯塞爾手中,這在擁有高自尊的英國人眼中,已經是刻骨銘心的痛了。

另外一項情感的煎熬,是英國在不知不覺間逐步深陷歐盟的「家務

---

1 英國人口數約 6300 萬、法國約 6500 萬、德國約 8200 萬;三大人口國在歐洲議會的席次分居前三名:德國 96 席、法國 74 席,英國 73 席。

2 英國國會在 1972 年制定《歐洲共同體法案》,賦予歐體法律在英國的普遍適用性和約束力,以及當歐體法律與國內法抵觸時歐體法優先適用的法源。

事」，且被一連串的歐洲問題給折騰。自兩次石油危機後（1975 年與
1979 年），歐盟地區的經濟發展開始放緩腳步。接著是 1992 年冷戰落幕
後，為加快與前共產國家的社會融合，歐盟開始訂立成員國對勞工政策、
社會福利的規定，強化組織架構。隨著歐盟管轄範疇擴大，變得越來越複
雜，越趨向技術專家治國，英國便越來越不安，認為自己的國家主權不斷
被歐盟侵蝕。特別是在兩次金融危機時（1980 年與 2008 年），歐盟機構
需要更堅定的意志和更穩固的資源來面對困難，於是需要各國釋出更多決
定權，進而促使國家之上的力量（supranational power, 又可稱做「超國家」）
形成，歐盟官僚主義抬頭。

　　近十年來，歐盟本身是屋漏偏逢連夜雨：2009 年底歐債危機、2015
年希臘退出歐元區公投與難民危機、2015 年及 2016 年巴黎連環恐攻、比
利時恐攻等等。當情人狀況風風雨雨，英國也連帶受影響：提供金援、接
受難民配額、擔心成為恐攻的下一個對象。這些不愉快和歐元的挫折，都
加深英國對歐盟的懷疑與不滿，促使英國急於尋找一個喘息機會和自己的
空間。然而讓英國民眾再也忍受不了的，是難民潮所帶來的社會衝擊。這
導致英國首相卡麥隆在 2015 年贏得國內大選後，依競選時的承諾大動作
地推動脫歐公投，除了希望重新找回英國與歐盟衝突的停損點，也包含著
希望歐盟自身能改變的企盼。[3]

分手後再做朋友？分手是會傳染的？──公投後的英歐關係

　　英國與歐盟的關係走到公投這個地步，無論結局如何，英歐關係都已
因公投而產生轉變，就如同提分手的情侶，傷痕已生。

　　即使英國留下來了，不代表英國對歐盟不再有怨言。英國與歐盟仍然

3　欲了解英國公投當中脫歐派與留歐派主張，見張福昌，《轉角國際》，2016/6/21，
　　〈Brexit：大英帝國，留下或離開的政治姿態〉。http://global.udn.com/global_vision/
　　story/8663/1775991

需要持續和歐盟協商改革方案，要求改革落實。[4] 然而英國已將籌碼梭哈，且脫歐與擁歐兩派人馬之間的互信基礎已然受損，未來若要合作只會更加彆扭。

當時的許多分析指出，倘若英國離開了，英歐關係也不會如英國所想的那般美好，分手後還能繼續做朋友——保有「單身的自由」也享受「雙身的經濟利益」。德國財長 Wolfgang Schäuble 曾表態：「若英國脫歐，歐盟將不會繼續給予英國擁有共同市場的取得權。更何況，歐盟經濟的主力歐元區，一直以來也是在沒有英國的狀態下發展的，未來會受到多少衝擊仍有待評估。」事實上，英國脫歐派廣泛討論的「脫歐後的經濟因應措施」也並不完美：若採行挪威模式（即加入共同市場而非歐盟），仍然需要繳納高額歐盟規費，約是英國現狀的 94%，並且不擁有任何政策發言權；若仿效瑞士模式（即完全脫離歐盟），則必須花費很大的力氣與歐盟重新簽訂各式各樣的雙邊條約。而且，歐盟至今已停止與瑞士簽署更多雙邊條約，此一模式不被看好。

至於其他歐盟成員國呢？他們是否還想繼續和英國「做朋友」呢？對於單一市場中的歐盟成員國來說，除去經濟狀況以後所需考量的，便是在歐盟的英國人和在英國的歐盟人可能帶來的社會問題了。該如何處理這些公民，至今尚未有詳細討論，雖然在公投後，英國還需要兩年辦理「退籍手續」以正式退出，以便給予這群「外籍人士」緩衝時間。但是，各個國家將會祭出不同政策，當中有好也有壞。如法國便表態不會協助留法英人回國。許多英國人甚至開始絞盡腦汁要「脫英籍」、「入歐籍」，這些都有可能進一步造成歐盟的不安定。

當然，英國也可能還會有朋友，比較可能的其中一種情況，是英國會

4　英國與歐盟在 2016 年對四大項改革達成協議，作為歐盟換取英國留在歐洲的條件，包括確保英國和其他非歐元區國家在單一市場受到保護；消除繁複的規條以提高歐盟的競爭力及活力；提升各國議會的話語權；規定歐盟移民在英國逗留逾四年才可享有就業、兒童等福利權益。

帶著其他歐盟國一起投奔自由，引發一股「分手潮」。在既有的歐盟國成員中，荷蘭、丹麥、瑞典是目前預測第二波「可能脫歐」的國家。除了長期與英國維持密切貿易及投資來往，荷蘭、丹麥和瑞典也是歐盟成員國當中，和英國一樣反對集權化，並主張自由市場經濟的龍頭。如今，三個國家都已出現動搖的態度：荷蘭內部出現「Nexit」的聲音；瑞典執政黨即使支持英國留下，也表示現在的歐盟「不是之前我們所投票選出的」；丹麥在公投之前更是直截了當地說：「我們支持英國留下，只是因為英國能提高我們在歐盟的談判籌碼。」

彼此都成為更好的人 —— 歐盟改革之可能性

總而言之，英國上演這場「公投分手劇」，追求的不見得只是「分」或「合」這種二選一的結果。如同每一段情感關係，在一起的目的是希望雙方間相互影響，追求改變，一起成為更好的人。

英歐關係反映的，不只是持續的吵吵鬧鬧，也反映出改革的必要性。在現今全球化浪潮下，各國無法抵擋靠近彼此，只有建立平等合作的關係才能維繫世界和平，歐盟也正是因此才得以整合。歐盟若要持續整合，改革便是必然。倘若能以退為進，藉此次機會革去歐盟的菁英大頭症及官僚主義，重得會員國信心，也許將能帶來更多整合的可能性。在此同時，英國也必須看清事實，畢竟世界就如老鷹合唱團（The Eagles）於〈加州旅館〉（Hotel California）一曲中所唱的：you can check-out anytime you like, but you can never leave.（你只要高興隨時都可以退房，但是你永遠不可能離開。）

說分手後，怎麼了？ —— 2017-2020 英國脫歐後記事

2020 年 1 月 31 日為英國脫歐日（Brexit Day）。2020 年 12 月 29 日歐

盟批准臨時英歐貿易協議。這場分手大戲從 2016 年 6 月走到 2020 年年底，整整走了四個年頭，還似乎沒有完全走完。四年間英國內政經歷了兩位首相（梅伊和強森）、兩次脫歐大臣請辭、三場大選、三度延遲脫歐、三個脫歐草案版本（梅伊的Ａ／Ｂ版本和強森版）、一次國會強迫休會，紛紛擾擾的戲碼上演不停。

　　細數過去四年，2016 年英國仍處在分手震撼彈投下後的餘震期。前首相卡麥隆辭職之後，梅伊接著扛起大旗。2017 ～ 2019 年 6 月兩年半的時間，脫歐程序並沒有直接開始，反倒是英國一步步地確定自己的心意：「這個結果是真的嗎？」「不會再有其他變動了嗎？」「要帶有尊嚴地狠狠地離開（硬脫歐），還是要留一條後路以後好做人呢（軟脫歐）？」這顯現在國會通過了「啟動里斯本條約第 50 條」表明英國決定扛起責任，要遵守遊戲規則脫歐；內閣公布了「脫歐白皮書」，勾勒出接下來的打算；脫歐草案協議一次又一次地送進上議院與下議院，然後一次又一次地被推翻。留歐派的英國人也開口要求第二次公投，希望再探一次全國的心意，以期扳回一城，因為 2016 年拿到 48.1% 的留歐派仍然相信，那一天可能只是一次衝動行事開口說出最不該說的兩個字。英國脫歐這件事，從原先沒有人想得到會是什麼樣子，到公投之後花了兩年半的時間，才一步步走上「脫歐具象化」的路。

　　2019 年是劇情日日推進的一年，劇情發展不在於英歐關係，反而是英國家務事始終未平。3 月時英國脫歐草案三度遭到國會否決，國會取代內閣獲得脫歐進程的主導權、月底歐盟同意延遲脫歐；4 月時尋求工黨合作無果，歐盟只好再次同意延長脫歐；經過六週的斡旋後，5 月時執政的保守黨與反對黨工黨談判破裂，首相梅伊宣布請辭；前外相強森於 7 月時贏得保守黨黨魁選舉，出任新任英國首相。執政黨夾在內（國會）外（歐盟）之間背負壓力來磋商出最終版本的脫歐協議，卻不斷遭到國內反對黨英國獨立黨與工黨的阻礙。相關議題在於，地理上同樣位於一座島卻分別屬於英國的北愛爾蘭與歐盟成員的愛爾蘭，是否需要劃分出英國和歐盟的漁業

區等。

2019 年 8 至 12 月間，強森擺出強硬態度打算「無協議脫歐」（No-Deal Brexit），遭到國會通過「禁止政府無協議脫歐」反制。這段期間，強森不斷尋求解散國會及提前舉行大選的機會，最終在 12 月時舉行大選。大選結果保守黨贏得過半席次，讓強森政府得以「完全執政」，最後順利通過脫歐協議。歐盟與英國在 2020 年 12 月達成貿易協議，並在 2021 年 1 月由歐洲議會通國脫歐協議，確定正式脫歐，開啟英歐自由貿易協定、資產債務劃分、雙邊境內公民權利等各細項談判的「過渡期」。總體而言，2019 年下半年到 2020 年，正是英國內閣與國會將「脫歐具象化」的時期。

分手後重新找回自己

大部分的人在經歷分手後，都會花一段時間重新認識自己，去思考在感情中自己的樣子，努力探尋「我是誰」。就像每個人都會遇到的一樣，這四年對英國來說，正是所謂「英國人」這個民族意識重新被探索的階段。在公投後的這四年所上演的脫歐大戲，演的是老與少、留歐與脫歐、蘇格蘭人與英格蘭人、脫歐黨（後來的改革黨）、工黨、保守黨、王室、民族主義、民粹主義等各類新舊標籤被大洗牌之後又再想辦法找位置坐下來。

如《想像的共同體》對民族意識的解釋及定義，民族本就是一個藉由形而上的連結所「想像」出來的共同體的概念。[5] 試想：同樣說中文的「我們」被歸類為華語人士，同樣生活在台灣這塊島嶼的「我們」被標籤為台灣人。那麼從英國人的角度出發呢？他們會不會這麼想：在背離歐洲採行孤立主義理念下的「英國人」，在全球化衝擊下的「英國人」，究竟該是什麼樣的族群？我們「英國人」該怎麼思考、該怎麼讓政治體制運作？

---

5 Benedict Anderson. 1983. *Imagined Communities: Reflections on the Origin and Spread of Nationalism*, P34-39。《想像的共同體：民族主義的起源與散布》，譯者：吳叡人，1999 初版、2010 年新版。時報出版社。

也許四年的紛紛擾擾看似亂糟糟，但這都是英國人再重新「想像」出新的自己必經的長期辯證。也許這趟旅程是值得的，英國人會比任何歐洲民族都更早重新塑造出屬於自己的民族意識。至於英國與歐盟分手後是否還能做朋友？是否都能成為更好的人？目前看來歐盟這位舊情人正在冷眼旁觀，而這些答案會在這兩條平行線開始往 180 度方向拉開的同時，慢慢出現。

7-8
獨立運動與公投
從加泰隆尼亞與蘇格蘭談公民民族主義

沈智新———文

　　世界上有很多地方正在進行「獨立運動」，有許多人民正在爭取獨立建國。相較於在威權國家的獨立運動通常包含流血的成分，這些活動在民主國家多是合法、和平的，例如英國或是加拿大政府甚至願意以公投的形式讓地區人民自己決定是否要獨立。然而也有例外，像是西班牙政府就不願意讓加泰隆尼亞的民眾以公投的方式決定獨立。2017 年時加泰隆尼亞政府執意在十月舉行獨立公投，巴塞隆納的西班牙警方就在九月逮捕多名加泰隆尼亞官員，其後西班牙與加泰隆尼亞之間的衝突持續緊張，造成一連串流血衝突。同年 10 月 27 日，加泰隆尼亞議會宣布獨立建國。西班牙中央政府隨後決定接管該區域，加泰隆尼亞政府主席 Carles Puigdemont 流亡海外，爭議一直延續到 2019 年。許多人一定會感到好奇，為什麼西班牙政府不讓加泰隆尼亞人投自決公投？蘇格蘭不是才剛投過嗎？在此同時，為什麼加泰隆尼亞那麼堅持一定要舉行獨立公投？難道沒有其他方案嗎？

獨立與統一的抉擇

　　加泰隆尼亞想從西班牙獨立並不是一件特別的事。從歷史上來看，許多民族曾經有一段期間一起受一個政府統治，但在其他時候則是各自成為

不同國家，這樣的例子並不少見。例如：為什麼美國是一個國家而不是十三個或五十個？原因之一在於作為「大國」還是有一些優勢。原本的十三個殖民地聯合起來打敗了大英帝國，成立了聯邦共和國，到了西元 1900 年就已經是世界領先的經濟體，其廣大的國內市場也帶來規模經濟的優勢。

那麼，加拿大為什麼不加入美國，創造出一個更大的國家呢？多數美國人與加拿大人在關鍵議題與政策偏好上是有分歧的，例如健保與全球暖化。而且，加拿大至今依然是一個以英國王室為元首的國家，還把法文當作全國性官方語言，這兩個特色在美國應該都不會太受歡迎。與其成為關係不好的室友或家人，加拿大跟美國還是選擇當好鄰居。又，加拿大跟魁北克的統獨爭議在本質上跟美國與加拿大是否合併成為一個國家是類似的問題，只不過有稍微多於半數的魁北克人選擇繼續留在加拿大，而不是選擇獨立。

這兩個例子點出了 Alberto Alesina 與 Enrico Spolaore 兩位教授在《國家的規模》（ *The Size of Nations* ）一書中所發展的簡單又有力的邏輯。書中指出，國家面臨的選擇是：「規模」帶來的好處與「異質性」帶來的代價。國家規模越大越好，但是隨著規模越大，人們偏好的差距也越來越大，以致國家大到某個程度時，繼續擴大規模的好處就消失了。這套邏輯可以解釋為什麼加拿大不是美國的一部分、魁北克依然屬於加拿大、為什麼蘇格蘭在2014 年會投票選擇留在聯合王國、為什麼挪威在 1905 年時投票脫離瑞典，以及加泰隆尼亞的許多民眾為什麼希望用公投決定與西班牙的關係。

加泰隆尼亞與西班牙的分合情仇

就像魁北克一樣，民調顯示約半數的加泰隆尼亞人支持獨立，其他半數的人偏好維持現狀，也就是擁有有限的自治權、繼續做西班牙的一部分。從文化、意識形態、經濟上的看法分歧，可以解釋為什麼有些人想脫離西班牙。1978 年民主體制確立後，加泰隆尼亞語就成為加泰隆尼亞的授課語

言，但許多保守的西班牙人至今不完全接受這件事（在 1978 年以前，執政四十年的法西斯獨裁政府杜絕了所有的異議，不允許多元聲音存在）。

　　民調也顯示，加泰隆尼亞人的政策偏好比西班牙人更支持進步主義（請參閱第四部第二章），比方說，加泰隆尼亞議會通過了針對富人提高稅率，也禁止了許多人認為野蠻的鬥牛活動。但這兩案皆被西班牙憲法法庭否決了。同時，超過三分之二的西班牙人支持皇室，但有超過三分之二的加泰隆尼亞人主張共和。支持皇室即「君主立憲制」，存在一位虛位元首代表國家，共和制則是沒有，由民選領導者代表國家。也有人認為獨立能讓加泰隆尼亞更富裕也更平等，因為加泰隆尼亞目前是西班牙財政的「淨貢獻者」，亦即由加泰隆尼亞上繳的稅大於來自西班牙政府的補助；支持獨立的人士也期待，獨立後的加泰隆尼亞能採行更加進步主義的經濟政策。

　　既然有這些不同，何不修正現狀，給予加泰隆尼亞充分自治，例如成為西班牙聯邦中的一州（一邦或一省）？就像美國、加拿大、德國、印度等國的內部一樣。聯邦制提供國家規模所帶來的優勢，例如單一軍隊與較大的市場，也能減少異質性帶來的損害，因為給予各州相當程度的決定權，例如加州、魁北克、巴伐利亞或阿薩姆的州政府可以決定許多公共政策。有些加泰隆尼亞人也長期主張聯邦制是一個好的折衷方案。

　　事實上，2005 年時加泰隆尼亞議會就以 88% 的支持率通過自治法（可視為加泰隆尼亞的「基本法」，相當於州憲的地位）修正案，將加泰隆尼亞政府的地位提升至接近聯邦制當中州政府的地位。當時的西班牙總理已經承諾同意這項修正案，只差西班牙國會最後的批准，然而西班牙國會卻修改了這項法案，在 2006 年批准了一個縮水的版本。在此之前，加泰隆尼亞人早就懷疑西班牙人願意接受加泰隆尼亞擁有更大的自治權，畢竟早在 1932 年加泰隆尼亞就取得自治區地位，結果內戰後的 1939 年又被佛朗哥政府取消了自治權。雖然如此，當時確實有許多人是真心把 2006 年的修正法案當成統獨爭議的長期解方。

　　因為提升自治地位的期待落空，支持獨立的加泰隆尼亞人從 2006 年的 15% 上下快速增加到 2010 年代的接近 40% 甚至超過 40%，在此同時還有 20% ～ 30% 左右的人繼續支持（不切實際的）聯邦選項。2015 年的加泰隆尼亞議會大選，獨立派大勝，而且超過八成的民眾支持舉辦有法律效力的自決公投，於是事情就演變成西班牙與加泰隆尼亞的對立，從而讓加泰隆尼亞從外界看來顯得「頑固不化」。一方面，加泰隆尼亞政府認為不能忽視民眾希望舉辦自決公投的呼聲，但在另一方面，西班牙政府認為這樣的公投違反 1978 年所訂立的憲法——除非公投獲得西班牙政府授權。其實加泰隆尼亞政府五年來都有持續向西班牙議會提案請求授權，只是都沒有成功。

　　說起來像西班牙這樣對獨立運動毫不妥協也不是個案。一些發展成熟的民主國家，像是英國、加拿大、瑞典，已經允許國內少數族裔自決；但威權國家像是塞爾維亞、蘇丹與威權時代的印尼，一般都是選擇鎮壓或殺戮分離主義者，而科索沃、南蘇丹、東帝汶這三個國家，都是國際社會、尤其是美國或者聯合國等各方面出力支持的，才有可能實行公投。西班牙的民主文化與政治發展介於民主與威權之間：沒有殺戮但也無票可投。西班牙警方為了阻撓公投，除了拘留加泰隆尼亞政府官員之外，還沒收了選票、擅闖民宅、限制集會結社自由。面對巴塞隆納與加泰隆尼亞各地和平到甚至有點節慶氣氛的抗議活動，鎮壓絕對不是最友善、最民主的方式。壓迫的策略只會深化衝突，也不斷地提醒大家西班牙的獨裁往事。

蘇格蘭的獨立運動：公民民族主義的展現

　　與加泰隆尼亞的案例相較，蘇格蘭獨立運動一直都是和平的典範。從 1603 年蘇格蘭國王詹姆士六世繼承英格蘭王位成為英格蘭的詹姆士一世後，兩國的元首從此就是同一位。之後根據 1707 年的聯合條約兩國融合為一個國家，稱為「不列顛王國」。換言之，英格蘭和蘇格蘭成為一個國

家已經有超過三百年歷史，那麼蘇格蘭為什麼還要獨立呢？

蘇格蘭是個在中世紀初期就存在的古國，曾與英格蘭打過數次反侵略戰爭與獨立戰爭，從民族尊嚴的角度希望尋求獨立對不少人而言是很自然的事。另一方面，許多支持蘇格蘭獨立的人是希望能夠享有統治自己土地的權力、希望能掌握自己的經濟發展與社會福利政策，而這些議題就成為2014 年獨立公投的主要焦點。在蘇格蘭流行一個笑話，或許能說明蘇格蘭想要獨立的理由。蘇格蘭的首席部長 Alex Salmond 在參訪愛丁堡動物園的時候這麼說：「英國執政的保守黨在蘇格蘭只有一席議員，比我們愛丁堡動物園的熊貓還少（裡面有兩隻熊貓），結果我們還是要被保守黨政府統治，現在的政治制度實在是太不民主了。」

蘇格蘭獨立運動主張的民族主義並不是傳統的種族民族主義（ethnic nationalism），而是公民民族主義（civic nationalism）。公民民族主義認定民族成員的標準不在於血緣，而在於成員是不是認同該地公民社會的價值觀、是否願意參與公民社會活動，因此蘇格蘭獨立運動的推動方式，特別值得我們反思。因為中國與台灣的最大差異並不是在於種族的不同（特別是台灣本來就是多民族的社會，隨著新移民人數日增，族群構成本來就是日漸多元），而是在於長時間以來生活方式與政治制度不同。如果台灣想要成為一個正常化的獨立國家，那麼發展公民民族主義或許是一條相當有說服力的出路。

公民民族主義是什麼

什麼是公民民族主義呢？倫敦政經學院發展學副教授 Elliott Green 指出，一般我們都認為，民族主義是一種（政治上的）右派意識形態。這個意識形態認為，一個民族的成員比非這個民族的人們優秀，於是後者被排除於民族國家之外，或是沒有資格成為其完整的成員。如果這個劃分群體的標準是種族（ethnic），那麼外來移民無論如何嘗試，都無法成為這個

民族國家的一分子。這種形態的民族主義通常被稱作「種族民族主義」，與其相對的是公民民族主義。公民民族主義接納任何認同其族群、接受其公民價值的人們成為其成員，不會因族裔不同而排斥新成員。歷史上，種族與公民民族主義的界限可以沿著歐洲的東西界劃分，例如民族主義學者 Hans Kohn 即主張公民民族主義是西歐國家的常態（法國、英國、瑞士、荷蘭與北歐國家），而種族民族主義的例子則是德國、東歐國家以及西歐的邊緣國家，例如愛爾蘭。

這個分類雖然簡單有用，卻掩蓋了西歐國家近期的種族區隔比起 1944 年 Kohn 第一次寫這個主題時已經大為擴張的事實。比利時的 Vlaams Blok 黨（主張法蘭德斯地區獨立的極右派政黨）、英國的 British National Party（BNP，英國反移民的極右派政黨）、法國的 Front National（主張保護主義經濟、反移民的民族主義政黨）以及丹麥的 Danish People's Party（主張限縮移民和強調民族同化的政黨）均明白反對公民民族主義，並提倡某種形式的種族民族主義。雖然這些政黨仍然不是議會中的主要大黨，但這些政黨主張的許多反移民政策已被主流政黨所採納，反映出在種族民族主義西歐諸國依然強勢。

蘇格蘭特色的獨立運動

有趣的是，蘇格蘭獨立的討論與前述西歐各國的現象相當不同。雖然蘇格蘭民族黨（Scottish National Party, SNP）徹頭徹尾是個民族主義政黨，但是，該黨也明確主張要發揚的是公民民族主義：他們宣稱蘇格蘭民族並非由血緣所定義，而是在於成員自願依附於蘇格蘭，並參與蘇格蘭的公民生活。SNP 的這種主張贏得蘇格蘭少數族裔的熱情支持，亞裔蘇格蘭人支持蘇格蘭獨立的比例甚至高過蘇格蘭的其他人口。在 2014 年公投中，「非裔支持蘇格蘭獨立」、「英裔蘇格蘭人支持獨立」、「亞裔蘇格蘭人支持獨立」等團體存在的事實，就是主張獨立的 Yes 陣營能夠獲得種族上非蘇

格蘭人的蘇格蘭居民支持的明證。

確實，SNP 和其他民族主義運動及政黨間的差異相當大。在 2014 年五月舉行的歐盟選舉過程中，SNP 就曾被批評不是「真正的」民族主義政黨。因為真正的民族主義政黨應該主張削減移民人數、保障原生不列顛人的權利。蘇格蘭民族主義也和其他分離運動不同。1995 年魁北克獨立公投失敗，領導分離運動的魁北克省長 Jacques Parizeau 就把失敗歸咎於「金錢和種族票」，因為大約九成的移民投票反對獨立。加泰隆尼亞民族主義同樣也蘊藏一股種族民族主義的浮流，一位加泰隆尼亞政府的首長就曾抱怨「如果移民繼續湧入，加泰隆尼亞將會消失。」

相反地，SNP 主張高水準的移民加入蘇格蘭，SNP 的黨員 Bashir Ahmad 更在 2007 年成為第一位非白人、第一位穆斯林的蘇格蘭議會議員，接著 2011 年又選出第二位穆斯林的 SNP 籍議員 Humza Yousaf。值得一提的是，針對蘇格蘭獨立公投，非蘇格蘭裔的蘇格蘭居民有權投票，但居住在蘇格蘭以外地區的蘇格蘭人並不被允許投票。也就是說，包括時任英國首相的卡麥隆以及前首相布萊爾都是沒有投票權的。這種排除非居民的選舉資格認定，在在強調蘇格蘭民族主義的公民內涵：居住在蘇格蘭的決心比血緣和出生地更重要。

2014 年的 9 月 19 日清晨，蘇格蘭公投結果出爐，反對獨立方以 55% 的得票率擊敗支持獨立方的 45%，與選前最後的民調結果預測接近。這個選舉結果對獨立陣營來說是雖敗猶榮。畢竟，選前英國政府為了挽留蘇格蘭，已經宣稱將讓蘇格蘭取得接近完全自治的地位，結果還是有這麼多人支持蘇格蘭完全獨立，確實相當令人佩服，也顯示選舉訴求是成功的。

領導獨立運動的 SNP 在 2007 年與 2011 年的兩次蘇格蘭議會選舉中接連獲勝。2011 年時，得票率從 2007 年的 31% 成長到 44%，成功掌握議會過半席次，並推動促成這次獨立公投；2014 年五月的歐盟議會選舉，SNP 雖然仍是蘇格蘭第一大黨，但只取得 33% 的選票。根據 BBC 整理的各家民調追蹤，反對蘇格蘭獨立的人口比例一直穩定領先支持蘇格蘭獨立的比

例，直到接近公投時終於到達勢均力敵的態勢，可見支持 SNP 的比例突破四成是個相當重要的里程碑。

2014 年的獨立公投總共有四百二十八萬多人註冊為選舉人，占合格選舉人的 97%，是蘇格蘭史上選舉人數最多的一次。公投日當天的投票率超高，在全蘇格蘭的三十二個選區中，多數有超過八成，在史特靈、東鄧巴頓郡等地甚至有超過九成的投票率。反獨立陣營的優勢地區也出現驚人的投票率，反映出選前支持獨立方一度在民調取得領先所造成的催票效果。反觀蘇格蘭最大城格拉斯哥雖然一如預期有 53.5% 的選民投給 Yes，但 75% 的投票率卻低於平均，以致沒有讓支持獨立陣營從中取得足夠優勢。支持獨立方在整個公投過程給予英國政府相當大的壓力，從中換到來自倫敦的不少承諾，或許這是讓許多蘇格蘭人願意再給聯合王國一次機會的原因。

小結

不論是西班牙政府或是加泰隆尼亞獨立運動人士，都應該考慮向英國政府與蘇格蘭獨立運動借鏡，如何以和平而民主的方式處理獨立問題。超脫傳統種族民族主義的框架，改以公民民族主義作為號召，對於爭取選民支持加泰隆尼亞獨立應該有所助益。當前西班牙政府的壓迫策略或許能使加泰隆尼亞人暫時屈服於恐懼、威脅與力量之下，但也可能會更強化「公投一定要辦」的信念，使得衝突持續擴大。話說回來，英國政府的做法雖然開明許多，蘇格蘭獨立運動並沒有隨著 2014 年公投的失敗而結束。由於英國脫歐與 Covid-19 的疫情，蘇格蘭獨立運動人士開始主張現在的情勢已經與 2014 年大為不同，想要留在歐盟的蘇格蘭應該有資格再舉行一次獨立公投，但英國首相強森則認為一個世代只能舉行一次獨立公投。這個爭議將如何化解、又衝突是否會升高，非常值得我們繼續看下去。

※ 本文整合並改寫自菜市場政治學的兩篇文章：〈為什麼西班牙跟加泰隆尼亞就不能和睦相處呢？〉與〈蘇格蘭獨立運動的特色：公民民族主義〉。

7-9
奶茶聯盟真的存在嗎？七天四萬篇，是誰在推特挺台灣#TweetforTaiwan？

王宏恩、陳方隅————文

　　大家有聽過「奶茶聯盟」嗎？有沒有看過網路上的 #MilkTeaAlliance 這個主題標籤（hashtag）？根據網路上的資料，「奶茶聯盟」是一個因為中國與泰國的網友們引發網路論戰而衍生的社群網路概念。一開始是中國網友抗議泰國明星把台灣視為獨立於中國之外的國家，而後引起大規模網路論戰，時間大約是在 2020 年 4 月間（請見本文最後一段討論）。後來有來自其他亞洲國家的網友如日本、馬來西亞、印度響應加入，而這些國家的特色就是有很棒的奶茶文化。這個「聯盟」一開始是以反對中共意識形態為主，後來延伸成為反對獨裁統治的陣線。隨後在一些街頭抗爭當中，奶茶聯盟的概念逐漸由網路上的國際結盟演變成現實中的實際行動。

　　2021 年 2 月，緬甸發生政變，軍方逮捕了許多執政黨人士，包括實質的最高領導人翁山蘇姬，並宣布全國進入緊急狀態一年。緬甸的抗爭者使用了「奶茶聯盟」作為號召，希望串連東亞的朋友們加入抗議行列，一張「奶茶聯盟」的圖在社群網站上面被轉貼了超過十萬次，奶茶聯盟的 hashtag 在推特也出現了數萬次。許多香港與台灣網友看到之後，也同樣以奶茶聯盟的 hashtag 回應。拜通訊科技普之賜，現在的人要聯繫理念相同的夥伴比以往方便快速許多，而從最近的發展可以看出，網路社群有很多人在意民主價值並且反對獨裁統治。

推特挺台灣案例分析

在奶茶聯盟的概念形成後沒多久，網路上就出現了一次串連的機會。2020 年 5 月 1 日，美國國務院的「國際組織局」（Bureau of International Organization Affairs, IO）在推特上發起了聲援台灣的推文系列 #TweetforTaiwan。除此之外，美國常駐聯合國代表團及駐東協代表團也分別在推文提到台灣，同時呼籲網友們一起「推」，幫助台灣加入該年的「世界衛生大會」（WHA）。其後，國務院官員們紛紛大力轉推 #TaiwanModel。這一波可能是從過往到現在，美國官方單位對於支持台灣加入國際組織所做出的最直接表態。

這個 TweetforTaiwan 的活動在推特上延燒了一段時間；那麼，到底是哪些人在推特上聲援台灣呢？

公民媒體美國台灣觀測站指出，任職於印度國關雜誌 Kootneeti 的專欄作家及專業顧問 Amal Sinha，在第一天之後抓了 449 筆資料進行分析，發現最多轉推者其實是來自印度！不過，這僅僅是第一天的資料。經過一週之後，又是哪些國家的網民轉推最多呢？

七天四萬篇

為了研究這個問題，我們繼續使用 #TweetforTaiwan 這個 hashtag，從活動開始的 5 月 1 日抓到 5 月 7 日，一共抓到 39,896 篇公開推特有使用這個 tag，是前述印度研究的近 100 倍。其中，在活動發起的第一天就有兩千多篇推文，到了活動第四天當天，更是出現一萬多篇推文。

那麼到底是哪些國際夥伴在推特上聲援台灣呢？

這方面的資料處理並不容易，因為推特上不是每個人都有公布自己的所在位置。就算有公布，也是使用者自己打的。在這將近四萬篇的推特中，一共有 18000 人左右沒有公布自己的所在位置，剩下有公布的兩萬多人當

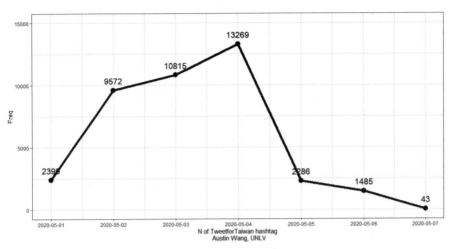

【圖 7-8-1】2020 年 5 月 1 日～ 7 日 #TweetforTaiwan 出現的次數。製圖：王宏恩。

中，有很多意味不明的打卡點（銀河系、肖戰或泰國男星 Bright 身上、我家、你身旁等等），還有很多人只註明城市沒有註明國家，這都需要額外清理乾淨或重新增補。

在花了數個小時的時間做資料整理之後，我們一共整理出 11974 個有明確公開自己居住國家、或可以辨別住在哪一國的推特聲援文。以下為各國分布：

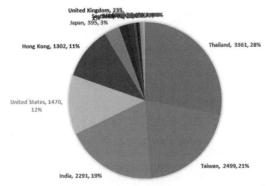

【圖 7-8-2】#TweetforTaiwan 發文所在地分布圖。製圖：王宏恩。

誰在推特挺台灣？奶茶聯盟再現！

在這一週內，最多 #TweetforTaiwan 的文章是來自於泰國，接著是台灣自己，然後是印度、美國以及香港。這五個地方就占了聲援文的九成。要注意的是，這只是初步估計，因為許多帳號沒有公開地點，許多打卡點也難以歸類。從無法歸類的來看，有許多是泰文或是印度、美國地名，所以這些來自這三國的數目應該會更多一些。從這個分布來看，之前浩浩蕩蕩成軍的奶茶聯盟：台灣－泰國－香港，在這次聲援台灣的 #TweetforTaiwan 活動，再次集結。

這個結果，似乎跟前面提到的印度學者發現印度推文最多有所衝突，但其實兩者是沒有衝突的，因為「時間點」不同：

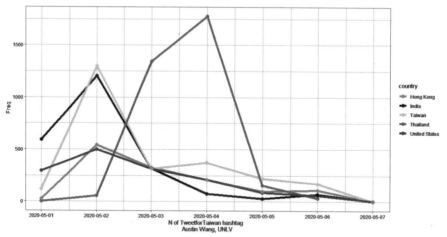

【圖7-8-3】2020年5月1日～7日 #TweetforTaiwan 出現於五個所在的次數。製圖：王宏恩。

當我們把資料拆成各地在每天的發文量（抓資料時，時間全部統一為格林威治時間，所以時間的前後就確實是事件發生的前後），我們不只可以看到奶茶聯盟，還可以看到「奶茶浪潮」：

一、推特聲援活動開始第一天，印度的聲援是世界各國裡面最多的，美國居次。是此，我們的結果跟印度智庫相同。

二、活動第二天，由台灣開始接手自我聲援，推出全世界最多的聲援文。與此同時，包括美國、印度、以及香港（日本與英國亦同）也在第二天一起跳出來聲援。

三、第三、第四天，則是泰國網民接手幫忙，連續衝出超大量的 #TweetforTaiwan。

簡言之，這一週將近四萬篇的推特挺台聲浪，是美國官方帶頭，然後各國網民接力聲援完成的。

這些聲浪是「買讚」買來的嗎？

或許會有人提出疑問，這些推特轉推是不是機器人推文、或者是像 FB 一樣可以「買讚」買來的呢？

筆者正在同步進行的研究，是同一週推特上有四千篇推文在攻擊美國，使用 #USAvirus 這個關鍵字，指責美國是武漢肺炎的發源地。從這四千篇推文的發文帳號發現，每個帳號的追蹤者中位數只有 4 人，而他們追蹤別人的中位數也只有 11 人。中位數為 4，代表有 50% 的帳號其追蹤者小於 4 人（假如只看「中英混用」的帳號，那麼追蹤人數中位數更只有 2 人）。簡單來說，這四千篇指責美國是肺炎發源地的帳號，大多是完全沒在推特上有互動、專門上線來抹黑美國的「網軍」。[1]

假如我們用相同的標準來看這次 #TweetforTaiwan 的活動，把全部帳號一起進行分析，就會發文帳號的追蹤者中位數為 110 人，而這些帳號追蹤

---

[1] 參考菜市場政治學，王宏恩，〈哈佛大學怎麼研究中國五毛黨？又有什麼發現？〉。
　https://whogovernstw.org/2017/03/11/austinwang22

別人的中位數為 292 人，是前一個 #USAvirus 案例的將近 30 倍！就算只拆地區來看，印度帳號的追蹤者與追蹤他人的中位數分別為 92 與 286，泰國為 140 與 343，美國為 188 與 365，香港是 248 與 397，反而台灣只有中位數 52 跟 173（這也可以顯示台灣人較少使用推特）。因此，光用這些帳號跟其他人互動的程度來說，除非這一萬多橫跨各國的帳號都是比較昂貴的機器人，不然是真人的可能性應該比上一個 USAvirus 的案例高上許多。

各國聲援所為何來

觀察華府智庫圈近來的一些研討會和智庫報告，就可以發現印度網民挺台灣加入世衛是有跡可循的。

例如，華府智庫哈德遜研究所的印度裔研究員 Aparna Pande，在 2020 年 4 月 3 日的一場線上研討會指出，過去這段時間印度媒體大幅批判中國處理 Covid-19 疫情的方式，還有以醫療用品來進行目的式外交等。疫情因素讓中印關係更加緊張，因為印度本來就是比較少依賴中國市場的國家，等到之後討論經濟復甦計畫時，又會和中國以及其他與中國依賴比較深的國家產生歧見。事實上，在這波疫情當中，對於中國人造病毒的指控，最早的來源之一就是印度媒體！話說回來，在這之前，中印關係就處在一個微妙的狀態，因為中國和巴基斯坦交好，但印巴兩國長期以來卻十分緊張。所以，印度網民會在疫情相關議題上，不支持中國而支持台灣，是有其背景的。再說，2020 年 5 月，印度和中國在邊界又打了起來，導致多人死傷事件。兩國之間的邊界本來就是個長期未解的老問題，再加上碰到了疫情，於是這則新聞就被持續拿出來作為雙邊關係的討論。

至於泰國網民，又為什麼要挺台灣呢？

不久前才剛發生過沸沸揚揚的 nnevvy 事件，[2] 事件起因是泰國一位當

---

2 參考中央社，〈台灣香港是不是國家 中泰網友推特大戰〉。https://www.cna.com.tw/

紅明星在網路上說，他女友的穿著是台灣風、不是中國風，引起大批中國網民出征撻伐，結果泰國網民狠狠地將中國網民戰得落花流水。[3] 事後，有網友說這幾個地方應該要組成奶茶聯盟（#MilkTeaAlliance，包括幾個以奶茶聞名的國家或地區，例如泰國、台灣與香港），還成立了專頁來繼續製造迷因圖。[4]

根據美國之音的報導，[5] 泰國網民近幾年對中國的好感下降，例如2018年的普吉島遊船傾覆事件、過多中國遊客赴泰旅遊、以及 Covid-19 疫情等原因，讓意識形態上的衝突不斷累積，導致這次爆發出來，在網路上形成對抗局勢。

也就是說，中國和台灣的議題，在泰國網民之間正好是一個非常熱門而且即時的話題。至於為什麼泰國網民的推特挺台行動會有一天的時間差，從5月3日才進入轉推高峰？我們猜測可能是語言使用習慣所造成，但這只是我們的推測。

延伸討論

美國行政部門表態挺台灣加入世衛，不僅在力道上比過去來得大、也來得更為直接；世界各國表態挺台灣的程度也同樣達到新高。即使如此，台灣要加入 WHA 甚至是 WHO 仍然相當困難。無論如何，我們的官方和

news/firstnews/202004120120.aspx

3　參考美國之音，〈「奶茶聯盟」如何讓小粉紅潰不成軍？來自泰國、香港、台灣的五毛剋星〉。
　　https://www.storm.mg/article/2607684

4　請見迷因專頁如下。
　　https://www.facebook.com/nnevvymeme

5　參考美國之音，〈反擊網上"義和團""奶茶聯盟"崛起〉。
　　https://www.voacantonese.com/a/netizens-hk-taiwan-thailand-brew-milk-tea-alliance-against-chinese-speech-police-20200507/5409719.html

民間還得在外交上多做努力才行。

　　若說以上分析能夠帶來什麼啟示的話，我們認為，台灣是真的該好好地認識周邊的朋友們，尤其是新南向政策的這些國家。拿印度為例，以印度的人口和國土比例來看，台灣和印度之間的經貿規模實在是不成比例地小，然而印度其實是非常值得用心開發的市場和貿易夥伴。以全球經濟的角度來看，印度人擔任最強企業的 CEO 或高階主管的比例相當高；在美國矽谷，印度裔的 CEO 可能是僅次於美國人之外的最大族群呢！其他的東南亞國家也是一樣，台灣人對其社會、人民、文化的瞭解與互動，都還不夠多。

　　再把焦點放到推特這個戰場來看，資訊戰、大外宣等同樣也是我們必須關注的題目。例如在推特上常常可以看到中美外交的「宣傳戰」，好不精彩，尤其中國最近常被形容在進行「戰狼外交」，用推特公然批判其他國家正是其中重要的一環。雖然推特對台灣網民來說是一個相對陌生的工具，但上面一直有許多大事在發生，非常值得我們注意！

左岸政治 332

菜市場政治學：〈民主方舟〉
Who Governs? EP2

主　　　編	菜市場政治學共同編輯群
	王宏恩、王奕婷、沈智新、陳方隅、陳亮宇、許韋婷、黃兆年、陸　離、顏維婷、蘇慶軒
作　　　者	王宏恩、王奕婷、吳安蕙、吳俊德、吳冠昇、李耀泰、沈智新、林澤民、張恆豪、曹曼資、許韋婷、陳方隅、陳宥樺、陳韻如、陸　離、普　麟、曾柏瑜、黃兆年、葉明叡、葉高華、葉耀元、廖育嶒、廖偉翔、劉俐吟、蔡承翰、蔡昀臻、蔡榮峰、顏維婷、蘇慶軒

總　編　輯	黃秀如
特　約　編　輯	王湘瑋
企　劃　行　銷	蔡竣宇
封　　　面繪圖／設計	蔡行健
電　腦　排　版	宸遠彩藝

社　　　長	郭重興
發　行　人　暨出　版　總　監	曾大福
出　　　版	左岸文化／遠足文化事業股份有限公司
發　　　行	遠足文化事業股份有限公司
	231新北市新店區民權路108-2號9樓
	電話：02-2218-1417
	傳真：02-2218-8057
	客服專線：0800-221-029
E-Mail	rivegauche2002@gmail.com
臉　書　專　頁	https://facebook.com/RiveGauchePublishingHouse/
法　律　顧　問	華洋法律事務所 蘇文生律師
印　　　刷	呈靖彩藝有限公司
初　　　版	2022年3月

定　　　價	550元
I S B N	9786269564651
	9786269564668 (PDF)
	9786269564675 (EPUB)

歡迎團體訂購，另有優惠，請洽業務部，02-22181417分機1124、1135

國家圖書館出版品預行編目資料

菜市場政治學：民主方舟（Who Governs?
EP2）/菜市場政治學共同編輯群主編. -- 初
版. -- 新北市：左岸文化出版：遠足文化事業
股份有限公司發行, 2022.03
　　面；　公分
　　ISBN 978-626-95646-5-1(平裝)

　1.民主政治　2.兩岸關係

571.6　　　　　　　　　　　111001441